시사상식

최신시사상식
236집

박문각

Contents

Must Have News ········· 4

시사 Infographics ········· 6

시사 클로즈업 ········· 10
– 2025년 노벨상

2025년 8~10월 주요 시사

정치시사 ········· 20

경제시사 ········· 38

사회시사 ········· 58

문화시사 ········· 72

스포츠시사 ········· 78

과학시사 ········· 82

시시비비(是是非非) ········· 90

시사용어 ········· 92

시사인물 ········· 142

상식 요모조모

뉴스 속 와글와글	204
Books & Movies	206
상식 파파라치	208

특집 210
– 대기업 청년채용,
  주요 기업 핵심이슈 파악하기

TEST ZONE

최신 기출문제(광명도시공사)	150
실전테스트 100	156
한국사능력테스트	180
국어능력테스트	190

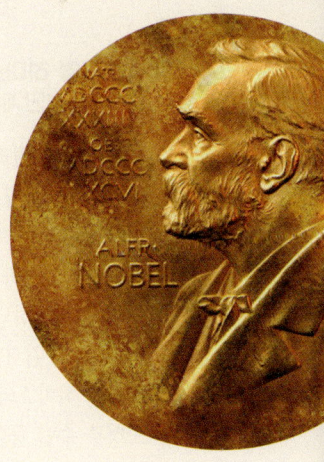

최신시사상식 236집

초판인쇄: 2025. 10. 25. **초판발행**: 2025. 11. 1. **등록일자**: 2015. 4. 29. **등록번호**: 제2019-000137호 **발행인**: 박 용 **편저자**: 시사상식편집부
교재주문: (02)6466-7202 **주소**: 06654 서울시 서초구 효령로 283 서경빌딩 **표지 디자인**: 정재완 **발행처**: (주)박문각출판
이메일: team3@pmg.co.kr **홈페이지**: www.pmg.co.kr

이 책의 무단 전재 또는 복제 행위는 저작권법 제136조에 의거, 5년 이하의 징역 또는 5000만 원 이하의 벌금에 처하거나 이를 병과할 수 있습니다.

정가 11,000원   ISBN 979-11-7519-352-9

사진 출처: 연합뉴스, 위키피디아(CC BY-SA 4.0 / 네팔 시위)

Must Have News

"이스라엘과 팔레스타인 무장정파 하마스가 10월 8일 도널드 트럼프 미국 대통령이 지난 9월 29일 제안한 「20개 항목의 가자 평화구상」 3단계 중 1단계에 합의하면서, 13일 양측의 인질 및 수감자 석방이 이뤄졌다."

이스라엘-하마스, 가자전쟁 1단계 휴전안 합의

이스라엘과 팔레스타인 무장정파 하마스가 10월 8일 도널드 트럼프 미국 대통령이 제안한 「20개 항목의 가자 평화구상」 3단계 중 1단계에 합의하면서, 13일 양측의 인질 및 수감자 석방이 이뤄졌다. 하지만 하마스의 무장 해제 및 과도정부 수립 등이 포함된 2단계를 넘어 최종 평화 공존에 이르기까지는 난관이 많다는 관측이다. 실제로 이스라엘과 하마스는 2023년 10월 개전 이후 두 차례의 휴전 합의를 이뤘으나, 구체적 실행 단계에서 모두 좌초된 바 있다.

다카이치 사나에, 일본 첫 여성 총리 선출

다카이치 사나에 일본 자민당 총재가 10월 21일 치러진 총리 지명선거에서 제104대 총리로 선출됐다. 이로써 다카이치는 일본이 1885년 의원내각제를 도입한 이래 첫 여성 총리가 됐다. 다카이치는 지난 10월 4일 자민당 총재 선거에서 승리해 당권을 잡았으나, 26년간 이어진 공명당과의 연정 붕괴로 위기를 맞은 바 있다. 그러나 10월 20일 제2야당인 일본유신회가 자민당과 연정을 수립하기로 전격 합의하면서 총리 선출을 사실상 확정했다.

네팔·마다가스카르, Z세대 시위로 정권 전복

네팔에서 Z세대가 주도한 시위로 정권이 붕괴한 데 이어, 마다가스카르에서도 Z세대의 시위로 대통령이 탄핵되며 정권이 전복됐다. 네팔 시위는 9월 정부의 SNS 접속 차단과 부패 의혹에 반발하며 일어났는데, 그 결과로 총리 사임과 의회 해산이 이뤄지며 수습 국면에 들어섰다. 마다가스카르에서도 잦은 단수와 정전에 항의하며 Z세대의 주도로 시작된 시위가 대통령의 사임을 촉구하는 반정부 시위로 격화됐다. 이후 10월 14일 의회가 대통령 탄핵안을 의결하면서 정권 교체를 앞두게 됐다.

정부, 19부·6처·19청으로 개편 검찰청은 내년 10월 폐지

국회가 9월 26일 본회의에서 검찰청 폐지와 기획재정부 분리를 핵심으로 한 「정부조직법 개정안」을 의결했다. 이로써 중앙행정기관은 기존 19부·3처·20청·6위원회에서, 19부·6처·19청·6위원회로 개편됐다. 이에 따르면 기후에너지환경부와 성평등가족부 등 일반 부처 개편은 공포 즉시인 10월 1일부터 시행됐다. 다만 기재부에서 분리되는 재정경제부와 기획예산처는 예산심사 일정과 제도 정비 등을 고려해 내년 1월 2일에, 공소청과 중수청은 내년 10월 2일에 출범할 예정이다.

美 정부, 인텔 지분 10% 획득 인텔 최대 주주 등극

도널드 트럼프 미국 대통령이 8월 22일 최근 경영난을 겪고 있는 자국 반도체 기업 인텔의 지분 10%를 미국 정부가 완전히 소유 및 통제하게 됐다고 밝혔다. 미국 정부가 민간기업의 최대 주주가 되는 것은 극히 이례적이다. 이를 두고 경영난에 빠진 인텔을 되살려 글로벌 반도체산업에서 미국의 주도권을 회복하기 위한 목적이라는 분석이 나온다.

새도약기금 출범 113만 명 빚 16.4조 원 탕감

금융위원회와 한국자산관리공사가 10월 1일 「새도약기금 출범식」을 열고 채권 소각 및 채무조정 지원 계획을 발표했다. 새도약기금은 상환능력을 상실한 연체자 지원을 위해 7년 이상 5000만 원 이하 연체채권을 일괄 매입해, 채무자 상환능력에 따라 소각 등을 진행하는 프로그램이다. 이에 따라 총 16조 4000억 원 규모의 채권이 소각 또는 채무조정될 예정인데, 그 수혜 인원은 약 113만 명에 달할 것으로 예상된다.

10·15 부동산대책 발표 서울·경기 27곳, 3중 규제지역 지정

이재명 정부가 10월 15일 앞선 6·27 대출 규제와 9·7 공급대책에 이은 세 번째 부동산 대책을 발표했다. 이번 대책에 따라 서울 전역과 한강 이남의 경기도 12곳 등 총 27곳이 조정대상지역·투기과열지구·토지거래허가구역으로 묶이게 됐다. 삼중 규제지역으로 지정된 이들 지역의 LTV는 기존 70%에서 40%로 낮아지며, 이들 지역 내 주택담보대출의 스트레스 금리는 1.5%에서 3.0%로 상향 조정된다.

KT 무단 소액결제 및 해킹 사태 「펨토셀」 부실 관리 논란

지난 8월부터 경기 광명시와 서울 금천구 등 수도권 남부지역을 중심으로 KT 이동통신망 이용 고객의 휴대전화에서 무단 소액결제 및 서버 해킹사태가 발생했다. 이번 KT 사고에는 불법 초소형 기지국(펨토셀)이 이용됐으며, 다량의 개인정보 유출이 확인됐다. 무엇보다 지난 4월 2300만 명에 달했던 SK텔레콤 고객정보 유출 사고에 이어 KT에서도 보안사고가 발생하면서, 국내 이동통신업계 전반의 보안체계와 대응능력에 대한 비난이 거세졌다.

〈케이팝 데몬 헌터스〉 넷플릭스 누적 시청 수 1위 등극

9월 3일 넷플릭스 공식 사이트 투둠에 따르면 애니메이션 〈케이팝 데몬 헌터스〉(케데헌)가 누적 시청 수 2억 6600만으로 영화·쇼 부문 역대 콘텐츠 1위에 올랐다. 이는 누적 시청 수 2억 6520만으로 1위를 지켜왔던 〈오징어 게임1〉을 4년 만에 밀어낸 것이다. 이와 함께 케데헌의 메인 테마곡인 〈골든(Golden)〉은 8월 11일 미국 빌보드 메인 싱글차트 핫 100 1위를 시작으로 통산 8주째 1위를 기록하며, 내년도 아카데미 주제가상의 유력 후보로 부상했다.

대전 국정자원 화재 사고, 정부 전산시스템 대거 중단

대전 유성구에 있는 국가정보자원관리원(국정자원) 본원에서 9월 26일 오후 8시 15~20분경 화재가 발생, 정부의 전산시스템이 대거 중단되는 사태가 벌어졌다. 국정자원은 정부와 지방자치단체의 IT 시스템을 관리·운영하는 기관으로, 해당 사고는 전산실 내 리튬이온 배터리에서 발화된 것으로 추정됐다. 무엇보다 화재 발생 시 다른 지역 센터에서 시스템을 이어받아 가동하는 이중화 체계가 제대로 구축되지 않아 피해가 커졌다는 분석이 나온다.

Infographics

매체별 TV프로그램 시청경험 비율 | 방위비 분담금 현황 | 사망원인별 사망률 추이 | 국내 인구 이동 |
국민연금 재정 현황 | 건강보험 재정 및 급여율 | 소방인력 현황

❶ 매체별 TV프로그램 시청경험 비율

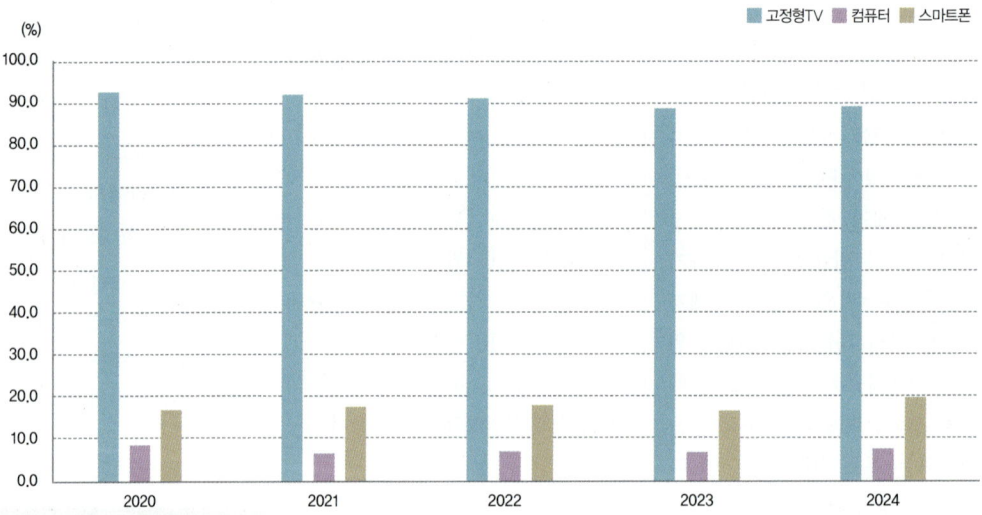

출처: 방송통신위원회 시청점유율 기초조사

📊 지표분석

주요 미디어 기기별 시청경험이란 주요 미디어 기기(가구 내 TV수상기, 컴퓨터, 스마트폰)를 보유하고 있는 가구원의 최근 1개월 내 미디어 기기별 시청경험을 비율로 나타낸 것이다.
2024년도의 TV수상기를 통한 TV프로그램 시청경험은 89.0%로 전년 대비 0.3%p 증가했고, 컴퓨터는 8.2%로 전년 대비 1.4%p 증가, 스마트폰은 19.6%로 전년 대비 2.7%p 증가해 전체적으로 소폭 증가했다.

❷ 방위비 분담금 현황

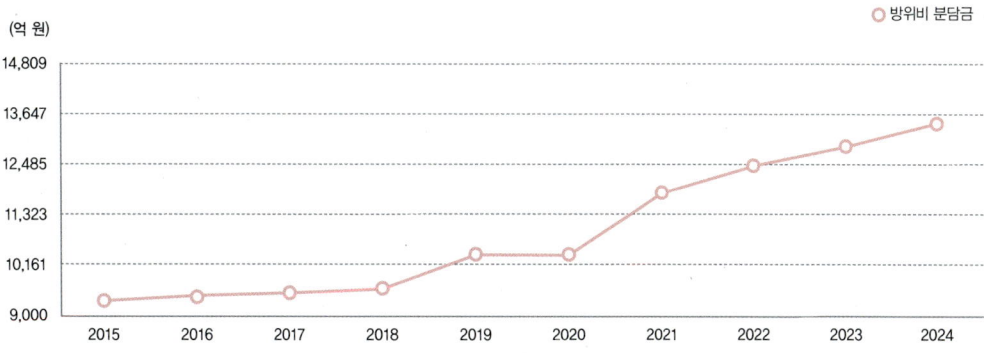

출처: 방위비 분담 특별협정

📊 지표분석

방위비 분담금은 「주한미군주둔군지위협정(SOFA) 제5조(시설과 구역)에 대한 특별협정」에 근거해 지원하는 협의의 분담금이다. 여기서 분담금은 주한미군의 인건비를 제외한 비인적 주둔비용 중 일부를 분담하는 것을 말한다. 1991년 이래 방위비 분담금은 매년 점진적인 증가 추세를 보여 왔다. 2024년 방위비 분담금은 1조 3,463억 원으로 전년 대비 567억 원이 증가했다.

❸ 사망원인별 사망률 추이

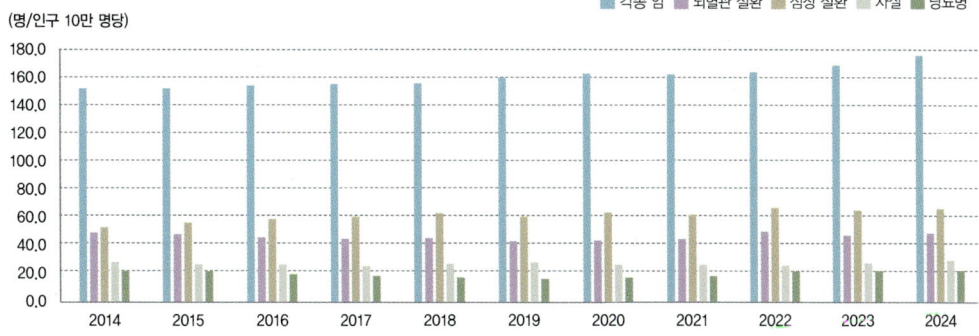

출처: 국가데이터처, 「사망원인통계」

📊 지표분석

2024년 총 사망자 수는 35만 8,569명으로 전년 대비 6,058명(1.7%) 증가했다. 조사망률(인구 10만 명당)은 702.6명으로 전년 대비 13.3명(1.9%) 증가했다.

같은 해 주요 사망원인별 사망률 추이를 살펴보면, 10대(大) 사망원인은 악성신생물(암), 심장 질환, 폐렴, 뇌혈관 질환, 고의적 자해(자살), 알츠하이머병, 당뇨병, 고혈압성 질환, 간 질환, 패혈증 순서다. 전년 대비 간 질환은 순위가 상승해 9위를 기록했고, 패혈증은 하락해 10위를 기록했다. 자살률은 29.1명으로 전년 대비 1.8명(6.6%) 증가했다.

❹ 국내 인구 이동

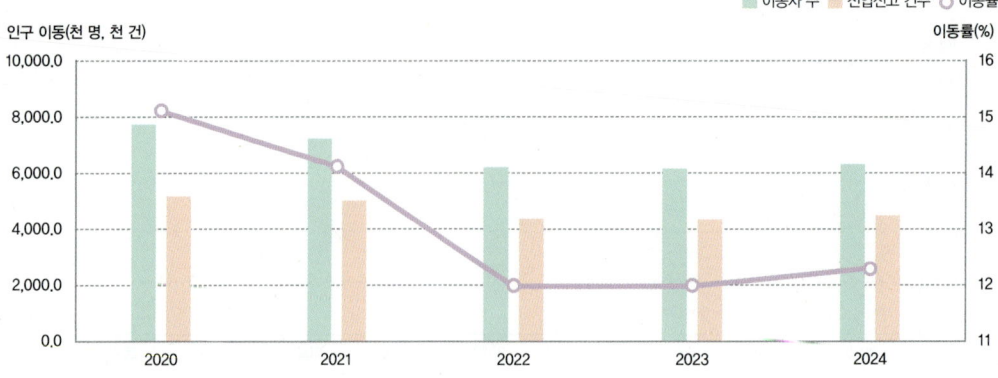

출처: 국가데이터처, 「국내인구 이동통계」

📊 지표분석

국내인구 이동통계는 국내의 일정한 지역에 살던 대한민국 국민이 읍·면·동 경계를 벗어나 국내의 다른 곳으로 거주지를 옮긴 경우를 집계한 것이다.

2024년 이동자 수는 628만 3,000명으로 전년 612만 9,000명보다 0.3%p 증가했다. 2024년 권역별 순이동자 수는 수도권 4만 5,000명, 중부권 1만 6,000명, 호남권 -1만 8,000명, 영남권 -4만 명이다.

한편, 2025년 8월 국내 인구 이동 결과 이동자 수는 49만 3000명으로, 전년 동월 대비 3.5% 감소했다. 시·도별 순이동(전입-전출)은 경기(3,979명), 인천(1,941명), 대전(959명) 등 5개 시·도는 순유입됐고, 서울(-1,815명), 경북(-1,527명), 경남(-1,154명) 등 12개 시·도는 순유출된 것으로 나타났다.

❺ 국민연금 재정 현황

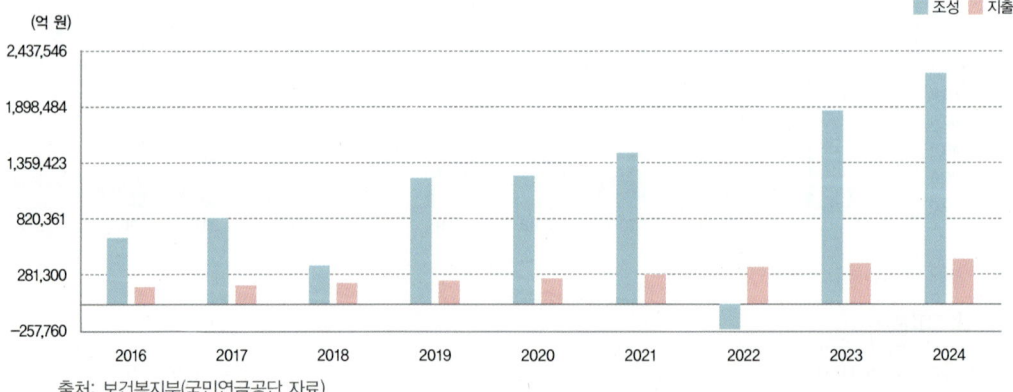

출처: 보건복지부(국민연금공단 자료)

📊 지표분석

국민연금은 사회보험의 일종으로 가입자, 사용자 및 국가로부터 일정액의 보험료를 받고 이를 재원으로 노령연금, 유족연금, 장애연금 등을 지급함으로써 국민의 생활안정과 복지증진을 도모하는 사회보장제도의 하나다. 국민연금기금은 2024년 말 시가 기준 1,212조 8,513억 원이 적립돼 있다. 2024년 말 기준 국민연금기금의 총 수익률은 15.0%(금액가중수익률 기준)이며, 수익금은 159조 7,115억 원으로 나타났다.

❻ 건강보험 재정 및 급여율

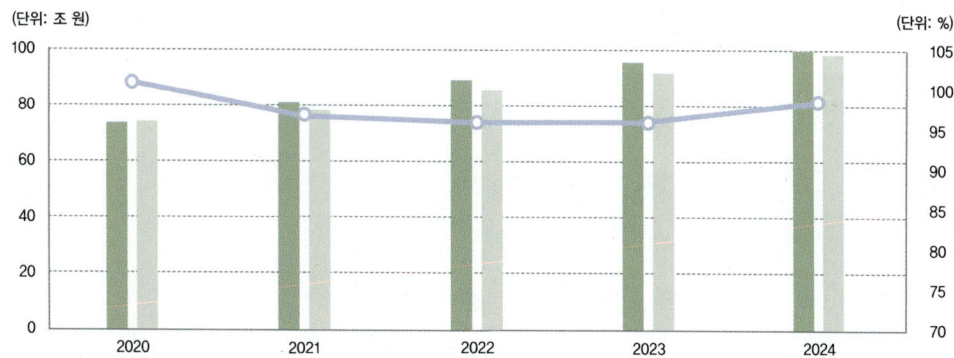

출처: 보건복지부(국민건강보험공단 자료)

🔺 지표분석

건강보험 보장률 추이를 살펴보면 2018년 63.8%, 2019년 64.2%, 2020년 65.3%, 2021년 64.5%, 2022년 65.7%, 2023년 64.9%로 60% 중반대에서 등락을 거듭하고 있는 것으로 나타났다. 한편, OECD 주요 국가의 경상의료비 대비 공공재원 비중은 70% 이상으로 우리나라에 비해 10% 이상 높은 편이다.

❼ 소방인력 현황

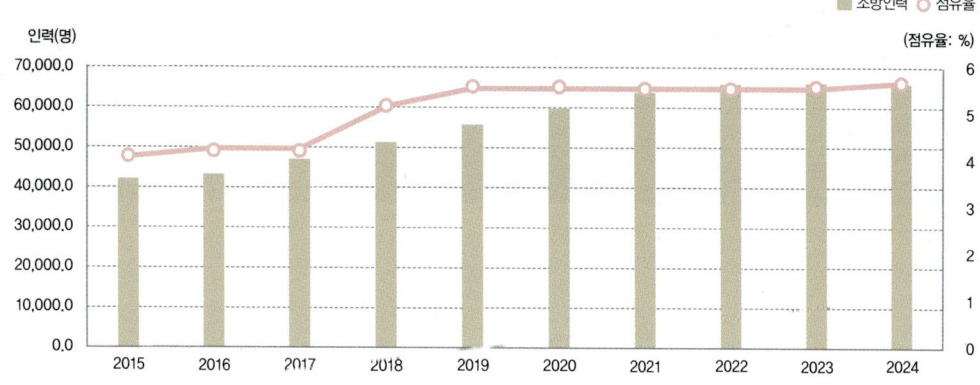

출처: 소방청, 「소방행정자료 및 통계」

🔺 지표분석

소방인력은 현장대응 활동을 위주로 하는 소방공무원(외근 근무자)과 소방정책, 제도개선 및 집행 등을 처리하는 소방공무원을 의미한다. 사회 환경 변화로 화재 등 재난·재해발생 위험요소가 증가함에 따라 국민의 안전서비스 수요도 증가하는 추세다. 지난 10년간(2014~2024년) 소방공무원 정원 수는 약 1.6배 증가했으며, 특히 2017~2022년에는 관서신설·현장 인력 보강 등을 위해 소방공무원 2만 명을 충원한 바 있다.
한편, 2024년 12월 31일 기준 소방공무원 정원은 6만 6,802명으로, 중앙(소방청·소방학교·119구조본부·국립소방연구원)이 728명, 시·도가 6만 6,074명이다.

시사 클로즈 UP

2025년 노벨상

125회째를 맞이한 2025년 노벨상이 10월 6일 생리의학상 발표를 시작으로 물리학(8일), 화학(9일), 문학(10일), 평화(11일), 경제학상(14일) 순서로 발표되며 수상자 선정을 마무리했다. 올해 노벨상 수상자들에게는 상금 1100만 크로나(약 13억 5000만 원)와 함께 메달·증서가 수여되며, 시상식은 관례대로 노벨의 기일인 12월 10일을 낀 「노벨 주간」에 스웨덴 스톡홀름과 노르웨이 오슬로(평화상)에서 열리게 된다.

노벨상은 스웨덴의 화학자이자 다이너마이트 발명가였던 알프레드 노벨(1833~1896)의 유언에 따라 평화·문학·화학·물리학·생리의학·경제학 등 6개 부문에서 인류에 공헌을 한 사람(평화상은 단체나 조직에도 수상 가능)에게 수여되는 상이다. 수상자 심사 및 선정은 분야별로 다르게 이뤄지는데, ▷물리학·화학·경제학상은 스웨덴 왕립과학원이 ▷생리의학상은 스웨덴 카롤린의학연구소가 ▷문학은 스웨덴 한림원이 ▷평화상은 노르웨이 국회가 선출한 5인 위원회가 맡고 있다.

노벨 평화상
_ 마리아 코리나 마차도

노르웨이 노벨위원회가 10월 10일 베네수엘라 국민들의 민주적 권리를 증진하고 독재 체제를 평화적으로 민주주의로 전환하기 위해 투쟁한 공로로, 베네수엘라 야권 지도자인 마리아 코리나 마차도(Maria Corina Machado·58) 전 국회의장을 노벨 평화상 수상자로 선정했다고 밝혔다. 「베네수엘라 철의 여인」으로 불리고 있는 마차도는 이로써 1901년 시상을 시작한 노벨 평화상의 106번째 수상자가 됐다.

한편, 마차도의 수상에 따라 도널드 트럼프 미국 대통령의 평화상 수상은 불발됐다. 트럼프 대통령은 집권 1기 때부터 노벨 평화상 수상 의욕을 강하게 드러냈는데, 지난 1월 재집권 후에도 우크라이나와 가자지구 전쟁 등 여러 국가의 분쟁을 종식시키는 데 자신이 큰 역할을 했다며 수상을 공공연히 요구해 왔다.

▲ 마리아 코리나 마차도

베네수엘라 야권 지도자, 마리아 코리나 마차도

1967년 베네수엘라 수도 카라카스에서 태어난 마차도는 니콜라스 마두로 베네수엘라 대통령의 철권통치에 맞서고 있는 정치인이다. 2002년 투표 감시 단체 「수마테」를 설립하며 정계에 입문했으며, 2011~2014년까지는 국회의원으로 재직했다. 그는 의원으로 활동할 당시 사법독립과 인권을 강력히 주장하면서 2014년에는 의회에서 축출당하는 시련을 겪기도 했다. 그러다 2024년 대선을 앞두고 마두로 대통령의 대항마로 부상했으나, 베네수엘라 대법원으로부터 15년간 공직 피선거권 박탈 처분을 받아 뜻을 이루지 못했다. 이러한 상황에서 치러진 2024년 대선은 부정선거 논란 속에 마두로의 승리로 막을 내렸고, 이후 마차도는 베네수엘라에 은신하며 민주화운동을 지속 중인 것으로 알려졌다.

노벨 문학상
_ 라슬로 크러스너호르커이

스웨덴 한림원이 10월 9일 올해 노벨 문학상 수상자로 헝가리 작가 라슬로 크러스너호르커이(Laszlo Krasznahorkai·71)를 선정했다고 발표했다. 헝가리 작가의 노벨 문학상 수상은 2002년 임레 케르테스(1929~2016) 이후 23년 만으로, 한림원은 「묵시록적 공포 속에서 예술의 힘을 재확인한 강렬하고도 선구적인 작품」이라며 선정 이유를 밝혔다. 동유럽 현대문학의 거장인 크러스너호르커이는 1985년 《사탄탱고》로 데뷔해 종말론적 불안과 실존을 묘사하며 명성을 쌓은 작가로, 2015년에는 헝가리 작가 최초로 맨부커상(현 부커상) 인터내셔널 부문을 수상한 바 있다.

2025년 노벨상 수상자 개관

구분	수상자	수상 업적
평화상	마리아 코리나 마차도(베네수엘라)	베네수엘라 국민들의 민주적 권리 증진
문학상	라슬로 크러스너호르커이(헝가리)	종말론적 불안과 실존 탐구
물리학상	존 클라크(영국), 미셸 드보레(미국), 존 마티니스(미국)	거시적 양자현상 발견
화학상	기타가와 스스무(일본), 리처드 롭슨(영국), 오마르 M. 야기(미국)	금속-유기 골격체(MOF) 개발
생리의학상	메리 브렁코(미국), 프레드 램즈델(미국), 사카구치 시몬(일본)	「조절 T세포」의 존재 규명
경제학상	조엘 모키어(미국), 필리프 아기옹(프랑스), 피터 하윗(캐나다)	신기술을 통한 지속가능 성장 연구

라슬로 크러스너호르커이의 작품 세계

1954년 헝가리 줄라에서 태어난 크러스너호르커이는 1976~1983년까지 부다페스트대에서 문학을 공부했다. 그러다 1985년에 공산주의 붕괴 직전 농장 주민들의 절망을 형상화한 첫 번째 소설 《사탄탱고》를 내놓았으며, 1989년에는 한 계곡에 자리 잡은 헝가리 마을의 집단적 공포와 광기를 그려낸 《저항의 멜랑콜리》를 발표했다. 이후 헝가리 최고 권위 문학상인 코슈트문학상(2004)과 독일 브뤼케 베를린문학상(2010) 등을 수상한 그는 2015년 헝가리 작가 최초로 맨부커상(현 부커상) 인터내셔널 부문을 수상하면서 국제적으로 주목받기 시작했다. 그의 작품은 난해한 문체와 종말론에 대한 상상을 특징으로 하는데, 한림원은 그에 대해 「프란츠 카프카에서 토마스 베른하르트로 이어지는 중부유럽 문학의 전통을 잇는 위대한 작가」라며 「부조리함과 그로테스크한 과잉이 작품의 특징」이라고 설명했다.

한편, 우리나라에는 작가의 대표작 《사탄탱고》(1985)를 비롯해 《저항의 멜랑콜리》(1989), 《서왕모의 강림》(2008), 《라스트 울프》(2009), 《세계는 계속된다》(2013), 《벵크하임 남작의 귀향》(2016) 등 총 여섯 작품이 알마 출판사에 의해 번역 출간됐다.

▲ 라슬로 크러스너호르커이

"나는 아마 지옥에서 아름다움을 추구하는 독자를 위한 작가인 듯하다."
- 2015년 부커상 수상 소감 중에서

노벨 물리학상
_ 거시적 양자현상 발견한 과학자들

스웨덴 왕립과학원 노벨위원회가 10월 7일 ▷존 클라크(John Clarke·83) 미국 버클리 캘리포니아대 교수 ▷미셸 드보레(Michel Devoret·71) 미국 예일대 명예교수 ▷존 마티니스(John Martinis·67) 미국 산타바바라 캘리포니아대 명예교수 등 3인을 노벨 물리학상 수상자로 선정했다고 밝혔다. 위원회는 이들의 수상 이유로 「거시적 양자역학적 터널링과 전기회로에서의 에너지 양자화의 발견」 공로를 꼽았다. 위원회는 이들의 실험이 양자암호, 양자컴퓨터, 양자센서 등 차세대 양자기술 개발의 기회를 제공했다고 설명했다.

한편, 양자컴퓨터 분야에서 노벨상 수상자가 나온 것은 2022년 이후 3년 만으로, 이는 통상 노벨위원회가 같은 분야에서 연달아 수상자를 선정하지 않는 점을 감안할 때 극히 이례적이라는 평가가 나온다.

3인의 수상 업적은?

노벨 물리학상 수상자로 선정된 3인의 과학자는 1984~1985년 전기저항이 0인 물질인 「초전도체」로 만든 전자회로를 이용, 아주 작은 양자 수준의 미시 세계에서나 발견되던 양자 터널링 현상을 거시적인 초전도체에서 구현해

▲ (왼쪽부터) 존 클라크, 미셸 드보레, 존 마티니스

냈다. 「양자 터널링」은 전자가 고전 물리학적으로는 통과할 수 없는 에너지 장벽을 실제로 통과하는 현상을 의미한다. 원래 중첩과 얽힘, 터널링과 같은 양자 현상은 눈에 보이지 않는 아주 작은 원자나 전자의 세계에서만 일어난다고 인식돼 왔다. 그러나 이들은 초전도체로 만든 전자회로에 절연막을 끼운 「조지프슨 접합 구조」를 개발해 초전도체에서 양자 터널링 현상을 구현하는 데 성공한 것이다. 특히 마티니스 교수는 이 회로를 발전시켜 양자컴퓨터의 기본 단위인 「큐비트(Qubit)」를 구현한 바 있다. 0과 1을 동시에 표현할 수 있는 큐비트는 오늘날 구글과 IBM이 개발 중인 양자컴퓨터의 핵심 기반 기술로 이어졌다. 이들은 또 회로가 에너지를 흡수하거나 방출할 때 연속적인 값이 아닌 일정한 단위의 에너지만 교환하는 「에너지 양자화」도 발견했다.

양자역학

원자·분자·소립자 등의 미시적 대상에 적용되는 역학으로, 고전역학으로 설명되지 않는 현상에 대한 정확한 설명을 제공한다. 이는 1925년 독일의 물리학자 베르너 하이젠베르크가 행렬역학을 발표하며 양자역학의 기초를 세웠을 때부터 시작된 것으로 여겨진다. 이에 유엔은 양자역학 100주년인 올해를 「세계 양자과학 및 기술의 해(IYQ)」로 지정한 바 있다.

노벨 화학상
_ 금속-유기 골격체 개발한 과학자들

스웨덴 왕립과학원 노벨위원회가 10월 8일 금속-유기 골격체(MOF·Metal-Organic Frameworks)를 개발한 ▷기타가와 스스무(Kitagawa Susumu·74) 일본 교토대 교수 ▷리처드 롭슨(Richard Robson·88, 영국) 호주 멜버른대 교수 ▷오마르 야기(Omar M. Yaghi·60) 미국 UC버클리대 교수 등 3인을 노벨 화학상 수상자로 선정했다고 발표했다. 노벨위원회는 수상자들의 획기적인 발견은 인류가 직면한 가장 큰 과제를 해결하는 데 기여할 가능성이 있다고 평가했다.

▲ (왼쪽부터) 기타가와 스스무, 리처드 롭슨, 오마르 야기

3인의 수상 업적은?

올해 노벨 화학상을 수상한 과학자 3인의 공동 업적은 「분자 레고」로 불리는 혁신적 다공성 물질인 「금속-유기 골격체(MOF)」를 발명한 것이다. 이는 금속이온과 유기분자가 결합해 만들어지는 3차원의 결정 구조체로, 물질 내부 빈 공간의 크기와 화학적 특성을 원하는 대로 설계할 수 있어 「맞춤형 물질」을 만들 수 있다. 이 기술은 현재 대기 중 이산화탄소 포집, 수중 유해물질 제거, 위험 가스의 안전한 운반 등에 활용되고 있다. 다만 대량생산에 많은 비용이 들고 제조 공정이 복잡하다는 한계도 있으나, 최근 기술 발전으로 상용화 가능성이 높아지고 있다. MOF를 창조한 선구자로 꼽히는 롭슨 교수는 1989년 금속과 유기 분자를 연결해 무한히 확장되는 네트워크 구조로 만들 수 있다는 개념을 처음 제시했다. 그의 접근법은 「망상 기반(Net-based)」 설계라 불리며, 이후 MOF 구조 설계의 이론적 토대가 됐다. 이어 기타가와 교수는 이 금속-유기 골격체가 실제로 기체 분자를 선택적으로 흡착하고 방출할 수 있는 「다공성」을 지녔다는 사실을 1997년 처음 증명했다. 그리고 야기 교수는 매우 안정적이면서도 넓은 표면적(1g당 축구장 넓이)을 지닌 최초의 고안정성 금속-유기 골격체(MOF-5)를 개발하는 데 성공했다. 또 분자 구성단위를 레고처럼 조립해 원하는 구조와 기능을 갖는 물질을 만드는 「망상 화학(Reticular Chemistry)」이라는 새로운 학문 분야를 창시하기도 했다.

노벨 생리의학상
_ 말초 면역관용 연구한 생명과학자들

스웨덴 카롤린스카 연구소 노벨위원회가 10월 6일 면역체계가 자기 자신을 공격하지 않도록 조절되는 원리인 「말초 면역관용(Peripheral Immune Tolerance)」을 발견한 ▷메리 브렁코(Mary Brunkow·64) 미국 시스템생물학연구소(ISB) 수석 프로그램 매니저 ▷프레드 램즈델(Fred Ramsdell·65) 미국 소노마 바이오테라퓨틱스 과학 고문 ▷사카구치 시몬(Sakaguchi Shimon·74) 일본 오사카대 석좌교수 등 3인을 노벨 생리학상 수상자로 선정했다고 밝혔다. 노벨위원회는 이들이 면역세포가 우리 몸을 공격하는 것을 막는 면역체계의 경비병인 「조절 T세포」의 존재를 밝혀내 암과 자가면역질환 치료법 개발에 기여했다고 설명했다.

3인의 수상 업적은?

3인의 수상자는 면역 시스템의 경비원이라고도 불리는 「조절 T세포」를 발견해 「말초 면역관용」이라는 새로운 연구 분야를 열면서, 자가면역질환의 이해와 치료에 중요한 전환점을 마련했다. 「면역관용」은 면역세포들이 염증 반응을 외부 항원에 한해서만 일으키고 자기 자신을 공격하지 않는 상태를 유지하는 것으로, 중추 혹은 말초에서 일어나느냐에 따라 그 종류가 나뉜다. 1995년 당시 연구자들은 말초가 아닌 중추 쪽에서만 면역관용이 일어난다고 봤으나 사카구치 교수는 말초 면역관용도 존재한다는 주장을 제시하고, 이것이 인체를 자가면역질환으로부터 보호한다는 사실을 밝혀냈다. 뒤이어 2001년 브렁코와 램즈델은 쥐 실험을 통해 「Foxp3」라는 특정 유전자 돌연변이가 심각한 자가면역질환을 일으킨다는 사실을 발견했다. 이후 2년 뒤인 2003년에 사카구치 교수는 Foxp3 유전자가 자신이 1995년에 발견한 면역세포 발달 조절에 핵심 역할을 한다는 점을 밝혀내면서 여기에 「조절 T세포」라는 이름을 붙였다. 이에 따르면 조절 T세포는 다른 면역세포를 감시하고, 몸의 면역체계가 자신의 조직을 스스로 공격하지 않도록 감시하는 역할을 한다. 이들 3인의 발견은 암과 자가면역질환 치료제 개발의 기반이 됐으며, 일부는 임상 단계에 있는 것으로 알려졌다.

T세포

B세포의 항체 생성을 조정하거나 세포의 면역을 담당하는 세포로, 「T임파구」라고도 한다. 면역응답에 관여하는 임파구에는 T세포와 B세포가 있는데, B세포는 체내에 침입한 세균이나 바이러스에 대해 항체를 만드는 역할을 한다. 그리고 T세포는 항체를 만들지 않는 대신 B세포에 정보를 제공해 항체 생성 조력자 역할을 하는 것을 비롯해 직접 이물(異物)을 파괴하는 면역 기능까지 행한다. 이 T세포에 이상이 생기면 면역부전, 알레르기 증식성 면역질환 등이 발생한다.

자가면역질환

우리 몸의 면역 체계가 외부 침입자(세균·바이러스 등)가 아니라, 자신의 세포나 조직을 적으로 착각하고 공격하는 질환을 말한다. 전신홍반루푸스, 류마티스관절염, 제1형 당뇨병, 다발성 경화증 등이 이에 해당한다. 자가면역 반응 결과 발생하는 주요 변화로는 ▷염증 ▷조직 손상 ▷기관 기능 저하 등이 있는데, 해당 반응은 일시적인 것이 아니라 만성적이고 재발성으로 이어지는 경우가 많다.

▲ (왼쪽부터) 메리 브렁코, 프레드 램즈델, 사카구치 시몬

노벨 경제학상
_ 혁신을 통한 지속성장 연구한 경제학자들

스웨덴 왕립과학원이 10월 13일 신기술을 통한 지속가능성장 연구에 공을 세운 ▷조엘 모키어(Joel Mokyr·79) 미국 노스웨스턴대 교수 ▷필리프 아기옹(Philippe Aghion·69, 프랑스) 프랑스 인시아드 및 런던정치경제대(LSE) 교수 ▷피터 하윗(Peter Howitt·79, 캐나다) 미국 브라운대 교수 등 3인을 노벨 경제학상 수상자로 선정했다고 밝혔다. 왕립과학원은 3인의 수상자에 대해 혁신이 어떻게 추가적인 발전을 위한 원동력을 제공하는지 설명한다고 밝혔다. 그러면서 모키어 교수에 대해서는 「기술 진보를 통해 지속 가능한 성장의 전제조건을 파악한 공로」를 높이 평가했으며, 아기옹과 하윗 교수에 대해서는 「창조적 파괴를 통한 지속 가능한 성장 이론」을 수립한 공로를 인정했다고 설명했다.

의 기술혁신을 통한 성장모델을 구축했다. 이들은 기존 기업들이 새로운 기술의 등장으로 경쟁에서 밀려나는 혁신은 창조적이지만 파괴적이기도 하다는 점을 규명했다. 그러면서 이와 같은 창조적 파괴가 일으키는 갈등을 어떻게 관리하느냐가 지속 가능한 성장의 관건이 된다는 점을 제시했다.

▲ (왼쪽부터) 조엘 모키어, 필리프 아기옹, 피터 하윗

3인의 수상 업적은?

1946년 네덜란드에서 태어난 이스라엘계 미국인인 모키어 교수는 경제사학 분야의 석학으로, 18세기 유럽 경제성장의 배경을 밝혀낸 공로를 인정받았다. 그는 저서 《성장의 문화》를 통해 문화의 차이가 17~18세기 서유럽과 아시아 경제발전의 격차를 만들었다고 분석했다. 그는 새로운 발견과 발명이 자기 발전적 혁신으로 이어지기 위해서는 과학적 설명이 바탕이 되어야 하며, 기존의 질서를 파괴할 수 있는 개방적 사회 분위기가 혁신적 성장의 필수적 전제조건이라고 주장했다. 특히 산업혁명의 원인을 단순한 기술혁신이 아닌, 계몽주의 시대의 지식문화와 아이디어의 확산에서 찾기도 했다.

아기옹 교수와 하윗 교수는 1910년대에 나온 창조적 파괴 이론을 현대적으로 재구성한 연구자들이다. 이들은 1992년 공동으로 발표한 「창조적 파괴를 통한 성장모델」이라는 논문에서 기업

알아두면 쓸모있는 노벨상 이모저모

노벨상 역대 최다관왕은?

노벨상 역대 최다관왕은 개인이 아닌 기구로, 국제적십자위원회가 평화상을 3번 수상했다(1917·1944·1963년). 개인으로는 마리 퀴리(1903년 물리학상, 1911년 화학상), 존 바딘(1956·1972년 물리학상), 프레더릭 생어(1958·1980년 화학상), 라이너스 폴링(1954년 화학상, 1962년 평화상), 유엔 난민고등판무관(1954·1981년 평화상) 등이 2차례 노벨상을 받은 바 있다.

노벨상 사후 수상자는?

지금까지 사후에 노벨상을 수상한 사람은 단 3명이다. 1974년 사후에 수상하지 않는다는 정관이 마련되기 전에는 다그 함마르셸드 유엔 사무총장(1961년 평화상)과 스웨덴 시인인 에리크 악셀 칼펠트(1931년 문학상)가 사후에 상을 받은 바 있다. 그러다 해당 정관이 마련된 후에는 2011년 랠프 스타인먼이 노벨 생리의학상을 받았는데, 그는 노벨상 수상자 발표 3일 전 사망했지만 이 사실이 알려지지 않아 수상자 명단에 포함됐다.

가족이 받은 노벨상?

노벨위원회에 따르면 부부·부자·형제 등이 노벨상을 받은 경우는 모두 11가족이다. 이들 중 최다 수상 집안은 2대에 걸쳐 5개의 노벨상을 수상한 마리 퀴리 일가이다. 마리 퀴리는 1903년 남편인 피에르 퀴리와 프랑스 물리학자인 앙투안 앙리 베크렐과 함께 방사선을 발견한 공로로 노벨 물리학상을 받았으며, 1911년에는 라듐과 폴로늄을 발견해 노벨 화학상을 받았다. 이후 1935년에는 장녀인 이렌 졸리오 퀴리가 남편인 장 프레데리크 졸리오와 함께 인공방사능 발견 등으로 화학상을 받았다. 이 밖에 영국 물리학자 조지 톰슨은 아버지(J. J. 톰슨, 1906년 물리학상)의 연구 결과를 뒤집은 성과로 1937년 물리학상을 수상했다. 2006년에는 미국 스탠퍼드대의 로저 콘버그 교수가 1959년 노벨 생리의학상을 받은 아버지 아서 콘버그에 이어 화학상을 받기도 했다.

노벨상에는 왜 수학 분야가 없을까?

알프레드 노벨은 생전 노벨상의 분야를 물리·화학·생리의학·평화·문학으로 정했다. 여기에 1969년 그의 유언과는 무관하게 스웨덴 중앙은행이 별도 기금을 마련해 경제학상을 추가하면서 총 6개 부문에서 수상이 이뤄지고 있다. 다만 수상 분야에 수학이 없는 것에 대해서는 ▷노벨이 수학자와 연적 관계였기 때문 ▷노벨이 당시 유명 수학자였던 미타그 레플러와 앙숙 관계였기 때문 ▷노벨이 수학에 관심이 없었기 때문이라는 여러 추측들만 전해지고 있다.

노벨상은 왜 사진 대신 초상화로 수상자를 발표할까?

노벨상 측이 수상자의 실제 사진 대신 초상화를 쓰는 것은 발표 직전이라 할지라도 사진을 미리 촬영하며 발생할 수 있는 수상자 유출을 미연에 방지하기 위해서다. 현재 노벨위원회에서 공개하는 수상자들의 공식 초상화는 스웨덴 출신의 화가 니클라스 엘메헤드가 독점 제작하고 있다. 그는 2012년 노벨위원회 소속 미디어 아트 디렉터로 채용된 이

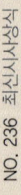

후 매년 노벨상 수상자 초상화를 그려왔다. 그가 그리는 초상화는 2017년 전까지는 노벨상의 상징색 중 하나인 파란색을 썼지만, 2017년에 노벨상 수상자 발표 공식 색상이 금색으로 정해지면서부터는 금색으로 바뀌었다.

노벨상을 포기한 사례가 있다?

세계 최고의 영예인 노벨상이지만, 이를 포기한 사례도 있다. 우선 타의로 포기한 사례는 대부분 나치 독일과 소련 등 당시 독재정권의 압박이 원인이 됐는데, 대표적으로 독일의 작가이자 언론인이었던 카를 폰 오시에츠키를 들 수 있다. 그는 1936년에 노벨평화상 수상자로 선정됐으나, 아돌프 히틀러가 반(反)나치 작가를 수상자로 선정한 것은 독일인에 대한 모독이라 비난하면서 모든 독일인의 노벨상 수상을 금지한다는 명령을 내렸다. 이에 리하르트 쿤(1938년 화학상), 아돌프 부테난트(1939년 화학상), 게르하르트 도마크(1939년 생리의학상) 등이 타의로 상을 받지 못했다. 또 소설《닥터 지바고》등으로 잘 알려진 러시아의 작가 보리스 파스테크나크는 1958년 노벨 문학상 수상자로 선정됐으나, 당시 소련 정부의 압력과 소련작가동맹의 거센 비판에「조국을 떠나는 것은 내게 죽음과 같다」는 탄원서를 쓰며 노벨상을 포기했다. 그리고 2010년 중국인 최초로 노벨 평화상 수상자로 선정된 류샤오보(劉曉波) 역시 중국 정부의 방해로 상을 받지 못했다.

한편, 1964년 노벨 문학상 수상자로 선정된 프랑스 작가 장 폴 사르트르처럼 자의로 수상을 거부한 사례도 있다. 당시 사르트르는 노벨상의 서양편중과 문학의 제도권 편입에 반대한다는 명목으로 수상을 거부했는데, 그는 노벨상뿐 아니라 공식적인 상은 줄곧 거부했다.

노벨상(Nobel Prize) 개관

개최 원년	1901년(경제학상은 1969년)
개최 시기	매년 12월 10일(노벨 사망일)
개최 장소	스웨덴 스톡홀름(평화상은 노르웨이 오슬로)
시상 분야	평화, 문학, 생리의학, 물리학, 화학, 경제학(6개 부문)
수상자 심사	• 평화상: 노르웨이 노벨위원회 • 문학상: 스웨덴 아카데미(한림원) • 생리의학상: 스웨덴 카롤린의학연구소 • 물리학·화학·경제학상: 스웨덴 왕립과학원
시상식	• 주로 스웨덴 국왕이 시상하며 소개사는 수상자의 모국어로, 추천사는 스웨덴어로 함 • 수상자는 수상 후 6개월 이내에 수상 업적에 대해 강연해야 하며, 강연 내용의 저작권은 노벨재단에 귀속됨 • 수상자에게는 금메달과 상금, 상장이 수여되며 상금은 1100만 크로나
특징	• 한 분야에서 최대 3명까지만 수상이 가능하고, 수장자가 발표 당시 생존해 있어야 함 • 평화상의 경우 단체에 수여되기도 하고, 기준에 맞는 후보가 없으면 건너뛰고 다음해로 넘어가기도 함 • 노벨상 수상자 최종 결정은 번복되지 않으며 자진 추천도 불가능함

최신 주요 시사

최신 주요 시사

8월 / 9월 / 10월

정치시사 / 경제시사 / 사회시사 / 문화시사
스포츠시사 / 과학시사 / 시시비비(是是非非)
시사용어 / 시사인물

정치시사

Politics

2025. 8.~ 10.

이스라엘-하마스, 가자전쟁 1단계 휴전안 합의
하마스 무장 해제와 이스라엘 철군 등 향후 난관

이스라엘과 팔레스타인 무장정파 하마스가 10월 8일 도널드 트럼프 미국 대통령이 지난 9월 29일 제안한 「20개 항목의 가자 평화구상」 3단계 중 1단계에 합의하면서, 13일 양측의 인질 및 수감자 석방이 이뤄졌다. 그리고 트럼프 대통령은 10월 13일 이집트에서 열린 가자지구 휴전 관련 정상회의에 참석, 유럽 등 세계 20개국 정상이 지켜보는 가운데 가자지구 휴전을 위한 「가자 평화선언」에 서명했다.

다만, 이스라엘과 하마스의 1단계 합의는 이뤄졌으나 하마스 무장 해제 및 팔레스타인 과도정부 수립 등이 포함된 2단계를 넘어 최종 평화 공존에 이르기까지는 난관이 많다는 관측이 나온다. 실제로 이스라엘과 하마스는 2023년 10월 가자전쟁 개시 이후 두 차례의 휴전 합의를 이뤘으나, 구체적 실행 단계에서 모두 좌초된 바 있다.

📎 **가자전쟁 주요 일지**

2023.	10. 7.	하마스, 이스라엘 공습 → 이스라엘, 가자지구에 보복공습 개시
	11. 29.	이스라엘·하마스, 교전 일시 중단 및 인질 일부 석방 합의
	12. 1.	휴전 종료, 교전 재개
2024.	7. 31.	이스라엘, 하마스 정치 지도자 이스마일 하니야 암살
	10. 16.	이스라엘, 하마스 지도자 야히야 신와르 암살
2025.	1. 19.	이스라엘·하마스, 가자지구 1단계 휴전 돌입 (3월 1일 종료)
	3. 18.	이스라엘, 가자지구 공격 재개
	5. 16.	이스라엘, 「기드온의 전차」 작전 개시
	9. 15.	이스라엘, 가자시티에서 지상작전 본격 개시
	29.	트럼프 美 대통령, 가자 평화구상 제시
	10. 8.	이스라엘·하마스, 가자 평화구상 1단계 합의
	13.	이스라엘·하마스, 인질 및 수감자 석방

💡 2023년 10월 7일 가자전쟁 개시 이후 지금까지 이스라엘에서는 민간인 700여 명을 포함해 약 1200명이 사망하고 251명의 인질이 가자지구로 끌려갔으며, 가자지구에서는 팔레스타인 6만 7000명 이상이 사망하고 지역의 70%가 완전히 파괴됐다. 여기에 이스라엘이 가자지구를 넘어 레바논·시리아·이라크·예멘·이란에 이어 미국의 동맹국인 카타르까지 공격하면서 전선은 중동 전역으로까지 확대됐다.

휴전 1단계 합의와 인질·수감자 석방 과정

트럼프 대통령은 지난 9월 29일 이스라엘과 하마스 양측의 인질 및 구금자 석방, 하마스 무장 해제, 이스라엘의 단계적 철군, 가자지구 전후 통치체제 등 3단계로 구성된 「가자 평화구상」을 제시했다. 이에 이스라엘과 하마스는 10월 6일부터 이집트 홍해 휴양지인 샤름엘셰이

트럼프 대통령의 「가자 평화구상」 단계

1단계	• 이스라엘 인질 송환 및 팔레스타인 수감자 석방 • 이스라엘군, 1단계 철수선까지 후퇴
2단계	• 하마스의 완전한 무장 해제 • 팔레스타인 과도정부 수립 • 이스라엘군, 2단계 철수선까지 후퇴
3단계	• 가자지구 재건, 팔레스타인 자치정부에 통치권 이양 • 이스라엘군 완전 철군

크에서 이집트·카타르 등의 중재하에 인질 석방과 휴전을 위한 협상을 진행해 왔는데, 8일에 1단계 합의가 이뤄진 것이다. 1단계 합의에 따라 하마스와 이스라엘은 10월 13일 인질과 수감자 석방을 단행했다. 하마스가 가자지구에 억류해온 인질은 인질 1명의 유해를 포함해 모두 48명(생존 인질 20명, 사망 인질 28명)으로 알려졌으며, 이번에 생존 인질 20명이 석방됐다. 또 이스라엘도 종신형을 선고받은 250명을 포함해 팔레스타인 수감자 1966명을 석방했다.

가자전쟁 휴전, 향후 난관은? 인질 송환 등이 담긴 트럼프 중재안의 1단계는 완료됐지만, 하마스 무장 해제가 포함된 2단계 합의부터는 난항이 예상된다. 2단계는 하마스의 무장 해제와 동시에 가자지구 통치 배제가 이뤄지고, 독립적인 국제 감시단의 감독하에 팔레스타인 기술 관료들이 주도하는 민간 과도정부를 수립하는 내용을 담고 있다. 하지만 하마스는 팔레스타인 국가 수립의 명확한 시한과 보장 없이는 무장 해제를 논의할 수 없다는 입장이다. 그리고 이스라엘은 하마스의 무장 해제 없이 영구적인 종전은 없다는 입장인 데다, 팔레스타인 국가 수립 자체도 반대하고 있다.

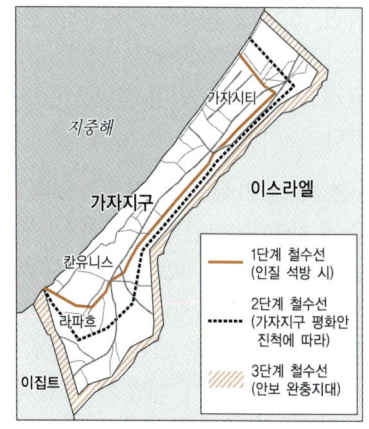

▲ 트럼프 가자 평화구상의 이스라엘군 철수 계획

휴전안 합의 전까지 가자전쟁 주요 전황

이스라엘, 기드온의 전차 2단계 실시	기드온의 전차(Gideon's Chariot)는 팔레스타인 가자지구 점령과 무기한 주둔을 핵심으로 하는 이스라엘의 군사 작전이다. 이스라엘은 8월 20일 기드온의 전차 작전 2단계를 시작한다고 밝혔는데, 이스라엘은 앞서 5월 시작된 기드온의 전차 1단계 작전을 통해서는 가자지구의 75%가량을 점령한 바 있다.
이스라엘, 서안지구 유대인 정착촌 조성 발표	이스라엘이 8월 20일 가자시티 공습과 함께 요르단강 서안지구 E1 지역에 주택 약 3400호를 포함한 정착촌을 조성하는 계획과 아샤헬 정착촌에 342호를 짓는 계획을 승인했다. E1 지역은 예루살렘과 이스라엘 대형 정착촌인 밀레아두밈 사이에 위치한 곳으로, 이 지역에 유대인 정착촌이 들어서면 서안지구가 남북으로 단절돼 팔레스타인 독립국가 건설이 어려워지게 된다.
이스라엘, 중재국 카타르 전격 공습	이스라엘이 9월 9일 팔레스타인 무장정파 하마스의 고위급 인사를 겨냥해 중재국인 카타르 수도 도하를 전격 공습했다. 그러나 카타르는 미국의 동맹국이자 휴전 중재국이라는 점에서 해당 공격은 국제사회에 큰 파장을 일으켰다.
이스라엘, 가자시티 지상 공격 개시	이스라엘이 9월 15일 가자시티에 지상군을 전격 투입, 이 지역을 점령하기 위한 지상공격을 시작했다. 특히 이스라엘의 공격은 마코 루비오 미국 국무장관이 이스라엘을 방문 중인 가운데 이뤄진 것으로, 트럼프 행정부의 사전 승인을 받은 것으로 전해졌다.

영국·프랑스 등 팔레스타인 국가 인정 선언
우리나라는 입장 유보

영국·캐나다·호주·포르투갈 등 4개국이 9월 21일 팔레스타인을 국가로 공식 승인한 데 이어 22일에는 프랑스가 해당 대열에 합류했다. 이로써 주요 7개국(G7) 가운데 3개국(영국·프랑스·캐나다)이, 유엔 안전보장이사회(안보리) 5개 상임이사국 중에서는 미국을 제외한 4개국(중국·러시아·영국·프랑스)이 팔레스타인을 국가로 인정하는 움직임에 동참했다. 특히 이번 결정에 따라 대외정책에서 대체로 단결해 온 영미권 안보동맹체 파이브아이스(미국·영국·캐나다·호주·뉴질랜드)와 오커스(미국·영국·호주)는 중동 문제를 두고 입장이 갈리게 됐다.

한편, 도널드 트럼프 미국 대통령과 베냐민 네타냐후 이스라엘 총리는 서방 국가들의 잇따른 팔레스타인 국가 인정 선언을 두고 강하게 반발했다.

서방 국가들의 팔레스타인 국가 인정, 왜? 서방 주요 국가들은 그간 팔레스타인 국가 인정에 대한 입장 표명을 유보해 오면서, 이스라엘과 팔레스타인 자치정부(약칭 PA) 간의 협상이 우선돼야 한다고 봤다. 그러나 이번에 연이어 팔레스타인 국가 승인 입장을 내놓은 것은 상징적 의미에 가까웠던 「두 국가 해법」에 더욱 힘을 실어, 국제사회의 비판에도 가자지구 공세를 멈추지 않는 이스라엘을 억제하기 위해서라는 시각이다. 다만 이 국가들의 승인만으로 팔레스타인이 실질적인 독립국이 되는 것은 아니다. 이는 우선 가자지구와 요르단강 서안지구 등 팔레스타인의 현 영토가 이스라엘의 통제를 받고 있어 주권 행사가 이뤄지지 않고 있기 때문이다. 또 가자지구는 하마스가, 서안지구는 PA가 통치하는 등 정부가 분열돼 있어 국제법(1933년 몬테비데오 협약)상 국가 수립 요건도 충족하지 않는다.

> **팔레스타인 국가 인정 주요 일지**
>
> | | |
> |---|---|
> | 1917. | 아서 밸푸어 영국 외무장관의 밸푸어 선언 |
> | 1948~1973. | 이스라엘·팔레스타인 중동전쟁, 4차례 발발 |
> | 2023. | 하마스, 이스라엘 기습 공격 → 가자전쟁 발발 |
> | 2024. | 스페인·아일랜드·노르웨이 등 팔레스타인 국가 인정 |
> | 2025. | 영국·캐나다·호주·포르투갈·프랑스 등 팔레스타인 국가 인정 |

> **두 국가 해법(Two-state solution)** 이스라엘·팔레스타인 분쟁을 해결하기 위한 방안 중 하나로, 1967년 제3차 중동전쟁 이전의 국경선을 기준으로 각각 이스라엘과 팔레스타인 국가를 건설해 두 국가가 더 이상 분쟁을 일으키지 않도록 하자는 것이다. 이는 1974년 유엔 결의안을 통해 기본적인 틀이 제시됐고, 이후 1993년과 1995년 두 차례에 걸쳐 체결된 오슬로 협정에서 확립됐다. 이에 따라 이스라엘은 1967년 제3차 중동전쟁을 통해 획득한 가자지구와 요르단강 서안지구를 팔레스타인에 반환했고, 1996년 이 지역에 팔레스타인 자치정부(PA)가 수립됐다. 이후 국제사회는 두 국가 해법을 근거로 하여, 이스라엘이 팔레스타인 자치령 내에 유대인 정착촌을 건설하는 것을 반대하고 있다.
>
> **요르단강 서안지구(West Bank)** 가자지구와 함께 팔레스타인 자치지구를 구성하는 지역으로, 현재 PA를 이끄는 최대 정당 파타가 통치하고 있다. 현재 요르단강 서안지구에는 예리코 등을 중심으로 290만 명의 팔레스타인인들이 거주하고 있으며, 유대인 정착촌에 유대인 60만 명이 거주하고 있다. 특히 서안지구에는 유대교·기독교·이슬람교 세 종교의 성지(聖地)인 동예루살렘이 위치하고 있는데, 이곳은 이스라엘과 팔레스타인 모두 자신들의 수도로 주장하고 있는 분쟁 지역이다.

중동분쟁 원죄 영국, 108년 만에 입장 전환 특히 영국의 팔레스타인 국가 인정 선언은 이스라엘과 팔레스타인 분쟁의 단초가 된 「밸푸어 선언(Balfour Declaration)」 당사국의 108년 만의 외교적 전환이라는 점에서 의미를 가진다. 밸푸어 선언은 제1차 세계대전 당시 영국 외무장관 아서 밸푸어가 유대인들이 팔레스타인에 민족국가를 수립하는 것을 지지한 선언을 말한다. 그러나 이는 앞서 아랍인들의 독립국가 건설을 지지한 「맥마흔 선언(McMahon Declaration)」과 충돌하는 것이어서 결국 이스라엘-팔레스타인은 물론 중동전쟁의 불씨를 만들게 되었다. 맥마흔 선언은 1차 세계대전 중인 1915년 10월 이집트 주재 영국 고등판무관이었던 헨리 맥마흔이 독일 편에 있던 오스만제국 내 아랍인들의 반란을 지원하는 것은 물론, 팔레스타인을 포함한 독립국가 건설 지지를 약속한 선언을 말한다.

우리나라의 입장은? 주요 20개국(G20) 중 팔레스타인을 국가로 인정하지 않은 나라는 미국과 독일, 이탈리아, 일본, 한국 등 5개국이다. 우리나라는 지난해 4월 유엔 안전보장이사회(안보리)에서 이뤄진 팔레스타인의 유엔 정회원국 가입에는 찬성했으며, 지난 9월에는 팔레스타인 문제의 평화적 해결 방안으로 유엔의 두 국가 해법 이행을 지지하는 결의안 채택에도 찬성했다. 그러나 팔레스타인을 국가로 공식 인정하는 문제에 대해서는 현재까지 유보적인 입장을 견지하고 있다. 이는 동맹국 미국이 이스라엘을 지지하고 있는 데다, 중동 내 안보 및 경제 분야의 주요 파트너인 이스라엘과의 관계를 고려한 조치로 풀이된다.

다카이치 사나에, 일본 총리 선출
헌정 사상 첫 여성 총리

다카이치 사나에(高市早苗·64, ※ 시사인물 참조) 일본 자민당 총재가 10월 21일 치러진 총리 지명선거에서 제104대 총리로 선출됐다. 이로써 다카이치는 일본이 1885년 의원내각제를 도입한 이래 첫 여성 총리가 됐다. 다카이치는 앞서 10월 4일 자민당 총재 선거에서 승리해 당권을 잡았으나, 26년간 이어진 자민·공명당의 연립정권 붕괴로 총리 선출에 위기를 맞은 바 있다. 그러나 10월 20일 제2야당인 일본유신회가 자민당과 연정을 수립하기로 전격 합의하면서 총리 선출을 사실상 확정했다.

다카이치 총리 선출에 이르기까지 일본 집권 자민당과 연립여당 공명당이 10월 10일 연립정권 구성을 둘러싼 협의에 실패한 가운데, 공명당이 연정에서 전격 탈퇴를 선언했다. 이로써 1999년 오부치 내각 이래 지속된 자민당-공명당 연합이 26년 만에 붕괴됐다. 이에 다카이치의 총리 선출이 불투명해진 가운데, 자민당은 새로운 연정 상대를 물색했고 그 결과 10월 20일 일본유신회와의 연정 수립에 공식 합의했다. 자민당과 일본유신회의 연정을 위한 문서에는 국회의원 정원 10% 삭감, 오사카 부(副)수도 지정, 사회보험료 인하 등의 법안이 포함됐다.

중국, 전승절 80주년 기념 열병식 개최
북중러 정상 밀착 과시

중국이 9월 3일 수도 베이징의 톈안먼 일대에서「중국 항일전쟁 및 세계 반파스시트 전쟁 승리(전승절)」 80주년 기념 열병식을 개최했다. 이날 톈안먼 망루(성루)에는 시진핑 중국 국가주석을 비롯해 김정은 북한 국무위원장, 블라디미르 푸틴 러시아 대통령 등 정상급 외빈 20여 명이 함께 올랐다. 북중러 정상이 한자리에 모인 것은 1959년 9월 베이징에서 열린 북중러(구소련) 정상회담 이후 66년 만이자 탈냉전 이후 최초였다. 이를 두고 중국을 중심으로 한 이들 3개국이 반미·반서방 연대의 결속을 과시한 것이라는 분석이 제기됐

> **중국 전승절(中國 戰勝節)** 중국이 제2차 세계대전 승리를 기리기 위해 지정한 날로, 매년 9월 3일이다. 이날은 1945년 9월 2일 미주리 함상에서 서명한 일본의 항복 문서를 연합국 일원인 중화민국(현재의 대만) 정부가 접수한 날이다. 중국은 2014년부터 9월 3일을 전승절로 삼았고, 2015년에 처음으로 법정휴일로 제정한 바 있다.

다. 특히 북한 김 위원장의 경우 집권 후 처음으로 다자외교 무대에 데뷔해 정상국가 이미지를 부각했다는 평가다.

한편, 중국을 방문한 김 위원장은 9월 4일 시 주석과 정상회담을 갖고, 양국 간 전략적 협력 강화에 합의했다. 양 정상의 만남은 지난 2019년 1월 김 위원장의 방중과 같은 해 6월 시 주석의 평양 방문 이후 6년여 만에 이뤄진 것이었다.

中, 열병식 통해 군사력 과시 9월 3일 열린 열병식에는 1만 명이 넘는 병력과 100여 기의 항공기 등이 동원된 가운데, 최대 사거리 2만km로 핵탄두를 탑재하고 전 세계를 타격할 수 있는 신형 대륙간탄도미사일(ICBM)인 「둥펑-5C」 등 최첨단 무기가 대거 공개됐다. 특히 이날 열병식에서 가장 주목을 받은 것은 둥펑(DF)의 최신형 「DF-61」로, 이는 DF-41의 개량형으로 추정된다. DF-41은 최대 사거리가 1만 4000km로 전 세계가 타격권에 드는데, 이를 개량한 DF-61은 신형 고체연료를 사용하는 등 중국에서 가장 진보한 ICBM으로 꼽힌다.

中 열병식에서 공개된 주요 무기들

대륙간탄도미사일 둥펑(DF)-5C	• 사거리 2만km 이상, 지구 전역 타격 가능 • 기존 DF-5B의 개량형으로 추정
대륙간탄도미사일 DF-61	• 사거리 1만 2000km 이상, 미국 본토 타격 가능 • DF-41 개량 추정
극초음속미사일 YJ-21	• 최대 속도 마하 6~10 • 미 항공모함을 원거리에서 타격할 수 있는 공중발사형 극초음속미사일
스텔스전투기 J-20S	세계 최초 2개 좌석을 갖춘 5세대 스텔스 전투기

재정난 부딪힌 프랑스, 내각 또 붕괴
신임 총리로 르코르뉘 임명

프랑스의 재정난을 긴축으로 극복하려던 프랑수아 바이루 총리가 9월 8일 하원에서 불신임을 받아 실각하면서, 바이루 내각이 9개월 만에 총사퇴했다. 이로써 지난해 9월 출범한 미셸 바르니에 정부가 불과 3개월 만에 붕괴된 데 이어 바이루 정부까지 1년을 채우지 못하고 무너지면서 정국 혼란은 물론 에마뉘엘 마크롱 대통령의 책임론이 거세지게 됐다.

마크롱 대통령은 지난해 유럽의회 선거에서 극우 국민연합(RN)에 패배하자 조기 총선을 실시하는 승부수를 던졌으나, 여당 연합인 앙상블이 다수당 지위를 잃으면서 의회 교착 상태가 이어져 왔다. 한편, 마크롱 대통령은 바이루 내각이 사퇴한 지 하루 만인 9월 9일 세바스티앵 르코르뉘 국방장관(39)을 신임 총리로 임명했다.

바이루 내각 총사태, 왜? 프랑스의 공공부채는 지난해 기준 3조 3000억 유로(약 5400조 원)로, 국내총생산(GDP) 대비 113% 수준까지 치솟은 상태다. 이에 바이루 총리는 지난 7월 15일 440억 유로(약 66조 원)의 예산 절감과 세수 증대를 포함한 내년도 긴축 예산안 지침을 발표했다. 이 지침에는 국방 예산을 제외한 정부 지출 동결과 생산성 확대를 위해 연중 11일인 공휴일을 9일로 줄이는 내용도 담겼다. 하지만 이는 야당과 여론의 거센 반발을 받았고, 이에 바이루 총리는 지난 8월 25일 의회의 신임 투표를 요청한 바 있다.

💡 프랑스에서는 2022년 이후 엘리자베트 보른(2022년 5월~2024년 1월)을 시작으로 가브리엘 아탈(2024년 1~9월), 미셸 바르니에(2024년 9~12월), 그리고 이번에 낙마한 프랑수아 바이루(2024년 12월~2025년 9월)까지 4명의 총리가 바뀌는 혼란이 이어지고 있다.

프랑스 재정위기, 신조어로 등장한 「니콜라」 현재 재정위기에 처한 프랑스에서는 「돈 내는 니콜라(Nicolas Qui Paie)」라는 표현이 자주 등장하고 있다. 이는 평범한 30~40대의 중산층을 상징하는 말로, 여기서 「니콜라」는 1980년대에 태어난 프랑스 남성들에게 흔한 이름이다. 돈 내는 니콜라는 프랑스의 국가부채 증가에 따른 경제 악화로 타격을 받은 밀레니얼 세대(1980~1996년 출생)가

베이비붐 세대(1945~1964년)의 책임론을 들고 나오면서 본격화됐다. 이들은 베이비붐 세대가 프랑스에 감당할 수 없는 부채를 안겼고, 이에 밀레니얼 세대가 이들 세대의 복지 부담을 떠안고 있다는 불만을 제기하고 있다. 또한 이들은 각종 사회보장을 위해 많은 세금을 내고 있어도 정작 복지 혜택에서는 제외되고 있는 불만과 좌절감도 갖고 있다.

💡 프랑스의 니콜라 밈은 미국·영국 등에는 Henry(High Earners, Not Rich Yet)로 확산됐는데, 이는 고소득 전문직종에 종사하는 20~40대를 뜻한다. 이들 Henry 역시 상당한 사회적 성공을 거뒀음에도 자신들이 부자의 삶을 누리지 못하고 있으며, 오히려 과도한 세금 부담을 지고 있다는 인식을 갖고 있는 것으로 알려졌다.

재정난 프랑스, 잇따른 신용등급 강등 신용평가사 피치가 9월 12일 프랑스의 신용등급을 AA-에서 A+로 하향한다고 발표한 데 이어, 19일에는 모닝스타의 자회사 DBRS가 프랑스의 신용등급을 종전 AA(high)에서 AA로 한 단계 하향 조정한다고 밝혔다. 프랑스의 잇따른 신용 강등은 정부부채 비율이 높은 데다 재정적자까지 급증하고 있기 때문이다. 지난해 프랑스의 정부부채는 약 3조 3000억 유로(약 5400조 원)로, 국내총생산(GDP) 대비 113.2%에 이른다. 이는 유로존(유로 사용국)에서 그리스·이탈리아 다음으로 높은 수준이다.

유엔 안보리,
10년 만에 이란 제재 복원

유엔 안보리가 9월 26일 이란에 대한 제재 복원을 내년 4월까지 연기하는 내용의 결의안을 부결시키면서, 이란에 대한 안보리의 제재가 10년 만에 복원됐다. 유엔 안보리 결의(제2231호)에 의한 대(對)이란 제재는 유엔본부가 있는 미국 뉴욕 기준으로 9월 27일 오후 8시(한국시간 28일 오전 9시)부터 발효됐다.

유엔 안보리의 대이란 제재
- 이란 농축, 재처리, 중수로 활동 중단
- 핵, 미사일, 재래식무기 수출 금지
- 이란 핵, 미사일 관련 교역 및 투자 금지
- 제재 대상자 자산 동결 및 입국 금지
- 이란인 소유·계약 선박 서비스 금지

복원된 6건의 제재는 ▷이란의 농축·재처리·중수로 관련 활동 중단의무 ▷유엔 회원국의 대이란 핵프로그램 및 탄도미사일 관련 이전과 활동 금지 ▷무기거래 금지 ▷제재 대상인 개인·단체에 대한 자산 동결과 여행 금지 등도 포함됐다.

유엔 안보리의 이란 제재 재개, 왜? 유엔의 이란 제재 복원은 이란 핵합의(JCPOA·포괄적공동행동계획) 당사국인 영국·프랑스·독일 등 유럽 3개국이 주도한 것이나, 이들 국가는 이란이 농축우라늄 비축량을 제한 한도의 40배 이상으로 늘리는 등 협정을 위반했다며, 안보리 결의 2231호에 근거한 제재 복원 절차인 「스냅백(Snap Back)」을 지난 8월 28일 발동한 바 있다. 스냅백은 대이란 제재를 자동 복원하는 조치인데, 이에 대한 30일 유예기간이 9월 26일 종료되면서 제재가 복원된 것이다. 이에 이미 극심한 경제난에 시달리는 이란의 상황은 더욱 악화될 것으로 전망되는데, 특히 이번 제재가 이란의 신정일치 체제에 대한 국민적 반감을 키우고 체제 불안정으로까지 이어질 수 있다는 분석까지 나온다.

이란 핵합의(JCPOA) 2015년 버락 오바마 미국 행정부 주도로 영국·프랑스·러시아·중국 등 유엔 안보리 상임이사국과 독일 등 6개국이 이란의 핵무기 개발을 제한하는 대신 경제 제재를 부과하지 않기로 합의한 협정을 말한다. 이는 이란이 우라늄 농축을 원자력발전 연료 수준인 3.67%로 제한하고 국제원자력기구(IAEA)의 사찰을 수용하는 대신, 국제사회가 각종 제재를 해제하는 내용을 골자로 한다. 다만 영국 등 협상 당사국이 제재 복원 조치를 발동한 뒤 별도의 유엔 안보리 의결이 없으면, 30일 내에 제재가 자동 복원된다는 스냅백 조항이 명시됐다.

태국 헌재, 패통탄 총리 해임 결정
「캄보디아 훈센과 통화 내용, 헌법윤리 위반」

태국 헌법재판소가 8월 29일 패통탄 친나왓(39) 총리가 캄보디아 실권자 훈 센 상원의장과의 통화에서 총리에게 요구되는 헌법상 윤리 의무를 위반했다며 해임 판결을 내렸다. 이날 헌재의 결정으로 패통탄 총리는 지난해 8월 태국 역대 최연소 총리로 임명된 지 약 1년 만에 총리직에서 해임됐고, 이에 지난 17년간 헌재 판결에 의해 해임된 다섯 번째 총리가 됐다.

패통탄 총리는 지난 5월 말 태국군과 캄보디아군이 국경지대에서 교전한 뒤 훈 센 의장에게 전화해, 국경을 관할하는 태국군 사령관을 부정적으로 언급했다가 해당 통화 내용이 유출되면서 위기에 처했다. 이후 태국 상원의원들은 패통탄이 헌법 윤리를 위반했다며 해임심판 청원을 헌재에 냈고, 헌재가 7월 초 해당 청원을 받아들이면서 직무가 정지된 바 있다.

4명의 탁신家 총리, 모두 실각 태국 헌재에 의해 해임이 결정된 패통탄 전 총리는 탁신 친나왓 전 총리의 딸로, 탁신 가족이 배출한 네 번째 총리였다. 하지만 아버지인 탁신을 비롯해 고모부(솜차이 웡사왓), 고모(잉락 친나왓)처럼 임기를 채우지 못하고 실각하게 됐다. 탁신 전 총리의 경우 농촌 지역에 대한 의료보험 확대 등으로 많은 지지를 얻었으나 군부와의 갈등으로 2006년 쿠데타로 실각했다. 이후 2011년 탁신 전 총리의 여동생인 잉락이 총리에 올랐지만, 그 역시 2014년 쿠데타로 실각했다. 이로써 탁신 가문은 총리를 4명이나 배출하는 이례적인 사례를 남겼음에도, 이들이 전부 군 쿠데타나 헌법재판소 판결에 의해 쫓겨나는 오점도 남기게 됐다. 다만 탁신 가문의 연이은 실각을 두고서는 강력한 지지 기반을 가진 탁신 가문과 태국 군부 및 왕실 간의 오래된 대립 구도가 자리하고 있다는 분석이 있다.

탁신家 총리의 재임과 실각

탁신 친나왓	• 재임: 2001년 2월~2006년 9월 • 실각 이유: 육군 사령관 주도 군사쿠데타
솜차이 웡사왓(탁신 매제)	• 재임: 2008년 9~12월 • 실각 이유: 헌재, 「총선 부정선거」 정당해산 결정
잉락 친나왓(탁신 여동생)	• 재임: 2011년 8월~2014년 5월 • 실각 이유: 헌재, 「인사권 남용」으로 해임 결정
패통탄 친나왓(탁신 막내딸)	• 재임: 2024년 8월~2025년 8월 • 실각 이유: 헌재, 「헌법윤리 위반」으로 해임 결정

네팔, SNS 차단 반발 반정부 시위
조치 철회와 총리 사퇴로 사태 수습

정부의 소셜미디어(SNS) 접속 차단과 부패 의혹에 반발하며 9월 8일 네팔에서 일어난 대규모 반정부 시위가 12일 정부의 의회 해산 및 내년 3월 조기 총선 실시 발표로 수습 국면에 들어섰다. 그리고 시위 확산의 책임을 지고 사임한 샤르마 올리 전 총리의 후임으로는 전직 여성 대법원장인 수실라 카르키(73)가 임명되면서, 카르키 총리가 내년 총선 전까지 6개월간 임시정부를 이끌게 된다.

네팔 시위, 왜 일어났나? 네팔의 이번 반정부 시위는 표면적으로는 정부의 소셜미디어 차단 조치에 반발하면서 시작됐으나, 그 이면에는 부패한 권위주의 정부와 네포키즈(Nepokids, 고위 공무원·정치인의 자녀)에 대한 누적된 분노와 경제적 좌절감이 있다는 분석이다. 무엇보다 이번 시위 참가자들의 상당수가 10대 후반~20대 초반의 학생들이라는 점에서 「제트(Z)세대(1997~2012년생)의 시위」라는 명칭이 붙었다.

네팔은 지난 2008년에 239년 이어진 왕정을 폐지하고 연방공화국으로 전환했으나, 현재까지 총리가 14차례 바뀔 정도로 정치적 혼란이 계속되고 있다. 여기에 인구 300만 명 중 20% 이상이 빈곤층인 데다 지난해 실업률이 12.6%에 이르는 등 경제 상황도 좋지 않다. 특히 국내에 일자리가 없다 보니 220만 명 이상의 네팔인이 해외에서 일하고 있는데, 이들에게 SNS는 가족과의 소통에 있어 매우 중요한 수단이 되고 있다. 이에 정부의 SNS 차단 조치는 그간 누적돼 왔던 불만을 폭발시키게 됐는데, 여기에 최근 SNS에 고위층 자녀들의 사치품과 호화 생활 과시 영상들이 확산된 것도 이들 세대의 분노를 높인 것으로 알려졌다.

남아시아, Z세대 주도 시위 확산 2022년 스리랑카를 시작으로 방글라데시, 인도네시아, 네팔에 이르기까지 최근 남아시아에서는 청년 실업과 부패 권력에 분노한 Z세대가 주도하는 시위로 정권이 전복되는 사례가 이어지고 있다. 이에 AP 등 주요 매체들은 2010년대 초반 중동과 북아프리카를 휩쓴 민주화운동인 「아랍의 봄」에 빗대 「아시아의 봄(The Asian Spring)」이라 칭하고 있다. 스리랑카의 경우 2022년 당시 고타바야 라자팍사 대통령과 그 일가의 부패로 국가 부도사태에 놓이자 청년 주도의 시위가 일어나 정권이 무너진 바 있다. 방글라데시에서는 지난해 7월 일어난 학생 시위로 셰이크 하시나 총리의 15년 장기집권이 막을 내렸다. 또 지난 8월에는 인도네시아에서 국회의원 특혜에 반대하는 대규모 시위가 일어났으며, 그 결과 논란이 된 국회의원 주택수당을 포함한 여러 특혜가 폐지되고 내각 개편이 단행된 바 있다.

남아시아 청년 시위 원인은?

국가	시위 원인
스리랑카(2022년 4월)	부패와 실정에 따른 국가 부도 사태
방글라데시(2024년 7~8월)	독립유공자 자녀에 대한 공무원 취업 혜택
인도네시아(2025년 8월)	국회의원 주택수당 특혜 제공
네팔(2025년 9월)	소셜미디어 차단 및 고위층 자녀 사치 논란

마다가스카르도 Z세대 시위로 정권 붕괴 네팔에서 Z세대 시위로 정권이 붕괴한 데 이어, 아프리카의 마다가스카르에서도 10월 14일 Z세대의 시위로 대통령이 탄핵됐다. 마다가스카르 의회는 이날 안드리 라조엘리나 대통령 탄핵안을 전체 163석 중 찬성 130표로 통과시켰다. 마다가스카르에서는 지난 9월 25일부터 잦은 단수와 정전에 항의하는 Z세대 주도의 시위가 시작돼, 대통령의 사임을 촉구하는 반정부 시위로 격화된 바 있다. 이에 라조엘리나 대통령은 지난 9월 29일 내각 전체를 해임하고 국가 차원에서 문제를 해결하겠다며 수습에 나섰으나 시위는 가라앉지 않았고, 격화되는 시위에 결국 라조엘리나 대통령은 외부로 피신했다. 마다가스카르는 1960년 프랑스에서 독립한 뒤 정치 불안이 계속돼 왔는데, 올해 1인당 국내총생산(GDP)이 595달러(약 84만 원)에 불과한 세계 최빈국 중 하나다. 이에 인구 3000만 명 중 약 80%가 하루 2달러 이하의 수입으로 살아가고 있는 것으로 알려졌다.

이처럼 올 8월 남아시아를 중심으로 확산된 Z세대들의 반정부 시위는 파라과이와 페루 등 중남미를 넘어 마다가스카르와 모로코 등 아프리카로까지 확산하고 있다. 시위를 촉발한 구체적 요인은 나라마다 다르지만, ▷만성적 부패와 실정 ▷빈곤과 실업난 ▷경제 불평등에 대한 청년층의 반발이 공통 요인으로 꼽히고 있다.

몰도바 총선, 친유럽 여당 승리
EU 가입에 긍정적 영향 전망

우크라이나와 국경을 맞댄 동유럽의 소국이자 옛 소련의 일원이었던 몰도바에서 9월 28일 총선이 치러진 가운데, 친유럽 성향의 집권 여당 「행동과 연대당(PAS)」이 친러시아 야당을 누르며 승리했다. 이번 몰도바 총선은 향후 유럽 정세를 좌우할 유럽연합(EU) 및 나토(NATO) 대 러시아의 대리전으로 진행되면서 유럽의 이목을 집중시켰다. 특히 투표를 앞두고 러시아의 선거 개입 의혹이 불거지면서 진영 간 갈등이 극에 달하기도 했다.

이처럼 이번 총선이 친서방 정당의 승리로 끝나면서 몰도바의 EU 가입에도 청신호가 켜지게 됐는데, PAS는 2030년까지 EU에 가입하는 것을 목표로 하고 있다.

> **몰도바는 어떤 나라?** 1991년 소련이 붕괴하면서 구성된 독립국가연합(CIS) 공화국 중 하나로, 우크라이나와 루마니아 사이에 위치한 나라다. 몰도바는 지정학적 특수성, 우크라이나 상황과의 유사성 때문에 잠재적 화약고로 여겨져 온 국가로, 오랜 기간 유럽과 러시아 사이에서 정세 불안을 겪었다. 그러다 2022년 러시아의 우크라이나 침공 이후 EU 가입을 신청해 그해 6월 우크라이나와 함께 후보국 지위를 얻은 바 있다.

미국, 조지아주 배터리공장 한국인 체포·구금 사태
비자쿼터, 향후 한미협력 변수로 부상

미국 국토안보수사국(HSI)과 이민세관단속국(ICE) 등이 9월 4일 조지아주(州) 서배너의 현대자동차그룹과 LG에너지솔루션의 합작 배터리 공장(HL-GA)을 급습해 비자 요건을 갖추지 않은 한국인 317명을 포함해 총 475명을 체포·구금하면서 큰 논란을 일으켰다. 미 이민당국은 이들이 미국에 불법적으로 입국했거나 체류 자격 요건을 위반한 채 불법적으로 일하고 있었다며, 체포의 정당성을 주장했다. 이후 우리 정부는 긴급히 미국 정부와 석방 교섭을 진행했고, 그 결과 9월 11일 전세기를 통해 구금 한국인들의 일괄 귀국(12일 인천공항 도착)이 이뤄지면서 사태는 일주일 만에 일단 수습 국면에 들어섰다.

미국 비(非)이민 비자의 종류

A	외교관 또는 외국 정부 공무원
B	B1: 비즈니스 목적 방문, B2: 관광 목적 방문
C	경유 비자
D	선원, 승무원
E	E1: 상사 주재원, E2: 투자사 직원
F	유학생
G	국제기구 직원
H	임시근로자(H-1B: 전문직, H-2A: 계절 농업 노동자, H-2B: 숙련 및 비숙련 노동자, H-3: 직업 연수)
I	언론인
J	교환 방문자
O	과학, 예술, 교육, 체육 업적 보유자
P	운동선수, 공연 예술가
R	종교단체 종사자

한국인 체포·구금 사태, 왜? 이번 한국인 구금 사태는 이들 대부분이 공장에서 일하는 데 필요한 적법한 비자를 갖고 있지 않은 데 따른 것이다. 미국 현지에서 일하려면 전문직 취업(H-1B)·비농업 단기 근로자(H-2B) 비자 등이 필요하지만, 해당 비자들은 발급 개수가 제한적인 데다 발급 기일도 오래 걸린다는 점에서 현실적 한계가 있다. 이에 상당수 기업들은 단기 관광(90일 이내) 시 비자 신청을 면제해주는 전자여행허가(ESTA)나 비이민 비자인 단기 상용(B-1) 비자 등을 이용해 왔

는데, 이들 비자들은 취업 활동이 허용되지 않는다. 하지만 한국 기업들은 미국의 비자 발급이 트럼프 정부 들어 더욱 까다로워진 데다, 배터리 공장 건설과 설비 활용 경험이 있는 국내 노동자들을 투입할 수밖에 없는 데 따른 어쩔 수 없는 방안이라는 입장이다. 하지만 이번 사태의 진짜 의도는 한국 기업에서 미국인을 더 많이 고용하고 교육해 궁극적으로는 핵심기술을 이전하라는 미국 측의 압박용이라는 분석이 제기된다.

한국의 H-1B 비자 쿼터 현황 우리나라는 최대 대미 투자국 중 하나이지만, 미국이 1년에 8만 5000개를 발급하는 H-1B 비자에서 별도 쿼터 없이 2000명 내외만이 승인받고 있다. 반면 미국은 자유무역협정(FTA)을 맺고 있는 ▷캐나다·멕시코 무제한(TN 비자) ▷싱가포르 5400명(H-1B) ▷칠레 1400명(H-1B) ▷호주 1만 500명(E-3) 등 연간 전문직 비자 발급 쿼터를 할당하고 있다. 이 때문에 정부는 한미FTA 협상 때부터 미국에 한국인을 위한 별도 전문직 종사자 비자 쿼터를 설정해 줄 것을 요구해 왔다.

또한 우리나라는 관련 입법을 위해 지난 2012년부터 미국 정부·의회를 대상으로 E-4 비자(전문인력 대상 별도 비자 쿼터) 신설을 위한 「한국 동반자법(PWKA·Partner with Korea Act)」 로비를 진행해 왔다. 해당 법안은 미국 정부가 전문 교육과 기술을 보유한 한국 국적자에게 연간 최대 1만 5000개의 E-4 비자를 발급하도록 하는 것을 골자로 하는데, 번번이 미 의회의 문턱을 넘지 못했다.

미국의 FTA 체결국 전문직 비자 쿼터 현황

멕시코·캐나다	TN 비자(60여 전문직종, 사실상 무제한 발급 가능)
호주	매년 1만 500명에게 호주 전용 비자(E-3) 할당
싱가포르	매년 5400명 H-1B 비자 별도 할당
칠레	매년 1400명 H-1B 비자 별도 할당

이번 사태로 인한 영향은? 한미 정부의 석방 교섭 마무리로 구금 장기화라는 최악의 사태는 피하게 됐으나, 트럼프 정부가 이번 단속에서 동맹관계인 한국 국민의 권익과 투자 기업의 경제활동을 침해했다는 비판은 이어질 것으로 전망된다. 또 이번 사태가 제조업 부활을 위해 해외 투자를 유치하면서도 비자·이민 단속을 강화하는 트럼프 정부의 모순을 드러냈다는 평가가 나온다.

재계에 따르면 현재 우리 기업이 미국에 신설·증설 중인 공장은 최소 22곳으로, 이들 기업의 미국 투자 규모는 145조 원에 달한다. 특히 사태가 발생한 조지아주는 한국의 대미 투자 거점으로 꼽히는 곳으로, 현대차그룹(서배너)과 SK온(커머스) 등 우리 기업 110곳 이상이 진출해 있는 것으로 전해졌다. 그러니 이민 사태로 미국에 진출한 국내 기업 상당수는 미 현지 공장에 파견된 직원들에게 귀국 또는 출근 중단 공지를 내리고, 한국 직원의 미국 출장도 당분간 유보하기로 한 것으로 전해졌다. 이에 현지 생산시설 가동시점이 당초 계획보다 늦어질 것이라는 관측이 나온다.

ESTA·B-1으로도 장비설치 업무 가능 미국이 9월 30일 미국 워싱턴에서 열린 비자 제도 개선을 위한 한미 워킹그룹(실무조직) 첫 회의에서 단기 상용비자(B-1)는 물론 전자여행허가(ESTA) 소지자도 해외 구매장비의 설치·점검·보수가 가능하다는 점을 재확인하면서, 양국 비자 문제에 대한 단기적인 대안이 마련되게 됐다. 이는 조지아주 사태가 발생한 지 26일 만이다. 한미는 또 대미 투자 기업들의 비자 문제와 관련한 소통을 전담하는 창구로 주한 미국대사관에 전담 데스크를 설치하기로 했다. 다만, 미국 측이 한국 기업을 위한 별도의 비자 카테고리 신설 등 근본적인 제도 개선에 대해서는 입법 제약으로 어렵다는 입장을 보임에 따라 이는 향후 과제로 남게 됐다.

美, 전문직 비자(H-1B) 수수료 100배 인상
ESTA 수수료도 2배 인상

도널드 트럼프 미 행정부가 전문직 비자인 H-1B 비자 수수료를 1인당 10만 달러(약 1억 4000만 원)로 대폭 증액하겠다고 밝히면서 혼란을 일으킨 가운데, 백악관이 9월 20일 이는 신규 비자 신청자에게만 적용된다고 밝혔다. 앞서 9월 18일 트럼프 대통령은 H-1B 비자의 수수료를 1인당 현 1000달러(약 140만 원)의 100배인 10만 달러(약 1억 4000만 원)로 대폭 인상하는 행정명령(새 수수료 규정은 9월 21일 0시 1분부터 발효)에 서명했다. 이에 마이크로소프트·아마존 등 미국 테크 기업에서는 전문직 비자를 소지한 외국인 직원들의 급거 귀국을 지시하는 등 큰 혼란이 빚어진 바 있다.

한편, 9월 30일부터는 비자를 받지 않아도 미국에 입국할 수 있는 전자여행허가(ESTA) 수수료가 기존 21달러(약 3만 원)에서 40달러(약 5만 6000원)로 올랐다. ESTA는 관광과 상용 목적의 90일 이내 무비자 미국 여행에 적용되는데, 우리나라에는 2008년 도입된 바 있다.

H-1B 비자 과학·기술·공학·수학(STEM) 분야 전문직에 종사하는 외국인에게 주어지는 취업 비자로, 1990년 조지 H. W. 부시 전 미 대통령이 외국의 숙련된 인력 보완을 목적으로 서명한 미 이민법(INA)에 기원을 둔 제도다. 이 비자로는 기본 3년 체류가 허용되며 연장 및 영주권 신청도 가능하다. 미 정부는 매년 10월 1일부터 시작되는 회계연도마다 추첨을 통해 8만 5000명에게 새로운 H-1B 비자를 발급하는데, 비영리기관·고등교육기관 등에 발급하는 것까지 포함하면 연간 40만 개 정도가 발급되고 있다. H-1B가 가장 많이 발급된 국가는 인도로, 지난해에만 약 70%가 인도 출신에게 발급됐다. 한국인의 경우 연평균 2000명 정도가 H-1B 비자를 받는 것으로 알려져 있다. 하지만 그간 트럼프 대통령의 강성 지지층인 마가(MAGA) 세력은 미국 기업이 H-1B 비자를 악용해 값싼 비용의 외국 인력을 고용하면서 미국인들의 일자리를 빼앗고 있다고 주장해 왔다.

美 MAGA 진영 활동가 찰리 커크 암살 사건,
진영 대립 심화와 표현의 자유 제한 우려

미국의 인터넷 방송인이자 청년보수단체 「터닝포인트 USA」의 대표인 찰리 커크가 9월 10일 미국 유타주의 유타밸리 대학교에서 열린 공개토론 행사에서 암살당하는 사건이 발생했다. 커크는 생전 도널드 트럼프 대통령의 열혈 지지자이자 총기 허용, 낙태 반대, 반(反) 성소수자 발언을 이어가며 마가(MAGA·미국을 다시 위대하게) 진영을 대변해온 청년 우파 인물이다.

커크를 암살한 범인은 22세의 남성 타일러 로빈슨으로, 그는 9월 12일 체포된 데 이어 17일에는 가중살인(Aggravated murder) 등 7가지 혐의로 미 검찰에 기소됐다.

진영 갈등 심화와 표현의 자유 제한 우려 찰리 커크 암살 이후 이 사건이 단순한 총기 테러에 그치는 것이 아닌, 2016년 미국 대선부터 본격화된 미국 사회의 정치적 양극화와 대립을 심화시킬 것이라는 전망이 제기됐다. 실제로 이 사건을 두고 보수 진영에서는 커크가 보수적 가치를 수호하고 젊은 유권자들을 결집해 트럼프에 대한 지지를 확산시키는 데 기여해 왔다는 입장이다. 반면 진보 진영에서는 정치 폭력 자체에는 동조하지 않지만, 커크가 생전 백인 우월적인 주장을 하고 상대 진영에 대한 혐오를 조장했음을 지적하고 나섰다.

여기에 트럼프 대통령이 커크의 암살 용의자를 좌파로 규정하고 정치적 반대 의견에 대한 단속을 예고하자, 보수 청년의 죽음을 내세워 진영 갈등을 부추긴다는 비판과 표현의 자유를 제한하는 것이라는 비판이 제기됐다. 대표적으로 ABC방송은 9월 17일 장수 토크쇼 〈지미 키멀 라이브〉의 무기한 중단 방침을 내리며 논란을 일으키기도 했다. 이는 키멀이 9월 16일 방송에서 트럼프 대통령을 지지하는 MAGA 진영이 커크의 피살을 정치적으로 이용하고 있다고 비판하고, 커크를 애도하는 트럼프 대통령의 이중적 태도를 비꼰 것을 문제로 삼은 것이다. 하지만 해당 방송 중단 방침 이후 사회 각계에서 거센 반발과 비판이 일었고, 결국 ABC방송이 입장을 번복함에 따라 방송은 중단 일주일 만에 재개됐다.

트럼프, 베네수엘라 내 CIA 비밀작전 승인
마두로 정권 축출 압박

도널드 트럼프 미국 대통령이 10월 15일 미 중앙정보국(CIA)의 베네수엘라 내 비밀작전을 승인한 것으로 전해졌다. 이를 두고 베네수엘라 영토 내에서 사실상 정권 교체까지 시도할 수 있는 비밀작전을 허가한 것이라는 분석이 나온다. 이는 트럼프 대통령이 마약유통 경로 차단을 내세워 대표적인 반미(反美) 인사인 니콜라스 마두로 베네수엘라 대통령을 압박하려는 의도로 해석되고 있다.

> **니콜라스 마두로(Nicolas Maduro)** 2013년 3월 우고 차베스 전 대통령의 사망 이후 그해 치러진 대선에서 승리하며 대통령으로 취임, 현재 3연임 중인 베네수엘라 대통령이다. 그러나 마두로의 재선과 3선 당시 부정선거 의혹이 일며 대규모 반정부 시위가 전개됐으며, 이에 그의 집권을 둘러싼 논란은 국내외적으로 거세다.

트럼프 대통령의 마두로 정권 압박은? 트럼프 대통령은 집권 1기 때도 마두로 정권의 독재와 마약 밀매를 지적하며 각종 제재를 가해 왔는데, 2기 집권기에 들어서면서 그 관계는 더욱 악화됐다. 트럼프 행정부는 마두로 대통령이 베네수엘라 내 마약 카르텔 활동을 용인하고 있다고 주장하며, 그의 퇴진을 요구해 왔다. 대표적으로 미 법무부는 트럼프 1기 행정부 때인 2020년 3월에 마두로 대통령을 마약 테러와 마약 밀매 등의 혐의로 기소하고 현상금 1500만 달러를 걸었는데, 올해 8월에는 현상금을 5000만 달러까지 인상했다. 또 미국은 지난 9월 2일부터 베네수엘라 인근 공해에서 마약 수송선으로 판단되는 선박을 공격해 총 27명을 사살하는 등 마두로 정권을 압박하고 있다.
한편, 미국 CIA의 중남미에서의 비밀 공작은 역사가 깊은데, CIA가 남미에 관여한 주요한 사건으로는 ▷1964년 브라질의 쿠데타 지원 ▷1973년 칠레의 쿠데타 지원 ▷1986년 니카라과 산디니스타 정부에 대한 반대 투쟁 등이 있다.

李 대통령, 한일-한미 연쇄 정상외교
한일 셔틀외교 복원 및 한미동맹 새로운 틀 제시

이재명 대통령이 8월 23일과 25일 각각 한일 및 한미 정상외교를 가지면서, 일본과의 셔틀외교 복원 및 한미동맹의 새로운 틀을 제시했다는 평가를 받았다. 또한 이 대통령은 취임 두 달 만의 첫 순방에서 한미일 공조의 틀을 다시 수립했으며, 국익을 최우선에 둔 실용외교 노선도 분명히 했다는 긍정적 평가를 받았다.

한일 정상회담 이재명 대통령이 8월 23일 일본 도쿄에서 이시바 시게루 일본 총리(※ 당시 기준, 현 총리는 다카이치 사나에)와 정상회담을 가졌다. 양 정상의 회담은 지난 6월 주요 7개국(G7) 정상회의 계기 만남 이후 67일 만에 이뤄진 것으로, 특히 대한민국 대통령 취임 이후 첫 양자 방문 국가로 일본을 찾은 최초의 사례였다. 한일 정상은 이 회담에서 정상 간 교류 및 전략적 인식 공유 강화 등을 담은 공동언론발표문을 채택했는데, 한일 정상회담 이후 합의된 문서 형태로 결과를 발표한 것은 2008년 이명박 정부 시절 이후 17년 만이었다.

한일 회담 주요 내용 한일 정상은 청년 교류 확대를 위해 워킹홀리데이 비자 발급 횟수를 연 1회에서 2회로 늘리고, 수소·암모니아·인공지능(AI) 등 신산업 분야 협력을 강화하기로 합의했다. 또 한반도 비핵화를 위한 한미일 공조를 재확인하고, 경주 APEC 정상회의와 한중일정상회의의 성공적 개최를 위해서도 협력하기로 했다. 특히 과거사 문제에 대해서는 「이시바 총리는 1998년 21세기 새로운 한일 파트너십 공동선언(김대중·오부치 공동선언)을 포함한 역대 내각의 역사 인식을 계승한다」는 내용이 포함됐다.

한미 정상회담 이재명 대통령과 도널드 트럼프 미국 대통령이 8월 25일 미국 워싱턴에서 첫 한미 정상회담을 가졌다. 무엇보다 이번 회담을 앞두고 트럼프 행정부의 관세 합의 변경이 쟁점으로 부상했으나, 실제 회담에서 관세 협상에 대한 미국의 추가 요구는 없었고 조선업 협력에 대한 양국 의지를 재확인했다. 한미는 앞서 7월 30일 한국이 3500억 달러(약 490조 원)의 대미 투자펀드를 조성하고 1000억 달러 상당의 미국산 에너지를 구매하는 대신, 미국이 한국에 부과한 상호관세율을 25%에서 15%로 낮추는 관세협상을 타결한 바 있다.

한미 회담 주요 내용 이번 한미 회담에서는 이 대통령이 북미 정상회담 이슈를 제기하면서 북미 대화 재개의 공감대를 형성한 것이 크게 주목됐다. 트럼프 대통령은 오는 10월 경주에서 열리는 아시아·태평양경제협력체(APEC) 정상회의에 참석 의향을 밝히면서 북미 정상 간의 만남 가능성까지 열어뒀다. 아울러 양국 정상은 동맹 현대화에서도 의견 접근을 이뤘는데, 이 대통령이 먼저 국방비 증액 의사를 밝힌 가운데 주한미군 역할 재조정이나 방위비 분담금 문제는 직접적으로 언급되지 않았다. 다만 트럼프 대통령이 주한미군 기지의 부지 소유권을 넘겨받고 싶다고 말한 것을 두고 논란이 일었다.

💡 이번 한미 정상회담 직전 트럼프 대통령은 자신의 SNS인 트루스소셜에 「한국에서 무슨 일이 벌어지고 있는가? 숙청이나 혁명처럼 보인다」는 글을 올렸다. 이에 회담에 대한 비관적 전망이 제기됐으나, 실제 이뤄진 회담에서 양국 정상은 양국 동맹 복원과 협력 의지를 확인하며 회담은 무난히 마무리됐다.

한미 정상회담 주요 쟁점과 한미 입장은?

분야	회담 전 관측	회담 발언 및 회담 후 입장
통상	• 3500억 달러 투자 규모 구체화 • 농축산물 시장 추가 개방	한국, 「논의되지 않음」
안보	• 주한미군 전략적 유연성 확대 • 국방비 및 방위분담금 증액	• 트럼프 대통령, 주한미군 기지 소유권 언급 • 이 대통령, 「국방비 증액」 공식화
한반도	• 한반도 비핵화 논의 • 트럼프 대통령 APEC 초청	트럼프, 「올해 김정은 만나겠다」

💡 이재명 대통령은 정상회담 다음 날인 8월 26일 필라델피아의 한화 필리조선소에서 열린 「스테이트 오브 메인(State of Maine)호」의 명명식에 참석했다. 한화 필리조선소는 한화오션과 한화시스템이 약 1억 달러를 투자해 2024년 말 인수를 완료한 조선소로, 한국 업체가 미국 현지 조선소를 인수한 첫 사례다. 특히 이곳은 올 7월 한미 관세협상 타결에서 쟁점이 된 「마스가(MASGA·Make American Shipbuilding Great Again)」 프로젝트를 상징하는 장소이기도 하다.

특검, 도이치 주가 조작 등 김건희 구속기소
역대 영부인 재판행 첫 사례

민중기 특별검사팀이 8월 29일 윤석열 전 대통령의 부인 김건희 씨를 정치자금법 위반 등의 혐의로 구속기소했다. 이는 특검팀이 지난 7월 2일 현판식을 열고 수사를 정식 개시한 지 59일 만으로, 전직 영부인이 구속 상태로 재판에 넘겨진 것은 처음 있는 일이다. 또 역대 대통령 부부가 동시에 구속 상태로 재판받는 것도 헌정 사상 처음 있는 일인데, 윤 전 대통령의 경우 앞서 내란 특검에 구속기소돼 재판을 받고 있다.

김건희 씨 혐의는? 김건희 씨에게 적용된 혐의는 특검팀이 지난 7월 12일 김 씨에 대한 구속영장을 청구할 때 적시한 혐의와 같다. 김 씨는 2010년 10월~2012년 12월 도이치모터스 주가 조작에 전주(錢主)로 가담해 총 8억 1000여만 원의 부당 이익을 취한 혐의(자본시장법 위반)를 받는다. 또 윤 전 대통령과 공모해 2022년 대선 과정에서 정치 브로커 명태균 씨로부터 58회에 걸쳐 여론조사 결과를 무상으로 제공받고, 그해 국회의원 보궐선거에서 김영선 전 국민의힘 의원이 공천받도록 영향력을 행사한 혐의(정치자금법 위반)도 받고 있다. 그리고 2022년 4~7월 건진법사 전성배 씨를 통해 통일교 측으로부터 청탁과 함께 고가 목걸이 등을 받은 혐의(특정범죄 가중처벌법상 알선수재)도 있다.

특검팀이 기소한 김건희 씨의 주요 혐의는?

도이치모터스 주가 조작	2010년 10월~2012년 12월 3800여 차례 이상매매 주문으로 8억 1000여만 원 부당이득 취한 혐의 → 자본시장법 위반
명태균 게이트 관련 공천개입	2022년 대선 과정에서 정치 브로커 명태균 씨로부터 58회에 걸쳐 여론조사 결과를 무상으로 제공받고, 그해 국회의원 보궐선거에서 김영선 전 국민의힘 의원이 공천받도록 영향력을 행사한 혐의 → 정치자금법 위반
통일교·건진법사 관련 명품 수수	2022년 4~7월 건진법사 전성배 씨를 통해 통일교 측으로부터 청탁과 함께 고가 목걸이 등을 받은 혐의 → 특정범죄 가중처벌법상 알선수재

내란 특검, 한덕수 전 총리 불구속 기소
내란 우두머리 방조 혐의

12·3 내란 사건을 수사 중인 조은석 특별검사팀이 8월 29일 내란 우두머리 방조 혐의 등으로 한덕수 전 국무총리를 불구속 기소했다. 특검팀은 이날 한 전 총리를 ▷내란 우두머리 방조 혐의 ▷허위공문서 작성 및 행사 ▷공용서류 손상 ▷대통령기록물법 위반 ▷위증 혐의 등으로 불구속 기소했다고 밝혔다. 내란 특검은 앞서 한 전 총리에 대해 구속영장을 청구했지만, 법원은 8월 27일 「중요한 사실관계 및 피의자의 일련의 행적에 대한 법적 평가와 관련해 다툴 여지가 있다」며 영장을 기각한 바 있다.

한덕수 전 총리의 혐의는? 한 전 총리는 윤석열 전 대통령의 위헌·위법한 비상계엄 선포를 저지하지 않고, 형식적 정당성을 부여할 목적으로 국무회의 소집을 건의했다는 혐의를 받는다. 또 12·3 계엄 선포문의 법률적 결함을 보완하기 위해 사후에 계엄 선포문을 작성한 것은 물론 폐기하는 데 관여한 혐의도 있다. 아울러 헌법재판소의 윤 전 대통령 탄핵 심판 변론에 증인으로 출석해 「윤 전 대통령에게 계엄 선포문을 받은 사실을 계엄 종료 때까지 인지하지 못했다」며 위증한 혐의도 받고 있다.

3대 특검법 개정안, 국회 통과
수사 기간 연장과 인력 증원 가능

특검의 수사 기간과 인력을 증원하는 내용 등을 담은 「3대(내란·김건희·채상병) 특검법」 개정안이 9월 11일 국회 본회의를 통과했다. 앞서 민주당은 현재 가동 중인 3대 특검 수사 과정에서 「서희건설 청탁 사건」 등 새로운 의혹들이 발견됐다며 수사 인력 증원 등을 담은 개정안을 발의한 바 있다. 다만 이날 국회를 통과한 특검법 개정안은 지난 9월 4일 민주당 주도로 국회 법제사법위원회 전체회의를 통과한 원안을 기초로 한 수정안이다.

3대 특검법 개정안 주요 내용 개정안은 특검들이 기간 이내 수사를 완료하지 못하거나 공소 제기 여부를 결정하기 어려울 때 수사 기간을 30일씩 두 차례(60일) 연장할 수 있도록 했다. 이에 따르면 내란·김건희 특검 수사는 최장 180일, 채상병 특검 수사는 최장 150일까지 가능해지는 셈이다. 또 파견 검사 인력도 내란 특검과 김건희 특검은 현재 각각 60명과 40명인 파견 검사를 70명으로, 20명인 채 상병 특검은 30명으로 늘리도록 했다.

3대 특검법은 무엇?

내란 특검법	2024년 12월 3일 윤석열 전 대통령의 비상계엄 사태와 관련된 내란·외환 행위, 군사 반란, 내란 목적 살인예비 음모 등 11개 혐의를 수사 대상으로 하는 특검법이다. 정식 명칭은 「윤석열 전 대통령 등에 의한 내란, 외환 행위의 진상규명을 위한 특별검사 임명 등에 관한 법률안」이다.
김건희 특검법	윤석열 전 대통령 부인 김건희 씨와 관련된 다양한 의혹을 수사하기 위한 특별검사 임명 법안으로, 정식 명칭은 「김건희와 명태균·건진법사 관련 국정농단 및 불법 선거 개입 사건 등 진상규명을 위한 특별검사 임명 등에 관한 법률안」이다.
채 상병 특검법	2023년 집중호우가 발생한 경북 예천군 내성천 일대에서 실종자 수색 중 숨진 채 상병 사건을 두고 윤 전 대통령 등 용산 대통령실과 국방부의 수사 외압 의혹을 규명하기 위한 특검법이다. 정식 명칭은 「순직 해병 진상규명 방해 및 사건 은폐 등의 진상규명을 위한 특별검사 임명 등에 관한 법률안」이다.

與, 내란전담재판부법 발의
서울중앙지법·서울고법에 3개씩 설치

더불어민주당 3대특검 종합대응특별위원회가 9월 18일 내란·김건희·순직해병 등 3대 특검 사건 재판을 전담할 「내란·국정농단 전담재판부 설치법」을 발의했다. 이는 3대 특검이 기소하는 사건을 전담재판부가 신속히 재판하고 엄중하게 처벌하는 것이 핵심으로, 다만 위헌 논란을 고려해 법관의 국회 추천 몫은 제외했다.

발의 법안 내용 법안은 각 특검 사건을 맡을 전담재판부를 서울중앙지법과 서울고등법원에 각각 3개씩 설치하는 내용을 담았다. 1심과 항소심은 전담재판부에서, 상고심은 기존대로 대법원이 맡는데, 각 재판부당 판사는 3명씩 총 18명이다. 이들 법관 추천은 전담재판부후보추천위원회가 맡는데, 후보추천위원은 법무부가 1명, 법원 판사회의가 4명, 대한변호사협회가 4명씩 추천해 총 9명으로 구성된다. 당초 민주당은 국회에도 추천위 구성 권한을 두는 방안을 검토했으나, 일각에서 제기된 위헌 논란을 차단하기 위해 국회 추천 몫은 제외했다. 또한 1심 재판부는 공소 제기일로부터 6개월 이내, 항소심과 상고심은 각 3개월 이내에 선고하는 6·3·3 원칙을 명시했다.

이 밖에 전담재판부 판결문에는 모든 판사의 의견을 표시하고, 재판 과정의 녹화·촬영·중계도 원칙적으로 허용하기로 했다. 그리고 법안은 내란죄·외환죄를 범한 경우 형법상 정상참작 감경을 적용받지 않도록 하고, 유죄 확정판결을 받은 사람은 사면·감형·복권 대상에서 제외하는 내용도 담았다.

내란·국정농단 전담재판부 설치법 주요 내용

설치	3대 특검이 기소한 사건을 각각 전담하는 1·2심 재판부
인원	재판부당 3명씩 총 18명의 판사
구성	법무부(1명), 판사회의(4명), 대한변호사협회(4명)의 추천으로 구성한 추천위원회에서 추천 후 대법원장이 임명
기간	1심 선고는 공소 제기일부터 6개월 이내, 2·3심은 각 3개월 이내
특이사항	3대 특검 관련 사건으로 유죄 확정 시 사면·감형·복권 불가

내란전담재판부 설치를 둘러싼 위헌 논란은? 민주당의 내란전담재판부 설치 법안을 두고 삼권분립 위반이라는 지적과 사법부가 초래한 불신에 따른 당연한 결과라는 입장이 대립하고 있다. 국민의힘과 사법부 등은 해당 방안이 헌법이 보장한 삼권분립의 원칙을 무너뜨리고 사법부 독립을 흔드는 헌정 파괴 행위라는 주장이다. 또 법원 외부 인사가 재판부 구성을 사실상 결정하고 심리가 진행 중인 사건을 담당하고 있는 판사를 강제로 교체한다는 점에서 헌법 조항(법원의 독립, 법관의 재판상 독립 등)을 침해한다는 주장이다.

반면 민주당은 한덕수 전 국무총리 구속영장 청구 기각, 지귀연 재판부의 윤석열 구속취소 결정 등 의구심을 자아내는 사법부의 판결이 초래한 불신에 따른 당연한 결과라는 주장이다. 또 내란전담재판부의 위헌 여부에 대해서는 헌법과 법률에 무작위 배당원칙 규정 자체가 없으며, 법률에 의해 자격을 부여받은 법관이 재판을 담당하기만 한다면 국회가 입법을 통해 사건 담당 판사를 변경하더라도 위헌에 해당하지 않는다는 입장이다.

정부조직법 개정안 국회 통과, 검찰청 폐지와 기재부 분리는 내년 시행

국회가 9월 26일 본회의에서 검찰청 폐지와 기획재정부 분리를 핵심으로 한 「정부조직법 개정안」을 의결했다(재석의원 180명 중 찬성 174명, 반대 1명, 기권 5명). 이로써 중앙행정기관은 기존 19부 3처 20청 6위원회에서 19부 6처 19청 6위원회로 개편됐다.

한편, 기후에너지환경부와 성평등가족부 등 일반 부처 개편은 공포 즉시 시행됐으니(10월 1일부터) 예산심사 일정과 제도 정비 등을 고려해 재정경제부와 기획예산처는 내년 1월 2일, 공소청과 중대범죄수사청은 내년 10월경 출범할 계획이다.

정부조직법 개정안 내용

검찰청, 78년 만에 폐지 검찰청은 1년의 유예기간을 거쳐 내년 10월 1일 법률 공포 후 2일 공식 폐지된다. 그리고 수사·기소 분리 원칙에 따라 행정안전부 소속의 「중대범죄수사청(중수청)」과 법무부 소속의 「공소청」이 출범해 각각 수사와 기소를 전담하게 된다. 이로써 1948년 창설된 검찰청은 78년 만에 문을 닫게 된다.

기획재정부, 세제와 예산 기능 분리 기획재정부는 예산을 담당하는 국무총리 소속 기획예산처와 경제정책 전반을 담당하는 재정경제부로 분리된다. 재정경제부는 경제정책 수립과 외환·국고·세제·

국제금융 등의 기능을, 기획예산처는 중장기 국가발전전략 및 재정정책 수립과 예산·기금 편성·집행·관리 등의 기능을 각각 담당하게 된다. 기획재정부 개편은 부칙에 따라 내년 1월 2일부터 시행되며, 이에 따라 2008년 이전의 재정경제부와 기획예산처를 통합해 설립된 기획재정부는 18년 만에 사라지게 된다.

과기부총리 직제, 18년 만에 부활 10월 1일부터 교육부 장관이 겸임하던 사회부총리가 폐지되고, 과학기술정보통신부 장관이 신설되는 과학기술부총리를 겸임하면서 과학기술 및 인공지능(AI) 분야를 총괄한다.

기타 10월 1일부터 기존의 방송통신위원회가 폐지되고 과기부의 방송진흥정책 기능을 포괄하는 방송미디어통신위원회가 신설된다. 또 여성가족부는 성평등가족부로 이름이 바뀌며, 환경부는 산업통상자원부의 에너지 정책 기능을 이관받아 기후에너지환경부라는 새 이름으로 확대 개편된다. 에너지를 떼낸 산업통상자원부는 산업통상부로 개편되며, 통계청과 특허청은 각각 총리실 소속 국가데이터처와 지식재산처로 승격한다.

> **과기부총리제** 노무현 정부 시절인 2004년 처음 도입된 제도로, 부총리급이 된 과학기술부 장관은 국가과학기술위원회 부의장을 맡아 각 부처별로 추진했던 과학기술정책을 총괄 조율했다. 이와 함께 차관급인 과학기술혁신본부를 신설하면서 국가 R&D 예산 배분·조정과 사업평가를 담당했다. 그러다 2008년 이명박 정부 출범과 교육과학기술부와의 통합이 이루어지면서 직제가 폐지된 바 있다.

정부조직 개편 주요 변동 사항

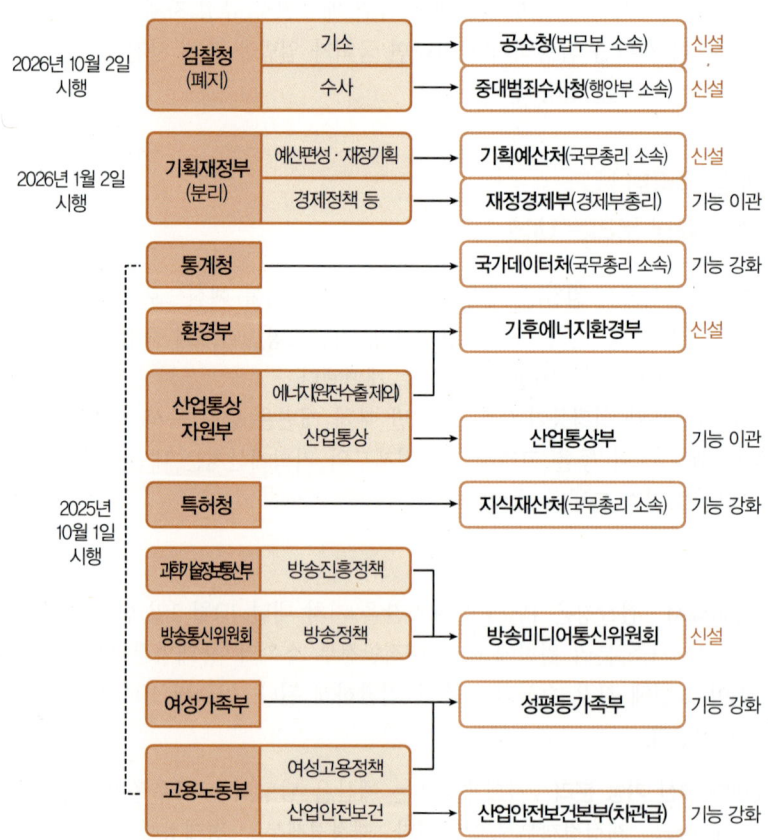

100만 인구 경기 화성시, 4개 일반구 설치 확정

경기 화성시가 행정안전부의 일반구 설치계획 승인에 따라 내년 2월부터 4개 구(區)가 설치된다고 8월 24일 밝혔다. 이는 지난 2010년 일반구 설치 기준인 인구 50만 명을 넘어선 지 15년 만이다. 새로 생기는 4개의 일반구는 ▷동탄구(동탄1~9동) ▷만세구(우정·향남·남양읍, 마도·송산·서신·팔탄·장안·양감면, 새솔동) ▷효행구(봉담읍, 비봉·매송·정남면, 기배동) ▷병점구(진안·병점1·병점2·반월·화산동)다. 화성시는 서울의 1.4배에 달하는 넓은 면적(8844km²)의 도시지만, 주요 민원 처리를 위해 시청까지 한 시간 넘게 이동해야 하는 불편을 겪어 왔다. 그러나 일반구가 출범하게 되면 생활권의 30분 내에서 세무, 인·허가, 복지, 민원 등 주요 행정업무를 구청에서 직접 처리할 수 있게 된다.

韓, 나토 회원국에 무기수출 공동 2위
(SIPRI 「국제무기거래 동향 2024」 보고서)

영국 시사주간지 《이코노미스트》가 8월 31일 스웨덴 싱크탱크 스톡홀름국제평화연구소(SIPRI)가 지난 3월 발간한 「국제무기거래 동향 2024」 보고서를 인용, 한국이 지난 5년간 북대서양조약기구(NATO·나토) 회원국에 무기를 두 번째로 많이 수출한 나라로 나타났다고 보도했다. 2020~2024년 나토 회원국에 대한 무기 수출 점유율은 한국과 프랑스가 나란히 6.5%의 점유율을 기록하며 공동 2위에 올랐으며, 1위는 세계 최대 무기 수출국인 미국(64%)이 차지했다. 이 기간 한국은 무기 수출이 이전 5년보다 4.9% 늘어 전 세계에서 10번째로 무기를 많이 수출했으며, 이에 전 세계 무기 수출에서 차지하는 비중도 2.1%에서 2.2%로 증가했다. 특히 탱크와 야포는 대수 기준으로 한국이 미국을 제치고 전 세계에서 가장 많이 판매한 것으로 나타났고, 전투기는 미국과 프랑스에 이어 3위였다.

미국 펜타곤 보도 통제에 기자단 반발
수용 거부하고 대거 출입증 반납

미국 국방부(전쟁부) 출입기자단이 10월 15일 미승인 정보에 대한 보도를 제한하는 내용의 보도통제 서약 요구를 거부하고 출입증 반납과 함께 기자실에서 퇴거했다. 국방부 기자단인 펜타곤언론인협회는 이날 입장문을 내고 「국방부가 미국 내 사실상 모든 주요 언론 조직으로부터 기자의 출입증을 몰수했다」고 밝혔다.

앞서 미 국방부는 사전에 승인받지 않은 내용을 보도하는 기자는 출입증을 박탈하겠다면서, 이에 동의하는 서약서에 10월 14일 오후 5시까지 서명하지 않을 경우 24시간 안에 출입증을 반납하고 청사를 비우라고 언론에 통보한 바 있다. 이에 미국 주요 언론사 기자 40여 명은 국방부의 보도지침이 헌법을 위반하고 국민의 알 권리를 침해한다며 집단으로 출입증을 반납했다. 특히 워싱턴포스트(WP)에 따르면 트럼프 행정부에 우호적인 보도를 해 온 보수 성향 매체인 폭스뉴스와 뉴스맥스, 워싱턴타임스 등도 서약을 거절했다.

> **엠바고(Embargo)** 정부기관 등의 정보제공자가 어떤 뉴스나 보도자료를 언론기관이나 기자에게 제보하면서 그것을 일정 시간이나 기일 후에 공개하도록 요청할 경우, 그때까지 해당 뉴스의 보도를 미루는 것이다.

경제시사

2025. 8.~10.

中, WTO 개도국 혜택 포기
미국과 무역협상 전 유화책으로 분석

중국이 9월 23일 미국 뉴욕에서 열린 세계개발구상(GDI) 고위급 회의에서 세계무역기구(WTO) 협상에 있어 개발도상국에 부여되는 특별하고 차등적인 대우(SDT·Special and Differential Treatment)를 더 이상 요구하지 않겠다고 선언했다. 이는 중국이 2001년 WTO에 가입한 지 24년 만이자, 2019년 도널드 트럼프 1기 미 행정부가 중국의 개도국 지위 포기를 요구한 뒤로는 6년 만이다. 중국의 이번 결정은 미국과의 무역협상을 염두에 둔 것으로 해석되며, 이는 그간 개도국 자격 남용을 공개적으로 비판해온 트럼프 행정부의 요구를 중국이 수용했다는 것을 의미한다. 다만 중국은 이번 결정이 개도국 졸업을 의미하는 것은 아니라고 강조했다.

> **세계무역기구(WTO·World Trade Organization)** 관세 및 무역에 관한 일반협정인 가트(GATT) 체제를 대신해 국제 무역질서를 정립하고 우루과이라운드(UR) 협정 이행을 감시하기 위해 1995년 1월 1일 출범한 국제기구로, 본부는 스위스 제네바에 있다.

WTO의 SDT는 무엇? WTO는 개도국에 규범 이행 유예, 무역 자유화 의무 완화, 기술·재정 지원, 농업·식량안보 등 일부 분야에 대한 보호 조치 등 150여 개의 특혜(SDT)를 제공하고 있다. 이는 WTO가 개도국을 국제 무역질서에 편입시키기 위해 내놓은 조치로, 다만 개도국 지위에 관한 공식 기준은 없고 WTO 가입국 스스로 개도국 지위를 선언하거나 포기할 수 있도록 돼 있다. 만약 다른 회원국이 이의 제기를 할 경우에는 협의 과정을 거쳐야 한다. 중국이 이러한 SDT 포기를 선언함에 따라 현재 글로벌 무역질서를 주도하고 있는 WTO의 개혁 논의가 가속화될 것이라는 전망이 나온다. 미국은 그간 중국 등의 주요국이 개도국에 부여된 SDT를 포기하기 전까지는 의미 있는 WTO 개혁이 있을 수 없다고 주장해 왔다.

> **WTO의 주요 개도국 우대 조치**
> - 농산품 등 수입품에 고율 관세 가능
> - 국내 생산품에 보조금 지급
> - 기술 및 재정 우선 지원
> - 무역규범 이행 시 유예기간 확보
> - 분쟁 해결 시에 절차상 편의 제공

「한미 관세협상」 세부사항 첨예하게 대립
한국은 통화스와프 체결 적극 요구

지난 7월 말 합의된 한미 관세협상의 세부사항을 두고 한미 양국 간의 이견이 계속되면서 협상 타결이 지지부진해진 가운데, 특히 세부 쟁점 중 한국이 미국에 투자하기로 한 3500억 달러를 두고 그 방식에 관심이 집중되고 있다. 미국은 한국에 부과하는 관세를 25%에서 15%로 낮추는 관세협상에 합의한 뒤 3500억 달러를 전액 현금으로 투자할 것을 요구하고 있으며, 이에 우리 정부는 한미 무제한 통화스와프 체결과 투자처 선정 관여권 보장 등을 요구한 것으로 알려졌다.

한미 관세협상, 세부사항 조율에서 교착 우리나라는 지난 7월 30일 상호관세를 15%로 인하하는 방안을 미국과 합의했으나, 이후 세부사안을 조율하는 후속협상 단계에서 교착 상태에 빠졌다. 이는 트럼프 행정부가 대규모 달러 현금 투자, 자금 회수 뒤 미국의 90% 수익 확보 등 무리한 요구 조건을 내건 데 따른 것이다. 일본의 경우 지난 9월 4일 5500억 달러 규모 펀드의 대부분을 현금으로 투자한다는 미국과의 합의문에 서명했지만, 일본은 준기축통화국인 데다 미국과 무제한 통화스와프를 맺고 있다. 또한 일본의 외환보유액은 1조 2000억 달러로, 우리의 2배 이상에 달한다는 점에서 우리와는 차이가 있다.

우리나라가 미국에 투자하기로 한 3500억 달러는 한국 외환보유액(4200억 달러)의 무려 83%에 이른다. 또 우리나라는 비기축통화국인 데다 미국과의 통화스와프 체결도 2008년 글로벌 금융위기와 2020년 코로나19 팬데믹과 같은 비상시에 한정돼 있다. 이에 미국의 요구를 수용할 경우 환율 급등과 수입물가 상승 등으로 제2의 외환위기가 도래할 수 있다는 우려가 높다.

> **통화스와프(Currency Swap)** 두 나라가 현재의 환율에 따라 필요한 만큼의 돈을 상대국과 교환하고, 일정 기간이 지난 후에 최초 계약 때 정한 환율로 원금을 재교환하는 거래를 가리킨다. 즉, A국가의 외환보유액이 바닥나 환란사태에 직면했을 경우 B국가에서 돈을 빌려오고 그 액수에 해당하는 자국(A국)의 화폐를 B국에 담보로 맡기는 것이다. 이는 내용상으로는 차입이지만 돈을 맡기고 돈을 빌려오는 것이기 때문에 형식은 통화교환이 되며, 사실상 외환보유액이 늘어나는 효과를 가져온다.

미, 일·유럽 자동차 관세 15% 확정 트럼프 미 행정부가 9월 24일 일본에 이어 유럽산 자동차와 자동차 부품에 대한 관세율을 15%로 낮췄다. 우리나라는 지난 7월 자동차 관세를 25%에서 15%로 인하하는 방안을 미국과 합의했으나, 관세협상 후속 협의를 둘러싸고 난항이 이어지면서 여전히 25% 관세가 유지되고 있다.

미 항소법원도 「트럼프 상호관세 위법」
트럼프 즉각 항소-대법서 최종 판단

도널드 트럼프 대통령이 한국을 비롯한 전 세계를 상대로 부과한 상호관세가 위법하다는 미국 법원의 판단이 1심에 이어 항소심에서도 유지됐다. 미국 워싱턴DC 연방순회항소법원은 8월 29일 미국 정부가 상호관세를 부과하는 근거로 「국제비상경제권한법(IEEPA)」을 활용한 것이 위법하다는 판결을 내렸다. 이번 판결은 앞서 5월 28일 트럼프 대통령이 IEEPA를 근거로 시행한 상호관세를 철회하라고 명령한 국제무역법원(USCIT)의 판결에 미 정부가 항소하면서 이뤄진 것이다. 다만 이번 판결은 미 행정부의 항소 기회 제공을 위해 10월 14일까지 집행이 유예됐는데, 트럼프 대통령이 즉각 항소 방침을 밝히면서 최종 판단은 대법원에서 이뤄질 예정이다.

트럼프 상호관세에 대한 미국 법원의 1·2심 판결

1심	대통령이 의회를 거치지 않고 관세정책을 펼치는 것은 IEEPA가 부여한 권한을 초과
2심	국가비상사태에 대응하기 위한 IEEPA의 제정 목적에 관세 및 과세는 포함되지 않음

> **상호관세(Reciprocal Tariff)** 트럼프 미 행정부가 지난 4월 2일 발표한 것으로, 교역 상대국이 미국산 수입품에 부과하는 관세·비관세 무역장벽에 상응해 미국의 수입관세를 높이는 조치를 말한다. 이는 전 세계를 대상으로 하는 「기본관세(10%)」와 미국이 무역 적자를 보는 국가에 부과하는 「개별관세」로 구성돼 있다. 우리나라의 경우 7월 30일 미국과의 관세협상에서 미국에 3500억 달러(약 487조 원)를 투자하는 등의 조건으로 15%의 상호관세를 합의한 바 있다.

IEEPA가 무력화될 경우는? 만약 대법원에서도 해당 판결이 유지돼 IEEPA가 무력화되더라도, 트럼프 정부가 「무역법 301조」 등 다양한 조항을 이용해 관세 부과 상태를 유지할 가능성은 충분하다는 분석이다. 대표적으로 불공정 무역행위에 대응해 대통령에게 특정 국가에 일시적으로 관세를 부과할 수 있는 권한을 부여한 「무역법 122조」도 적용 가능성이 있다. 또 자동차와 철강 등 무역확장법 232조를 근거로 국가안보 차원에서 부과한 품목별 관세는 이번 판결의 영향을 받지 않는다는 점에서, 트럼프 정부가 향후 품목관세 비중을 대폭 늘려 관세정책을 고수할 가능성도 제기된다.

> **국제비상경제권한법(IEEPA·International Emergency Economic Powers Act)** 미국의 국가안보나 외교정책, 경제에 현저한 위험이 발생했을 경우 미국 대통령이 국가비상사태를 선포하고 상대국가에 경제제재를 할 수 있도록 권한을 부여한 법이다. 이는 1977년 발효돼 1990년 이라크의 쿠웨이트 침공, 2014년 러시아의 우크라이나 크림반도 강제 합병 등의 사태에서 발동된 바 있다. 그러나 트럼프 2기 행정부는 무역 적자를 이유로 IEEPA를 발동하면서 논란을 일으켰다.

미 정부, 인텔 지분 10% 획득
인텔 최대 주주 등극

도널드 트럼프 미국 대통령이 8월 22일 최근 경영난을 겪고 있는 자국 반도체 기업 인텔의 지분 10%를 미국 정부가 완전히 소유 및 통제하게 됐다고 밝혔다. 이에 따르면 미 정부는 89억 달러(약 12조 3300억 원)를 들여 인텔 주식 4억 3330만 주를 주당 20.47달러에 매입, 인텔 최대 주주로 올라섰다. 이러한 미 정부의 인텔 지분 인수는 「반도체 및 과학법(칩스법)」에 따라 인텔에 보조금을 지급하는 데 따른 반대급부 성격이다. 전임 바이든 행정부 때 미 상무부는 최첨단 반도체 역량 발전 및 일자리 창출을 위해 인텔에 최대 78억 6500만 달러(약 10조 9000억 원)의 직접 자금을 지급한다고 발표했으며, 인텔은 이를 포함해 총 109억 달러 규모의 정부 보조금을 받을 예정이었다.

💡 **칩스법(CHIPS and Science Act)**은 중국과의 기술 패권 경쟁에서 미국의 기술 우위를 강화하기 위해 반도체 및 첨단기술 생태계 육성에 총 2800억 달러를 투자하는 내용을 골자로 하는 미국의 법이다. 이 법은 전임 조 바이든 대통령 때인 2022년 8월 9일부터 시행됐다.

미국 정부의 이례적 조치, 왜? 미국에서 정부가 민간기업의 최대 주주가 되는 것은 극히 이례적인데, 이번 조치는 경영난에 빠진 인텔을 되살려 글로벌 반도체산업에서 미국의 주도권을 회복하기 위해서라는 분석이다. 인텔은 현재 파운드리(반도체 위탁 생산)에서는 TSMC에, 칩 설계에서는 엔비디아와 AMD 등에 밀리고 있다. 이에 미 정부가 인텔의 지분 인수에 따른 경영권에 개입하지 않겠다고 밝혔음에도, 사실상 인텔을 국영기업으로 운영하며 일감을 몰아줄 것이라는 예상이 높다. 아울러 미 정부의 이번 조치가 정부의 시장 개입 및 영향력을 높여 미국의 전통적 시장 자본주의를 뒤집을 가능성도 크다는 전망까지 나온다.

미국 정부의 인텔 지분 인수

인수 규모	주당 20.47달러에 총 89억 달러 (지분율 9.9%로 최대 주주)
미국 정부 총투자액	111억 달러(보조금 22억 달러 기지급, 89억 달러 지분 인수)

정부, 2026년 예산 728조 원으로 편성
총지출은 8.1% 증가

정부가 8월 29일 국무회의에서 내년도 예산안을 전년보다 54조 7000억 원(8.1%)이 늘어난 728조 원으로 편성했다. 이 예산안이 그대로 국회에서 확정될 경우 문재인 정부 시절인 2022년(8.9%) 이후 4년 만에 가장 높은 총지출 증가율을 기록하게 된다. 총수입은 674조 2000억 원으로 예상되며, 필요한 재원의 대부분은 국채 발행으로 충당하게 된다. 이로 인해 내년 국가채무는 올해 본예산보다 141조 8000억 원 늘어난 1415조 2000억 원으로, 국내총생산(GDP) 대비 비율은 51.6%에 이를 전망이다.

분야별 예산 편성은 어떻게? 내년 총지출 728조 원 가운데 지출 증가율이 가장 큰 분야는 연구개발(R&D·35조 3000억 원)과 산업·중소기업·에너지(32조 3000억 원)로 각각 올해 본예산 대비 19.3%, 14.7% 증가한다. 특히 인공지능(AI) 관련 예산이 올해(3조 3000억 원)의 3배 이상인 10조 1000억 원으로 책정됐다. 총지출에서 가장 큰 비중을 차지하는 보건·복지·고용 분야 예산은 8.2% 늘어난 269조 1000억 원이 편성됐으며, 국방 예산(66조 3000억 원)은 트럼프 미 행정부의 국방비 증액 압박에 따라 8.2% 증액한다.

정부 총지출 추이(2026년은 정부안, 나머지는 국회 확정)

연도	총지출	전년 대비 증가율
2021년	558조 원	8.9%
2022년	607조 7000억 원	8.9%
2023년	638조 7000억 원	5.1%
2024년	656조 6000억 원	2.8%
2025년	673조 3000억 원	2.5%
2026년	728조 원	8.1%

2026년 분야별 예산 현황

분야	예산	증감률(%)
보건·복지·고용	269조 1000억 원	8.2
일반·지방재정	121조 1000억 원	9.4
교육	99조 8000억 원	1.4
국방	66조 3000억 원	8.2
연구개발(R&D)	35조 3000억 원	19.3
산업·중소기업·에너지	32조 3000억 원	14.7
농림·수산·식품	27조 9000억 원	7.7
사회간접자본(SOC)	27조 5000억 원	7.9
공공질서·안전	27조 2000억 원	8.8
환경	14조 원	7.7
문화·체육·관광	9조 6000억 원	8.8
외교·통일	7조 원	-9.1

내년도 예산안에 따라 달라지는 것들

직장인 든든한 한끼 시범사업 실시 식생활 여건이 취약한 인구감소지역의 중소기업 직장인 5만 4000명을 대상으로 월 4만 원 상당의 식비를 지원하는 사업이 실시된다. 이는 기업의 선택에 따라 아침 식사를 1000원에 제공하는 「천원의 아침밥」이나, 점심시간 외식업종에서 결제한 금액의 20%를 할인해 주는(월 4만 원 한도) 「든든한 점심밥」 방식으로 지원된다.

어린이 과일간식 지원 外 전국 초등 늘봄학교 1~2학년 학생 60만 명에게는 주 1회 국산 과일 간식이 제공된다. 또 전국 130개 푸드마켓에 「먹거리 기본보장코너」(가칭)가 신설되는데, 이는 도움이 필요한 사람이 푸드마켓에 방문하면 쌀·라면 등 2~3만 원 상당의 기본 생필품을 지원하는 방식이다. 특히 2회 이상 방문 시에는 복지 상담을 통해 다른 서비스와 연계해 준다.

지역사랑 휴가지원제 시범 추진 인구감소지역 관광 활성화를 위해 여행경비의 절반을 지역사랑상품권으로 돌려주는 것으로, 20개 지자체에서 1인당 최대 10만 원, 2인 이상은 최대 20만 원까지 환급받을 수 있다.

대중교통 정액패스 도입 월 최대 6만 2000원을 내면 20만 원 한도로 전국의 버스나 지하철 등의 대중교통을 자유롭게 이용할 수 있도록 하는 것이다. 이는 청년·노인·다자녀·저소득자는 5만 5000원, 일반인은 6만 2000원을 부담하면 된다.

청년 구직자 지원책 신설 비수도권 중소기업에 취직하는 청년을 대상으로 근속 인센티브가 신설된다. 이는 비수도권 소재 중소기업 취직 청년에게 2년간 280만 원을 지급하는 방식이다. 취약계층 구직활동 지원을 위한 구직촉진수당도 50만 원에서 60만 원으로 오른다.

아동수당 인상 현재 1인당 월 10만 원인 아동수당은 수도권 이외 지역 아동 대상으로 10만 5000원까지 올린다. 특히 인구 감소 우대지원지역 44곳 아동은 11만 원, 인구 감소 특별지원지역 40곳 아동은 12만 원을 지급한다. 여기에 인구감소지역 내 지방자치단체가 아동수당 지급 수단을 지역사랑상품권으로 선택하면 1만 원 오른 1인당 12~13만 원의 아동수당을 받을 수 있다.

청년미래적금 신설 19~34세 청년들의 자산 형성을 지원하기 위한 3년 만기의 「청년미래적금」이 신설된다. 이는 연소득 6000만 원 이하인 청년을 대상으로 납입금(월 50만 원 한도)의 6%(중소기업 재직자는 12%)를 정부가 추가로 얹어주는 것이다.

노인 일자리 확대 노인 일자리는 110만 개에서 115만 개로 5만 개 늘어나며, 확대분의 90%는 비수도권에 배분된다. 또 기업이 고령자를 계속 고용할 경우 정부가 월 30만 원을 최대 3년간 지원하는 고령자 통합장려금도 신설된다.

2026년 예산안에 따른 주요 민생사업은?

구분	주요 내용
아동수당	• 만 8세까지 확대 • 수도권 10만 원, 비수도권 10만 5000원~12만 원 지급
지역사랑상품권	수도권 8%, 비수도권 10%, 인구감소지역 12% 할인율 적용
청년미래적금	소득 6000만 원 이하 만 19~34세 납입금(월 50만 원 한도) 최대 12% 매칭
대중교통비 환급	대중교통 정액패스 신설해 월 5~6만 원으로 전국 지하철·버스 20만 원까지 이용
농어촌기본소득	인구소멸지역 6개군 월 15만 원 지급
어린이 과일간식 지원	초등 늘봄학교 참여 1~2학년에게 주 1회 과일간식 제공
직장인 든든한 한끼	인구감소지역 중소기업 직장인 5만 4000명에게 월 4만 원 식비 지원

정부, 「새 정부 경제성장전략」 발표
성장전략의 최우선 과제로 AI 설정

정부가 8월 22일 성장전략 태스크포스(TF) 겸 경제관계장관회의를 열고 인공지능(AI)을 국가 성장전략의 최우선 과제로 삼아 예산과 인력을 집중 투입하는 내용 등을 담은 「새 정부 경제성장전략」을 발표했다. 이는 이재명 정부가 향후 5년간 추진할 경제정책의 청사진으로, 큰 틀의 정책 방향을 제시하던 기존의 경제정책방향과 달리 세부적인 정책 과제와 목표까지 담은 것이 특징이다. 정부는 1%대 후반까지 떨어진 잠재성장률을 3%로 끌어올린다는 목표를 달성하기 위해, 30개 분야의 인공지능(AI) 대전환과 차세대 최첨단 기술 개발 프로젝트를 선정했다.

💡 한편, 정부는 이날 올해 경제성장률 전망치를 0.9%로 대폭 하향 조정했는데, 이는 연초 발표한 기존 전망치(1.8%)의 절반 수준이다.

AI 대전환을 위한 15개 프로젝트 정부는 인공지능(AI) 대전환을 위해 기업, 공공, 국민, 기반조성 등 4대 핵심 분야에서 15대 선도 프로젝트를 추진하기로 했다. 기업 분야에서는 로봇, 자동차, 선박, 가전, 드론, 팩토리, 반도체 등 7개 분야에서 AI 선도 프로젝트를 추진한다. 정부는 연구개발(R&D), 실증지원, 규제 완화, 판로, 금융 등 「전 주기 패키지 지원」에 나서며, 공공 부문에서는 복지·고용, 납세 관리, 신약 심사 등 3대 선도 프로젝트에 AI를 도입한다. 국민 부문에서는 AI 한글화 전략을 통해 국민 누구나 AI를 활용할 수 있도록 맞춤형 교육을 추진하며, 최고급 AI 인재에게는 급여·병역 특례를 제공한다. 그리고 AI 인프라 분야에서는 민관이 협력해 GPU(Graphic Processing Unit, 그래픽처리장치)를 2030년까지 5만 장 이상 확보하고, 전력·세제·규제 등 패키지 지원을 통해 AI 데이터센터를 확충한다.

AI 대전환 15대 과제

분야	주요 내용	분야	주요 내용
기업	• AI 로봇: 휴머노이드 3대 강국 진입 • AI 자동차: 완전자율주행차 상용화 • AI 선박: 완전자율운항 선박 개발 • AI 가전: 글로벌AI 가전 시장 점유율 1위 • AI 드론: 완전자율비행 드론 개발 및 활용 • AI 팩토리: 제조기업 AI 도입률 40% • AI 반도체: K-온디바이스 AI 반도체 탑재 제품 출시	공공	• AI 복지 및 고용: 모든 행정서비스에 AI 도입 • AI 납세관리: 납세시스템 전면 자동화 • AI 신약심사: 신약심사 기간 주요국 수준 단축
		국민	• 국내 AI 인재: AI 전문가 순유입국 전환 • 해외 AI 인재: 인재유치 매력도 20위권 진입
		기반 조성	• 데이터 개방: 데이터 시장규모 확대 • 데이터 활용: 데이터 활용역량 10위권 진입

초혁신경제 15대 프로젝트 정부는 기존 산업 중 첨단소재·부품, 기후·에너지기술 등을 집중 육성하는 초혁신경제 프로젝트에도 돌입한다. 여기에는 ▷SiC 전력반도체 ▷LNG 화물창 ▷초전도체 ▷그래핀 ▷특수탄소강 ▷태양광·차세대전력망 ▷해상풍력·HVDC ▷그린수소·SMR ▷스마트 농·수산업 ▷초고해상도 위성개발 ▷K-바이오·의약품 ▷K-콘텐츠(게임, 웹툰 등) ▷K-뷰티(통합 클러스터) ▷K-식품 등 15대 선도프로젝트가 선정됐다.

한편, AI 대전환과 기술혁신을 위한 재원은 국민성장펀드(※ 시사용어 참조)를 조성해 활용할 방침으로, 이는 민간자금(연기금·민간금융·국민 등)을 활용해 100조 원(민간 50조 원 이상+첨단전략기금 50조 원 이상) 이상 규모로 조성된다.

초혁신경제 15대 과제

분야	주요 내용
첨단소재·부품	• SiC 전력반도체: SiC 전력반도체 기술자립률 20% • LNG 화물창: LNG선 시장점유율 70%, 세계 1위 • 초전도체: 표준화·양산화 응용기술 확보 • 그래핀: 에너지·센서 분야로 상용화 확대 • 특수탄소강: 조선·에너지용 고부가 후판·강관기술 1위
기후·에너지·미래대응	• 태양광·차세대 전력망: 차세대 태양전지 선도 및 분산형 전력망 전국 확산 • 해상풍력·HVDC: 해상풍력과 HVDC의 경쟁력 확보 • 그린수소·SMR: 그린수소 기술 확보, SMR 표준설계인가 추진 • 스마트 농업·수산업: AI 기반 스마트농업·양식 선도지구(1개소) 조성 • 초고해상도 위성 개발 및 활용: 다목적위성 8호 및 기후예측모델 개발
K-붐업	• K-바이오·의약품: AI 바이오 산·학·연·병 거점 선정 • K-콘텐츠(게임, 웹툰 등): K-콘텐츠 수출 250억 달러 • K-뷰티통합클러스터: 중소기업 수출 100억 달러 달성 • K-식품: K-식품 수출 150억 달러

이재명 정부 배드뱅크 「새도약기금」 출범
113만 명 빚 16.4조 원 탕감

금융위원회와 한국자산관리공사가 10월 1일 「새도약기금 출범식」을 열고 채권 소각 및 채무조정 지원 계획을 발표했다. 새도약기금은 상환능력을 상실한 연체자 지원을 위해 7년 이상 5000만 원 이하 연체채권을 일괄 매입해 채무자 상환 능력에 따라 소각 또는 채무조정을 진행하는 프로그램이다. 이에 따라 총 16조 4000억 원 규모의 채권이 소각 또는 채무조정될 예정인데, 수혜 인원은 약 113만 명에 달할 것으로 예상된다. 다만 이미 빚을 성실히 상환했고 상환하고 있는 채무자들의 상대적 박탈감 문제나 빚 탕감에 따른 도덕적 해이 논란은 불가피할 것으로 전망된다.

새도약기금 대상과 방식은? 소득·재산 심사를 거쳐 파산에 준할 정도로 상환 능력을 상실했다고 판단되면 채권을 완전 소각해 준다. 빚 전액 소각 대상은 7년 이상 장기 연체자 중 5000만 원 이하 채무를 지고 상환 능력이 없는 개인으로, 중위소득 60% 이하(1인 가구 월 154만 원 수준) 또는 생계형 재산을 제외한 회수 가능한 재산이 없는 경우가 해당된다. 다만 도박 등 사행성과 유흥업 채권은 제외되며, 외국인 채권(단 영주권자, 결혼이민자, 난민은 지원), 소멸시효 완성 채권, 금융질서 문란자 채권 등도 지원 대상에서 제외된다. 여기에 소득이 중위소득 60%를 초과하거나 일부 재산이 있더라도 상환 능력이 현저히 부족한 경우에는 원금의 최대 80% 감면, 이자 전액 면제, 최대 10년 분할 상환, 3년 상환 유예 등의 조치를 받을 수 있다.

한편, 새도약기금은 금융회사로부터 대상 채권을 일괄 매입하는 방식이기 때문에 채무자가 별도로 신청할 필요가 없다. 이는 소득·재산 심사 과정을 거쳐야 하므로 실제 소각·채무조정은 내년부터 진행되는데, 다만 기초생활수급자·장애인연금 수령자·중증 장애인·보훈 대상자 등은 별도 심사 없이 연내 우선 소각이 추진된다.

새도약기금 개요

지원 대상	7년 이상 5000만 원 이하 빚을 가진 소상공인과 취약계층
지원 규모	8400억 원(은행·보험 등 금융권 4400억 원, 정부 재정 4000억 원 등)
대상자 수	113만 4000명(총 16조 4000억 원 탕감)
지원 방식	별도 신청 절차 없이 금융기관이 대상 채권 일괄 매입
지원 내용	추심 중단, 상환 능력에 따라 소각·채무조정 등 조치 - 상환능력 없는 경우 전액 소각 - 상환능력 현저히 적을 경우 원금 30~80% 감면, 최장 10년 분할 상환 등의 조치
제외 대상	주식투자 실패 또는 사행성·유흥업으로 인한 장기연체자, 외국인 장기연체자 등

배임죄, 72년 만에 폐지 돌입
110개 경제 형벌도 완화

정부와 더불어민주당이 9월 30일 당정협의회를 열고 배임죄 폐지를 포함한 「경제형벌 합리화 1차 방안」을 발표했다. 앞서 지난 7월 이재명 대통령은 경제형벌을 1년 내에 30% 정비하는 것을 목표로 하라고 지시한 바 있다. 이에 따라 정부는 ▷배임죄 개선을 포함한 선의의 사업주 보호 ▷형벌 완화 및 금전적 책임성 강화 ▷경미한 위반행위의 과태료 전환 ▷先행정조치-後형벌부과 등 5개 유형으로 개선 과제를 선별, 110개 경제형벌을 개선 대상으로 선정했다. 이러한 당정의 계획이 실행되게 된다면 1953년 형법 제정 때부터 있었던 배임죄는 72년 만에 사라지게 된다.

배임죄, 72년 만에 폐지 돌입 배임죄는 타인의 사무를 처리하는 자가 그 임무에 위배되는 행위로 재산상의 이익을 취득하거나 제3자로 하여금 이를 취득하게 하여 본인에게 손해를 가하는 죄를 말한다. 이는 형법에서 규정하고 있는 대표적인 경제범죄로, ▷단순배임죄 ▷업무상배임죄 ▷배임수재죄 ▷배임증재죄 등이 있다. 그간 재계와 법조

배임죄 처벌 형량은?

형법 일반배임	5년 이하 징역 또는 1500만 원 이하 벌금
형법 업무상배임	10년 이하 징역 또는 3000만 원 이하 벌금
상법 특별배임	10년 이하 징역 또는 3000만 원 이하 벌금
특정경제범죄 가중처벌법	• 이득액 50억 원 이상: 무기 또는 5년 이상의 징역 • 이득액 5억 원 이상 50억 원 미만: 3년 이상의 유기징역

계에서는 배임죄의 요건이 추상적이고 적용 범위가 넓어 기업의 정상적인 경영 활동을 위축시키고, 검찰 등 수사기관과 법원의 자의적 판단에 따라 수사와 재판이 이뤄질 수 있다고 비판해 왔다. 이에 당정은 기업들의 지적을 받아들여 형법상 배임죄 폐지를 기본방향으로 정했다. 다만 정부는 대체입법을 최대한 신속히 마련, 일부 중요 범죄에 대한 처벌 공백을 막겠다는 방침이다.

경제형벌 110개 규정 개선 정부는 배임죄 외에도 신속한 정비가 가능한 110개의 경제형벌 조항을 추가로 개선하기로 했다. 대표적인 개정 사항은 최저임금법의 양벌규정에 면책조항을 신설한다는 것으로, 고용노동부는 상당한 주의와 감독 의무를 다한 사업주는 처벌하지 않는 면책 규정을 마련하기로 했다. 또 자동차관리법은 승인받지 않은 튜닝에 대해 1년 이하의 징역을 규정하고 있으나, 트럭 짐칸 크기 변경과 같이 경미한 경우에는 원상복구명령에 과태료 1000만 원을 부과하기로 했다. 아울러 일부 형벌은 징벌적 손해배상이나 과징금으로 전환되는데, 배달로봇 등 실외 이동로봇을 승인 없이 개조했을 경우의 형벌 조항이 폐지되고 과징금 최대 5000만 원이 부과된다.

경제형벌 합리화 1차 방안 주요 내용

구분	행위 요건	현행 형벌	변경안
공정거래법	시장지배적 사업자가 가격을 부당하게 올리는 등 독과점 지위를 남용하는 행위	3년 이하 징역, 2억 원 이하 벌금	형벌 폐지(시정 조치 미이행 시 별도 규정 적용)
외국환거래법	은행이 고객의 외환거래가 합법인지 확인하지 않은 행위	1년 이하 징역, 1억 원 이하 벌금	과징금(위반 이익의 최대 40%)
최저임금법	최저임금 미지급	벌금 2000만 원	면책 규정 마련
근로기준법	사업주가 근로계약서에 일하는 장소 등을 명시하지 않은 행위	벌금 500만 원	형벌 폐지, 과태료 전환
자동차관리법	승인 없이 트럭 짐칸을 조금 늘린 행위	1년 이하 징역, 1000만 원 이하 벌금	시정명령 및 1000만 원 이하 과태료

자산 2조 원 이상 기업, 집중투표제 의무화
2차 상법 개정안 국회 통과

국회가 8월 25일 열린 본회의에서 소위 더 센 상법으로 불리는 2차 상법 개정안을 의결했다. 이날 통과된 2차 상법 개정안은 자산 2조 원 이상 상장사에 대해 집중투표제 도입을 의무화하고, 감사위원 분리 선출을 기존 1명에서 2명 이상으로 확대하는 내용을 골자로 한다. 이번 2차 개정안은 앞서

지난 7월 3일 국회를 통과한 1차 상법 개정안의 후속 법안으로, 1차 개정안은 기업 이사의 충실 의무 대상을 회사와 주주로 확대하고 독립이사 도입 등을 명시한 바 있다.

> **집중투표제(Cumulative Voting)** 주주총회에서 이사진을 선임할 때 1주당 1표씩 의결권을 주는 방식과 달리, 선임되는 이사 수만큼 의결권을 부여하는 제도이다. 이는 소액주주권 보호 및 기업지배구조 개선을 위한 제도로, 2명 이상의 이사를 선임할 때 주당 이사수와 동일한 수의 의결권을 부여하는 것이다. 예컨대 이사 3명을 선임한다면 주당 3개의 의결권을 부여하며, 이때 주주는 특정이사에 집중적으로 투표하거나 여러 명의 후보에게 분산해 투표할 수 있다. 이 제도가 의무화되면 소액주주들이 자신을 대표하는 사람을 이사로 선임하거나, 대주주가 내세운 후보 중 문제가 있는 사람이 이사로 선임되는 것을 저지할 수 있게 된다.

2차 상법 개정안 주요 내용

구분	적용 대상	주요 내용	시행 시기
집중투표제 도입 의무화	자산 2조 원 이상 상장사	• 이사 후보 여러 명을 한꺼번에 투표 • 주식 1주당 선임하려는 이사 수만큼 표 부여	개정안 공포일로부터 1년 뒤
분리선출 감사위원 수 확대		감사위원 분리 선출을 기존 1명에서 2명 이상으로 확대	

9월 1일부터 예금자 보호한도 1억 원
24년 만의 인상-제2금융권 예·적금도 적용

예금자 보호한도가 9월 1일부터 5000만 원에서 1억 원으로 상향되면서, 예금보험공사가 보호하는 금융회사와 각 중앙회가 보호하는 상호금융 모두 보호한도가 1억 원으로 높아졌다. 예금자 보호한도 상향은 2001년 이후 24년 만에 이뤄진 것으로, 이번 상향에 따라 앞으로 금융기관이 영업정지되거나 파산해도 예금자는 원금과 이자를 합쳐 1억 원까지 돌려받을 수 있게 된다.

보호 대상은 어떻게? 1억 원(원금+이자) 예금보호한도가 적용되는 금융기관은 예금보험공사가 보호하는 은행, 저축은행, 보험사(생명보험·손해보험), 투자매매·투자중개업자, 종합금융회사다. 또한 개별법에 따라 각 상호금융 중앙회가 보호하는 농협, 수협, 신협, 새마을금고, 산림조합도 이에 해당된다. 금융상품의 경우 가입 시점과 관계 없이 예·적금 등 원금보장형 상품은 모두 적용되며, 보험계약 해약환급금과 투자자예탁금 등도 원금 지급이 보장된다. 다만 퇴직연금(DC형·IRP), 개인종합자산관리계좌(ISA)의 경우에는 예금 등 보호상품으로 운용되는 경우에 한해 보호된다. 반면 운용실적에 따라 지급액이 변동되는 펀드 등 금융투자상품, 실적배당형상품, 증권사 자산관리계좌(CMA), 후순위채권 등은 보호되지 않는다.

이재명 정부, 첫 공급대책 발표
LH 주도로 수도권에 5년간 135만 가구 착공

정부가 9월 7일 향후 5년간 서울을 포함한 수도권에 매년 27만 가구씩 135만 가구의 신규 주택을 공급하는 내용의 「주택공급 확대방안」을 발표했다. 이는 이재명 정부의 첫 부동산 공급대책으로, 한국토지주택공사(LH)의 직접 시행과 도심 주택 공급 등을 통해 수도권과 서울에 2030년까지 각각 134만 9000가구와 33만 4000가구의 주택을 착공하게 된다.

「주택공급 확대방안」 주요 내용   정부 방안에 따르면 공공택지 공급 확대와 조기화를 통해서는 37만 2000호, 노후 시설과 유휴부지 재정비를 통해서는 3만 8000호, 도심지 주택 공급을 통해서는 36만 5000호, 민간 공급여건 개선을 통해서는 21만 9000호, 기타 주택사업을 통해서는 35만 5000호를 착공한다.

LH 주도로 공급 활성화   LH가 주택용지를 민간에 매각하는 종전의 방식을 바꿔 공공택지의 사업 주체로 나서며, LH 직접 시행으로 전환한 물량은 민간이 설계·시공 등을 맡는 도급형 민간참여사업으로 추진한다. 이를 통해 5년간 총 6만 가구의 주택을 수도권에 공급하게 된다. 또 수도권 공공개발지구 내 LH가 소유한 상업·공공용지 등 비(非)주택 용지의 용도를 주거용으로 전환해 2030년까지 1만 5000가구 이상을 공급한다.

도심 내 노후시설 활용한 주택 공급   서울 주요 입지에 있는 준공 30년 이상 경과 노후 영구임대 등 공공임대주택은 종상향을 통해 용적률을 높이고 전면 재건축해, 5년간 2만 3000가구를 착공하게 된다. 또 노후 공공청사와 국유지 재정비 등으로 2만 8000가구를 착공한다.

공공 도심복합개발   수도권 등 지방자치단체 제안·공모로 신규 후보지를 발굴하고, 역세권 용적률 1.4배 완화 규정을 확대하는 등 공공 도심복합사업 제도 개선을 통해 2030년까지 수도권에 5만 가구를 착공한다.

재개발·재건축 제도 개편   정부는 민간에서 추진 중인 재개발·재건축 사업에 대해서는 정비사업 추진위원회에 초기사업비를 지원하고 조합 융자한도를 상향하는 등의 지원책을 제시했다. 민간 건설사의 사업 추진을 돕기 위해서 주택도시보증공사(HUG)의 건설사업 관련 보증 공급 규모를 연 86조 원에서 향후 5년간 연 100조 원 규모로 늘린다. 또 인허가 절차 간소화 등 공공택지의 사업 속도를 높여 2030년까지 4만 6000호 착공을 조기화한다.

주택 공급 확대방안 주요 내용

방안	주요 내용	공급 규모 (2026~2030년 합산)
LH의 직접 시행 및 공공택지 용도 전환	• LH의 공공택지 매각 중단과 직접 시행(민간은 설계와 시공만 담당) • LH 소유 비주택용지의 용도 전환	7만 5000+@
도심 노후 공공임대주택 재건축	서울 준공 30년 이상 영구임대 등 재건축 시 용적률 500%까지 확대	2만 3000채
도심 유휴부지 및 노후청사 재정비	도봉구 성대 야구장, 송파구 위례업무용지 등	2만 8000채
공공 도심복합개발	역세권 용적률 1.4배 완화 규정 확대 등	5만+@
재건축·재개발 제도 개편	인허가절차 간소화 등	23만 4000+@

부동산 수요 억제책도 발표   정부는 9월 7일 주택공급 확대방안과 함께 규제지역 주택담보대출인정비율(LTV)을 50%에서 40%로 낮추는 내용 등이 담긴 「가계부채 관리 강화책」도 발표했다. 규제지역은 현재 강남3구(강남, 서초, 송파구)와 용산구 등 서울 4개구에 지정(※ 9월 7일 기준)돼 있는데, 바뀐 LTV 체제는 9월 8일부터 곧장 시행됐다. 또 수도권·규제지역 내 주택을 담보로 하는 주택매매·임대사업자 대출(주담대)도 9월 8일부터 제한(LTV 0%)됐다. 다만 임대주택 공급 위축 등의 부작용을 감안해 국토부 장관이 인정하는 경우는 종전 규정을 적용할 수 있도록 예외를 뒀다.

정부, 10·15 부동산 대책 발표
서울·경기 27곳, 3중 규제지역 지정

이재명 정부가 10월 15일, 앞서 6·27 대출 규제와 9·7 공급대책에 이어 세 번째 부동산 대책을 발표했다. 국토교통부·기획재정부 등은 이날 부동산 관계장관회의를 열고 「주택시장 안정화 대책」을 발표했는데, 이에 따르면 서울 전역과 한강 이남의 경기도 12곳 등 총 27곳이 조정대상지역·투기과열지구·토지거래허가구역으로 묶인다. 이번 대책은 이재명 정부의 앞선 부동산 대책에도 서울 도심은 물론 외곽까지 집값 상승세 조짐을 보이고 있기 때문으로, 이번 방안을 통해 인근 지역으로 가격 상승세가 확산되는 풍선효과를 막겠다는 취지다.

10·15 부동산 대책 주요 내용

서울 전역·경기도 12개 지역, 규제지역 지정 정부는 기존 강남3구와 용산구에 국한돼 있던 조정대상지역 및 투기과열지구 등의 규제지역을 서울 전역으로 확대했다. 여기에 경기도 과천시, 광명시, 성남시 분당구·수정구·중원구, 수원시 영통구·장안구·팔달구, 안양시 동안구, 용인시 수지구, 의왕시, 하남시 등 12개 지역도 규제지역에 포함했다. 아울러 서울 전역과 경기도 12개 지역에 대해서는 10월 20일부터 내년 12월 31일까지 토지거래허가구역으로 지정한다. 특히 기존 서울시가 발표한 토지거래허가구역을 뛰어넘어 아파트 및 동일 단지 내 아파트가 1개 동 이상 포함된 연립·다세대주택까지 허가 대상에 추가했다.

> **투기과열지구** 집값 급등을 억제하기 위해 정부가 지정하는 지역으로, 주택담보대출·청약·전매 등에 대한 규제가 가장 강력하게 적용된다.
>
> **조정대상지역** 과열 우려가 있는 지역에 적용되는 규제로, 대출·세금·청약 요건이 강화되지만 투기과열지구보다는 규제 강도가 낮다.
>
> **토지거래허가구역** 투기 목적의 토지 거래를 막기 위한 제도로, 지정된 구역 안에서 일정 면적 이상의 토지를 사고팔 때 관할 지자체의 허가를 받아야 한다.
>
> **스트레스 금리** 대출 심사에서 차주의 상환 능력을 평가할 때, 향후 금리 상승 가능성을 반영해 실제 금리보다 높은 가상의 금리를 적용하는 것이다.
>
> **총부채원리금상환비율(DSR)** 대출을 받으려는 사람의 소득 대비 전체 금융부채의 원리금 상환액 비율을 말하는 것으로, 연간 총부채 원리금 상환액을 연간 소득으로 나눠 산출한다. 총부채상환비율(DTI)과 달리 주담대뿐 아니라 모든 대출 원리금 상환액이 포함된다.

대출규제 대폭 강화 外 규제지역으로 선정된 서울과 경기도 12개 지역의 LTV(주택담보대출비율)는 기존 70%에서 40%로 낮아진다. 다만 주택 시가에 따라 한도가 달라지는데, ▷시가 15억 원 이하 주택은 현행과 동일한 6억 원 ▷시가 15억 원 초과 25억 원 이하 주택은 4억 원 ▷시가 25억 원 초과 주택은 2억 원으로 차등 적용된다. 또 이들 지역 내 주담대에 한해 스트레스 금리를 1.5%에서 3.0%로 상향 조정하고, 1주택자가 수도권·규제지역에서 임차인으로 전세대출을 받을 때 이자 상환분을 차주의 총부채원리금상환비율(DSR)에 반영한다. 이 밖에 주택 구입 목적의 사업자 대출은 원칙적으로 제한되며, 규제지역 내 1주택 보유자가 재건축·재개발 과정에서 이주비나 중도금대출을 받을 경우 추가 주택 구입이 제한된다.

10·15 부동산 대책 주요 내용(※ 괄호는 시행 시기)

규제지역	서울 및 경기 남부 12개 지역으로 확대 – 조정대상지역 및 투기과열지구(10월 16일) – 토지거래허가구역(10월 20일)
대출규제	• 고가 주택 대출 한도 축소: 15억 원 이하 6억 원, 15~25억 원 4억 원, 25억 원 초과 2억 원(10월 16일) • 주담대 스트레스 금리: 1.5%에서 3.0%로 상향 조정(10월 16일) • 총부채원리금상환비율(DSR): 1주택자 전세대출 포함(10월 29일)
규제지역·토허제 지정에 따른 변화	• 주택담보인정비율(LTV) 무주택자 40%, 유주택자 0%(10월 16일) • 전세대출 보유 차주 3억 원 초과 아파트 취득 제한(10월 16일) • 다주택자 취득세 중과(2주택 8%, 3주택 12%, 10월 16일) • 양도세 1가구 1주택 비과세 요건 강화(2년 보유→2년 보유+거주, 10월 16일) • 취득일로부터 2년간 실거주 의무(10월 20일) • 재건축 조합원당 주택 공급 수 1주택으로 제한(10월 16일) • 전매, 수도권 3년과 지방 1년 전매 제한(10월 16일)

서울 전역, 외국인 토지거래허가구역 지정
실거주 안 하는 외국인의 집 매매 제한

국토교통부가 8월 26일부터 내년 8월 25일까지 서울 전 지역과 경기 성남·고양시 등 23개 시군, 인천 중구 연수구 등 7개 구를 외국인 토지거래허가구역으로 지정한다고 21일 밝혔다. 그간 외국인 토지거래허가제는 안보 목적으로 국경 도서지역에 대해서만 적용됐으나, 이번에는 부동산 투기 근절을 목적으로 적용 지역이 확대된 것이다. 국토부는 지난 2월 영해기선 기점 12곳과 서해5도 등 국경 도서지역 17곳을 외국인 토지거래허가구역으로 지정한 바 있다.

외국인 토지거래허가제, 어떻게 바뀌나? 국토부의 이번 방침에 따라 외국인이 해당 지역에서 아파트, 단독주택, 다세대 및 연립주택을 거래하려면 소재지 시군구의 허가를 받아야 한다. 외국인 등의 범위에는 ▷한국 국적을 보유하지 않은 개인 ▷외국 법인 ▷외국 정부가 포함된다. 이후 거래 허가를 받은 외국인은 허가일로부터 4개월 이내에 입주해야 하며, 주택 취득 후 2년간 실거주해야 한다. 이를 위반하면 지자체의 이행명령을 받으며 불응 시 토지 취득가액의 최대 10%에 달하는 이행강제금이 반복 부과된다. 국토부는 또 현재 투기과열지구 내 주택거래에만 적용되는 자금조달계획서 등의 제출 의무를 올해 말부터 토지거래허가구역에도 확대 적용하기로 했다. 특히 외국에서 매매대금의 일부를 조달해 온 외국인의 경우 자금조달계획서에 해외 금융기관명, 차입 금액 등 해외자금 출처도 밝히도록 했다.

외국인 토지거래허가구역 주요 내용

적용 지역	• 서울 전역 • 경기: 23개 시군(양주시, 이천시, 의정부시, 동두천시, 여주시, 양평군, 가평군, 연천군 등 8개 시군은 제외) • 인천: 7개 자치구(동구, 강화군, 옹진군 등 1구 2군은 제외)
대상	• 한국 국적이 없는 개인, 외국 법인, 외국 정부 • 아파트, 연립, 다세대 등(오피스텔은 제외)
규제	거래 허가일 4개월 내 입주, 주택 취득 후 2년간 실거주
제재	지자체 이행명령 불응 시 토지 취득가액의 최대 10%에 달하는 이행강제금이 반복 부과

법원, 새만금공항 건설 제동
이유는 조류충돌 위험 등 안전성

서울행정법원 행정7부가 9월 11일 전북 군산 주민과 시민단체 등 1297명이 새만금공항 기본계획을 취소하라며 국토교통부를 상대로 낸 소송에서 원고 승소 판결을 내렸다. 재판부는 국토부가 세운 사업계획은 안전성과 환경적 영향에 대한 평가가 부실하게 이뤄졌다며 사업계획을 취소해야 한다고 밝혔다. 이번 판결에 따라 올해 말 착공해 2029년 새만금공항을 개항하려던 계획은 차질이 불가피해지게 됐다.

> **새만금공항 사업** 총 사업비 9395억 원을 들여 전북 군산시 옥서면·옥도면 새만금 산업단지 남쪽 매립지 일대 340만 m²(약 103만 평) 부지에 국제공항을 건설하는 사업이다. 새만금공항은 문재인 정부 때인 2019년 「국가균형발전 프로젝트」로 선정되며 경제성 등을 평가할 핵심 절차인 예비타당성 조사가 면제됐다. 이후 2022년 6월 총사업비 8077억 원이 투입되는 기본계획이 확정됐으나, 윤석열 정부가 2023년 8월 사업 필요성을 재점검하겠다며 이를 중단했다. 그러다 이듬해 7월 한국교통연구원 등이 진행한 사업 적정성 검토에서 문제가 없다는 결과가 나오면서 재개된 바 있다.

법원의 사업 제동, 왜? 법원이 새만금공항 사업에 제동을 건 것은 정부가 사업 추진 과정에서 안전성과 환경 영향을 제대로 검토·평가하지 않았다고 판단했기 때문이다. 재판부는 국토부가 항공기의 조류충돌 위험도를 의도적으로 축소했다고 밝혔는데, 판결문에 따르면 새만금국제공항 부지의 연간 예상 조류충돌 횟수는 45.9293회(부지 반경 13km 기준)로, 인천국제공항(2.9971회)과 인근 군산공항(0.0484회), 무안국제공항(0.0722회)에 비해 최대 635배가량 많았다. 또 공항 부지를 포함해 7km 떨어진 서천갯벌에 미칠 악영향이 제대로 고려되지 않았다는 지적도 내놓았는데, 서천갯벌은 습지보호지역·유네스코 세계자연유산으로 지정된 곳이자 멸종위급종인 넓적부리도요의 국내 최대 서식지다. 아울러 재판부는 해당 사업의 비용편익비가 0.479에 불과한 것으로 평가돼, 사실상 경제성이 있다고 보기 어렵다는 점도 지적했다.

中, 한화그룹 자회사 5곳 제재
미중 갈등, 한국 산업에까지 영향

중국이 10월 14일 한화오션의 미국 자회사 5곳을 겨냥한 제재 조치를 발표했다. 이는 경주 아시아태평양경제협력체(APEC) 정상회의를 앞두고 미중 무역전쟁이 재점화한 가운데 나온 중국의 대미 보복 조치로, 미중 갈등이 우리 기업에까지 영향을 미친 것이다. 무엇보다 중국의 이번 조치로 「마스가(MASGA·미국 조선업을 다시 위대하게)」 프로젝트 주축인 한화오션이 영향을 받게 되면서 한미 조선업 협력에도 차질이 빚어질 것이라는 우려가 나온다. 한화오션은 국내 조선 3사 중 유일하게 미국 내 생산 거점(한화 필리조선소)를 확보하고 대규모 투자계획 추진을 발표하는 등 마스가의 상징으로 부상한 바 있다.

중국 제재 받은 기업 5곳은? 중국 상무부 안전·수출입통제국은 10월 14일 홈페이지에 중국 기업과 개인을 대상으로 ▷한화해운 ▷한화 필리조선소 ▷한화오션USA인터내셔널 ▷한화해운홀딩스 ▷HS USA홀딩스와의 거래·협력 등을 금지한다는 내용을 게시했다. 특히 제재 대상에 포함된 한화 필리조선소는 한미 조선 협력을 상징하는 마스가(MASGA) 프로젝트의 중심으로, 지난 8월 이재명 대통령도 방미 기간 중 이곳을 찾은 바 있다.

중국 정부는 제재 이유로 한화오션의 미국 내 자회사가 미국 정부의 해사·물류·조선업(무역법) 301조 조사 활동을 협조, 지지한 것을 들었다. 미국은 앞서 10월 14일 0시부터 무역법 301조에 근거해 중국 선박에 t당 50달러의 입항 수수료를 부과하고 있다. 이에 중국도 미국 국적 선박 등에 특별항만세를 부과하는 맞대응을 취한 데 이어, 이례적으로 개별 기업인 한화오션을 직접 겨냥한 제재를 내놓은 것이다. 중국의 이번 조치에 대해서는 한국이 미국의 조선 협력 최대 파트너국으로 부상하고, 특히 한화오션이 이를 주도하면서 중국의 경계심을 자극했다는 분석이 나온다.

> **마스가(MASGA·Make American Shipbuilding Great Again)** 「다시 미국 조선업을 위대하게」라는 의미로, 도널드 트럼프 미국 대통령이 2016년 대선에서 내걸었던 슬로건인 MAGA(Make America Great Again, 다시 미국을 위대하게)에서 착안한 것이다. 이는 7월 한국 정부가 미국과의 통상 협상을 타결하는 데 있어 결정적 역할을 한 전략적 구상으로, 한국이 ▷미국 조선사에 투자하고 ▷미국 내에 신규 조선소를 설립하며 ▷조선 인력을 양성하고 ▷한국 정부가 정책금융 기관을 통해 금융지원을 제공하는 등 한미 간 조선업 협력을 골자로 한다.

李 대통령-블랙록 래리 핑크 회장, 인공지능·재생에너지 분야 협력 MOU 체결

이재명 대통령이 9월 22일 유엔총회 참석차 뉴욕을 방문해 첫 일정으로 래리 핑크 세계경제포럼(WEF) 의장 겸 블랙록 회장과 만나 인공지능(AI)과 재생에너지 분야 협력 양해각서(MOU)를 체결했다. 이날 체결된 양해각서는 크게 ▷국내 인공지능·재생에너지 인프라 협력 논의 ▷한국 내 아시아-태평양 인공지능 허브 구축 협력 ▷글로벌 협력구조 마련 등 세 축으로 구성됐다. 이날 회담에서 블랙록은 한국이 아시아의 AI 수도가 될 수 있도록 글로벌 자본을 연계해 적극 협력하겠다는 의지를 밝혔다.

블랙록은 1988년 래리 핑크 등 8인이 설립해 현재 12조 5000억 달러(1경 7000조 원)를 운용하는 세계 최대의 자산운용사다. 특히 블랙록은 마이크로소프트·엔비디아·엑스에이아이(XAI) 등과 함께 「인공지능 인프라 파트너십(AIP)」을 구성해 글로벌 차원의 인공지능 및 재생에너지 인프라 투자에 나서고 있다.

韓 지마켓-中 알리 기업결합 조건부 승인 쿠팡·네이버와 이커머스 삼각 구도 전망

공정거래위원회가 9월 18일 신세계그룹의 G마켓(G마켓·옥션)과 중국 알리바바그룹의 알리익스프레스 간 기업결합을 조건부로 승인하면서 양사 합작법인이 출범하게 됐다. 이에 쿠팡과 네이버가 양분하고 있는 현 국내 이커머스 시장의 양강 구도가 큰 변화를 맞을 것이라는 전망이 나온다.

공정위 기업결합 조건부 승인 주요 내용 공정위의 기업결합 승인은 향후 3년간 G마켓이 보유한 플랫폼인 G마켓과 옥션을 알리익스프레스와 별도 플랫폼으로 운영하고, 이들 사이의 국내 소비자 데이터를 분리하는 조건을 전제로 이뤄졌다. 이는 국내 온라인 해외직구 시장 점유율 37.1%로 1위 사업자인 알리익스프레스가 시장점유율 4위 사업자인 G마켓(3.9%)과 합병할 경우 시장지배력이 너무 커질 것을 우려한 데 따른 것이다. 이에 G마켓과 알리익스프레스코리아는 한국 신세계그룹과 중국 알리바바인터내셔널이 5-5로 출자해 설립한 합작법인(그랜드오푸스홀딩)의 자회사로 편입돼 한 지붕 두 가족 구조로 사업하게 된다.

이로써 합작법인의 핵심 자회사인 G마켓은 60만 셀러가 보유한 2000만 개가량의 상품을 올해 안에 알리바바인터내셔널 플랫폼을 통해 해외에 직접 판매할 수 있게 됐다. 첫 진출 지역은 싱가포르·베트남·태국·필리핀·말레이시아 등 동남아 5개국이며, 향후 유럽·미국 등 200여 개 국가로 판로가 확대될 예정이다.

네이버, 업비트 운영사 「두나무」 자회사로 편입
원화 스테이블코인 선제 발행 채비

9월 29일 정보통신기술(ICT) 업계에 따르면 네이버와 두나무가 연내 이사회를 열고 포괄적 주식 교환을 승인할 계획이다. 포괄적 주식 교환은 서로 다른 두 기업이 주식을 맞바꿔 한쪽이 100% 지분을 가지면서 지배 구조가 형성되는 방식으로, 두나무가 네이버파이낸셜의 자회사가 되는 방식인 것으로 알려졌다.

금융·코인업계의 지각변동 전망 국내 최대 포털 네이버의 자회사인 네이버파이낸셜은 네이버페이를 중심으로 간편 송금과 대출부터 보험, 증권, 부동산 등에 이르기까지 네이버 그룹의 금융 사업을 총괄하고 있다. 두나무는 국내 1위이자 글로벌 3위의 가상자산거래소 「업비트」를 운영하고 있다. 이처럼 국내 1위 가상자산거래소와 국내 1위 핀테크 기업의 결합이 예고되면서 금융업과 코인업계에는 일대 지각변동이 예고된다. 특히 원화 스테이블코인 생태계 구축이 가속화될 수 있을 것이라는 전망이다. 만약 두 기업이 원화 스테이블코인을 발행할 경우 업비트가 원화 스테이블코인의 핵심 유통 창구로 활용될 수 있다.

네이버파이낸셜 vs 두나무

구분	네이버파이낸셜	두나무
설립	2019년 11월(네이버의 네이버페이 사업부에서 분할 설립)	2012년 4월
사업	네이버페이 등 전자지급 대행	국내 1호 가상자산 사업자. 2017년 10월 가상자산거래소 「업비트」 출범
매출(2024년 기준)	1조 6474억 원	1조 7316억 원

스테이블코인은 무엇? 스테이블코인(Stablecoin)은 비변동성 가상자산을 뜻하는 말로, 법정화폐 혹은 실물자산을 기준으로 가격이 연동되는 가상자산을 가리킨다. 가상자산이 특유의 가격변동성 때문에 통화로 사용되기에 안정성이 떨어지는 반면 스테이블코인은 가격변동성을 줄인 것은 물론, 법정화폐와 마찬가지로 가치의 척도 및 저장 기능까지 가지고 있다. 대표적인 스테이블코인으로는 테더(USDT)·서클(USDC) 등이 있는데, 이들은 미국 국채를 담보로 비축하고 미국 달러와 1:1(1코인 1달러)로 연동해 발행·유통된다. 이 외에도 현재 발행·유통되는 스테이블코인의 대부분이 미 달러와 연동돼 있다. 이러한 스테이블코인은 가격 안정성이라는 특징으로 투자자 보호에 유리하며, 가상자산거래소에서 유동성의 핵심 역할을 한다. 다만 법정화폐를 담보로 하는 스테이블코인의 경우 발행사의 신뢰에 의존하는 경우가 높고, 알고리즘 기반 스테이블코인은 시장 불안 시 쉽게 무너질 수 있다는 단점도 존재한다.

스테이블코인 vs CBDC(중앙은행 디지털화폐)

구분	스테이블코인	CBDC
발행주체	재단 또는 단체	중앙은행
목적	가상자산 매매 수단 및 디파이(탈중앙화 금융) 결제통화	지급결제의 디지털화에 대응해 법정통화 및 통화정책의 주권 및 영향력 유지
신뢰 기반	백서, 발행자의 준비자산 관리 역량	국가 및 중앙은행
장점	• 법정화폐 등에 연동돼 가격변동성 낮음 • 탈중앙화시스템으로 해외 거래 용이	• 법정화폐와 동일한 안전성 보장 • 중앙은행의 용이한 통화량 관리
단점	발행주체의 담보자산 부실 가능성	발행 및 관리 주체인 중앙은행이 사용자의 거래정보를 감시

롯데카드 해킹사고 발생
297만 명 정보 유출-28만 명은 CVC 등 유출

롯데카드가 9월 18일 고객정보 유출 사실이 확인됐다며, 해킹사고 조사 결과 약 960만 명의 회원 가운데 30%에 해당하는 297만 명의 정보가 유출됐다고 밝혔다. 특히 이 중 28만 명은 카드번호·유효기간·CVC 번호 등 핵심 결제정보까지 유출돼 부정 사용 위험이 있는 것으로 파악됐다.

앞서 롯데카드는 지난 8월 31일 온라인 결제 서버에서 외부 해커의 정보 반출 시도 흔적을 발견하고, 9월 1일 금융당국에 이를 신고했다. 이후 금융감독원·금융보안원 등이 해킹 사고를 조사한 결과, 당초 보고(1.7기가바이트(GB))된 수준의 약 100배인 200GB(기가바이트)에 달하는 데이터가 유출된 것으로 파악됐다. 또 처음 해킹 사고가 발생한 것은 8월 14일이었으나, 회사 측은 8월말이 되어서야 사태를 파악하고 조사에 나선 것으로 알려지며 늑장 대응 비판이 일었다.

롯데카드 해킹 피해는? 롯데카드에 따르면 유출된 정보는 7월 22부터 8월 27일까지 온라인 결제 과정에서 생성·수집된 데이터로, ▷연계정보(CI) ▷주민등록번호 ▷가상 결제코드 ▷내부 식별번호 ▷간편결제 서비스 종류 등이다. 이 가운데 카드 부정 사용이 발생할 가능성이 있는 고객은 총 28만 명으로, 유출정보 범위는 카드번호·유효기간·CVC 번호 등이다. 이 중 CVC(Card Validation Code) 번호는 보통 신용카드 뒷면에 표기된 보안을 목적으로 한 세 자리 숫자로, 온라인 결제를 할 때 필요한 경우가 많다.

롯데카드는 이번 사고에 대한 피해 발생 시 전액 보상 방침을 밝혔으며, 고객 정보가 유출된 고객 진원에게는 연말까지 결제금액과 관계 없이 무이자 10개월 할부 서비스를 무료로 제공하기로 했다. 아울러 카드 재발급 대상인 28만 명에게는 재발급 시 다음해 연회비를 한도 없이 면제한다는 방침을 내놓았다.

롯데카드 유출 피해 규모 및 내용

전체(297만 명)	온라인 결제 과정에서 생성·수집된 데이터(연계정보(CI), 주민등록번호, 가상 결제코드, 내부 식별번호, 간편결제 서비스 종류 등)
전체 중 28만 명	카드번호, 유효기간, CVC 번호 등

💡 금융위원회는 9월 18일 긴급 대책회의를 열어 롯데카드에 중대 위법사항이 드러나면 최대 수준의 제재를 가하겠다고 밝혔다. 또 금융사의 보안 사고에 징벌적 과징금을 부과하고 금융사가 보안 규정을 제대로 이행하지 않을 경우 이행강제금을 부과하는 등 제도 개선에도 착수하겠다고 밝혔다.

대법원, 최태원-노소영 1.4조 재산분할 파기환송
위자료는 상고기각

대법원 1부가 10월 16일 최태원 SK그룹 회장(64)과 노소영 아트센터 나비 관장(63)의 이혼소송 상고심 선고에서 약 1조 3800억 1700만 원의 재산분할금을 지급하라고 한 원심 판결을 일부 파기하고 사건을 서울고법으로 돌려보냈다. 이는 1조 4000억 원에 육박하는 재산 분할의 근거가 된 노태우 전 대통령의 300억 원대 비자금이 불법으로 형성됐기에 기여도로 인정하기 어렵다는 취지다. 다만 위자료(20억 원)는 문제가 없다고 판단하고 최 회장의 상고를 기각했다.

대법원 판결에 이르기까지 이번 소송에서 1심은 최 회장이 노 관장에게 위자료 1억 원과 재산분할로 현금 665억 원을 지급하라고 판결했다. 그러나 2심은 최 회장이 노 관장에게 위자료 20억 원, 재산분할로 1조 3808억 원을 지급하라고 판결했다. 이는 최 회장이 보유한 주식회사 SK 지분을 분할 대상에 포함했기 때문으로, 현재의 SK그룹을 만들기 위해 노태우 전 대통령의 비자금이 역할을 했다고 본 데 따른 것이다. 하지만 대법원은 이날 과거 SK에 유입된 노 전 대통령의 비자금 300억 원은 불법 뇌물이기 때문에 노 관장의 기여로 참작할 수 없다고 판단했고, 이에 최 회장과 노 관장의 이혼소송은 서울고등법원으로 되돌아가게 됐다.

한편, 대법원의 이번 판결은 최 회장이 2017년 7월 이혼 조정을 신청한 지 8년 3개월 만이자 지난해 5월 항소심 선고 이후 1년 5개월 만이다. 두 사람의 이혼 소송은 1조 원이 넘는 역대 최대 재산분할이 걸린 문제로 인해 「세기의 이혼 소송」으로 불렸다.

최태원-노소영 이혼소송, 법원 판단은?

단계	판결일	재산분할 규모	판단
1심	2022년 12월 6일	위자료 1억 원, 재산분할 665억 원	최태원 회장 보유 SK 지분은 분할 대상 아님
2심	2024년 5월 30일	위자료 20억 원, 재산분할 1조 3808억 원	SK 지분 등 최 회장의 대상은 모두 분할 대상(SK그룹에 노태우 전 대통령과 노 관장 기여 참작)
3심	2025년 10월 16일	위자료 20억 원(확정), 재산분할 추후 재산정(파기환송)	노태우 비자금 300억 원은 불법원인급여로 기여 불인정 → 재산분할 청구 관련 부분 파기환송

기재부, 「제3차 장기재정전망」 발표
국가채무비율, 40년 뒤에는 올해의 3배

기획재정부가 9월 3일 국회에 제출한 「제3차 장기재정전망(2025~2065년)」에 따르면 현재의 인구감소와 경제성장률 하락 추세가 유지되는 기준 시나리오에서의 2065년 국가채무는 국내총생산(GDP)의 156.3%까지 급증한다. 이는 저출생·고령화로 생산성이 갈수록 떨어지는 데 반해, 국민연금 등의 의무 지출은 지속적으로 급증하는 데 따른 것이다.

한편, 장기재정전망은 미래 재정 위험을 점검하고 중장기 재정건전성을 관리하기 위해 5년마다 내놓는 재정전망으로 2015년과 2020년에 이어 이번이 세 번째다.

2065년 국가채무비율은? 기재부는 성장과 인구를 기준으로 총 5개의 시나리오(기준, 인구 대응, 인구 악화, 성장 대응, 성장 악화)를 제시했다. 평균에 해당하는 기준 시나리오(인구 중위, 성장 중립)에서는 2065년 GDP 대비 국가채무비율이 156.3%로 추계됐는데, 이는 올해 국가채무비율(49.1%)

과 비교하면 40년간 3배로 높아진다는 의미다. 2065년 최악의 시나리오(성장 악화)로는 173.4%, 최상의 시나리오(성장 대응)로는 133.0%로 전망됐다. 이처럼 국가채무비율이 급증하면서 재정 건전성도 크게 악화되는 것으로 나타났는데, 기준 시나리오에서 GDP 대비 관리재정수지 적자는 올해 4.2%에서 2065년 5.9%로 상승하는 것으로 나타났다. 이처럼 국가부채가 급증하는 배경으로는 의무지출(법률에 지출 의무가 명시돼 있어 임의로 줄일 수 없는 항목)이 가장 큰 원인으로 꼽히는데, 이는 저출생·고령화로 복지지출이 갈수록 확대되고 있는 데 따른 것이다.

국가채무비율 전망(※ 인구(중위)·성장(중립) 시나리오를 중간값으로 설정한 결과)

연도	GDP 대비 국가채무비율
2025년	49.1%
2035년	71.5%
2045년	97.4%
2055년	126.3%
2065년	156.3%

적자성 채무, 2029년에 1360조 전망　기획재정부가 9월 8일 국회에 제출한 「2025~2029년 국가채무관리계획」에 따르면 올해 적자성 채무는 추가경정예산안 기준 926조 5000억 원으로 추산된다. 이는 1년 전(815조 2000억 원)보다 111조 3000억 원 늘어난 규모다. 적자성 채무는 대응하는 자산이 없어 향후 세금 등으로 갚아야 하는 빚으로, 대표적으로 일반회계 적자를 메우기 위해 발행하는 국채가 이에 해당한다. 적자성 채무는 내년 1029조 5000억 원으로 1000조 원을 넘어선 뒤 2029년에는 1362조 5000억 원으로 늘어날 것으로 예측된다. 또 전체 국가채무에서 차지하는 비중도 올해 71.1%에서 2029년 76.2%로 커진다. 여기에 국가보증채무와 공공기관 부채 등 잠재 채무를 더하면 재정 부담이 2000조 원을 웃돌 것으로 전망된다.

한국 GDP 대비 나랏빚 사상 최대
1분기 BIS 기준 47%

9월 17일 국제결제은행(BIS)에 따르면 올해 1분기 말 한국의 국내총생산(GDP) 대비 정부부채 비율이 47.2%로 나타났다. BIS 기준의 정부부채는 비영리 공공기관과 비금융 공기업 등을 제외한 좁은 의미의 국가채무만을 뜻한다. GDP 대비 정부부채 비율이 47%대에 달한 것은 BIS가 관련 통계를 집계한 1990년 이후 처음 있는 일이다.

정부부채 비율의 변화　BIS 기준의 GDP 대비 정부부채 비율은 코로나19 팬데믹 시기였던 2020년 1분기 40.3%로, 처음 40%를 넘은 바 있다. 이후 2023년 1분기 44.1%, 2024년 1분기 45.2% 등으로 오르다 2024년 4분기에는 43.6%로 주춤했으나, 올해 들어 다시 상승한 것이다. BIS는 올해 1분기 말 정부부채 규모를 약 1212조 원으로 집계했는데, 이는 원화 기준으로 사상 최대다.

다만 우리나라의 GDP 대비 정부부채 비율은 올해 1분기 BIS 통계에 포함된 28개 경제협력개발기구(OECD) 가입국 중에서는 18위 수준으로 아직 낮은 편이다. 국가별로 보면 일본(200.4%), 그리스(152.9%), 이탈리아(136.8%), 미국(107.7%), 프랑스(107.3%) 등 정부부채 1~5위 국가와 우리와는 많은 차이가 있는 것으로 나타났다.

GDP 대비 정부부채 비율 추이

시기	GDP 대비 정부부채 비율
2019년 1분기	37.1%
2020년 1분기	40.3%
2021년 1분기	43.1%
2022년 1분기	43.8%
2023년 1분기	44.1%
2024년 1분기	45.2%
2025년 1분기	47.2%

IMF, 한국 1인당 GDP 올해 37위 전망
22년 만에 대만에 추월

10월 20일 국제통화기금(IMF)에 따르면 올해 한국의 1인당 국내총생산(GDP)은 3만 5962달러로 예상돼, 지난해(3만 6239달러)보다 0.8% 감소한다. 이에 IMF 통계에 포함된 197개국 중 한국의 1인당 GDP 순위는 지난해 34위에서 올해 37위로 세 계단 하락한다. 다만 3년 뒤인 2028년에는 4만 802달러를 기록하며 「1인당 GDP 4만 달러 시대」를 열 것으로 전망됐다.

주목되는 것은 대만의 1인당 GDP가 지난해 3만 4060달러에서 올해 3만 7827달러로 11% 넘게 늘어나며 38위에서 35위로 세 계단 상승한다는 것이다. 대만은 특히 내년에 4만 1586달러로 4만 달러를 돌파하며, 세계 순위도 31위까지 치솟을 것으로 예상됐다. 이로써 대만이 한국을 추월하게 되는데, 한국과 대만의 순위가 바뀌는 것은 2003년 한국이 대만을 제친 이후 22년 만이다.

💡 올해 1인당 GDP 세계 1위 국가는 23만 1071달러의 리히텐슈타인으로 전망됐다. 2~5위는 ▷룩셈부르크(14만 6818달러) ▷아일랜드(12만 9132달러) ▷스위스(11만 1047달러) ▷아이슬란드(9만 8150달러)로 나타났다.

한국 구매력 GDP, 대만보다 2만 달러 낮아 10월 21일 한국은행 등에 따르면 국제통화기금(IMF)은 지난 15일 발표한 「세계경제전망(World Economic Outlook) 보고서」에서 올해 한국의 구매력 평가(PPP) 기준 1인당 국내총생산(GDP)을 6만 5080달러로 전망했다. 이는 지난해(6만 2885달러)보다 3.5% 증가한 것으로, 세계 35위 수준이다. IMF가 매년 두 차례 추산하는 PPP 기준 1인당 GDP는 같은 재화나 서비스를 구매할 수 있는 실질 구매력을 감안한 수치로, 물가 수준이 낮으면 이 수치는 상대적으로 높게 평가된다.

아울러 IMF는 대만의 올해 PPP 기준 1인당 GDP를 8만 5127달러로 세계 12위 수준일 것으로 예측했는데, 이는 우리보다 2만 47달러 높은 것이다. 대만의 구매력 기준 1인당 GDP는 ▷1980년 3214달러 ▷1990년 9534달러 ▷2000년 2만 463달러 ▷2010년 3만 6619달러 ▷2020년 5만 7996달러로 늘며 지속적으로 한국보다 높았다. 이처럼 대만 국민의 실제 생활 수준이 높게 평가되는 것은 물가가 안정된 수준을 보이고 있기 때문으로 풀이된다.

「2023년 국민이전계정」
한국인 28세 첫 흑자, 61세에 다시 적자

통계청(현 국가데이터처)이 9월 25일 발표한 「2023년 국민이전계정」에 따르면 한국인은 평균적으로 28세에 흑자 인생이 시작되고 45세 때 정점을 찍은 뒤 61세에 적자로 돌아선다. 국민이전계정은 연령에 따른 소비와 노동 소득의 관계를 분석해 세대 간 정부 재정이 어떻게 재분배되는지 보여주는 지표를 말한다.

2023년 국민이전계정 주요 내용 2023년 기준 한국인은 태어난 이후 27세까지 생애주기적자를 이어가는데, 생애주기적자(흑자)란 노동 소득에서 소비를 차감한 값이 마이너스(플러스)라는 뜻이다. 1인당 생애주기적자는 16세에 4418만 원으로 최대 적자를 기록하는데, 이는 이 연령대가 교육비 지출이 크게 늘어나는 시기이기 때문이다. 그러다 28세부터 노동 소득이 소비보다 많아지는 흑자(209만 원)로 접어든다. 이러한 흑자 규모는 45세에 1748만 원으로 정점을 찍고, 이후 하향곡선을 그러다 61세부터 적자(211만 원)로 전환된다. 이는 노동소득이 줄어드는 동시에 의료비 지출이 늘어난 데 따른 것이다. 다만 이 적자에 재진입하는 나이는 갈수록 늦춰지고 있는데, 이는 은퇴 후에도 일하려는 고령층이 늘어난 영향으로 분석된다.

한편, 전체 국민 소비에서 노동소득을 뺀 값인 생애주기 적자 규모는 2023년 처음으로 200조 원을 돌파한 것으로 나타났다.

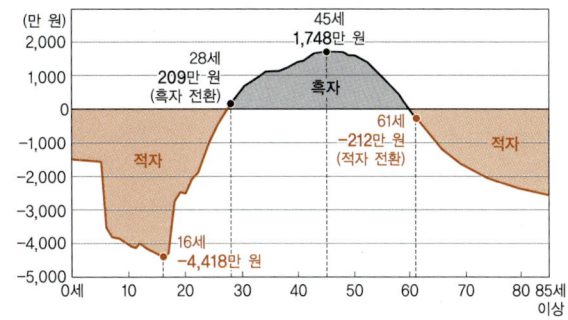

1인당 생애주기적자 추이 (※ 2023년 기준)

韓 가상자산 이용자 수 1000만 명 첫 돌파
30대가 가장 많이 보유

금융정보분석원(FIU)이 9월 30일 발표한 「2025년 상반기(1~6월) 가상자산사업자 실태조사」에 따르면 6월 말 기준 가상자산 이용자 수는 1076만 8900명(중복 포함)으로, FIU가 관련 통계를 추산하기 시작한 2022년 3월 이후 처음으로 1000만 명을 넘어섰다. 조사 대상은 원화 기반 가상자산거래소(원화마켓) 등 17개 거래업자와 8개 보관·지갑업자다.

연령별로 보면 가상자산 이용자는 30대(28%)가 가장 많았고, 이어 40대(27%)와 20대 이하(19%) 순으로 나타나 30~40대가 전체의 절반 이상(55%)을 차지했다. 보유자산 규모별로는 50만 원 미만 보유자가 645만 명(59.9%)으로 가장 많았으며, 1억 원 이상 보유한 이용자는 지난해 말(22만 200명) 대비 17.2% 줄어든 18만 2300명(1.7%)으로 나타났다.

사회시사

2025. 8.~10.

대전 국가정보자원관리원 화재
정부 전산시스템 대거 중단 사태

대전 유성구에 있는 국가정보자원관리원(국정자원) 본원(5층 전산실)에서 9월 26일 오후 8시 15~20분경 화재가 발생, 정부의 전산시스템이 대거 중단되는 사태가 벌어졌다. 국정자원은 정부와 지방자치단체의 IT 시스템을 관리·운영하는 기관으로, 해당 사고는 전산실 내 리튬이온 배터리에서 발화된 것으로 추정됐다. 화재는 발생 약 22시간 만에 완전 진화됐으나, 이 화재로 정부 온라인 민원 서비스와 부처 홈페이지 등이 대거 먹통이 됐다.

한편, 이번 사태로 정부 전산망의 취약성이 드러났다는 지적이 나오는데, 특히 화재 발생 시 다른 지역 센터에서 시스템을 이어받아 가동하는 이중화 체계가 제대로 구축되지 않아 피해가 커졌다는 분석이 제기된다.

국가정보자원관리원은 어떤 곳?

주요 업무	• 행정안전부 소속 책임운영기관 • 정부, 지자체, 공공 시스템의 안정적 운영과 효율적 통합, 구축관리와 보호 등의 업무를 담당
위치	대전 유성구(본원), 광주 서구(분원), 대구 동구(분원), 충남 공주(재해복구센터 구축 중)
관리 대상	• 중앙행정기관과 지방자치단체·공공기관 정보시스템과 국가정보통신망 등 약 1600개 시스템 • G-클라우드, 정부원격근무서비스(GVPN), 정부 민원·행정·금융·우편 등

화재 진압 경과 화재는 5층 전산실에 있는 384개 리튬이온 배터리를 지하실로 옮기기 위해 전원을 차단하고 배터리를 분리하는 과정에서 발생했다. 화재로 전소된 국정자원 5층 전산실(7-1)에 있던 배터리 384개는 9월 27일 밤 모두 반출됐고, 전산실 적정온도를 유지하는 항온항습기도 27일 새벽 5시 30분쯤 복구돼 정상 가동이 이뤄졌다. 그리고 화재는 발생 10시간여 만인 9월 27일 오전 6시 30분쯤 초진됐으며, 약 22시간 만인 27일 오후 6시께 완전 진화(완진)됐다.

행정안전부는 9월 27일 오전 국가정보자원관리원 화재사태에 대응하기 위해 기존 위기상황대응본부를 중앙재난안전대책본부로 격상했으며, 「행정정보시스템 재난 위기관리 표준매뉴얼」에 따라 위기경보수준을 「경계」에서 「심각」으로 상향했다.

화재 원인은 무엇? 소방당국은 이번 화재가 무정전·전원장치(UPS)용 리튬이온 배터리에서 발화한 것으로 보고 있다. 리튬이온 배터리 화재는 주로 「열 폭주(thermal runaway)」 현상으로 인해 발생하는데, 열 폭주는 배터리에 손상이 발생해 양극·음극이 직접 닿으면서 짧은 시간에 온도가 최대 1000도까지 오르는 현상이다. 특히 화재 원인으로 지목된 배터리는 지난해 6월 정기점검에서 「교체 권고」를 받은 것으로, 현재 보증 연한 10년을 이미 1년 초과한 상태로 알려졌다.

정부 온라인 민원서비스 대거 중단 이번 화재로 인해 모바일 신분증과 국민신문고 등의 사이트 접속이 끊기고, 정부 부처 홈페이지와 정부 온라인 민원서비스 정부 24도 중단됐다. 국가정보자원관리원 화재 관련 중앙재난안전대책본부(중대본)는 9월 27일 오후 5시 기준 현황 보고서에서 「(화재로 중단된) 전산시스템 647개 중 국민이 직접 이용하는 대국민 서비스가 436개이고 나머지 211개는 공무원 업무용 행정 내부망 서비스」라고 밝혔다. 이후 행안부는 통신·보안 인프라 복구가 진행됨에 따라 9월 28일 오후부터 직접 피해를 받지 않은 551개 시스템을 대상으로 순차적 재가동에 돌입했다. 이에 우체국 우편·금융서비스와 정부24 주민등록등본 발급 서비스 등이 우선 복구됐다.

한편, 행정안전부는 10월 9일 국정자원 대전 본원 화재로 중단된 정부 전산시스템이 당초 파악된 647개가 아닌 709개라고 정정 발표했다. 행안부는 이에 대해 국정자원 내부 관리시스템인 「엔탑스(nTOPS)」를 복구하며 전체 시스템 현황을 정확하게 파악할 수 있게 된 데 따른 것이라고 밝혔다. 하지만 사고 발생 2주 가까이 정확한 피해 규모조차 집계하지 못한 데 대한 비판이 일었다.

전소된 96개 시스템 중대본은 9월 29일 정부세종청사에서 브리핑을 열고 국정자원 대전 본원 5층 전산실 화재로 가동 중단됐던 정부 서비스 가운데 서버가 전소되면서 장기간 가동이 어렵게 된 96개 서비스를 대구 분원으로 이전해 가동한다고 밝혔다. 전소 시스템에는 국민신문고, 국가법령정보센터, 안전디딤돌, 통합보훈 등 1등급 핵심 서비스 4개와 국민재난안전포털, 노사누리, 사회복지시설정보 등 2등급 서비스 10개가 포함됐다.

대전 본원 화재로 전소된 주요 행정 서비스(총 96건)

소관 부처	시스템명	서비스 내용
국민권익위원회	국민신문고	민원 신청, 공익제보 및 신고
법제처	국가법령정보센터	법률, 조례, 규칙 등 조회
행정안전부	안전디딤돌	모바일 재난, 안전 정보 제공
	국민재난안전포털	PC 재난, 안전 정보 제공
고용노동부	노사누리	체불임금, 부당해고 등 노사관계 조정 및 중재 신청
보건복지부	e하늘장사정보시스템	전국 화장장 조회 및 예약
개인정보보호위원회	털린내정보찾기	개인정보 유출 여부 및 경로 확인

G드라이브 전소-12만 공무원 업무자료 소실 10월 1일 중대본에 따르면 이번 화재로 정부 공통 클라우드 시스템인 「G드라이브」가 전소됐다. 2017년 도입된 G드라이브는 중앙부처 공무원들이 직무상 생산하거나 개별적으로 취득한 업무자료를 업무용 개인컴퓨터(PC) 대신 보관·관리할 수 있도록 한 클라우드 서비스다. 이는 올 8월 기준 총 858TB(테라바이트)가 사용되고 있었는데, 대용량·저성능 스토리지 특성상 외부 백업이 이뤄지지 않아 사실상 복구가 어려운 것으로 전해졌다. 이에 G드라이브를 사용하는 74개 기관 소속 공무원 12만 5000명의 자료가 사라진 것으로 추정되는 가운데, 특히 전 직원이 G드라이브에만 자료를 보관해온 인사혁신처의 업무 차질이 불가피해지게 됐다.

데이터 이중화 불완전 논란 이번 화재로 데이터 이중화 등 재해복구(DR·Disaster Recovery) 시스템이 제대로 갖춰지지 않았다는 점이 문제로 지적됐다. 지난 2022년 SK C&C 데이터센터 화재로 카카오톡 먹통 사태가 빚어졌을 때도 데이터 이중화 부실이 논란이 된 바 있다. DR 시스템은 천재지변이나 사이버공격 등으로 주요 정보시스템이 중단될 때 핵심 데이터를 보호하고 서비스를 신속히 복구하기 위한 관리·기술 절차이며, 데이터 이중화는 데이터를 여러 장소에 복사·보관해 한쪽

서버에 문제가 생겨도 다른 지역에서 데이터를 불러올 수 있게 하는 조치다. 이를 구현하기 위해서는 서버 DR과 클라우드 DR 두 가지가 필요한데, ▷서버 DR은 두 개의 동일한 서버를 운영해 주 서버에 장애가 발생할 경우 예비 서버로 즉시 전환하는 것이며 ▷클라우드 DR은 주 스토리지의 데이터를 다른 저장장치에 복제해두는 방식이다. 그러나 국정자원의 경우 클라우드 DR 구축이 완료되지 않은 등 데이터 이중화 조치가 미비했던 것으로 전해졌다.

주요 온라인 서비스 장애 사건 비교

사건	발생 원인	피해 분야
카카오톡 먹통(2022년 10월)	판교 데이터센터 화재	카카오톡, 카카오페이 등 카카오 관련 서비스
정부 행정망 마비(2023년 11월)	네트워크 장비인 라우터 불량	행복e음, 정부24, 새올, 온나라 등
국가정보자원관리원 화재(2025년 9월)	전산실 내 리튬이온 배터리 화재	인터넷우체국, 정부24, 국민비서, 모바일신분증 등 709개

💡 카카오톡 먹통 사태는 2022년 10월 15일 경기도 성남시 분당에 위치한 SK C&C 데이터센터 지하 전기실에서 발생한 화재로 카카오와 네이버 등 이곳에 서버를 두고 있는 업체들의 인터넷 서비스가 줄줄이 먹통이 된 사태를 말한다. 화재는 발생 8시간여 만에 완전 진화됐으나, 이로 인해 빚어진 카카오 먹통 사태는 2010년 카카오톡이 처음 출시된 이래 최장 기간·최대 규모 서비스 장애로 기록됐다.

노란봉투법, 국회 통과
공포 6개월 후 시행

8월 24일 국회 본회의에서 「노동조합 및 노동관계조정법 개정안」(일명 노란봉투법)이 최종 통과됐다. 이번 개정안은 사용자 범위를 「근로 계약 체결의 당사자가 아니더라도 근로 조건을 실질적이고 구체적으로 지배·결정할 수 있는 지위에 있는 자」로 확대해 원청의 하청과의 노사 교섭 의무를 규정했다. 또 노동쟁의의 대상을 「사업 경영상 결정」까지 확대하며, 불법파업에 대한 손해배상책임을 대폭 제한하는 내용도 담고 있다. 이는 향후 노사관계 전반에 근본적 변화를 가져올 것으로 예상된다.

> **노란봉투법** 2014년 법원이 쌍용차 파업 참여 노동자들에게 47억 원의 손해를 배상하라는 판결을 내리자, 한 시민이 언론사에 4만 7000원이 담긴 노란봉투를 보내온 데서 유래된 명칭이다. 이 노란봉투 캠페인은 노란봉투법 운동으로 이어졌고, 이에 2015년 4월 당시 새정치민주연합(현 더불어민주당)에 의해 노란봉투법이 발의됐다. 하지만 해당 법안은 19대와 20대 국회에서 연이어 폐기됐고, 21대 국회에서는 관련 법안 4건이 계류돼 있다가 2023년 11월과 2024년 8월 2차례 국회 본회의에 올랐다. 하지만 윤석열 당시 대통령이 재의요구권(거부권)을 행사하고 이후 국회에서 부결되면서 모두 폐기된 바 있다.

개정 내용

사용자 범위 확대 근로계약 당사자가 아니더라도 근로조건을 실질적으로 지배·결정하는 지위에 있는 자를 사용자로 간주한다. 이는 하청업체 등 간접고용 근로자도 원청 사용자와 단체교섭 등을 할 수 있도록 해 노동권을 보장한다는 취지다.

노동쟁의의 범위 확장 파업 사유가 「근로조건 결정」에서 「근로조건에 영향을 미치는 경영상 결정 및 명백한 단체협약 위반」까지 확대됐다. 이에 따라 구조조정, M&A, 사업장 이전 등도 쟁의 대상이 될 수 있다.

손해배상 책임의 제한 사용자가 노동조합의 존립을 위태롭게 하거나 조합 활동을 방해할 목적으로 손해배상청구권을 행사하는 것을 금지하고, 노동조합이 사용자의 불법행위에 대항하기 위해 부득이하게 사용자에게 손해를 가한 경우 손해배상책임 자체를 면제했다. 손해배상책임이 인정되는 경우에는 조합원 개인의 노동조합 내 역할, 참여 정도, 임금 수준, 손해 발생에 대한 관여도 등을 고려해 손해배상 금액을 개별적으로 산정하도록 했다.

고용노동부, 「노동안전 종합대책」 발표
사망사고 지속 건설사는 등록말소 요청

고용노동부가 9월 15일 사망사고가 다수 발생한 건설사에 대한 과징금 부과, 등록말소 규정 신설 등의 내용을 담은 「노동안전 종합대책」을 발표했다. 이번 대책은 산업재해 사망사고로 인한 사망자 비율(만인율)을 현재 1만 명당 현재 0.39명에서 2030년 경제협력개발기구(OECD) 평균인 0.29명으로 감축하는 것을 목표로 한다.

노동안전 종합대책 연간 3명 이상 산재 사망사고가 발생한 법인에 대해서는 영업이익의 5% 이내, 하한액 30억 원의 과징금을 부과한다. 또 사망사고 등 중대재해가 반복적으로 발생한 건설사에 대해서는 노동부가 등록말소를 요청할 수 있는 규정을 신설한다. 등록말소 처분이 되면 해당 건설사는 신규사업·수주·하도급 등 모든 영업활동이 중단된다. 건설사 영업정지 요건도 현행 「동시 2명 이상 사망」에서 「연간 다수 사망」으로 확대하고, 산재 발생 위험이 있는 법인에 대한 노동부장관의 긴급작업중지권 신설도 추진한다. 이 밖에 중대재해 발생을 인허가 취소나 영업정지 사유에 포함할 수 있는 업종도 건설업 외 업종으로 확대한다는 방침이다.

노동안전 종합대책 주요 내용

구분	현행	개정
사망사고 발생 시 과징금	없음	연간 3명 이상 사망 때 영업이익의 최대 5% 부과
영업정지	동시 2명 이상 사망	「연간 다수 사망 시」 추가
건설사 등록말소 요청	없음	최근 3년간 2번 영업정지 후 다시 영업정지 사유 발생 시 등록말소 요청 가능
산업안전감독관	1000명	2028년까지 3000명 확충
외국인 사망사고 발생 시 고용제한	1년	3년

금융위, 후속조치 발표 금융위원회가 9월 17일 중대재해를 일으킨 기업의 향후 대출 한도를 줄이고 보험료는 최대 15% 올리는 내용 등을 담은 「중대재해 관련 금융리스크 관리 세부방안」을 공개했다. 이에 따르면 앞으로 은행권들은 기업의 사망사고나 중대재해 이력을 대출 심사에 비중 있게 반영하게 된다. 보험사들 역시 3년 이내에 중대재해 사고가 발생했는지, 동일 유형의 사고가 반복해 발생하는지 등을 보험료 할인이나 할증에 반영한다. 또 상장사는 중대재해 발생 시 공시가 의무화되며 사업보고서에도 해당 내용을 담도록 했다. 반면 중대재해가 발생하지 않는 안전관리 우수기업에 대해서는 우대 보증료율을 상향하도록 한국주택금융공사 내규를 연내 개정할 예정이다.

국회 사회적 대화기구 출범
민주노총, 26년 만에 노사정 대화 복귀

국회가 주도하고 노동·재계가 참여하는 「국회 사회적 대화기구」가 10월 15일 공식 출범했다. 사회적 대화 기구는 대통령 직속 경제사회노동위원회(경사노위)와 별개로 우원식 국회의장 주도로 마련된 것이다. 노동계에서는 전국민주노동조합총연맹과 한국노동조합총연맹이, 경영계에서는 한국경영자총협회와 대한상공회의소, 중소기업중앙회가 참여한다. 특히 민주노총이 노사 협의 테이블에 복귀한 것은 1999년 노사정위원회(현 경제사회노동위원회) 탈퇴 이후 26년 만이다.

> **경제사회노동위원회(經濟社會勞動委員會)** 노동정책 및 이와 관계된 경제·사회 정책을 협의하기 위한 대통령 자문 기구이다. 1998년 김대중 정부 때 탄생했으며, 2007년 참여정부 때는 경제사회발전노사정위원회로 개편됐다. 그러다 2018년 11월 「경제사회노동위원회」로 명칭을 변경해 여성·청년·비정규직, 중소·중견기업과 소상공인까지 포괄하는 새로운 사회적 대화기구로 출범한 바 있다.

고교학점제, 최소성취수준 보장지도 기준 완화
전면 시행 6개월 만에 개선책

교육부가 9월 25일 고교학점제의 한 축을 이루는 「최소성취수준 보장지도(최성보)」를 완화하는 내용 등을 담은 「고교학점제 운영 개선대책」을 발표했다. 이에 따르면 교사들이 업무 부담이 크다고 지적해 온 최성보 기준을 완화하고, 출결 관리 방식을 개선한다. 새로운 학점 이수기준의 경우 국가교육위원회 심의를 거쳐 확정하기로 했으며, 이는 오는 2026학년도 1학기부터 적용한다. 하지만 해당 대책안에는 교원단체들이 요구해온 학점 이수기준 변경안은 포함되지 않아 추가 개편 요구는 계속될 것으로 전망된다.

> **고교학점제** 학생들이 진로에 따라 다양한 과목을 선택·이수하고, 누적학점이 기준에 도달할 경우 졸업을 인정받는 제도로, 2025년부터 전체 고교에 전면 시행됐다. 고교학점제 시행으로 학생들은 개별 진로와 적성에 따라 원하는 과목을 선택해 교실을 옮겨 다니며 수업을 듣는다. 구체적으로 1학년 때는 공통과목(선택과목 수강 전 이수하는 과목)을 중심으로 수강하며 희망 진로와 연계된 학업 계획을 수립하고, 2학년부터 선택과목을 본격 수강하게 된다. 또 고등학교 수업과 학사운영 기준이 기존의 「단위」에서 「학점」으로, 졸업기준은 현행 204단위(3년 기준)에서 192학점으로 바뀌었다.

고교학점제 운영 개선대책

최소성취수준 보장지도 완화 고교학점제는 학생이 진로 희망과 적성에 따라 원하는 수업을 골라 듣되, 출석이나 최소성취수준에 미달하면 학점을 따지 못한다(미이수). 이수의 기준은 과목 출석률 3분의 2 이상, 학업 성취율 40% 이상을 동시에 충족해야 한다. 이를 충족하지 못하면 미이수가 될 수 있으며, 이러한 미이수를 예방하기 위해 미도달(학점이수 기준 불충족) 학생에 대해서는 예방·보충지도가 이뤄진다. 그러나 이에 대해 교사 수는 늘지 않았음에도 보충지도로 인한 업무 부담이 크게 늘었다는 현장의 반발이 있어 왔다. 이에 교육부는 1학점당 보충지도 시수를 현행 5시수에서 3시수 이상으로 줄이기로 했으며, 구체적인 운영 방식은 교육감이 자체적으로 정한 규정을 토대로 학교 자율에 맡기기로 했다. 또한 출석률 미도달에 따른 추가 학습은 100% 온라인 프로그램으로도 운영 가능하도록 했다.

학점 이수기준 완화는 국가교육위원회에 일임 교육부는 쟁점 중 하나였던 학점 이수기준 완화에 대한 논의는 교육과정 개정 권한을 가진 국가교육위원회에 두 가지 안을 제시하고 결정을 일임하기로 했다. 첫 번째 안은 공통과목에 대해서는 현행 출석률과 학업성취율 기준을 유지하되, 선택과목에 대해서는 출석률만 적용하는 방식이다. 두 번째 안은 공통·선택과목 모두 출석률만 적용하는 것이다.

교사 업무 부담 경감 교육부는 출결 관리 방식과 학교생활기록부 기재 분량을 조정하는 방식으로 교사의 업무 부담을 줄인다는 방침이다. 우선 담임교사가 맡았던 출결 처리 권한을 과목 담당 교사도 맡을 수 있게 해, 담임교사의 출결 확인에 따른 업무 부담을 경감시킨다. 또 공통과목의 세부능력 및 특기사항 기재 분량을 현재 1000자에서 500자로 바꾸는데, 실제 고교학점제가 도입되면서 과목별 생기부 작성이 1년 단위에서 학기 단위로 바뀌어 기재 분량이 2배로 늘어난 것으로 전해졌다. 아울러 교육부는 고교학점제 운영 여건을 개선하기 위해 2026년 교원 정원을 대폭 확대하는 방안도 추진하기로 했다.

「고교학점제 운영 개선대책」 주요 내용

구분	현행	개선
최소성취수준 보장지도	과목별로 40% 이상의 학업성취율과 2/3 이상의 출석률	• 보충지도 시수 감축(1학점당 5시수 → 3시수 이상) • 구체적인 운영 방식은 학교가 보다 자율적으로 결정
출결 처리 권한	담임교사가 전담	과목 담당 교사와 담임교사 모두에게 부여
교사의 학생부 기재	공통과목의 세부능력 및 특기사항 기재 분량 → 1000자	공통과목의 세부능력 및 특기사항 기재 분량 → 500자

내년 3월부터 수업 중 휴대전화 사용 금지
초중등교육법 개정안 국회 통과

국회가 8월 27일 열린 본회의에서 학교 수업 중에 휴대전화 등 스마트 기기 사용을 금지하는 내용의 초중등교육법 개정안을 통과시켰다. 해당 법안은 2026학년도 신학기가 시작되는 내년 3월 1일부터 시행될 예정이다. 그간 교내 스마트 기기 제한을 놓고 학생 인권침해, 학습권·교권 침해 등의 논란이 이어져 왔는데, 지난해 10월 국가인권위원회는 학교의 휴대전화 일괄 수거는 인권침해가 아니라는 결정을 내린 바 있다.

개정안 주요 내용 개정안은 「학생은 수업 중에 휴대전화 등 스마트 기기를 사용해서는 안 된다」고 명시했다. 다만 교육의 목적으로 사용하거나 긴급한 상황 대응 등을 위해 학교의 장과 교원이 허용하는 경우에는 예외적으로 사용할 수 있도록 했다. 또 수업시간이 아니더라도 학교장과 교사가 학생의 교내 휴대전화 사용을 제한할 수 있도록 하는 규정도 포함됐다. 스마트 기기 사용·소지를 제한할 때 적용되는 제한 기준과 방법, 스마트 기기 유형 등의 필요한 사항은 학칙으로 정하도록 했다.

디지털 기기 사용 규제 관련 다른 국가들의 사례는?

미국	수업 중 사용 금지(뉴욕주), 수업 보조도구를 쓰는 것 제외하고는 금지(텍사스주)
영국	학교에 스마트폰 가져오는 것은 허용하되, 수업 중 사용은 금지하는 가이드라인 배포(2021년)
프랑스	초등·중학교 내 모든 디지털 기기 사용을 금지하는 법 제정(2018년)
네덜란드	교실에서 교육 목적 외 디지털 기기 사용 금지(2024년)

대통령실, 정부합동대응팀 캄보디아 파견
캄보디아 전역 여행경보 상향

대통령실이 10월 14일 캄보디아에서 급증하고 있는 한국인 대상 취업사기·감금 피해와 관련, 양국 경찰을 중심으로 수사당국이 참여하는 「한국-캄보디아 스캠 합동 대응 TF」 구성에 합의했다고 밝혔다. 이재명 대통령은 이날 우리 국민을 보호하기 위해 김진아 외교부 제2차관을 단장으로 하는 정부 합동대응팀을 10월 15일 캄보디아에 급파할 것을 지시했는데, 이 합동대응팀에는 박성주 경찰청 국가수사본부장을 필두로 한 경찰청과 국정원 직원 등도 참여한다. 아울러 정부는 이미 사망한 희생자에 대해서는 조속한 부검 및 시신 국내 운구를 추진하기로 했다.

💡 외교부에 따르면 2025년 상반기 캄보디아에서 발생한 한국인 납치·감금 신고 건수는 212건으로 2022년 11건과 2023년 21건에 비해 약 20배나 급증했다. 특히 최근 캄보디아에서 한국인 대학생이 현지 범죄조직에 납치된 뒤 고문 끝에 숨지는 사건이 발생하면서 사건의 심각성을 둘러싼 우려가 높아지고 있다.

외교부, 캄보디아 여행경보 상향 외교부가 10월 16일 0시부로 캄보디아 캄폿주 보코산 지역과 바벳시, 포이펫시에 여행경보 4단계(여행금지)를 발령한다고 15일 밝혔다. 여행금지 지역에 정부의 예외적 여권 사용 허가 없이 방문·체류하면 여권법 등에 따라 형사처벌을 받을 수 있다. 또 기존에 특별여행주의보(2.5단계)가 발령돼 있던 시하누크빌주에는 3단계(출국권고)를 적용했다. 기존 특별여행주의보 발령 지역(웃더민체이주, 프레아비히어주, 반테이민체이주, 바탐방주, 파일린주, 푸르사트주, 코콩주, 프놈펜시)은 현재 효력이 유지된다. 아울러 기존 1단계(여행유의) 지역은 2단계(여행자제)로 상향 조정하면서, 캄보디아 모든 지역에 2단계 이상이 적용되게 됐다.

> **여행경보제도** 외교부가 특정 국가(지역) 여행·체류 시 특별한 주의가 요구되는 곳의 경보를 지정해 위험수준과 이에 따른 안전대책(행동지침)의 기준을 안내하는 제도이다. 이는 단계별로 ▷남색경보(여행유의) ▷황색경보(여행자제) ▷적색경보(철수권고) ▷흑색경보(여행금지) 등 4단계로 나뉜다.

캄보디아 범죄 가담 한국인 64명 국내 송환 캄보디아에서 보이스피싱 등의 범죄에 가담했다가 이민 당국에 구금됐던 한국인 64명이 10월 18일 전세기를 타고 국내로 송환됐다. 이번 송환 대상자들은 이른바 「웬치」로 불리는 캄보디아 범죄단지에서 보이스피싱이나 로맨스스캠(사기) 등의 범죄에 가담한 혐의를 받고 있다. 이들 대부분은 한국에서 체포영장이 발부된 피의자 신분이며, 인터폴(국제형사경찰기구) 적색수배자도 포함됐다. 송환 대상자들은 전세기에 타자마자 기내에서 체포된 것으로 전해졌으며, 이들 모두 전세기에서 내리자마자 피의자 신분으로 관할 경찰관서로 압송됐다.

정부, 캄보디아 범죄조직 금융제재 검토 정부가 한국인 등 외국인 납치·감금·살인사건의 배후로 지목된 캄보디아의 범죄조직 프린스그룹과 후이원그룹 등에 대한 금융제재 작업에 돌입했다. 프린스그룹은 부동산·금융 등 다양한 사업을 영위하며 캄보디아 경제에 막대한 영향력을 행사해온 거대 기업집단이며, 후이원그룹은 사기·탈취를 통해 확보한 가상자산 자금을 수년간 세탁해온 혐의를 받고 있다. 특히 미국과 영국 정부는 프린스 그룹과 이 회사의 천즈 회장을 대상으로 공동 제재에 나선 상태다. 10월 19일 금융당국에 따르면 금융위원회 산하 금융정보분석원(FIU)은 이들 기업을 금융거래 제한 대상자로 지정하는 방안을 검토 중이다. 금융거래 제한 대상자로 지정되면 금융위의 사전 허가 없이 금융, 부동산, 채권 등의 재산을 거래할 수 없는 등 사실상 자금이 동결된다.

💡 10월 20일 국회 정무위원회 소속 강민국 국민의힘 의원이 금융감독원으로부터 받은 「국내 은행 중 캄보디아 프린스 그룹 간 거래 내역」 자료에 따르면 프린스그룹이 국내 금융사에 900억 원이 넘는 돈을 예치한 것으로 드러났다. 해당 은행들은 이미 미국과 영국 등의 제재 발표에 따라 프린스그룹 측의 자산을 동결한 것으로 전해졌다.

캄보디아 범죄단지, 웬치(Wench)는? 웬치는 동남아 보이스피싱 조직 사이에서 쓰는 은어로, 캄보디아의 범죄 단지를 이르는 말이다. 웬치는 단지를 뜻하는 중국어 「위안취(园區)」에서 유래된 것으로, 수도 프놈펜을 비롯해 남서부 항구도시 시아누크빌, 캄폿주 보코산 일대 등 캄보디아 전역에 점조직처럼 흩어져 있는 것으로 알려져 있다. 이들 조직은 라오스·미얀마·태국 접경(골든 트라이앵글)에서 활동하던 보이스피싱 조직이 캄보디아로 옮겨온 뒤 새롭게 만든 것으로 전해진다. 이들은 주로 고수익 해외 아르바이트나 일자리를 미끼로 사람들을 유인한 뒤 감금하고 보이스피싱과 불법 온라인 도박, 투자리딩 사기, 스캠 등 각종 범죄에 가담시키는 것으로 알려져 있다. 특히 끌려온 사람들이 일을 거부할 경우 폭행과 고문은 물론, 살인까지 자행하고 있어 피해가 심각하다. 더 큰 문제는 이들 조직이 현지 당국이나 경찰과 강력하게 유착돼 있다는 점으로, 이에 신고가 접수돼도 현지 경찰이 수색에 나서지 않거나 수색을 지연시켜 피해가 늘고 있다.

캄보디아 거점 범죄집단 조직도

중국인 총책	범행 지시 등 운영 총괄
국가별 팀장	총책 지시에 따라 조직원 관리
조직원	• 유인책 및 콜센터: 캄보디아 사무실에서 컴퓨터나 휴대전화로 피해자 접촉 및 금전 편취 • 모집책: 자국에서 대포통장 및 조직원 모집 • 송금책 및 세탁책: 1차 계좌에서 2·3차 계좌로 이체해 범죄수익 은닉 • 인출책 및 전달책: 계좌 입금금액 인출해 총책에게 전달

캄보디아 ODA 전면 재검토? 캄보디아에서 우리 국민을 대상으로 한 납치·감금 사건이 잇따라 발생하고 있음에도 캄보디아 당국이 수사에 비협조적인 태도를 보이면서, 정치권에서는 캄보디아에 대한 ODA(Official Development Assistance, 공적개발원조) 예산을 삭감하거나 중단해야 한다는 주장이 제기됐다. ODA는 선진국의 정부 또는 공공기관이 개도국의 경제 발전과 복지 증진을 위해 개도국(또는 국제기구)에 공여하는 증여 및 양허성 차관을 말한다. 10월 16일 기획재정부 등 관계부처에 따르면 올해 캄보디아 ODA 예산은 전년(2178억 1000만 원)보다 2배가량 늘어난 4352억 7000만 원이다. 다만 정부는 ODA 사업 구조상 이미 진행 중인 사업을 일방적으로 취소하기는 어렵고, 신규 추진 예정인 캄보디아 ODA 사업에 대해 신중히 검토하겠다는 입장을 내놓았다.

정부, 보이스피싱 대책 발표
보이스피싱 피해 시 은행에도 배상책임

정부가 8월 28일 「범정부 보이스피싱 대응 TF(태스크포스)」에서 보이스피싱(Voice Phishing) 예방책임이 있는 주체가 피해액의 일부 또는 전부를 배상하는 방안 등을 담은 「보이스피싱 근절 종합 대책」을 발표했다.

보이스피싱 근절 대책 정부는 내년 9월부터 경찰청을 중심으로 보이스피싱 통합대응단을 출범시키고, 이를 통해 상담·분석·차단·수사까지 즉시 연계되는 골든타임 대응체계를 마련한다는 방침이다. 기존 신고센터 인력은 43명에서 137명으로 대폭 늘리고 운영체계도 연중무휴 24시간으로 전환한다. 신고 접수 후 보이스피싱 범죄에 이용된 전화번호는 10분 내로 긴급 차단되며, 전국 단위 병합수사도 가능해진다.

- **악성 앱 설치 막는 3중 차단체계 구축:** 휴대전화 제조사가 고급형 제품뿐 아니라 중저가용 제품에도 보이스피싱 탐지 기능을 탑재해 출시하도록 한다는 계획이다.

- **통신사에 관리·감독 책임 부여**: 휴대전화 판매점·대리점이 고의 또는 중과실로 휴대전화를 불법 개통한 것으로 드러날 경우 통신사는 해당 판매점·대리점과의 계약을 의무적으로 해지해야 한다. 만약 통신사가 이러한 관리를 소홀히 해 휴대전화 불법 개통이 다수 발생하면, 정부는 해당 통신사에 대해 등록 취소나 영업 정지 등의 강력한 제재를 부과하게 된다.
- **외국인 휴대전화 개통 관리 강화**: 외국인 여권 하나당 개통할 수 있는 휴대전화를 2회선에서 1회선으로 줄인다.
- **금융사도 보이스피싱에 배상 책임 부여**: 보이스피싱 피해가 발생하면 해당 금융기관의 직접적인 책임이 확인되지 않았더라도 피해액의 일부나 전부를 배상하도록 하는 방안을 추진한다.

대법, 「전공의도 근로자」
주 40시간 넘으면 추가 수당 지급

10월 20일 법조계에 따르면 대법원이 최근 종합병원에서 근무하는 전공의(레지던트)가 주 40시간을 넘어 초과근무를 할 경우 근로기준법에 따라 연장 및 야간근로 추가수당을 지급해야 한다는 판결을 내렸다. 대법원 3부는 서울아산병원 응급의학과 전공의 등 3명이 아산사회복지재단을 상대로 제기한 임금 청구소송에서 원고가 승소한 원심 판결을 지난 9월 11일 확정했다.

판결 주요 내용 2014~2017년 아산병원에서 일한 전공의 출신 3명은 수련 기간 근로기준법상 추가 근로 수당을 받지 못했다며 소송을 제기했다. 이후 ▷수련 계약을 맺은 전공의를 근로자로 볼 수 있는지 ▷초과근무 수당 지급 기준을 주 80시간(전공의특별법)이 아닌 주 40시간(근로기준법)으로 해야 하는지 여부 등이 쟁점이 됐다. 이후 1심에서는 계약서에 따라 1주당 80시간이 넘는 근로에 대해서만 추가수당을 지급하라며 병원이 소송을 낸 이들에게 117만~191만 원을 지급하라는 일부 승소 판결을 내렸다. 하지만 2심은 전공의도 근로기준법상 근로자로 보고 주당 40시간을 초과한 근로에 대해 수당 지급 의무가 있다고 판단해 1명당 1억 6900만~1억 7800만 원씩 지급하라고 판결했다. 그리고 대법원도 2심 판단에 문제가 없다며 병원의 상고를 기각, 원심 판결을 확정했다.

버스·택시 운전, 만 18세부터 가능
국토부, 여객자동차운수사업법 개정안 입법예고

국토교통부가 만 18세부터 버스·택시 운전이 가능해지는 내용 등을 담은 「여객자동차운수사업법」 개정안을 마련해 9월 25일 입법예고한다고 밝혔다. 개정안은 법제처 심사 등을 거쳐 이르면 11월 시행될 전망으로, 운송사업자들의 구인난을 반영해 버스·택시 운전자격시험 응시연령을 현재 20세에서 18세로 낮췄다. 현재 도로교통법상 운전면허 시험은 만 18세부터 볼 수 있지만, 여객자동차운수사업법은 만 20세부터 버스나 택시운전 자격증을 딸 수 있도록 규정하고 있다. 또한 현재는 대형면허 취득 후 1년의 운전 경력이 있어야 버스 운전을 할 수 있지만, 앞으로는 교통안전공단이나 지자체 지정 사업자의 80시간 교육·실습으로 경력을 대체할 수 있도록 운전자격 요건도 한층 완화된다.

한국 여성, 남성보다 임금 29% 낮아
OECD 국가 중 최대 격차

한국여성정책연구원이 올해 양성평등주간을 맞아 8월 29일 발표한 성별 임금격차 관련 성인지 통계에 따르면, 2024년 한국의 남녀 간 월평균 임금 격차는 29%로 조사됐다. 앞서 경제협력개발기구(OECD)가 2023년 기준으로 집계한 한국 남녀 임금 격차는 29.3%였는데, 이는 OECD 회원국의 평균 성별 격차(11.3%)의 2.6배에 달하는 수준이다. 다만 한국의 성별 임금 격차는 2018년 34.1%에서 2023년 29.3%로 5년간 4.8%포인트 줄어드는 추세를 나타냈다.

여기에 임금 격차와 함께 여성의 경제적 지위를 보여주는 핵심 지표인 저임금 근로자 비율의 경우 2024년 기준 여성이 23.8%, 남성이 11.1%로 나타났다. OECD 비교가 가능한 2023년 한국 여성의 저임금 근로자 비율은 24.5%로 남성(10.9%)보다 13.6%포인트, OECD 평균(17.2%)보다 7.3%포인트가 각각 높았다.

1인 가구 첫 1000만 돌파
4인 이상 가구는 처음으로 400만 가구 아래로

행정안전부가 8월 27일 발간한 「2025 행정안전통계연보」에 따르면 지난해 전체 가구 수는 2411만 8928가구로, 2020년 2309만 3108가구보다 약 100만 가구 증가했다. 특히 1인 가구는 1012만 2587가구를 기록하며 처음으로 1000만 가구를 돌파했는데, 이는 2020년에 900만 가구를 넘어선 지 4년 만이다. 또 전체 가구 대비 1인 가구 비중도 2020년 39.2%에서 지난해 42.0%로 증가했다. 반면 4인 이상 가구는 같은 기간 461만 3754가구에서 393만 8695가구로 급감했는데, 4인 이상 가구가 400만 가구 아래로 떨어진 것은 이번이 처음이다.

한편, 주민등록인구는 2020년 5182만 9023명에서 지난해 12월 31일 기준 5121만 7221명으로 61만 명가량 줄면서 5년째 인구 감소가 이어졌다. 다만 전년 대비 감소율은 2022년을 정점으로 줄어들어 인구감소 추세가 다소 완화되고 있음을 나타냈다.

혼외 출생아 비율, 사상 첫 5% 돌파
2024년 출생통계 분석

통계청(현 국가데이터처)이 8월 27일 발표한 「2024년 출생통계」에 따르면 지난해 법적으로 혼인하지 않은 부모 사이에서 태어난 아이(혼외자)는 1만 3800명으로, 전체 출생아(23만 8200명)의 5.8% 수준을 나타냈다. 이는 전년(2023년)보다 3000명 증가한 것으로, 전체에서 차지하는 비중도 4.7%에서 5.8%로 상승했다. 출생아 중 혼외자 비율은 2014년까지만 해도 2%대에 그쳤지만 2020년 이후 가파르게 상승하다 지난해 처음으로 5%를 넘어서면서, 1981년 관련 통계 작성 이후 가장 높은 수치를 나타냈다. 다만 다른 선진국에 비해 국내 혼외자 비중은 여전히 낮은 편으로, 최신 통계인 2020년 기준 경제협력개발기구(OECD) 평균 혼외자 비중은 41.9%에 달했다.

혼인 외 출생

연도	혼외자 수	비중
2020년	6900명	2.5%
2021년	7700명	2.9%
2022년	9800명	3.9%
2023년	1만 900명	4.7%
2024년	1만 3800명	5.8%

「지난 30년간 우리나라의 혼인·출생 변화」 발표
30년간 결혼은 절반, 출생아는 3분의 1로 감소

통계청(현 국가데이터처)이 9월 3일 발표한 「지난 30년간 우리나라의 혼인·출생 변화」에 따르면 이 기간 결혼 건수는 거의 반토막이 됐으며, 저출생 심화로 인해 출생아는 3분의 1로 줄어들었다.

혼인 변화

- **혼인 건수:** 1996년(43만 5000건)을 정점으로 2022년(19만 2000건)까지 감소 추세. 2023년(19만 3700건)과 2024년(22만 2400건)에는 2년 연속 증가세 → 30년 전에 비하면 44.2% 감소
- **외국인과의 혼인:** 1995년 1만 3500건에서 지난해 2만 800건으로 53.9% 증가. 전체 혼인 건수에서 차지하는 비중은 3.4%에서 9.3%로 5.9%p 증가
- **평균 초혼 연령:** 1995년 남자 28.4세, 여자 25.3세에서 2024년 남자 33.9세, 여자 31.6세 → 남자는 5.5세, 여자는 6.2세 높아짐
- **조혼인율(인구 1000명당 혼인건수):** 지난해 4.4건으로, 30년 전보다 4.3건 감소

출생 변화

- **출생아 수:** 1995년 71만 5000명에서 감소 추세를 보이다가 2023년 23만 명으로 최저 기록. 지난해 23만 8000명으로 소폭 늘어나면서, 30년간 66.7% 감소
- **합계출산율(여성 1명이 평생 낳을 것으로 예상되는 평균 출생아 수):** 1995년 1.63명에서 2024년 0.75명으로 0.89명(54.2%) 감소
- **조출생률(인구 1000명당 출생아수):** 30년간 15.7명에서 4.7명으로 11.0명 감소
- **부모의 평균 출산연령:** 부(父)의 평균연령은 1995년 31.1세에서 2024년 36.1세로 5.0세 높아짐. 모(母)의 평균 출산연령은 1995년 27.9세에서 2024년 33.7세로 5.8세 상승
- **고령산모(35세 이상)의 출생아 수 비중:** 1995년 4.8%에서 2024년 35.9%로 31.2%p 증가

20대 인구 < 70대 이상 인구
국가데이터처 인구주택총조사 발표

국가데이터처가 10월 12일 발표한 인구주택총조사 결과(등록센서스 방식)에 따르면 지난해 20대 인구는 전년보다 19만 3000명 줄어든 630만 2000명으로 집계, 같은 기간 70대 이상(654만 3000명)보다도 적어졌다. 20대 인구가 70대 이상보다 적어진 것은 1925년 관련 통계 작성 이후 100년 만에 처음으로, 특히 20대 인구는 성인 연령대 가운데 가장 적은 것으로 나타났다.

20대 인구 < 70대 인구 20대 인구는 2020년 703만 1000명으로 정점을 찍은 뒤 해마다 14~21만 명씩 줄어들며 4년째 내리 감소하고 있다. 특히 지난해 감소폭은 10세 미만(19만 2000명), 40대(16만 9000명)보다 커 전체 연령대에서 가장 컸다. 지난해 기준 연령대별 인구는 50대가 871만 3000명으로 가장 많았고, 40대

20대 인구와 70대 이상의 인구 변화
(단위: 만 명)

연도	20대	70대 이상
2020년	703.1	555.4
2021년	688.7	573.0
2022년	667.7	600.3
2023년	649.6	624.2
2024년	630.2	654.3

(780만 9000명), 60대(779만 1000명) 순이었다. 20대는 1990년대까지만 해도 인구가 가장 많은 연령대였지만 불과 30여 년 만에 그 입지가 바뀌게 됐다.

한편, 20대는 인구가 줄면서 취업시장에서도 밀려나고 있는데 지난 8월 20대 고용률은 60.5%로 1년 전보다 1.2%포인트 떨어졌다. 반면 같은 기간 20대 실업률은 5%로 1%포인트 올라 2022년(5.4%) 이후 3년 만에 최고치를 기록했다. 이에 대해서는 대기업들의 경력직 선호 현상으로 공채보다는 수시 채용이 늘어난 것이 원인으로 꼽힌다. 또 미국 관세정책에 따른 제조업 부진, 건설업 불황 등으로 양질의 일자리가 부족해진 것도 원인으로 거론된다.

최근 20년간 수도권 인구이동
청년은 수도권, 중장년은 지방으로 이동

통계청(현 국가데이터처)이 9월 17일 발표한 「최근 20년간 수도권 인구이동」에 따르면 최근 20년간 서울·경기 등 수도권으로 전입한 인구가 비수도권으로 이동한 인구보다 96만여 명 더 많은 것으로 나타났다. 특히 수도권은 2011년 처음으로 순유출(유입 인구보다 유출 인구가 많음)을 기록했으나, 2017년부터는 순유입(유출 인구보다 유입 인구가 많음)으로 전환됐다.

청년은 수도권, 중장년은 지방으로 세대별로 보면 20년간 청년층(15~34세)은 수도권으로 계속 순유입된 반면, 중장년층(40~64세)은 2007년 이후 매년 순유출됐다. 특히 지난해 청년층의 수도권 순유입은 6만 1490명으로, 지난 20년간 최소 3만 4000명(2015년)에서 최대 10만 명(2005년)씩 증가 추세를 보였다. 반면 지난해 중장년층의 수도권 순유출 인구는 1만 7983명으로, 지난 2021년 이후 정도의 차이는 있지만 40·50·60대 모든 연령 계층이 수도권 유입보다 유출 규모가 더 컸다. 지난해 청년층의 순유입 사유는 직업(5만 8000명)이 가장 많았고, 교육(1만 6000명)이 그 뒤를 이었다. 중장년층은 자연환경(-4000명), 주택(-4000명), 직업(-3000명) 등을 이유로 수도권을 떠나는 이들이 많았다.

40대 사망원인 1위는 「자살」
지난해 처음으로 암 추월

통계청(현 국가데이터처)이 9월 25일 발표한 「2024년 사망원인통계 결과」에 따르면 자살로 숨진 사람은 1만 4872명으로 전년보다 894명(6.4%) 증가했다. 또 자살 사망률(인구 10만 명당 사망자 수)도 29.1명으로 같은 기간 1.8명(6.6%) 늘어나, 자살 사망자 수와 사망률 모두 2011년 이후 13년 만에 최대·최고치를 기록했다. 특히 40대에서는 암을 제치고 자살이 사망원인 1위를 차지했는데, 40대 사망원인 1위가 자살이 된 것은 관련 통계를 작성한 1983년 이후 처음이다. 이에 따라 우리나라는 10대부터 40대까지의 사망원인 1위가 모두 자살이 됐다.

한편, 지난해 전체 사망자 수는 35만 8569명으로 전년보다 6058명(1.7%) 늘었는데, 사망원인별로는 암이 24.8%로 1위를 차지했다. 이어 심장질환(9.4%), 폐렴(8.4%), 뇌혈관질환(6.9%), 자살(4.1%) 순으로 나타났다.

「2025년 고령자 통계」, 상대적 빈곤율 OECD 최고
3명 중 2명 삶 불만족

통계청(현 국가데이터처)이 9월 29일 펴낸 「2025년 고령자 통계」에 따르면 올해 고령자 인구가 처음으로 전체 인구의 20%를 돌파하면서 초고령 사회에 진입한 가운데, 은퇴 연령층의 상대적 빈곤율이 40%에 육박해 경제협력개발기구(OECD) 회원국 가운데 가장 높은 것으로 조사됐다.

「2025년 고령자 통계」 주요 내용 올해 65세 이상 고령인구는 1051만 4000명으로 처음으로 1000만 명대에 진입했다. 또 전체 인구 중 고령인구 비율은 20.3%로 이 역시 처음으로 20%를 넘어섰다. 65세 이상 인구 비중은 2035년 29.9%, 2040년 40.1%, 2060년 44.2%로 상승하다 2072년에는 47.7%에 이를 전망이다. 그러나 66세 이상 은퇴연령층의 상대적 빈곤율(중위소득 50% 이하)은 2023년 기준 39.8%로, 전년보다 0.1%p 상승했다. 이는 2022년 기준(39.7%)으로 보면 경제협력개발기구(OECD) 33개국 중 가장 높은 것이다. 아울러 65세 이상 고령자 중 자신의 현재 삶에 만족하고 있는 사람의 비중은 지난해 기준 35.5%로 전년 대비 3.6%p 증가했으나, 여전히 전체 인구 평균(40.1%)보다는 낮은 것으로 나타났다.

기후 대응댐 14곳 중 7곳 건설 중단
나머지 7개 댐도 공론화

환경부(현 기후에너지환경부)가 9월 30일 「신규댐 정밀 재검토 결과 및 추진방안」을 통해 전임 윤석열 정부가 기후위기 대응을 명분으로 추진했던 이른바 기후대응댐 14곳 가운데 7곳의 건설 계획을 전면 중단했다. 이는 지난해 7월 사업을 발표한 지 1년 2개월 만으로, 나머지 7곳도 지역 의견 수렴과 대안 검토를 거쳐 추진 여부를 결정할 예정이다.

중단된 7곳은 어디? 환경부 발표에 따르면 윤석열 정부 때인 지난해 7월 발표한 14개 댐 신설 후보지 가운데 ▷수입천댐(강원 양구) ▷단양천댐(충북 단양) ▷옥천댐(전남 순천) ▷동복천댐(전남 화순) ▷산기천댐(강원 삼척) ▷용두댐(경북 예천) ▷운문천댐(경북 청도) 등 7곳의 건설이 중단된다. 환경부는 중단 이유로 홍수 예방효과가 낮은 데다 지역 주민 반대가 크다는 점을 들었다. 여기에 공론화를 지속하는 나머지 7개 댐(지천댐, 감천댐, 아미천댐, 가례천댐, 고현천댐, 회야강댐, 병여천댐)도 지역 공론화와 대안 검토를 거쳐 추진 여부를 확정할 계획이다. 특히 지역 주민 간 건설 찬반 갈등이 큰 지천댐(충남 청양·부여), 감천댐(경북 김천)은 백지화를 포함해 기본구상 용역으로 대안들을 검토한 뒤 추진 여부를 정하기로 했다.

환경부·기상청, 「한국 기후위기 평가보고서 2025」
2100년 폭염일수 최대 9배 상승

환경부(현 기후에너지환경부)와 기상청이 9월 18일 우리나라 기후위기 현황과 영향, 적응 방안 등 각종 연구 결과를 정리한 보고서를 발간했다. 이는 2010·2014·2020년에 이은 네 번째 발간으로, 112명의 전문가가 참여했다. 이 보고서에 따르면 한반도의 온난화가 더욱 심화되면서 폭염과 집중

호우 등의 기상재해가 증가하는 추세가 확인됐다. 실제로 기후위기가 심화하면 최악의 경우 21세기 말 한반도의 연평균 기온은 7도가량 상승하고, 폭염일수는 최대 9배 늘어날 수 있다는 전망까지 나왔다.

연평균 기온 및 폭염 증가   보고서에 따르면 2024년과 2023년의 한반도 연평균 기온은 각각 14.5도, 13.7도로 역대 1, 2위를 기록했다. 또 1912~2024년의 기온 상승률(10년마다 0.21도 상승)이 1912~2017년 기온 상승률(10년마다 0.18도 상승)보다 더 높게 관측돼, 최근 7년(2018~2024년) 사이 온난화 추세가 강해진 것이 확인됐다. 특히 2081~2100년께 한반도 연평균 기온은 최악의 경우 7도가량 상승할 것으로 전망됐는데, 이 경우 현재(2000~2019년) 연평균 8.8일의 폭염일수가 21세기 후반에는 79.5일로 현재보다 최대 9배 늘어나게 된다. 여기에 폭염으로 인한 온열질환자 수는 2024년 3704명(사망 34명)으로, 2020~2023년 평균 1709명(사망 17명)에 견줘 2배 이상 증가했다.

해수면 온도 상승에 따른 피해 급증   한반도 주변 해양 표층수온은 최근 57년간(1968~2024년) 1.58도 상승, 같은 기간 전 지구 평균(0.74도 상승)보다 2배 이상 빠른 속도로 상승했다. 여기에 2100년까지는 최대 5도 상승할 것으로 예측됐다. 특히 최근 14년간(2011~2024년) 고수온으로 인해 3472억 원, 저수온으로 인해 308억 원의 양식장 피해 등이 발생했다. 아울러 해수면 높이도 2100년까지 47~82cm 상승할 것으로 전망됐다.

문화시사

2025. 8.~10.

짐 자무시의 〈파더 마더 시스터 브라더〉
제82회 베니스 국제영화제 황금사자상 수상

미국 짐 자무시(72) 감독의 〈파더 마더 시스터 브라더〉가 9월 6일 이탈리아 리도섬에서 폐막한 제82회 베니스 국제영화제에서 최고 영예인 황금사자상(작품상)을 수상했다. 이 영화는 미국 뉴저지와 아일랜드 더블린, 프랑스 파리를 배경으로 부모와 자식들 간 3개의 이야기를 담은 앤솔로지(3부작) 드라마다.

이 밖에 심사위원대상(은사자상)은 이스라엘의 팔레스타인 가자지구 침공을 비판한 카우타르 벤 하니야 감독의 〈힌드의 목소리〉가 차지했고, 감독상(은사자상)은 이종격투기 선수인 마크 커의 삶을 다룬 베니 사프디 감독의 〈스매싱 머신〉이 수상했다. 심사위원 특별상은 지안프랑코 로시 감독의 〈구름 아래〉가 차지했으며, 〈그레이스〉의 토니 세빌로와 〈우리 머리 위의 햇살〉의 신즈레이가 각각 남녀주연상을 수상했다.

제82회 베니스 국제영화제 주요 수상 내용

구분	수상자(작)
황금사자상	짐 자무시, 〈파더 마더 시스터 브라더〉
은사자상(심사위원대상)	카우타르 벤 하니야, 〈힌드의 목소리〉
은사자상(감독상)	베니 사프디, 〈스매싱 머신〉
심사위원 특별상	지안프랑코 로시, 〈구름 아래〉
볼피컵 여우주연상	신즈레이, 〈우리 머리 위의 햇살〉
볼피컵 남우주연상	토니 세빌로, 〈그레이스〉

> **베니스 국제영화제(Venice the International Film Festival)** 1932년 5월 이탈리아 베니스에서 창설된 세계에서 가장 오랜 역사를 가진 국제영화제이다. 매년 8월 말~9월 초에 개최되며, 베를린 국제영화제(독일)·칸 국제영화제(프랑스)와 함께 「세계 3대 영화제」로 불린다. 베니스 국제영화제는 비상업적 예술영화만 시상하는 전통이 있으며, 최우수작품에는 베니스의 상징인 날개 달린 사자 형상의 산마르코 금사자상(황금사자상)을 수여한다. 이 밖에 주요 수상 부문으로는 심사위원 특별상과 은사자상(심사위원대상·감독상) 등이 있다.

미국 의학 드라마 〈더 피트〉
제77회 프라임타임 에미상 작품상 수상

HBO 채널의 의학 드라마 〈더 피트〉가 9월 14일 미국 로스앤젤레스(LA) 피콕극장에서 열린 제77회 프라임타임 에미상 시상식에서 드라마 시리즈 부문 작품상을 수상했다. 미국 펜실베이니아주 피츠버그의 대형 병원 응급실을 배경으로 응급의학과 교수 로비(노아 와일리)의 15시간 근무를 한 시간씩 나눠 총 15부작으로 구성한 〈더 피트〉는 작품상과 함께 남우주연상(노아 와일리), 여우조연상(캐서린 라나사) 등 3관왕을 거머쥐었다.

이 밖에 미니시리즈 부문 작품상은 넷플릭스 영국 드라마 <소년의 시간(Adolescence)>이, 코미디 부문 작품상은 <더 스튜디오>가 각각 수상했다. 특히 <더 스튜디오>는 먼저 시상된 크리에이티브 아츠 부문 9개 상을 포함해 13관왕에 오르며, 지난해 <더 베어>가 세운 11회 수상 기록을 깨고 코미디 부문에서 한 시즌 최다 수상을 달성했다.

> **에미상(Emmy Awards)** 미국에서 한 해 동안 TV를 통해 방송된 모든 프로그램을 대상으로 수여하는 상으로, 프라임타임 에미상, 주간(데이타임) 에미상, 로스앤젤레스 지역 에미상, 국제 에미상 등이 있다. 본상 격인 프라임타임 에미상은 매년 9월 LA에서 발표된다. 이는 저녁 시간에 방영되는 프로그램에 대해 수여하는 것으로 약 26개 분야에 걸쳐 시상이 이뤄진다. 한편, 한국 작품으로는 넷플릭스 오리지널 드라마 <오징어게임>이 2022년 열린 제74회 에미상 시상식에서 드라마 부문 남우주연상(이정재)과 감독상(황동혁) 등을 수상하며 비영어권 드라마 최초로 에미상 수상 기록을 작성한 바 있다.

제30회 부산국제영화제 폐막
장률 감독의 <루오무의 황혼>, 첫 부산어워드 대상

9월 17일 개막한 제30회 부산국제영화제(BIFF)가 9월 26일 부산 영화의전당 야외극장에서 진행된 폐막식을 끝으로 열흘간의 일정을 마무리했다. 올해 영화제는 개막작인 박찬욱 감독의 <어쩔수가 없다>를 시작으로 공식 초청작 241편을 포함한 328편의 영화가 상영됐으며, 영화제 기간 총 23만 8697명의 관람객이 방문했다.

수상 주요 내용 부산국제영화제 30회를 맞아 신설된 경쟁 부문에는 아시아 영화 14편이 초청돼 ▷대상 ▷감독상 ▷심사위원 특별상 ▷배우상 ▷예술공헌상 등 5개 부문에서 수상이 이뤄졌다. 「부산어워드」 대상으로는 중국 장률(張律) 감독의 <루오무의 황혼>이 선정됐다. 이 영화는 헤어진 남자친구가 보낸 엽서를 들고 중국의 작은 도시 루오무를 찾은 여자가 게스트하우스에서 전 남자친구의 흔적을 찾아가는 과정을 그린 작품이다. 감독상은 배우에서 감독으로 데뷔한 서기(舒淇)의 <소녀>가 차지했고, 심사위원 특별상은 한창록 감독의 <충충충>이 수상했다. 배우상은 <지우러 가는 길>의 이지원과 <어리석은 자는 누구인가>의 기타무라 다쿠미, 하야시 유타, 아야노 고가 차지했다. 예술공헌상 수상자로는 <괭아시내>의 미술감독 리우 창과 투난이 선정됐다.

> **부산국제영화제(Busan International Film Festival·BIFF)** 1996년부터 매년 부산에서 열리는 국제영화제로, 우리나라에서 열린 첫 번째 국제영화제다. 세계 영화계에서 한국 영화 위상을 드높이는 계기를 마련하기 위해 시작됐으며, 특히 세계 영화계에서 중요한 위치를 점하게 된 아시아 영화들을 선별해 소개하고 있다.

<케이팝 데몬 헌터스>
넷플릭스 누적 시청 수 1위 등극

9월 3일 넷플릭스 공식 사이트 투둠에 따르면 애니메이션 <케이팝 데몬 헌터스>가 누적 시청 수 2억 6600만으로 영화·쇼 부문 역대 콘텐츠 1위에 올랐다. 이는 누적 시청 수 2억 6520만으로 1위를 지켜왔던 <오징어 게임1>을 4년 만에 밀어낸 것이다.
한편, 넷플릭스는 공개 후 91일 동안의 누적 시청 수(콘텐츠의 총 시청시간을 총 러닝타임으로 나눈 것)를 비교해 가장 많이 시청된 영화·시리즈의 순위를 매기고 있다.

케이팝 데몬 헌터스는? 넷플릭스를 통해 6월 공개된 애니메이션으로, 소니 픽처스 애니메이션이 제작하고 매기 강과 크리스 애플한스 감독이 공동 연출했다. 이 작품은 세계적으로 인기 있는 K-POP 걸그룹 헌트릭스(HUNTR/X) 멤버들인 루미, 미라, 조이가 무대 밖에서는 인간의 혼을 빼앗으려는 귀마와 그의 조종을 당하는 저승사자들로 구성된 보이그룹 사자 보이즈(Saja Boys)에 맞서 혼문(Honmoon)을 지키는 이야기를 담고 있다. 이 작품에는 한국 배우들과 제작진이 대거 참여했으며, 떡볶이와 김밥 등 한국의 인기 음식을 비롯해 남산 서울타워 등 다양한 국내 명소도 등장했다. 아울러 〈케데헌〉 공개와 동시에 발매된 OST도 큰 주목을 받았는데, 특히 주인공 루미가 부르는 메인 테마곡인 〈골든(Golden)〉과 사자 보이즈의 〈유얼 아이돌(Your Idol)〉이 가장 큰 인기를 구가하고 있다. 이 가운데 〈골든〉은 8월 11일 미국 빌보드 메인 싱글차트 핫100 1위를 기록한 데 이어 통산 8주째 1위를 기록하며 내년도 아카데미 주제가상의 유력 후보로 부상했다.

💡 넷플릭스 애니메이션 〈케이팝 데몬 헌터스〉를 연출한 한국계 캐나다인 매기 강 감독이 9월 30일 미국 시사주간지 《타임》이 선정한 「차세대 100인(TIME100 NEXT)」에 이름을 올렸다.

이정재, 한국인 첫 「찰리 채플린 어워드」 수상
세계 영화계 공헌 인물에 수여

배우 이정재(53)가 10월 3일 한국인으로는 처음으로 미국 필름 앳 링컨 센터(FLC·Film at Lincoln Center)에서 수여하는 공로상인 「찰리 채플린 어워드」를 수상했다. 주최 측은 이정재가 전 세계 관객과 연결되는 작품을 통해 아시아권 영화 예술에 지속적이고 긍정적인 영향을 끼친 공로를 인정해 그를 수상자로 선정했다고 밝혔다.

찰리 채플린 어워드는 미국 뉴욕에 있는 FLC가 1972년 전설적인 배우 찰리 채플린이 망명 생활을 마치고 미국에 귀국한 것을 기념해 제정한 상이다. 제정 이듬해 채플린이 받은 것을 시작으로 세계 영화계에 공헌한 인물들에게 수여되고 있는데, 2018년부터는 아시아 부문이 신설돼 매년 수상자 선정이 이뤄지고 있다. 지금까지 장이머우(張藝謀) 감독과 배우 량차오웨이(梁朝偉) 등 중화권 영화인들이 주로 받았는데, 한국인이 받은 것은 이번이 처음이다.

블랙핑크 로제, MTV 비디오 뮤직 어워즈
「올해의 노래상」 수상

걸그룹 블랙핑크 멤버 로제(28)가 9월 7일 미국 뉴욕주 엘먼트 UBS 아레나에서 열린 「2025 MTV 비디오 뮤직 어워즈(MTV VMA)」에서 〈아파트(APT.)〉로 「올해의 노래상」을 수상했다. K팝 가수가 이 부문에서 수상한 것은 처음 있는 일이다. 〈아파트(APT.)〉는 한국의 술 게임을 모티브로 한 노래로, 팝스타 브루노 마스와의 듀엣곡이다. 이 곡은 미국 빌보드 메인 싱글차트 핫100에 45주 연속 진입해 최고 순위 3위를 기록했고, 특히 떼창을 유도하는 후렴구로 큰 인기를 끌었다.

한편, MTV VMA는 그래미·빌보드·아메리카뮤직어워즈와 함께 미국의 4대 대중음악 시상식으로 꼽히는데, 그중 올해의 노래상은 올해의 비디오상, 올해의 아티스트상과 함께 대상 격으로 여겨지는 주요 수상 부문이다.

스트레이 키즈, 「빌보드 200」 1위 기록
7번째 정상 달성

미국 빌보드가 8월 31일 차트 예고 기사를 통해 한국 보이그룹 스트레이 키즈가 8월 22일 발매한 정규 4집 《카르마(KARMA)》가 「빌보드 200」 1위에 올랐다고 밝혔다. 이로써 스트레이 키즈는 2020년 《오디너리(ODDINARY)》로 처음 빌보드 200 1위에 오른 후 발매한 앨범 7장 모두가 차트 정상에 오르는 기록을 세웠다. 빌보드 역사상 이 차트에서 7장의 앨범이 모두 1위에 오른 것은 스트레이 키즈가 유일하다. 이전까지는 스트레이 키즈와 방탄소년단(BTS), 린킨 파크, 데이브 매슈스 밴드가 6번의 1위를 기록한 바 있다.

> **빌보드 차트(Billboard Chart)** 미국의 유명 대중음악 순위 차트로, 크게 최고 인기곡을 선정하는 싱글차트(핫100)와 음반 판매량에 따른 순위를 매긴 앨범차트(빌보드 200)로 구분된다. 1958년부터 발표되고 있는 빌보드 핫100은 음원 판매량, 스트리밍 실적, 유튜브 조회수, 라디오 방송 횟수 등을 종합해 순위를 집계한다. 이에 반해 빌보드 200(Billboard 200)은 앨범 판매량과 트랙별 판매량, 스트리밍 실적, 디지털 음원 다운로드 횟수 등을 기반으로 순위를 매긴다.

국가유산청, 《박제가 고본 북학의》 등 9건
국가지정문화유산 「보물」로 지정

국가유산청이 9월 4일 「박제가 고본 북학의」를 비롯해 ▷구례 화엄사 벽암대사비 ▷대혜보각선사서 ▷예기집설 권1~2 ▷벽역신방 ▷합천 해인사 금동관음·지장보살좌상 및 복장유물 ▷창원 성주사 석조지장보살삼존상 및 시왕상 일괄 ▷강화 전등사 명경대 ▷삼척 흥전리사지 출토 청동정병 등 총 9건을 국가지정문화유산 보물로 지정했다고 밝혔다.

보물로 지정된 9건의 유산들

박제가 고본 북학의 《북학의》는 조선 후기의 실학자인 박제가(1750~1805)가 1778년 청의 북경을 다녀온 후, 국가 제도와 정책 등 사회와 경제의 전 분야에 대한 실천법을 제시한 지침서다. 이번에 보물로 지정된 수원화성박물관 소장 《박제가 고본 북학의》는 작성 시기가 초기본에 가장 가깝고, 박제가의 친필 고본(稿本)이라는 점이 분명해 그 가치를 인정받았다.

▲ 박제가 고본 북학의

구례 화엄사 벽암대사비 임진왜란과 병자호란 이후 화엄사 중창 등 피폐화된 불교 중흥과 발전에 크게 기여한 벽암대사(1575~1660)의 업적을 기리기 위해 그의 입적(入寂) 3년 뒤에 세워진 비석이다.

대혜보각선사서 중국 임제종의 제11대 제자였던 보각선사 대혜가 송나라 때 편찬한 선종 전적이다. 우리나라에는 고려 말에 전래됐는데, 등용사 소장의 이번 지정 대상은 1418년 승려 신인(信因)의 주도로 판각된 목판을 후대에 찍어 만든 인출본이다.

예기집설 권1~2 《예기집설》은 고대 중국의 예에 대한 기록과 해설을 정리한 「예기」에 원의 주자학자인 진호(陳澔)가 주석을 단 유교서이다. 이번 지정 대상은 1328년 중국 건안의 정명덕가(鄭明德

家)에서 처음 조성된 목판본을 저본으로, 1391년 경상도 상주에서 복각된 판본으로 추정된다. 이는 형태 및 구결(口訣) 등으로 보아 여말선초에 인쇄된 후인본으로 판단된다.

벽역신방 1613년 허준(許浚)이 국왕의 명령으로 편찬한 의학 전문서적으로, 전염병 연구사에 있어 매우 중요한 자료이다. 지정 대상인 동은의학박물관 소장의 《벽역신방》은 다른 동일 판본들이 사고본이나 관청용인데 비해, 개인에게 내려준 사례라는 점에서 차별성을 갖는다.

합천 해인사 금동관음·지장보살좌상 및 복장유물 발원문을 통해 원래 성주 법림사 대장전에 봉안하기 위해 1351년 조성한 것임을 알 수 있는 유물이다. 해인사성보박물관에 보관돼 있는 복장유물은 조선시대 복장 의식이 완전히 체계화되기 이전 단계의 다소 자유로운 형식을 보여주고 있어, 불복장의 발전사 연구에 있어서도 중요하다.

창원 성주사 석조지장보살삼존상 및 시왕상 일괄 수조각승 승호(勝湖)를 비롯한 조각승들이 1681년 완성해 성주사에 봉안한 것이다. 지정 대상은 17세기 이후 시왕상이나 나한상 등 수량이 많은 조각에 자주 사용됐던 재료인 불석(佛石, 제올라이트)으로 제작됐다.

강화 전등사 명경대 사자형 대좌가 거울을 받치고 있는 구조로, 사자의 등에 홈을 파고 거울을 꽂도록 돼 있다. 특히 사자 대좌가 얹혀 있는 직사각의 받침대 바닥면에는 제작 시기와 제작자를 알려주는 묵서가 있어, 이 작품이 1627년에 밀영(密英), 천기(天琦), 봉생(奉生/鳳生)이라는 장인이 만들었음을 확인할 수 있다.

▲ 강화 전등사 명경대

삼척 흥전리사지 출토 청동정병 2016년 강원도 삼척 흥전리사지 동원 1호 건물지에서 발굴된 유물이다. 청동정병이 출토된 곳은 신라~고려 시기에 상당한 규모와 위상을 가졌던 지역 거점 사찰로 추정된다.

세종 한솔동 고분군, 사적으로 지정
거제 수정산성은 사적 지정 예고

국가유산청이 9월 11일 세종 한솔동 고분군을 국가지정문화유산 사적으로 지정했다고 밝혔다. 세종 한솔동 고분군은 백제의 웅진 천도(475년) 전후에 축조된 옛 무덤들로, 나성동 도시유적(거주도시)과 나성동 토성(방어시설)을 축조한 지방 최고 지배계층의 무덤이다. 이는 2007년 행정중심복합도시 개발 당시 발굴돼 현재 굴식돌방무덤 7기와 돌덧널무덤 7기가 유적공원으로 정비돼 있다. 특히 2호분으로 불리는 무덤은 무덤방 길이가 404cm, 너비 436cm, 높이 330cm로 매우 커서 발견 당시 「지하 궁전」으로 불리기도 했다.

한편, 이번 국가 사적 지정은 세종시 최초 사례로, 시는 이번 국가사적 지정을 계기로 문화유산의 보존을 넘어 국가지정문화유산 사적이 위치한 일대를 역사문화공간으로 조성한다는 계획이다.

거제 수정산성, 사적 지정 예고 국가유산청이 경상남도 거제시에 위치한 거제 수정산성을 국가지정문화유산 사적으로 지정 예고한다고 8월 19일 밝혔다. 거제 수정산성은 경상남도 거제시 동상리 수정봉 정상에 위치한 산성으로, 수정산(해발 143m)에 위치한 테뫼식(산의 정상부를 중심으로 성벽을 둘러쌓은 상태) 석축산성이다. 이는 《조선왕조실록》에서 축성 관련 기록이 1871년 김해 분산성

수축을 끝으로 더 이상 등장하지 않는 점으로 보아, 기록을 통해 축성 시기를 파악할 수 있는 우리나라 산성 중에서 가장 늦은 시기의 산성이라 할 수 있다. 특히 외세의 침입에 대비해 국가의 지원 없이 거제도민들이 쌓은 조선 후기 마지막 산성으로서 의의를 가진다고 평가된다.

1600년 전 신라 최고위층 장수 무덤 발견
가장 오래된 금동관도 출토

경북 경주시가 10월 20일 국가유산청과 함께 진행 중인 신라왕경 핵심유적 복원·정비사업 과정에서 5세기 후반 적석목곽분인 경주 황남동 120호분 아래에 있던 「황남동 1호 목곽묘(덧널무덤)」를 새롭게 확인했다고 밝혔다. 이번 무덤은 나무로 짠 곽 안에 널과 부장품을 안치하는 목곽묘 형태로, 시기는 4세기 말~5세기 전반으로 추정된다.

이 무덤 안에서는 신라 최고위층 장수로 추정되는 사람의 인골과 순장된 시종의 인골, 연대가 가장 이른 신라 금동관, 사람과 말의 갑옷·투구 일체 등이 함께 출토돼 많은 주목을 받고 있다. 특히 신라 고분에서 말 갑옷이 출토된 것은 경주 쪽샘지구 C10호분에 이어 두 번째로, 이는 신라 중장기병(重裝騎兵)의 실체와 함께 5세기 전후 신라의 강력한 군사력과 지배층의 위상을 보여주는 중요한 자료다. 한편, 조사 현장은 경주 아시아태평양경제협력체(APEC) 정상회의 기간을 포함해 10월 27일부터 11월 1일까지 일반에 공개된다.

부산시, 세계디자인수도 선정
국내 도시 중 서울에 이어 두 번째

세계디자인기구(WDO·World Design Organization)가 9월 11일 영국 런던에서 열린 총회에서 부산시를 2028 세계디자인수도(World Design Capital)로 선정했다고 밝혔다. 국내 도시가 세계디자인수도로 선정된 것은 2010년 서울에 이어 부산시가 두 번째다. 선정 이유로는 부산이 디자인을 통해 변화할 수 있는 높은 잠재력을 지니고 있다는 것이 꼽혔다.

한편, 비영리 국제기구인 세계디자인기구는 디자인을 통해 사회문제를 해결하고 도시 혁신을 꾀한다는 취지로 2년마다 세계디자인수도를 선정하고 있다. 그간 이탈리아 토리노, 핀란드 헬싱키, 남아프리카공화국 케이프타운, 멕시코 멕시코시티, 스페인 발렌시아 등이 세계디자인수도로 선정된 바 있으며 부산은 11번째다.

스포츠시사

2025. 8.~ 10.

알카라스·사발렌카, US오픈 남녀 단식 각각 우승

카를로스 알카라스(22·스페인)가 미국 뉴욕 빌리진킹 내셔널 테니스 센터에서 9월 7일 열린 US오픈 남자단식 결승에서 우승하면서 메이저 대회 통산 6승을 기록했다. 그리고 이보다 앞선 9월 6일 열린 여자단식 결승에서는 아리나 사발렌카(27·벨라루스)가 우승하면서 US오픈 2연패를 달성했다.

> **US오픈(US Open Championships)** 윔블던대회(전영오픈), 프랑스오픈, 호주오픈과 함께 세계 4대 테니스 대회 중 하나로, 1876년 개막된 윔블던 대회 다음으로 역사가 오래된 테니스 대회이다. 매년 9월 미국 뉴욕에서 개최되고 있다. US오픈은 1970년 타이브레이크(Tiebreak) 방식을 최초로 도입한 대회이자 남녀의 상금을 똑같은 액수로 정한 최초의 대회이기도 하다.

알카라스, 3년 만에 챔피언 복귀 카를로스 알카라스가 9월 7일 미국 뉴욕 빌리진킹 네셔널 테니스센터에서 열린 US오픈 남자단식 결승전에서 라이벌 얀니크 신네르(22·이탈리아)를 3-1로 꺾고 우승했다. 이로써 알카라스는 2022년 US오픈 우승 이후 3년 만에 다시 챔피언에 등극했다.

💡 한편, 이번 대회 1, 2위를 기록한 알카라스와 신네르는 로저 페더러(44·스위스)와 라파엘 나달(39·스페인)을 이을 새 라이벌로 불리고 있다. 지난해 알카라스는 프랑스오픈과 윔블던에서, 신네르는 호주오픈과 US오픈에서 승리를 거둔 바 있다. 그리고 올해는 알카라스가 프랑스오픈과 US오픈에서, 신네르는 호주오픈과 윔블던에서 우승했다.

사발렌카, 2연패 달성 아리나 사발렌카(27·벨라루스)가 9월 6일 미국 뉴욕의 빌리진킹 내셔널 테니스센터에서 열린 US오픈 여자단식 결승전에서 어맨다 아니시모바(미국)를 2-0으로 꺾고 2년 연속 우승을 차지했다. US오픈 여자단식에서 2연패를 달성한 것은 2014년 세리나 윌리엄스(은퇴·미국) 이후 11년 만이다. 이번 승리로 사발렌카는 통산 4번째 메이저 대회 우승을 달성했으며 메이저 대회 단식 본선 100승 기록도 세우게 됐다.

유럽, 라이더컵 2연패 달성
13년 만에 원정 우승

9월 26~29일 미국 뉴욕주 베스페이지 블랙코스(파 70, 7401야드)에서 열린 미국과 유럽의 골프 대항전 라이더컵 대회에서 유럽이 미국을 최종 합계 15-13으로 꺾고 2연패를 달성했다. 이로써 유럽은 직전 대회인 2023 이탈리아 로마대회 우승에 이어 2연패를 달성했으며, 2012년 미국 일리노이주 메디나에서 열린 대회 이후 13년 만에 원정 우승을 기록했다.
올해 45회째를 맞은 라이더컵은 세계랭킹 1위인 미국의 스코티 셰플러(29)와 2위인 유럽의 로리 매킬로이(36·북아일랜드)의 격돌이라는 점에서 특히 주목을 받았다. 총 3일에 걸쳐 진행된 대회는 첫째 날과 둘째 날에는 2인 1조의 포볼과 포섬 매치로, 마지막 날은 싱글 매치 플레이로 진행됐다. 유럽은 대회 마지막 날 싱글 매치 12경기에서 3.5-8.5로 밀렸으나, 앞서 열린 포볼과 포섬 경기에서 11.5점을 확보하며 우승컵을 차지했다.

한편, 라이더컵 역대 전적은 미국이 27승 2무 15패로 앞서 있지만 1979년 미국 대 유럽 전체의 골프대항전으로 규모가 격상된 이후 열린 23차례의 대회에서는 유럽이 13승을 기록해 미국(9승)을 앞서고 있다.

라이더컵(Ryder Cup) 미국과 유럽의 남자 프로 골프선수들이 팀을 이뤄 격년제로 개최하는 대항전이다. 미국과 유럽의 최고 랭킹을 자랑하는 선수 12명이 팀 대항으로 3일간 경기를 치른다. 1926년 브리티시오픈에서 미국과 영국 선수들이 친선 경기를 한 것에서 유래했으며 대회 명칭은 영국인 사업가 새뮤얼 라이더가 트로피를 기증한 것에서 비롯됐다. 이전까지는 미국과 영국의 대결이었으나 1979년부터는 미국 대 유럽 전체로 확대됐다. 다음 대회는 2027년 아일랜드 어데어의 어데어 매너 골프코스에서 열린다.

포섬(Foursome)과 포볼(Four-ball) 경기 포섬 경기는 2명의 선수가 한 조를 이뤄 공 한 개를 번갈아 치는 경기 방식이다. 이는 한 선수의 플레이가 다음 선수에게 직접적인 영향을 미치므로 선수 간 호흡이 잘 맞아야 한다. 포볼 경기는 2명의 선수가 한 조를 이뤄 각각 플레이하는 경기로, 두 선수 중 더 잘 친 선수의 성적이 반영된다.

마스터스·디오픈, 일본·홍콩 등 6개국에 출전권
한국오픈은 제외

오거스타 내셔널 골프클럽(마스터스 주관)과 영국왕립골프협회(R&A, 디오픈 주관)가 8월 27일 공동성명을 통해 내년 마스터스와 디오픈 출전권 변경안을 공개했다. 이번 변경안의 핵심은 스코틀랜드, 스페인, 일본, 홍콩, 남아프리카공화국, 호주 등 6개국 내셔널 타이틀 대회 우승자에게 마스터스 자동 출전권을 부여하는 것이다. 다만 한국오픈은 명단에서 제외됐다.

그동안 마스터스는 미국프로골프(PGA) 투어 대회 우승자에게만 출전권을 부여해 온 반면, R&A는 2013년부터 한국을 포함한 11개 국가의 내셔널 타이틀 대회 우승자에게 디오픈 출전권을 부여해 왔다. 이번 변경안에 따라 오거스타 내셔널 골프클럽이 R&A의 이러한 규정을 일부 받아들이게 됐다. 또한 PGA 투어 대회 중 정상급 선수들이 거의 출전하지 않아 상대적으로 수준이 낮다고 평가되는 PGA 투어 가을 시리즈 대회 우승자에게는 마스터스 출전권을 부여하지 않기로 했다.

전북 현대, K리그 10번째 우승
강등권서 1년 만에 우승

전북 현대가 10월 18일 전주월드컵경기장에서 열린 K리그1 33라운드 홈경기에서 수원FC를 2-0으로 완파하며, 남은 5경기 결과와 관계 없이 K리그1 우승을 확정지었다. 이로써 전북은 K리그1 사상 최초로 10회 우승을 달성한 구단이 됐으며, 2021년 이후 4년 만에 정상도 탈환했다. 특히 국내 프로스포츠 전체에서 통산 10회 이상 리그 우승을 차지한 팀은 프로야구 기아 타이거즈(12회)에 이어 전북이 두 번째다.

한편, 지난 시즌 승강 플레이오프까지 몰렸던 전북에 부임해 한 시즌 만에 챔피언으로 탈바꿈시킨 거스 포옛(58) 감독은 구단 통산 3번째, K리그 통산 10번째로 데뷔 시즌 우승을 이뤄낸 감독이 됐다.

PSG 공격수 우스만 뎀벨레, 발롱도르 수상

프랑스 프로축구 리그1 파리 생제르맹(PSG)의 공격수 우스만 뎀벨레(28·프랑스)가 9월 23일 프랑스 파리 샤틀레 극장에서 열린 「2025 발롱도르 시상식」에서 남자 부문 수상자로 선정됐다. 이로써 뎀벨레는 발롱도르를 수상한 6번째 프랑스 선수로 기록됐다. 뎀벨레는 지난 시즌 PSG에서 53경기 동안 35골 16도움을 기록했으며, 소속팀이 ▷리그1 ▷프랑스컵(쿠프 드 프랑스) ▷유럽축구연맹(UEFA) 챔피언스리그(UCL) ▷슈퍼컵(트로페 데 샹피옹)에서 우승하는 데 핵심 역할을 한 바 있다. 한편, 여자 선수 부문에서는 지난 시즌 20골을 기록한 바르셀로나의 아이타나 본마티(27·스페인)가 3년 연속 발롱도르를 수상했고, 바르셀로나의 라민 야말(18·스페인)은 2년 연속 코파 트로피를 수상했다.

> **발롱도르(Ballon d'or)** 황금빛 공이라는 뜻으로 축구 부문에서 개인에게 주는 상 중 가장 명성 있는 상이다. 1956년 프랑스 축구 전문지 《프랑스풋볼》이 제정했다. 초기에는 유럽 국적 선수를 대상으로 했으나 1995년부터 선수의 국적 제한을 없앴고, 2007년에는 후보 선정의 범위를 전 세계로 확대했다. 2018년부터는 발롱도르 시상식에 여자 선수 부문과 21세 이하 남자 선수 부문인 코파 트로피가 신설됐다. 한편, 역대 발롱도르 최다 수상자는 8회를 기록한 리오넬 메시(2009·2010·2011·2012·2015·2019·2021·2023년 수상)다.

우상혁, 세계선수권 은메달
한국 육상 최초 세계선수권 메달 2개 획득

우상혁(29·용인시청)이 9월 16일 일본 도쿄 국립경기장에서 열린 2025 도쿄 세계육상선수권 남자 높이뛰기에서 2m34를 기록하며 은메달을 차지했다. 그리고 금메달은 지난해 파리 올림픽 챔피언인 해미시 커(29·뉴질랜드)가 2m36을 성공하면서 가져가게 됐다.
우상혁은 2022년 미국 오리건주 유진에서 열린 세계선수권에서 한국 선수 중 처음으로 은메달을 딴 바 있으며, 올해 대회에서도 은메달을 추가하면서 한국 육상 최초 세계선수권 메달 2개 기록을 달성하게 됐다.

남자 배드민턴 복식 서승재-김원호, 세계선수권 우승

한국 남자 배드민턴 복식 서승재(28)-김원호(26) 조가 9월 1일 프랑스 파리의 아디다스 아레나에서 열린 2025 세계개인배드민턴선수권 남자복식 결승에서 중국의 류위천(30)-천보양(25) 조를 2-0(21-17, 21-12)으로 완파하며 우승했다. 서승재와 김원호는 2017년 처음 복식조로 호흡을 맞췄으나, 이듬해 다른 파트너와 경기를 치르다 7년 만인 지난 1월부터 다시 한 조가 된 바 있다. 두 선수는 올 시즌 말레이시아오픈, 전영오픈, 인도네시아오픈 등 3개의 슈퍼 1000시리즈를 비롯해 국제대회에서 5번의 우승을 거뒀으며, 특히 재결합한 지 7개월 만인 지난 8월에는 세계랭킹 1위에 올랐다.

> 한편, 2023년 한국 선수로는 처음으로 세계개인선수권대회에서 배드민턴 단식 금메달을 차지했던 안세영(23)은 대회 2연패에 도전했으나 4강전에서 중국의 천위페이(27)에게 0-2로 패하며 동메달을 차지했다.

임수훈, e스포츠 월드컵(EWC) 철권8
2년 연속 우승

8월 17일 열린 e스포츠 월드컵(EWC·eSports World Cup) 2025 철권8 경기 결승전에서 한국 DN 프릭스의 임수훈(25, 닉네임 울산)이 지난해에 이어 2년 연속 우승을 차지했다. 이로써 한국은 앞서 7월 20일 리그 오브 레전드(LOL) 종목에서 젠지(Gen.G)가 우승한 데 이어 철권8까지 우승하면서 2개 종목 우승으로 대회를 마무리했다.

임수훈은 2018년 데뷔한 프로게이머로, 3D대전 격투게임인 철권(Tekken)의 세계 최강자다. 울산에서 학창 시절을 보내 닉네임이 「울산」이며, 출전 캐릭터는 「드라그노프」이다. 그는 이번 우승으로 2019 월드투어파이널 준우승, 2022 UFA 대회 우승, 2023 월트투어파이널 3위에 이어 e스포츠월드컵 최초로 2년(2024, 2025) 연속 우승까지 달성했다.

> **EWC(EWC·eSports World Cup)** 사우디아라비아 e스포츠 연맹(SEF)이 주관하는 세계 최대 규모의 e스포츠 대회다. 사우디아라비아의 수도 리야드 블러바드 시티에서 개최된 올해 대회는 7월 8일~8월 24일까지 열렸으며 리그 오브 레전드(LoL·롤), 전략, 슈팅, 격투 등 25개 종목에 약 2000여 명의 선수가 출전했다. 총상금은 7000만 달러(약 970억 원)로, 각 종목마다 우승팀(선수)에 상금을 수여하며 종목별 최우수선수(MVP)에게는 별도로 50만 달러가 수여된다. 또 종합 성적으로 결정되는 최종 우승팀에는 상금 700만 달러가 주어진다.

여자배구 IBK기업은행,
9년 만에 컵대회 우승-통산 4승 달성

IBK기업은행이 9월 28일 전남 여수 진남체육관에서 열린 「2025 여수·NH농협컵 프로배구대회(컵대회)」에서 한국도로공사를 세트 점수 3-1로 꺾고 승리했다. 이로써 기업은행은 2016년 대회 이후 9년 만이자 통산 4번째 우승을 기록했다.

한편, 이날 22점으로 IBK기업은행 우승에 앞장선 육서영(24)은 기자단 투표에서 31표를 받아 대회 최우수선수(MVP)로 선정됐고, 라이징스타상은 기업은행 선발 센터로 나선 신인 최연진(19)이 차지했다. 아울러 한국도로공사의 김세인(22)은 준우승팀 수훈 선수에게 주는 기량발전상(MIP)을 수상했다.

매탄고, 전국고교축구선수권대회 우승
8년 만에 정상 복귀

K리그 수원삼성 유스팀 매탄고가 8월 30일 안동시민운동장에서 열린 제80회 전국고교축구선수권대회 겸 2025 전국고등축구리그 왕중왕전 결승에서 광주FC 유스팀 금호고를 꺾고 우승했다. 매탄고는 연장전까지 1-1로 비겼으나 승부차기 끝에 5-4로 승리하며, 2017년 이후 8년 만에 왕중왕전 우승컵을 들어 올렸다.

한편, 이번 대회에는 전국 64개 고교·클럽 유소년팀이 참가했으며 대회 최우수선수(MVP)에는 매탄고 주장 모경민이, 공격상에는 8경기 6골을 터뜨린 매탄고 공격수 김동연이 선정됐다.

과학시사

2025. 8.~10.

젠슨 황-샘 올트먼, 140조 AI 동맹
원전 10기 규모 인프라 구축

미국의 인공지능(AI) 대장 기업 엔비디아가 챗GPT 개발사인 오픈AI에 1000억 달러(약 140조 원)를 투자해 초대형 AI 데이터센터 건설에 착수한다고 9월 22일 발표했다. 이는 그래픽처리장치(GPU)로 혁신을 이끌어온 엔비디아와 생성형AI 시대를 연 오픈AI의 결합이라는 점에서, 이번 발표가 차세대 AI 경쟁의 판도를 바꿀 것이라는 전망이 제기된다.

엔비디아-오픈AI의 동맹 두 기업이 체결한 거래의향서에 따르면 엔비디아가 오픈AI에 최대 1000억 달러(약 140조 원)를 투자해 오픈AI 주주가 되고, 오픈AI는 확보한 자금을 바탕으로 원전 10기 규모(10GW)의 데이터센터를 구축한다. 우선 100억 달러를 투자해 2026년 하반기(7~12월)까지 1GW 규모의 데이터센터를 구축할 방침이며, 여기에는 엔비디아의 차세대 AI 가속기인 「베라 루빈」이 탑재된다. 이후 엔비디아는 GW급 데이터센터가 새로 구축될 때마다 순차적으로 최대 1000억 달러를 오픈AI에 투자하고, 그 대가로 오픈AI의 의결권 없는 지분을 취득하게 된다.

💡 **오픈AI, 세계 최고 가치 비상장 기업 등극** 10월 2일 블룸버그통신에 따르면 최근 오픈AI는 직원들의 보유 지분을 매각하는 거래를 마무리하는 과정에서 투자사들로부터 기업 가치가 5000억 달러(약 715조 원)에 이른다는 평가를 받아 세계에서 가장 가치가 높은 비상장 기업으로 등극했다. 오픈AI의 기업 가치는 지난해 10월 1570억 달러(약 223조 원), 올해 3월 3000억 달러(약 430조 원)였다는 점에서 약 1년 만에 기업 가치가 3배 이상으로 늘어난 셈이다.

오픈AI, 「스타게이트 프로젝트」 개막
텍사스주 데이터센터 가동 시작

오픈AI가 대규모 인공지능(AI) 인프라 구축 프로젝트 「스타게이트(Stargate)」의 첫 거점 지역인 미국 텍사스주 애빌린에서 데이터센터 가동을 시작했다고 9월 23일 밝혔다. 스타게이트는 지난 1월 오픈AI와 미국 소프트웨어·클라우드 기업 오라클, 일본 투자기업 소프트뱅크가 함께 발표한 사업 기간 4년·5000억 달러(약 715조 원) 규모의 데이터 건설 프로젝트다. 텍사스주 애빌린은 이 프로젝트의 첫 거점으로, 8개 동으로 이뤄진 데이터센터 가운데 현재 1개 동만 운영을 시작했다.

> **스타게이트(Stargate)** 도널드 트럼프 미국 대통령이 올 1월 발표한 사업으로, 2029년까지 미국에 초대형 AI 데이터센터 20곳 등 핵심 인프라를 구축해 총 10GW 규모의 AI 연산 인프라를 확보한다는 목표로 추진된다. 이는 소프트뱅크가 자금을 조달하고, 오라클이 AI 데이터센터를 구축·운영하며, 오픈AI가 전반적인 운영과 AI 모델 개발을 책임지는 구조로 이뤄진다.

삼성·SK, 스타게이트에 참여 삼성그룹과 SK그룹이 10월 1일 오픈AI와 협약을 맺고 스타게이트 프로젝트에 참여한다고 발표했다. 이번 발표는 오픈AI 최고경영자(CEO)인 샘 올트먼의 방한 때 이재용 삼성전자 회장과 최태원 SK그룹 회장이 각각 투자의향서(LOI)를 체결한 데 따른 것이다. 이로써 삼성전자와 SK하이닉스는 오픈AI의 스타게이트 프로젝트에 고성능 메모리반도체(HBM)를 공급하게 될 예정이다. 오픈AI는 스타게이트에 웨이퍼 기준 월 90만 장 규모의 고성능 D램이 필요하다고 추산하는데, 이는 현재 전 세계 HBM 총생산능력의 2배를 넘어서는 수준이다.

오픈AI와 삼성·SK그룹 협력 주요 내용

삼성전자	월 최대 웨이퍼 90만 장, 고대역폭메모리(HBM) 공급 파트너 참여
삼성SDS	인공지능(AI) 데이터센터 공동개발, 기업용 AI 서비스 제공
삼성물산·삼성중공업	수상 데이터센터 공동개발 협력
SK하이닉스	월 최대 웨이퍼 90만 장, HBM 반도체 공급 파트너로 참여
SK텔레콤	서남권 오픈AI 전용 데이터센터 공동 구축

> **HBM(High Bandwidth Memory)** TSV(실리콘관통전극)로 D램 칩을 수직으로 쌓아 데이터 처리 속도를 높인 고대역폭메모리로, 주로 AI 연산을 위한 그래픽처리장치(GPU) 등에 탑재된다. HBM은 AI 학습과 구동에 필수적인 반도체로, 일반 D램보다 가격은 2~3배 비싸지만 방대한 양의 데이터를 연산할 수 있다.

인텔, 세계 최초 2나노 양산 시작
삼성전자·TSMC는 연내 양산 계획

미국 반도체 기업 인텔이 10월 9일 미국 애리조나주에 있는 18A 공정이 적용된 팹52 공장의 완전 가동에 들어갔다고 밝혔다. 18A 공정은 반도체의 회선폭을 1.8nm(나노미터·1nm는 10억분의 1m)로 제조하는 첨단 제조공정으로, 2나노미터급으로 평가받는다. 아울러 인텔은 이날 18A 공정으로 제작한 새로운 노트북용 프로세서 「팬서 레이크(Panther Lake)」와 서버용 프로세서 「클리어워터 포레스트(Clearwater Forest)」도 공개했다. 이로써 인텔은 연내 2나노 공정 양산계획을 밝혔던 삼성전자와 TSMC에 앞서 2나노미터 경쟁의 포문을 열게 됐다. 전 세계 파운드리(반도체 위탁생산) 1위인 TSMC와 삼성전자는 현재 3나노 공정을 적용한 반도체를 양산 중에 있다.

인텔·삼성·TSMC 2나노 반도체 파운드리 경쟁

구분	인텔	삼성	TSMC
양산 시기	최근 양산 시작	연내 양산 목표	
핵심 내용	차세대 프로세서 「팬서 레이크」 생산 시작	삼성 엑시노스 2600, 일본 PFN AI 가속기 등 양산 예정	빅테크 고객사 2나노 제품 양산 예정, 3나노 대비 전력 효율 30% 증가

구글, 광고 독점으로 EU 과징금 처분
美 법원에서는 크롬 매각 위기 탈출

유럽연합(EU)이 9월 5일 구글의 온라인 광고시장 반(反)독점 행위에 대해 29억 5000만 유로(약 4조 8000억 원)의 과징금을 부과했다. EU 집행위원회는 구글이 시장 지배력을 남용해 자사 온라인 광고 서비스를 경쟁사보다 유리하게 운영했으며, 이는 EU 반독점 규정에 위반된다고 밝혔다.

또한 구글에 자사 우대 관행을 중단하고 이해 상충 해소 방안을 마련할 것을 요구했다. 이에 구글은 즉각 항소 의사를 밝혔으며, 도널드 트럼프 미국 대통령은 EU가 처분을 취소하지 않을 경우 보복성 관세를 부과하겠다고 경고했다.

💡 구글에 대한 EU의 과징금 처분은 이번이 네 번째다. EU는 2017년 구글이 검색 결과에서 자사 쇼핑 서비스를 우대한 혐의로 과징금 24억 2000만 유로(약 3조 9000억 원)를, 2018년 안드로이드 운영체제에서 경쟁사를 배제한 혐의로 43억 4000만 유로(약 7조 1000억 원)의 과징금을 부과했다. 이어 2019년에는 구글이 광고 플랫폼에서 경쟁사의 진입을 차단했다며 14억 9000만 유로(2조 4000억 원)를 부과했고, 2023년 6월에는 단순 과징금을 넘어 일부 광고사업의 매각을 요구하기도 했다.

美 법원, 구글에「크롬」유지 판결 구글은 EU의 이번 제재에 앞서 9월 2일 미국 법원으로부터 크롬 브라우저(인터넷 접속 프로그램)를 매각하지 않아도 된다는 판결을 받았다. 이는 2020년 10월 미국 법무부가 제기한 반독점 소송의 연장선으로, 법무부는 당시 구글이 검색엔진 시장에서 독점적 지배력을 구축하기 위해 애플·삼성전자 등 스마트폰 제조사에 거액을 지급해 반독점법을 위반했다며 제소한 바 있다. 이후 법원은 지난해 8월 구글의 검색시장 독점이 불법이라는 판단을 내렸는데, 특히 법무부가 구글의 웹브라우저인 크롬과 안드로이드 매각을 요구하면서 구글의 사업 분할 가능성이 거론되기도 했다. 하지만 법원이 이날 구글의 독점 자체는 인정하면서도, 크롬을 매각할 필요는 없다는 1심 최종판결을 내리면서 구글은 일단 매각 위기는 넘기게 됐다. 다만 법원은 구글이 크롬 브라우저 운영은 유지할 수 있지만, 배타적 계약 체결과 검색 데이터 독점은 금지한다고 밝혔다.

💡 크롬(Chrome)은 구글(Google)에서 개발한 웹 브라우저로, 2008년에 처음 출시됐다. 구글 V8 자바스크립트 엔진을 사용해 웹사이트 로딩과 실행 속도가 빠르고, 깔끔하고 직관적인 사용자 인터페이스를 특징으로 한다.

KT 고객 무단 소액결제 및 해킹사태
사태 허위자료 제출과 증거은닉으로 수사

지난 8월부터 경기 광명시와 서울 금천구 등 수도권 남부지역을 중심으로 KT 이동통신망 이용 고객의 휴대전화에서 무단 소액결제 및 서버 해킹사태가 발생했다(이후 서울 서초구·동작구, 경기 고양시 등에서도 유사 사례 추가). 여기에 KT가 경찰의 소액결제 피해 사실 통보와 서버 해킹 사실 파악 후에도 늑장 대응과 신고로 오히려 사고를 키웠다는 점이 알려지며 논란이 거세다.

한편, 이번 KT 사고에는 불법 초소형 기지국(펨토셀)이 이용됐으며, 다량의 개인정보도 유출된 것으로 확인됐다. 무엇보다 지난 4월 2300만 명에 달했던 SK텔레콤 고객정보 유출사고에 이어 KT에서도 보안사고가 발생하면서 국내 이동통신업계 전반의 보안체계와 대응능력에 대한 비난이 거세지고 있다.

KT 사고 대책과 용의자 검거 KT는 무단 소액결제 사건 발생 한 달 뒤인 9월 5일부터 비정상 소액결제를 차단하고, 결제 유형별 실시간 모니터링을 강화했다. 또한 피해액을 전액 보상하고, 피해 고객에게는 무료 유심 교체와 유심보호서비스 가입을 지원한다고 밝혔다. 그리고 9월 16일 경찰은 KT 소액결제 해킹사건의 용의자인 40대 중국인 2명을 검거했다. 용의자들은 KT의 불법 초소형 기지국(펨토셀) 장비를 차량에 싣고 다니며 이용자의 휴대전화 정보를 탈취하고 소액결제를 진행한 것으로 드러났다. 펨토셀은 빌딩 사무실 등 휴대전화가 잘 터지지 않는 곳에 설치하는 통신장비로, 국내에서 펨토셀을 이용해 해킹을 벌이다 적발된 것은 이번이 처음이다.

> **펨토셀(Femtocell)** 통신인구 밀도가 높은 지역에서 트래픽을 분산해 원활한 통신을 돕는 장비로, 주로 가정이나 사무실 등 반경 10m 내외의 작은 공간에서 사용된다. 휴대전화의 문자나 통화 데이터는 단말기에서 기지국까지는 모두 암호화돼서 전달되다가 기지국에 도달하면 복호화되는 원리를 따르는데, 펨토셀은 정상 기지국으로 인식돼 단말기의 데이터를 확인할 수 있다. 이런 점에서 펨토셀이 개인정보를 탈취하는 데 악용될 수 있다는 우려가 꾸준히 제기돼 왔다. 또 펨토셀은 통신사가 직접 관리하는 기지국과 달리 정보보호 인증 범위에서 제외돼 관리 사각지대에 놓여 있다는 지적도 있어 왔다.

서버도 해킹된 KT, 늑장신고 논란 KT는 무단 결제 사고 초반 개인정보 유출은 없다고 했으나, 9월 10일 1차 브리핑을 통해 불법 기지국 신호를 수신한 고객 약 1만 9000명 중 5561명의 가입자식별정보(IMSI)가 유출됐을 가능성을 제시했다. 이후 9월 18일 이뤄진 자체 2차 브리핑에서는 2만여 명의 IMSI뿐 아니라 IMEI(단말기식별번호)와 휴대전화 번호가 추가로 유출된 점도 인정했다. 여기에 KT 소액결제 피해가 지속적으로 추가된 데 이어, 9월 18일 KT는 한국인터넷진흥원(KISA)에 서버 해킹 의심 정황까지 신고했다. 그런데 KT가 서버가 외부 침해를 받은 사실을 인지하고도 사흘 뒤에야 KISA에 신고한 사실이 알려지면서, 통신사 고유 자산인 펨토셀 관리가 미흡했다는 지적과 함께 사태를 은폐·축소하려 했다는 비판이 일었다. 현재 KT는 허위자료 제출과 증거은닉으로 정부 조사를 고의로 방해한 혐의로 경찰 수사를 받고 있다.

💡 한국인터넷진흥원(KISA)은 2009년 7월 23일 공식 출범한 국내 인터넷 업무를 총괄하는 기관이다. 이는 이전에 인터넷 주소(IP) 관리 및 인터넷 활성화 등을 담당해 오던 한국인터넷진흥원과 정보보안 활성화 업무를 담당해 오던 한국정보보호진흥원, 해외 진출업무 지원 등을 담당해 오던 정보통신국제협력진흥원의 3개 기관을 통합해 출범했다.

KT 소액결제 피해 및 서버 침해 사건(10월 16일 집계 기준)

불법 소액결제 사건	• KT 통신망 침해 방식: 20개의 펨토셀 ID 통해 단말기와 기지국 사이 침투, 펨토셀 경유한 휴대전화 가입자 2만 2000명 신호 수신 • 유출정보: 가입자식별정보(IMSI), 단말기식별번호(IMEI), 휴대전화 번호 • 소액결제 피해: 총 362명, 누적 피해 금액 2억 4000만 원
서버 침해 사건	한국인터넷진흥원(KISA)에 서버침해 흔적 4건, 의심 정황 2건 신고

정부 대책은 어떻게? 과학기술정보통신부와 금융위원회는 9월 19일 기업들이 침해사고 사실을 고의로 지연 신고하거나 미신고할 경우 과태료 등의 처분을 강화하기로 했다. 또한, 해킹 정황을 확보한 경우에는 기업의 신고 없이도 정부가 조사할 수 있도록 제도를 개선하기로 했다. 아울러 최고정보보호책임자(CISO)의 권한 강화와 징벌적 과징금 도입도 검토한다는 방침이다.

올해 발생한 국내 대규모 해킹사고는?

기업	발생 시기	공격 방식	사고 내용
SK텔레콤	4월	4년 전부터 내부 관리망 등에 악성 프로그램 설치 후 정보 유출	• 유심정보 2696만 건, 단말기 고유식별번호(IMEI) 29만 건 등 개인정보 유출 • 악성코드 33종에 서버 28대 감염
YES24	6, 8월	서버의 주요 정보를 암호화한 뒤 해제에 대한 금품을 요구하는 랜섬웨어 공격	서적 구매와 전자책 서비스, 티켓 예매 등의 서비스 중단
KT	8~9월	불법 초소형 기지국(펨토셀)으로 통신 가로채 무단 소액결제	• 무단 소액결제로 362명이 2억 4000만 원 피해 • 2만 명 넘는 가입자식별번호(IMSI) 유출
롯데카드	8~9월	2017년 공개된 서버 취약점 방치해 내부에 악성 프로그램 등 설치 후 정보 유출	• 297만 명 정보 유출 • 28만 명은 카드번호, 유효기간, CVC 번호 등 결제정보 유출

정부, 잇따른 해킹 사고 대응
범부처 정보보호 종합대책 발표

과학기술정보통신부와 기획재정부·금융위원회·행정안전부·국가정보원 등 관계부처가 10월 22일 기업에서 해킹 정황이 있을 때 정부가 기업의 신고 없이도 조사할 수 있도록 제도를 개선하는 내용 등을 담은 「범부처 정보보호 종합대책」을 발표했다. 이에 따르면 해킹 지연 신고, 재발 방지 대책 미이행 등 보안의무를 위반한 기업에 대해서는 과태료·과징금 상향, 이행강제금 및 징벌적 과징금 도입 등 그 제재를 강화한다.

취약점 점검 정부는 공공·금융·통신 등 국민 대다수가 이용하는 1600여 개 IT 시스템에 대한 대대적인 점검을 실시할 예정이다. 특히 최근 해킹 사고가 잇따른 통신사에 대해서는 실제 해킹 방식의 강도 높은 불시 점검을 추진한다고 밝혔다. 구체적으로 통신업계가 주요 IT 자산의 식별·관리체계를 만들도록 하고, 해킹에 악용된 것으로 지목된 소형 기지국(펨토셀)은 안정성이 확보되지 않을 경우 즉시 폐기하기로 했다.

소비자 중심 대응체계 구축 해킹 사고 발생 시 소비자 입증책임 부담을 완화하고, 통신·금융 분야에서는 이용자 보호 매뉴얼을 마련하기로 했다. 또한 개인정보 유출 사고로 인한 과징금 수입을 피해자 지원 등 개인정보 보호에 활용할 수 있도록 기금 신설을 검토한다.

정보보호 역량 강화 민간기업의 보안 인식 전환을 위해 정보보호 공시의무 기업을 현행 666개사에서 상장사 전체인 2700여 개사로 확대한다. 또 공시 결과를 토대로 보안 역량 수준을 등급화해 공개하는 제도도 도입된다. 아울러 AI 에이전트 보안 플랫폼 등 차세대 보안 기업을 연 30개사 육성하는 한편, 기업 수요에 따라 화이트해커를 연 500여 명 양성하는 체계를 구축한다.

정부, 구글 이어 애플에도 지도반출 결정 유보
구글은 좌표정보 삭제 요구 수용

국토지리정보원이 9월 4일 열린 지도 국외반출 협의체회의에서 지난 6월 애플이 신청한 고정밀(5000 대 1 축척) 디지털지도의 국외반출 결정을 유보하고 처리기한을 60일 연장하기로 결정했다. 협의체는 앞서 5월과 8월, 구글의 동일 신청에 대해서도 두 차례 연속 유보 결정을 내린 바 있다. 이에 따라 구글의 신청에 대한 처리기한은 11월 11일, 애플은 12월 8일까지로 각각 연장됐다.

고정밀 지도반출 요구는 무엇? 5000 대 1 축척의 지도는 5000cm(50m) 거리를 지도상 1cm로 표시하는 정밀한 지도다. 정부는 2014년부터 2만 5000 대 1 축척 영문판 전자지도의 국외 반출은 허용하고 있으나, 이보다 정밀한 지도는 군사·보안상의 이유로 반출을 제한해 왔다. 이에 대해 구글은 자사 지도 서비스의 고도화를 목적으로 2007년부터 세 차례에 걸쳐 고정밀지도 반출을 요구해 왔으며, 애플을 비롯한 해외 빅테크들도 동일한 이유로 반출을 신청한 바 있다. 이에 우리 정부는 고정밀지도 반출을 허용하려면 ▷보안시설 가림(Blur) 처리 ▷좌표 삭제 ▷국내 데이터센터 운영 등 3가지 조건을 충족해야 한다는 입장이다.

한편, 구글은 9월 9일 고정밀지도에서 보안시설을 가림 처리하라는 한국 정부의 요구를 일부 수용하겠다고 밝혔다. 구글은 2007년과 2016년에도 국내 지도 데이터의 국외 반출을 요청했지만, 당시 정부가 요구한 좌표 삭제 등을 거부해 불허된 전례가 있다.

스타십, 10차 시험비행 성공
모의 위성궤도 배치 수행

미국의 우주기업 스페이스X가 10월 13일 오후 6시 23분 미국 텍사스주 스타베이스 발사장에서 초대형 로켓 「스타십」 11차 시험비행에 성공했다. 이는 지난 8월 26일 스타십의 10차 시험비행 이후 2달여 만의 성과로, 스타십은 당시 처음으로 모의위성을 우주 궤도에 배치하는 데 성공한 바 있다. 여기에 이번 11차 시험비행에서도 모의위성의 궤도 배치에 성공하면서, 스타십이 우주 수송체계로서의 가능성을 입증했다는 평가가 나온다.

한편, 스타십은 2023년 4월 첫 시험발사 뒤 공중 폭발이나 동체 손상 등의 문제를 지속적으로 겪어 왔으나, 이번 10·11차 발사의 연속 성공으로 향후 개발에 있어 더욱 순풍을 타게 됐다.

스타십 역대 시험비행 결과는?

구분	날짜	주요 내용
1차	2023. 4. 20.	발사 약 4분 만에 폭발로 실패
2차	2023. 11. 18.	1단 로켓 분리에는 성공했으나 2단 로켓 폭발로 실패
3차	2024. 3. 14.	목표지점 귀환에는 실패했으나, 궤도 진입 성공
4차	2024. 6. 6.	1단 로켓 분리 및 첫 착륙 연소 성공
5차	2024. 10. 13.	1단 로켓을 발사대의 로봇팔이 잡아 회수하는 「젓가락 기술」 성공
6차	2024. 11. 19.	약 65분간의 계획된 비행 성공
7차	2025. 1. 16.	2단 로켓 통신 두절로 실패
8차	2025. 3. 6.	2단 로켓 폭발로 실패
9차	2025. 5. 27.	1단 로켓 기체 분해로 실패
10차	2025. 8. 26.	모의위성 궤도 배치 첫 성공
11차	2025. 10. 13.	모의위성 궤도 배치 연속 성공

스타십(Starship) 스페이스X가 달과 화성에 사람과 화물을 보내는 것을 목표로 개발한 인류 최대의 우주선이다. 1단 로켓(슈퍼 헤비)과 2단 로켓(스타십 우주선)으로 구성돼 있으며, 두 로켓 모두 발사 후 해상 또는 착륙 지점으로 돌아와 재사용이 가능하다. 총길이는 123m에 달하며, 사람 80~120명과 화물을 포함해 최대 150톤까지 실을 수 있다. 스타십은 2019년 개발이 시작돼 2023년 4월 첫 시험비행 이후 지금까지 총 11차례의 시험비행이 이뤄졌다. 스페이스X는 오는 2026년 스타십의 첫 화성 비행을 완수하고, 2028년 첫 유인 비행을 성공시켜 최종적으로는 2050년까지 화성 거주지를 건설한다는 방침이다.

한·중·일·미 4개국 공동 연구팀,
세계 최초로 사람에 돼지 폐 이식 성공

중국 광저우 의과대학 제1부속병원 허젠싱 박사팀이 이끄는 한·중·일·미 공동 연구팀이 8월 25일 국제학술지 《네이처 메디신》에 돼지의 폐를 뇌사자에게 이식한 사례를 발표했다. 이에 따르면 연구팀은 면역 거부 반응을 일으키지 않도록 유전자를 편집한 돼지의 폐를 39세 남성 뇌사자에게 이식했으며, 이식된 폐는 216시간(9일) 동안 기능을 유지했다.

앞서 돼지의 간이나 신장, 심장이 사람에게 이식된 사례는 있었지만 폐는 이번이 처음이었다. 무엇보다 폐는 감염에 취약해 이종장기이식 중에서도 난도가 가장 높은 것으로 알려져 있어, 학계에서는 이번 결과가 이종장기이식의 가능성을 한층 높였다는 평가를 내놓고 있다.

산 사람에게 돼지 간 이식 실험 첫 성공 중국 안후이의대 연구진이 면역 거부 반응을 일으키지 않도록 10개의 유전자를 편집한 돼지 간을 말기 간암 환자에게 이식, 일정 기간 동안 정상적으로 기능하는 것을 확인했다고 국제학술지 《간장학저널(Journal of Hepatology)》에 발표했다. 이식된 간은 38일 후 제거됐으며, 이 환자는 171일 동안 생존했다. 앞서 2024년 중국 시징병원 연구진이 뇌사자에게 돼지 간을 이식한 적은 있으나, 살아 있는 환자에게 이식한 것은 처음이다. 해당 환자는 간에서 발생한 암 조직 일부를 떼어내고 그 부위에 돼지 간을 이식했는데, 돼지 간을 이식받은 환자의 간은 담즙을 생성하고 혈액 응고 인자를 합성하는 기능을 정상적으로 수행한 것으로 알려졌다.

> **이종장기이식(異種臟器移植·Xenotransplantation)** 다른 종의 생물에서 얻은 장기·조직·세포를 사람에게 이식하는 의학적 수술을 말한다. 장기부전 환자들은 손상된 장기를 다른 것으로 교체해야 생명을 유지할 수 있으나, 장기 수요에 비해 기증 공급은 턱없이 부족한 상황이다. 이에 대안으로 주목받는 것이 이종장기이식으로, 특히 돼지의 경우 장기의 크기와 기능이 사람과 비슷해 이종이식 실험에서 가장 많이 활용된다. 실제로 지난 1월 미국에서 66세 남성에게 이식된 돼지의 신장은 지금까지도 정상적으로 기능해 역대 최장 기록을 세운 바 있다.

WHO, 「임신 중 타이레놀 복용과 자폐 연관성 無」
도널드 트럼프 대통령 주장 반박

세계보건기구(WHO)가 9월 24일 임신 중 타이레놀 복용과 자폐증이 관련이 있다는 증거는 없다고 밝혔다. WHO는 이날 성명을 통해 해열진통제 타이레놀의 주성분인 아세트아미노펜의 복용과 자폐증 간의 연관성을 확인하는 결정적인 과학적 증거는 없다고 강조했다.

WHO의 이번 발표는 임신 중 타이레놀을 먹으면 자폐아를 출산할 위험이 있다는 도널드 트럼프 미국 대통령의 주장을 반박하는 것으로, 트럼프 대통령은 지난 9월 22일 기자회견에서 자폐 위험 요인 중 하나로 임신 중 타이레놀 복용을 지목하면서 논란을 일으킨 바 있다. 이는 아세트아미노펜이 임신부가 가장 안전하게 복용할 수 있는 해열진통제 성분 중 하나로 처방돼 왔기 때문으로, 이후 국내외 의료 전문가들은 트럼프의 발언이 과학적 근거가 없다는 반응을 내놓았다.

식약처, 임신부 타이레놀 복용 가능 식품의약품안전처가 9월 25일 임신 중 타이레놀 복용이 자폐아 위험을 높인다는 미국 정부의 발표와 관련, 「기존 사용상의 주의사항대로 의사·약사 등 전문가와 상의하고 복용 가능하다」고 밝혔다. 식약처는 임신 초기 38℃ 이상 고열이 지속되면 태아 신경계에 영향을 미칠 수 있다며, 증상이 심할 경우 아세트아미노펜 성분 해열·진통제를 복용할 수 있다고 전했다. 다만 복용량은 하루에 4000mg을 넘지 않도록 하라고 당부했다. 식약처는 또 현재 타이레놀 등 아세트아미노펜 성분이 포함된 의약품의 국내 허가사항에는 임신 중 복용과 자폐증 간 연관성에 대한 내용은 없다고 밝혔다.

국가인공지능전략위원회 공식 출범
AI 3대 강국 도약 목표

이재명 대통령이 이끄는 국가 인공지능(AI) 정책 논의기구 「국가인공지능전략위원회」가 9월 8일 공식 출범했다. 위원회는 ▷사람 중심의 포용적 AI ▷민·관 원팀 전략 ▷AI 친화적 사회 시스템 ▷AI 균형발전 등 4가지 원칙을 바탕으로 글로벌 AI 3대 강국으로 도약하겠다는 목표를 내세웠다. 이를 위해 기존 국가인공지능위원회의 권한과 역할을 대폭 강화하고, 이 대통령을 위원장으로 데이터·사회·글로벌 협력 등 8개 분과위원회를 구성했다. 위원회는 ▷AI 국가 비전 및 중장기 전략 수립 ▷관련 정책·부처 간 사업 조정 ▷정책·사업 이행점검 및 성과관리에 대한 심의·의결권을 바탕으로, 단순 자문기구를 넘어 실질적 AI 전략기구로서의 역할을 수행할 방침이다.

국가AI전략위원회 현안

대한민국 AI 액션플랜 추진 위원회는 우선 ▷AI 고속도로 구축 ▷차세대 AI 기술 선점 ▷AI 핵심 인재 확보 등 12개 전략 분야를 기반으로 한 「대한민국 AI 액션플랜」을 추진하기로 했다. 이를 통해 산업·공공·지역 전반에서 AI 대전환을 이루고, 국가 경쟁력을 강화한다는 목표다. 위원회는 오는 11월까지 12개 전략 분야를 포함해 각 부처의 세부 이행과제를 종합한 액션플랜을 수립·발표할 계획이다.

국가AI컴퓨팅센터 재추진 국가AI컴퓨팅센터 재추진도 위원회의 주요 안건으로 선정됐다. 앞서 정부는 2028년까지 첨단 그래픽처리장치(GPU) 1만 5000장, 2030년까지 5만 장을 확보하는 것을 목표로 해당 사업을 추진해 왔으나, 두 차례의 사업 공모가 모두 유찰되며 사업이 중단된 바 있다. 위원회는 이번에는 정부 주도가 아닌 민간 주도, 정부 마중물 투자 방식으로 사업 방향을 전환하고, 관계 부처 합동으로 사업을 다시 추진하기로 했다. 이를 위해 민간 지분 비율을 기존 49%에서 70% 이상으로 확대해 민간에 주도권을 부여한다는 방침이다.

국가AI전략위원회 개요

구성	• 위원장: 이재명 대통령 • 부위원장 3명, 정부위원·민간위원 50명
분과(8개)	기술혁신 및 인프라, 산업 AX 및 생태계, 공공 AX, 데이터, 사회, 글로벌 협력, 과학 및 인재, 국방 및 안보
역할	• 범부처 AI 관련 정책·사업 총괄 및 성과 관리 • AI 관련 국가 비전 및 중장기 전략 수립
현안	대한민국 AI 액션플랜, 국가AI컴퓨팅센터 구축사업, AI 기본법 하위법령 정부안 확정 등

是是非非

임신중지 약물 합법화, 그 향방은?

지난 2019년 4월 헌법재판소는 낙태를 처벌하도록 한 형법 규정이 여성의 자기결정권을 과도하게 침해한다며 헌법불합치 결정을 내렸다. 그러나 관련 법안이 2020년 12월 31일까지 개정되지 않으면서, 해당 조항은 사실상 효력을 잃은 상태로 6년째 입법 공백이 이어지는 중이다. 이러한 상황에서 정부가 「임신중지 약물(낙태약)」 합법화를 123대 국정과제로 확정하면서 이에 대한 찬반 논란이 일고 있다.

헌재의 낙태죄 헌법불합치 판결 이후 여성단체 등은 임신 초기에 사용하는 유산 유도제인 「미프진(Mifegyne)」을 정식 도입해야 한다고 주장해 왔으나, 식품의약품안전처(식약처)는 관련 법이 정비되지 않았다며 허가를 미뤄왔다. 미프진은 세계적으로 가장 널리 알려진 먹는 임신중지 약물로, 임신 초기 9~10주 이내에 복용한다. 이는 현대약품이 국내 판권을 갖고 2021년 식약처에 품목 허가를 신청했으나, 안전성과 관련해 자료 보완을 요구 받고 신청을 자진 취하한 바 있다. 또 2020년에는 정부가 임신중절 약물을 허용하는 모자보건법 개정안을 입법예고하기도 했으나 갑론을박 끝에 기한 만료로 폐지됐었다. 이에 현재 국내에서는 임신중지 약물 처방 및 거래·유통이 불법인 상황인데, 그 사이 미프진 등의 임신중절약이 소셜미디어를 통해 불법 유통되면서 사회적 문제로 대두되기도 했다. 식약처 자료에 따르면 임신중절 의약품의 온라인 불법판매는 2023년 491건에서 지난해 741건으로 1년새 50% 이상이나 늘어났다. 무엇보다 이처럼 불법 유통되는 약들 가운데 가짜 약이 있거나 용량을 복약지침만큼 사용하지 않을 수 있다는 지적들이 제기되면서, 약물 사용 지침 등을 포함한 법·제도 마련이 시급하다는 의견이 이어지고 있다.

한편, 정은경 보건복지부 장관은 지난 8월 27일 국회에 출석해 「(낙태죄의) 헌법불합치 결정 이후 형법과 모자보건법이 개정되지 않아 안전에도 문제가 있는 상황이기 때문에 반드시 해결해야 하는 사안」이라며 안전한 사용 방안을 식약처와 협의해 검토하겠다는 입장을 밝혔다. 또 국회에는 유산유도제 도입 관련 법안이 발의돼 있는데, 남인순 더불어민주당 의원이 대표발의한 모자보건법 일부개정안의 경우 ▷인공임신중절 허용 한계에 관한 부분 삭제 ▷약물에 의한 방법으로 인공임신 중지 ▷인공임신 중지에 대한 보험급여 적용 등의 내용을 담고 있다.

> **Tip**
>
> **낙태죄**
> 태아를 자연분만기에 앞서 인위적인 방법으로 모체 밖으로 배출시키거나 약물 등으로 모체 안에서 제거함으로써 성립하는 범죄를 말한다. 헌법재판소는 2019년 4월 11일 낙태를 처벌하도록 한 형법 규정이 여성의 자기결정권을 과도하게 침해한다며 헌법불합치 결정을 내렸다. 그러나 관련 법안이 2020년 12월 31일까지 개정되지 않으면서, 해당 조항은 사실상 효력을 잃은 상태다.

임신중지 약물 합법화, 찬성한다

임신중지 약물 합법화를 찬성하는 측에서는 국내에서 불법약물 사용이 증가하고 있는 반면 해외에서는 이를 허용하고 있는 상반된 현실을 고려해야 한다는 주장이다. 이들은 세계보건기구(WHO)가 이미 해당 약물(임신중지)을 필수 의약품으로 지정하고 있는 데다, 100여 개에 달하는 국가가 합법적으로 이를 처방하고 있는 상황을 참조해야 한다고 말한다. 또한 찬성 측은 여성 스스로 임신 유지 여부를 선택할 권리가 존중되어야 한다며, 약물을 통한 임신중지는 병원 시술보다 부담이 적고 사생활을 지킬 수 있다는 점에서도 여성들의 권리 확대에 기여한다고 주장한다.

아울러 찬성 측은 합법화된 약물은 관리·교육과 함께 제공된다는 점에서 부작용 발생 시 신속히 의료 지원을 받을 수 있다고 말한다. 무엇보다 안전한 약물 접근을 보장하지 않으면 비공식적·불법적 시술이나 약물 구매가 늘어나 오히려 더 위험해질 수 있다는 우려도 있다. 이 밖에 원치 않는 임신을 강제로 유지할 경우 아동양육 부담이나 사회적 복지 지출이 확대될 수 있다는 점에서, 합법화가 사회 모두의 비용을 줄이고 불평등을 완화할 수 있는 방안이라는 의견도 있다.

임신중지 약물 합법화, 반대한다

임신중지 약물 합법화를 반대하는 측에서는 해당 약물의 안전성이 보장되지 않아 오히려 여성의 생명권을 해칠 수 있다는 점에서 이를 반대하고 있다. 이들은 해당 약물 복용 시 불완전 유산, 대량 출혈, 복통 등의 부작용을 일으킬 위험성이 있을뿐더러, 합법화 이후에도 의학적 상담 없이 온라인 등에서 무분별하게 구매·복용할 가능성을 우려하고 있다.

또 임신중지 약물 합법화가 생명 존중에 어긋나는 것이라는 목소리도 있는데, 특히 종교계 등에서는 생명을 경시하는 처사라며 강하게 반발하고 있다. 즉, 임신중지를 간편한 방법으로 허용하면 성적 책임이나 생명에 대한 윤리의식이 약화될 수 있다는 우려다. 그리고 이는 장기적으로 출산율 저하, 가족 가치 약화 등 부정적 방향의 변화를 초래할 가능성이 있다는 지적도 내놓고 있다. 아울러 약물 중심의 방식이 확산되면 충분한 사전상담이나 사후 심리치료가 소홀해질 수 있어 불안감이나 우울감 등 정신적으로 부정적 영향이 확대될 것을 우려하는 의견도 있다. 이 밖에 임신중지 허용보다는 성교육 강화, 피임 접근성 확대, 미혼모 지원정책 등 사전 예방책이 먼저 마련되어야 한다는 목소리도 나온다.

나는 이렇게 생각한다

시사용어

Current words — 2025. 8. ~ 10.

① 정치·외교·법률

건진법사 관봉권(官封券) 띠지 유실사건

"서울경찰청 공공범죄수사대가 9월 16일 건진법사 관봉권 띠지 유실사건 당시 서울남부지검 압수계 소속 수사관이었던 김정민·남경민 등 2명을 「국회에서의 증언·감정 등에 관한 법률(국회증언감정법)」 위반 혐의로 입건했다고 밝혔다. 앞서 9월 5일 국회 청문회 과정에서 두 수사관은 예상질의에 대한 답변을 사전 조율하고 모범답안을 함께 작성한 사실이 드러나면서 위증 공모 논란을 일으킨 바 있다."

서울남부지검이 지난해 12월 윤석열 전 대통령의 부인 김건희 씨와의 친분을 이용해 불법 정치자금 수수 의혹 등을 받고 있는 건진법사 전성배 씨의 집을 압수수색해 5000만 원어치 관봉권(띠지가 둘러진 뭉칫돈) 등을 압수하면서 시작된 것으로, 이후 수사 과정에서 관봉권 띠지·스티커 등이 유실된 사실이 알려지면서 논란이 된 사건이다. 무속인으로 알려진 전 씨는 윤석열 정부 출범 이후 정치권 또는 재정 관련 의혹과 연계돼 언론에서 자주 거론된 인물이다. 남부지검은 당시 전 씨의 자택 압수수색 과정에서 현금 1억 6500만 원(5만 원권 3300장)을 압수했는데, 이 가운데 5000만 원은 돈의 출처를 추적할 수 있는 관봉권 띠지와 스티커가 붙어 있었다. 띠지와 스티커는 지폐 검수 날짜와 담당자 코드, 처리 부서, 기계 식별번호 등이 표시돼 있어 자금 경로를 추적하는 데 사용된다. 그런데 현금을 제외한 띠지·비닐포장·스티커가 유실되면서 검찰의 증거 인멸 논란이 제기됐다. 이에 대검 감찰부는 이 사건을 수사로 전환해 서울남부지검 소속 수사관들의 사무실·자택 등을 압수수색했으며, 9월 5일에는 이 사안을 둘러싸고 국회 법제사법위원회의 검찰개혁 청문회가 열렸다. 청문회에는 당시 압수계 수사관들이 증인으로 나왔는데, 이들은 기억이 나지 않는다는 취지의 답변으로 일관하면서 결국 위증 혐의로 고발됐다.

경찰국(警察局)

"경찰국 폐지를 위한 직제 개정령과 시행규칙 개정이 완료되면서 경찰국이 신설 3년 만인 8월 26일 폐지됐다. 이에 따라 경찰국이 맡아온 자치경찰 지원 등의 주요 기능은 기존 소관 부서로 이관됐다. 경찰국은 지난 2022년 신설 당시부터 경찰 내부 반발과 대국민 설득 부족으로 논란이 계속돼 왔다."

전임 윤석열 정부가 중점 추진해 2022년 8월 행정안전부 산하에 신설된 조직으로, 검수완박(검찰 수사권 완전 박탈)으로 권한이 커진 경찰을 견제한다는 취지로 설립됐다. 경찰국은 자치경찰 지원을 비롯해 경찰 고위직 인사관리, 조직 운영 지원, 치안정책 기획 등의 핵심 기능을 담당했다. 그러나 행안부장관이 경찰 관련 주요 정책을 수립·추진하고 총경 이상 고위직 경찰의 임용 제청권을 가지면서, 신설 때부터 경찰의 독립성 훼손을 둘러싼 논란이 지속돼 왔다.

골든돔(Golden Dome)

"중국이 미국의 골든돔(Golden Dome) 구상과 유사한 전 지구 미사일방어시스템 시제품을 내놓았다고 홍콩 《사우스차이나모닝포스트(SCMP)》가 9월 30일 보도했다. SCMP에 따르면 난징전자기술연구소 리쉬둥 수석 엔지니어가 이끄는 연구팀은 최근 「분산형 조기경보 빅데이터 플랫폼」을 개발해 인민해방군에 배치했다. 이 플랫폼은 위성·레이더·광학·전자정찰 장비 등 각종 센서를 활용해 세계 어디서든 중국을 향해 발사되는 최대 1000기의 미사일을 실시간 탐지·추적할 수 있다. 이 플랫폼과 중국의 위성·미사일 요격시스템이 결합되면 중국판 골든돔이 된다."

도널드 트럼프 미국 대통령이 지난 5월 발표한 계획으로, 미국 본토 전체를 보호하는 우주 기반 미사일 방어체계를 말한다. 이는 러시아·중국·북한·이란 등 적국의 미사일 공격을 방어하기 위한 미사일 방어(MD)망으로, 이스라엘의 미사일 방공체계인 「아이언돔」과 유사하다. 특히 기존 미사일 방어체계로 막을 수 없는 극초음속 미사일로부터 미국 본토를 지키기 위해 우주 공간·기술을 활용하는 것을 핵심으로 한다. 골든돔은 적 미사일을 ▷발사 전(前) 단계 ▷최초 비행 단계 ▷비행 중 단계 ▷목표물을 겨냥해 하강하는 단계 등 총 4단계에 걸쳐 탐지하고 요격한다는 점에서 기존 미사일방어 체계와 같지만, 미사일이 지상에 도달하기 전에 우주에서 직접 요격해 처리한다는 특징을 갖고 있다. 트럼프 대통령은 골든돔 개발에 약 1750억 달러(약 244조 원)가 소요될 것이라고 밝혔으나, 미 의회예산처(CBO)는 총비용이 최대 5420억 달러(약 751조 원)에 이를 것으로 추정한 바 있다.

노 킹스(No Kings) 시위

"10월 18일 미국 워싱턴을 비롯해 뉴욕, 시카고, 로스앤젤레스 등 미 전역 2600여 곳에서 동시다발적으로 노 킹스 시위가 열렸다. 이번 시위는 지난 6월 2000여 곳에서 열린 첫 번째 시위보다 규모가 더 커졌는데, 주최 측은 시민 총 700만 명이 참가한 것으로 추산했다. 그러나 도널드 트럼프 대통령은 같은 날 시위대를 조롱하듯 왕관을 쓰고 시위대에 오물을 퍼붓는 합성 영상을 트루스소셜에 올렸다."

도널드 트럼프 미국 대통령의 권위주의적 행보와 집권에 반대하며 미국에서 열리고 있는 시위로, 「트럼프는 왕이 아니다」는 뜻을 담고 있다. 이는 트럼프 정부가 지난 6월 LA 불법 이민자 단속 반발 시위를 강경 진압하자, 미국시민자유연맹(ACLU) 등 풀뿌리 단체들을 중심으로 이에 반발하며 처음 시작됐다. 당시 시위 주최 측은 1991년 이후 처음으로 대규모 군사 퍼레이드를 개최하는 트럼프식 권위주의에 저항한다는 의미로 「노 킹스」라는 명칭을 붙인 것으로 전해졌다.

다산정약용함(DDG-996)

"정조대왕함에 이은 두 번째 차세대 이지스 구축함인 다산정약용함(DDG-996) 진수식이 9월 17일 울산 HD현대중공업에서 열렸다."

길이 170m, 폭 21m, 경하 톤수 8200t, 최대 30노트(약 55km/h)로 항해하는 차세대 이지스 구축함 정조대왕급(KDX-Ⅲ Batch-Ⅱ) 2번함이다. 다산정약용함은 해군의 다섯 번째 이지스 구축함으로, 2021년 HD현대중공업과 건조계약 체결 후 2023년 7월 착공식과 2024년 3월 기공식을 거친 바 있다. 진수식 이후에는 시운전 기간을 거쳐 2026년 말 해군에 인도되며, 전력화 과정을 마친 뒤에 기동함대사령부에 배치되게 된다. 다산정약용함은 세종대왕급(7600t급) 이지스함에 비해 기능이 크게 향상된 이지스전투체계(Aegis Combat System)가 탑재돼 탐지·추적 능력이 2배 이상 강화된 것이 특징이다. 또 함교 상단에 국내 기술로 개발한 첨단 다기능 레이더(통합소나체계, Integrated SONAR System)를 탑재해 적 잠수함·어뢰 등 수중 위협에 대한 탐지능력도 크게 높아졌다. 여기에 요격 기능까지 갖춰 주요 표적에 대한 원거리 정밀타격과 탄도미사일을 탐지·요격할 수 있다. 이 밖에 장거리대잠어뢰와 경어뢰를 활용한 대잠공격이 가능하며, 최근 도입된 MH-60R(시호크) 해상작전헬기를 탑재해 더욱 강력한 대잠작전 능력을 갖추고 있다.

해군은 구축함의 함명으로 국민으로부터 영웅으로 추앙받는 역사적 인물이나 국난극복에 이바지한 호국인물을 선정하고 있다. 1번함은 정조대왕함으로 명명됐으며, 2번함인 다산정약용함은 정조대왕과 함께 실용정신으로 부국강병을 이끌었던 정약용의 애민정신과 혁신의지를 계승하자는 뜻을 담았다.

다산정약용함 주요 제원

길이/폭	170m/21m
최대 속력	30노트(시속 55km)
주요 무장	5인치 함포, 함대지탄도유도탄, 장거리함대공유도탄(SM-6), 장거리대잠어뢰, 근접방어무기 등

도련선(島鏈線, Island Chain)

"미국 인도태평양사령부가 9월 4일 오는 15~19일 시행하는 한·미·일 합동군사훈련「프리덤 에지 25」에서 3국의 협력이「제1도련선 내 전력을 강화할 것」이라고 밝혔다. 제1도련선은 한반도~일본 규슈~대만~필리핀~말레이시아~베트남을 잇는 중국의 해상 방어선을 말한다."

1982년 당시 중국군 해군사령관이었던 류화칭이 설정한 해상 방어선을 말한다. 이는 태평양의 섬(島)을 사슬(鏈)처럼 이은 가상의 선(線)으로, 중국 해군의 작전 반경이다. 중국 근해인 제1도련선은 1980년대에 설정한 것으로「오키나와~타이완~필리핀~보르네오」를 연결하며, 제2도련선은「오가사와라~괌~사이판~파푸아뉴기니」로 연결되는 방어망이다. 중국은 1차로 제1도련선에서 배타적 제해권을 확보한 뒤 추후 제2도련선까지 진출한다는 계획인데, 이는 사실상 일본 오키나와와 한국에 기지를 두고 있는 미국을 겨냥한 것이다.

돈로 독트린(Doctrine of the Donroe)

미국 보수 성향 매체인 《뉴욕포스트》가 올 1월 트럼프의 대외정책을 지칭하며 내놓은 말이다. 이는 앞서 대통령 당선인 신분이었던 트럼프가 덴마크령인 그린란드와 파나마운하를 미국령으로 만들어야 한다는 주장을 거듭하는 가운데 제시된 개념이다. 돈로 독트린은 1823년 미국 제5대 대통령 제임스 먼로가 천명했던「먼로 독트린(Monroe Doctrine)」에 빗댄 것으로, 고립주의 외교방침을 천명한 먼로 독트린과 트럼프 대통령의 팽창적 고립주의가 유사하다는 의미를 담고 있다.

미국 연방정부 셧다운 (Federal Government Shut Down)

"미국 예산안을 둘러싼 여야의 치열한 대치 속에 연방정부 업무 일부가 일시 정지되는 셧다운 사태가 10월 1일 오전 0시 1분(미 동부시간)을 기해 시작됐다. 이는 도널드 트럼프 2기 행정부 출범(1월 20일) 이후 처음이자 트럼프 집권 1기 때인 2018년 12월(개시 시점 기준) 이후 약 7년 만이다. 이번 셧다운은 2025회계연도가 종료된 지난 9월 30일 자정까지 의회가 2026회계연도 예산안과 단기 지출 법안(CR·임시 예산안)을 처리하지 못하면서 발생했다."

미국 연방정부 일시폐쇄제도로, 예산안 통과 시한까지 정당 간의 예산안 합의가 이뤄지지 않을 경우 정부기관이 잠정 폐쇄되는 것이다. 이는 의회의 지출 승인 없이는 정부 운영이 불가능하다는「적자재정 방지법」에 따른 것으로, 이 기간 정부는 일부 필수적인 기능만 유지된 채 업무를 잠정 중단하게 된다. 다만 군인, 경찰, 소방, 교정, 기상예보, 우편, 항공, 전기 및 수도 등 국민의 생명 및 재산 보호에 직결되는 업무에 종사하는 핵심기관 서비스는 유지된다. 그러나 그 이외의 공무원들은 강제 무급휴가를 떠나야 하며, 예산이 배정될 때까지 자발적 무보수 근무도 할 수 없다. 아울러 핵심기관 공무원들도 일은 하지만 예산안 의결 전까지 보수를 받지 못한다. 한편, 미국 최초의 셧다운은 제럴드 포드 대통령 재임 기간이었던 1976년 9월 30일 발생한 바 있다.

방송 3법

한국방송공사(KBS), 문화방송(MBC), 한국교육방송공사(EBS) 등 공영방송 이사회의 이사 수를 늘리고 이사 추천 권한을 방송·미디어 관련 학회와 시청자위원회 등 외부로 확대하는 내용을 핵심으로 한 방송법·방송문화진흥회법·한국교육방송공사법 개정안을 말한다. 방송 3법은 2023년 11월 더불어민주당 등 야당 단독 표결로 국회 본회의를 통과했으나, 윤석열 당시 대통령이 재의요구권(거부권)을 행사하고 21대 정기국회 마지막 본회의에서 부결되며 폐기 수순을 밟은 바 있다. 그러다 이재명 정부 출범 이후인 8월 9일 방송법 개정안이 국회 본회의를 통과한 데 이어 21일과 22일 방송문화진흥회법과 한국교육방송공사법 개정안도 각각 국회를 통과하며 방송 3법 가결이 이뤄졌다.

방송 3법 주요 내용

방송법 개정안	• KBS의 이사 수를 현행 11명에서 15명으로 증원 • 국회가 갖고 있던 이사 추천 권한을 국회, 시청자위원회, 임직원, 방송미디어 학회, 변호사단체로 다양화
방송문화진흥회법 개정안	• MBC 대주주인 방송문화진흥회의 이사를 9명에서 13명으로 증원 • 이사 추천 권한을 국회 교섭단체를 비롯해 방송문화진흥회의 최다 출자자인 방송사업자의 시청자위원회와 임직원, 방송·미디어 관련 학회, 변호사단체 등이 추천한 인사 등으로 확대
한국교육방송공사법 개정안	• 기존 9명인 EBS 이사를 13명으로 증원 • 이사 추천 권한을 국회 외에 시청자위원회와 임직원, 학회, 교육단체 등으로 확대

보통항고(普通抗告) ▼

법원의 결정이나 명령에 불복이 있을 때 상급법원에 재심을 청구하는 절차로, 즉시항고와 달리 별도의 기간 제한이 없는 경우가 많아 사건 진행 후에도 제기할 수 있다. 다만 실익이 소멸되기 전에는 제기해야 하며, 항고서에는 ▷항고 취지 및 이유 ▷관련 증거 목록을 구체적으로 작성해야 한다. 보통항고는 재판의 집행을 정지하는 효력은 없으나, 원심법원 또는 항고법원의 결정으로 그 집행을 정지할 수 있다.

한편, 즉시항고는 소송법상 일정한 불변 기간 내에 제기하지 않으면 안 되는 항고로, 재판의 성질상 신속히 확정시킬 필요가 있는 결정에 대해 인정되는 불복신청 방법을 말한다. 즉시항고는 원칙적으로 집행정지의 효력을 가진다. 일반적으로 ▷형사소송법상 즉시항고 기간은 7일 ▷민사소송법·비송사건 절차법은 1주일간 ▷파산법·화의법·회사정리법은 2주일간이다.

문형배 전 헌법재판소장 권한대행이 9월 18일 사회관계망서비스(SNS)에 「윤석열 전 대통령 구속취소 결정은 법리상 의문점이 있다」며 「이제라도 보통항고를 해 상급심에서 시정 여부를 검토할 기회를 갖는 것이 좋을 것 같다」는 내용의 글을 올리면서, 지귀연 부장판사의 윤 전 대통령 구속취소 결정 논란이 다시 수면 위로 부상했다. 지 판사는 지난 3월 구속기간을 날(日)이 아닌 시간(時) 단위로 계산해야 한다는 점 등을 이유로 들어 윤 전 대통령의 구속을 취소해 큰 논란을 일으킨 바 있다.

북키프로스 (Turkish Republic of Northern Cyprus) ▼

"10월 19일 북키프로스 튀르크 공화국(북키프로스)에서 실시된 대통령 선거에서 중도좌파 성향의 공화튀르키예당(CTP) 후보인 투판 에르휘르만이 당선됐다. 이번 대선은 친튀르키예 성향이자 통일 반대론자인 타타르 대통령과 유럽과의 유대 강화를 내세운 통일론자 에르휘르만의 대결로 치러졌는데, 에르휘르만의 승리에 따라 교착상태에 빠진 키프로스 평화 프로세스의 진전 가능성이 전망되고 있다."

1974년 친그리스계 장교들이 남부를 근거로 쿠데타를 일으키자 친튀르키예계 키프로스인들이 튀르키예의 군사 개입을 계기로 북부에 수립한 자치정부다. 북키프로스는 튀르키예의 지원 아래 사실상 독립된 국가처럼 운영되고 있으나, 대부분의 외교·군사·경제 시스템은 튀르키예에 의존하고 있다. 국제법상으로는 남부의 키프로스 공화국(키프로스)만 정식 국가로 인정받고 있으며, 북키프로스를 국가로 승인한 나라는 튀르키예뿐이다. 유엔 및 국제사회는 북키프로스를 튀르키예에 의해 점령된 키프로스 영토로 간주한다. 한편, 남·북 키프로스는 2016년 11월 각각 자치권을 갖는 연방제 통일에 원론적으로 합의했으나 북키프로스에 주둔 중인 튀르키예군의 철수와 관할 구역 획정 등을 놓고 이견을 보이면서 통일 논의는 교착 상태에 빠져 있다.

사보타주(Sabotage) ▼

"도널드 트럼프 미국 대통령이 9월 24일 자신의 SNS 트루스소셜에 유엔총회 참석 과정에서 에스컬레이터와 프롬프터 고장, 연설 중 음향이 잠시 끊기는 등의 3중 사보타주를 당했다며 미 연방경호국에 조사를 지시했다고 밝혔다. 트럼프는 매우 불길한 세 가지 사건의 희생자가 됐다며 「이는 우연이 아니라 노골적인 방해 공작」이라고 주장했다."

특정 집단이나 국가가 조직적으로 생산·운영을 의도적으로 방해하거나 파괴하는 행위를 말한다. 이는 프랑스어 Sabot(나막신)에서 유래된 단어로, 19세기 프랑스 노동자들이 나막신을 기계에 던져 넣어 생산을 방해했다는 설화에서 비롯된 것으로 알려진다.

삼청교육대(三淸敎育隊)

"법무부가 1980년대 신군부 정권이 사회 정화라는 미명하에 만든 삼청교육대에 끌려가 가혹 행위를 당했던 피해자들이 제기한 국가배상소송에 대해 국가가 낸 상소를 취하하기로 했다고 9월 28일 밝혔다. 또 향후 선고되는 1심 재판에 대해서도 추가적 사실관계 확정이 필요한 사건 등 예외적인 경우 외에는 상소를 포기하기로 했다. 현재 법원이 심리 중인 삼청교육대 피해자 국가배상소송 사건은 639건에 달하는 것으로 전해졌다."

1980년 전두환 신군부 당시 국가보위비상대책위원회(국보위)가 사회 정화책의 일환으로 군부대 내에 설치한 기관을 말한다. 당시 신군부는 불량배 소탕과 순화교육을 명분으로 영장 없이 일반 시민들을 삼청교육대에 불법 감금시키고 강제 노동 등을 시켰다. 이에 삼청교육대는 제5공화국의 대표적 인권침해 사례로 꼽히는데, 실제로 삼청교육대 입소자 중에는 억울하게 검거된 경우가 많았고 입소 후에는 순화교육이라는 명목으로 심한 가혹행위가 이뤄졌다. 그로 인해 1988년 제13대 정기국회에서 국정감사 대상이 됐고, 당시 국방부에서는 교육 중 54명의 사망자가 발생했다고 발표했다. 이외에도 삼청교육대 인권운동연합의 보고서에 따르면 교육 중 폭행 등으로 인한 후유증 사망자만 397명에 이르는 등 피해자는 총 2768명에 이른다.

2022년 진실·화해를 위한 과거사정리위원회는 삼청교육대 사건을 「위법한 공권력 행사로 발생한 대규모 인권침해 사건」으로 규정했다. 이후 피해자들이 국가를 상대로 소송을 제기해 승소 사례가 이어졌지만, 정부는 기계적 상소를 이어왔다.

상하이협력기구(SCO·Shanghai Cooperation Organization)

"중국이 주도하는 정치·경제·안보 분야 다자 협력체인 상하이협력기구(SCO) 정상회의가 9월 1일 이란에 대한 미국과 이스라엘의 핵시설 공격과 유럽 3개국(영국·독일·프랑스)의 유엔 안전보장이사회(안보리) 대이란 제재 복원 행보를 강력하게 규탄하는 공동 선언문 「톈진 선언」에 합의했다."

중국·러시아·카자흐스탄·키르기스스탄·타지키스탄·우즈베키스탄·파키스탄·인도·이란·벨라루스 등 10개국이 회원으로 가입돼 있는 집단안보 협력기구이다. 1996년 러시아와 중국, 카자흐스탄, 키르기스스탄, 타지키스탄 등 5개국이 결성한 상하이 5자회담에서 시작·확장된 것이다. 이후 2001년 기존 상하이 5자회담 5개국에 우즈베키스탄을 포함시켜 중앙아시아 6개국이 참여하는 SCO가 출범했다. 현재는 옵서버 2개국, 대화 파트너 14개국을 포함해 전체 구성국은 26개국이다. SCO는 최고결정기구로 정상회담을 두고 있는데, 정상회담은 매년 1차례 회원국들이 러시아 알파벳 순서에 따라 돌아가면서 개최한다. 이 밖에 SOC는 그 산하에 베이징에 위치한 사무국과 역내 테러척결센터 및 외무장관협의회 등 4개의 협의회를 두고 있다.

9월 1일 열린 SCO 정상회의에서 중국·인도·러시아의 정상이 사이좋게 담소를 나누는 장면이 연출되면서 도널드 트럼프 미국 대통령의 관세전쟁이 이들 3개국의 RIC 삼각연대의 부활 가능성을 높였다는 평가가 제기됐다. RIC 프레임워크는 예브게니 프리마코프 전 러시아 총리가 냉전 이후 미국의 패권을 견제해야 한다며 1990년대 후반 제안한 것이다. 이후 2003년 처음으로 3국 외교장관 협의체가 꾸려져 2021년까지 19년 연속 개최됐다. 하지만 인도가 최대 교역국인 미국과의 관계 개선을 꾀하고 중국을 견제한 데 이어 2020년에는 히말라야 국경지역에서 중국과 인도의 무력충돌이 발생하면서 2022년부터 중단된 바 있다.

아이티(Republic of Haiti)

"유엔 안전보장이사회가 9월 30일 갱단의 발호로 사실상 무정부 상태에 빠진 카리브해 섬나라 아이티에 파견된 국제군의 규모를 종전 2500명에서 5500명으로 늘리는 결의안을 통과시켰다. 인구 1200만 명의 최빈국 아이티의 치안은 조브넬 모이즈 대통령이 지난 2021년 7월 암살당하면서 크게 악화된 바 있다. 이 사건 이후 아이티에서는 다양한 세력이 권력 다툼을 벌이며 국가적 혼란이 계속됐는데, 특히 일부 지역에서는 갱단이 법원과 경찰서 등을 장악하면서 범죄가 극심해졌다. 현재 갱단은 수도 포르토프랭스의 90%가량을 장악하고 세력 다툼을 벌이고 있는 것으로 전해졌다."

서인도제도에 위치한 국가로, 국토 대부분이 험하고 높은 산악지대로 이뤄져 있다. 특히 허리케인 영향권 정중앙에 위치해 있어 6~10월 사이에 허리케인 피해가 극심하다. 수도는 포트토프랭스이며, 정치제도는 프랑스식 내각책임제(국가원수는 대통령, 행정부 수반은 수상이 맡음)를 택하고 있다. 아이티는 라틴아메리카 공화국 중에서는 유일한 옛 프랑스의 식민지로, 최초로 독립한 흑인 공화국이기도 하다. 아이티는 정치적 혼란이 지속되면서 2004년 6월 유엔의 승인을 얻은 다국적군의 주둔이 이뤄졌지만 안정화에는 실패했다. 특히 2010년 대지진으로 22만 명이 사망하고, 2021년 조브넬 모이즈 대통령이 암살된 뒤로는 정국 혼란이 더욱 심화됐다.

안티파(Antifa)

"도널드 트럼프 미국 대통령이 9월 22일 반(反)파시즘 좌파 운동 「안티파(Antifa)」를 국내 테러단체로 지정하는 행정명령에 서명했다. 미국이 자국 내 세력을 공식 테러단체로 규정한 것은 사상 처음으로, 트럼프 대통령은 앞서 9월 10일 마가(MAGA·미국을 다시 위대하게) 진영을 대변한 청년 우파 인물인 찰리 커크 암살사건을 계기로 좌파 진영과의 전면전을 예고한 바 있다. 트럼프 대통령은 해당 행정명령에서 안티파를 「미국 정부와 법 집행기관, 법치 시스템 전복을 명시적으로 요구하는 군사주의적 무정부주의 집단」이라고 규정했는데, 국내 단체를 테러조직으로 규정하는 것은 수정헌법 1조의 표현의 자유를 침해하는 것이라는 지적이 있다."

「안티 파시스트 액션(Anti-Fascist Action)」의 줄임말로 파시즘·백인우월주의·네오나치(신나치주의) 같은 극우세력에 대항하는 급진 성향 좌파 활동가들의 시위 문화 및 방식을 포괄적으로 가리킨다. 1920년대 이탈리아 무솔리니와 독일 나치에 맞서 처음 등장한 것으로 알려져 있으며, 미국에서는 1980년대에 처음 등장했으나 거의 활동이 없었다. 그러다 2007년 오리건주 포틀랜드에서 「로즈시티 안티파(Rose City Antifa)」라는 단체가 결성되며 점차 세력이 확장된 것으로 추정된다. 다만 지도부, 회원 명단, 본부 같은 명확한 조직 형태를 갖추고 있지 않아 조직원의 규모나 실체에 대해서는 거의 알려져 있지 않다. 특히 안티파는 2020년 5월 경찰의 과잉 진압으로 흑인 남성 조지 플로이드가 사망한 이후 미국 전역으로 확산된 반발 시위에서 이슈가 된 바 있다. 당시 해당 시위가 과격화되며 방화와 약탈 등의 폭력사태까지 일어나자, 당시 트럼프 대통령은 시위 배후 세력으로 안티파를 지목하고 이들을 즉각 테러조직으로 지정한다고 밝혔으나 실제로 이행하지는 않았다.

LAMD(Low Altitude Missile Defense)

고도화하는 북한의 장사정포 위협으로부터 수도권 주요 시설을 방어하기 위해 개발되는 무기로, 한국형 아이언돔이라고도 불린다. 이는 KAMD 내에서 저고도·단거리 영역을 맡아, 다수의 포탄이 동시에 날아오는 공격에 대응하도록 설계됐다. 북한은 휴전선 인근에 170mm 자주포, 240mm 방사포 등 장사정포 전력을 집중 배치하고 있는데, LAMD는 이 같은 포탄을 실시간으로 탐지하고 공중에서 요격해 피해를 최소화하는 것을 목표로 한다. LAMD 1개 포대는 레이더와 교전통제소, 발사대 6개와 요격미사일 등으로 구성된다. LAMD는 탐색 개발과 핵심기술개발, 체계 개발 등을 포함해 2022~2033년까지 총사업비 약 2조 9494억 원이 소요되고, 체계 개발은 2028년까지 완료할 계획이다. 개발은 국방과학연구소(ADD)가 주관하는데, ▷LIG 넥스원이 요격탄과 체계종합 ▷한화시스템이 레이더 개발 ▷한화에어로스페이스가 발사대를 담당한다.

원피스(One Piece)

"최근 아시아, 남미, 아프리카 등 세계 각지에서 벌어지고 있는 젊은 층의 반정부 시위, 이른바 「젠지 혁명」의 시위대가 일본 인기만화 <원피스(One Piece)>의 해적기를 상징으로 사용하며 주목을 받고 있다. 해당 깃발은 만화 속에서 「스트로햇(밀짚모자) 해적단」의 기함으로, 자유와 우정, 부패한 권력에 대한 저항을 상징한다. 원피스 해적기는 지난 8월 인도네시아 청년층 시위에 처음 사용된 이후 네팔과 마다가스카르 등의 시위에도 잇따라 등장하면서 저항의 상징으로 부상했다."

부패한 권력 등에 맞서 자유를 쟁취하고 불의를 타파하려는 해적단의 이야기를 담은 일본의 만화 시리즈다. 주인공 루피와 밀짚모자 동료들이 해골이 그려진 해적기를 내걸고, 세계 각지를 모험하는 이야기를 담고 있다. 루피와 해적단 동료들은 특권을 누리는 세계 귀족 천룡인과 이들을 비호하며 압제를 행하는 세계정부에 맞선다. 〈원피스〉는 일본 만화가 오다 에이치로가 1997년부터 주간 소년점프에 첫 연재를 시작한 이후 단행본으로도 출간돼 현재까지 5억 부 이상 판매됐다. 또 TV시리즈와 영화까지 제작되면서 전 세계적으로 가장 유명한 만화라는 평가를 받고 있다.

유엔평화유지군 (UNPKF · UN Peace Keeping Force) ▼

"AP통신이 10월 9일 익명을 요구한 유엔 고위 관계자의 말을 인용해, 도널드 트럼프 대통령의 미국 우선주의 정책 기조에 따라 미국의 유엔 지원이 축소되면서 유엔이 전 세계 평화유지군 규모를 25% 감축할 계획이라고 보도했다. 미국은 올해 유엔 평화유지 예산으로 6억 8000만 달러(약 9656억 원)를 지원할 계획인데, 이는 지난해의 10억 달러(약 1조 4200억원)에서 대폭 삭감된 금액이다. 이에 유엔은 올해 평화유지군 관련 예산을 약 15% 삭감하기로 했으며, 현재 9개 지역에서 활동 중인 약 5만여 명의 평화유지군 가운데 1만 2000~1만 4000명이 본국으로 복귀할 예정이다."

세계 평화와 안전 유지를 위해 국제연합(UN)이 파견하는 다국적군대로, 유엔군이라고도 한다. 이는 유엔평화유지활동(PKO)의 하나로, PKO는 UN이 민간인이나 군사요원으로 활동단을 구성해 무력 사용 없이 분쟁지역의 평화 유지 또는 회복을 돕기 위해 펼치는 활동을 말한다. 평화유지활동에는 ▷군(軍) ▷경찰 ▷선거요원 ▷UN기구 ▷민간기구(NGO) 등 다양한 요소가 참가하며, 군사요원은 통상 경무장한 평화유지군(PKF)과 무장하지 않은 군 감시단의 일원으로 참여한다. 이들은 1948년 이스라엘과 아랍권 국가들 간의 휴전협정 이행·감시를 위해 결성된 것을 시작으로 세계 곳곳에서 활동하고 있다. 평화유지군은 분쟁 당사국들이 원할 때 유엔 안전보장이사회와 유엔총회의 의결을 거쳐 파견되는데, 보통 여러 국가에서 자발적으로 차출된다. 사령관은 관리·감독 책임을 지고 있는 유엔사무총장이 임명하고, 파병과 주둔에 소요되는 경비는 유엔이 전액 부담한다. 평화유지군의 역할은 평화유지에 국한되며, 무력행사는 자기방어의 경우에만 엄격하게 제한돼 있다. 특히 푸른헬멧으로 상징되는 청색 베레모를 공식 복장으로 통일하고 있다.

END 이니셔티브(Initiative) ▼

이재명 대통령이 9월 23일 미국 뉴욕 유엔본부에서 열린 제80차 유엔총회 기조연설에서 제시한 한반도 비핵화와 평화 정착을 위한 해법을 말한다. 이 대통령은 이날 유엔총회 기조연설에 7번째 순서로 나서 약 19분간 연설을 이어갔는데, 이 대통령이 제시한 END는 ▷교류(Exchange) ▷관계 정상화(Normalization) ▷비핵화(Denuclearization)의 약자다. 특히 이 대통령은 END 중 마지막인 비핵화와 관련해서는 「핵과 미사일 능력 고도화에 대한 중단부터 시작해 축소의 과정을 거쳐 폐기에 도달하는 실용적·단계적 해법에 국제사회가 지혜를 모아야 한다」며 자신이 제안한 3단계 비핵화론을 다시 제시했다. 이 대통령의 3단계 비핵화론은 지난 8월 한일 정상회담을 앞두고 일본 언론과의 인터뷰에서 처음으로 언급한 개념이다. 이는 정부의 북핵 정책 목표를 한반도 비핵화로 설정하면서 1단계는 북한의 핵과 미사일 동결, 2단계는 감축, 3단계는 완전한 비핵화 도달이라는 로드맵을 말한다.

자유의 소리 ▼

"국군이 제작·송출해온 대북 심리전 방송 자유의 소리 라디오 방송이 9월 1일부로 전격 중단된 것으로 알려졌다. 이는 2010년 5월 천안함 피격사건을 계기로 자유의 소리 라디오 방송을 재개한 지 약 15년 만으로, 해당 조치는 이재명 정부가 추진해온 남북 긴장 완화와 군사적 신뢰 구축 조치의 일환으로 분석된다."

국군심리전단이 대북 심리전 차원에서 제작·송출해온 라디오 방송으로, 1962년 첫 방송을 시작했다. 이는 북한 정권 관련 소식을 비롯해 자유민주주의 우월성이나 대한민국의 발전상, 남북한 체제 비교, 남한의 최신 대중문화 등을 주요 내용으로 한다. 방송은 FM 주파수로 송출되며, 확성기를 통해 야간에는 약 24km, 주간에는 약 10km 떨어진 북한 지역에서도 라디오 없이 들을 수 있는 것으로 알려져 있다. 자유의 소리는 2004년 남북 간 선전활동 중단 합의로 멈추기도 했으나 2010년 천안함 피격사건을 계기로 재개된 이후 북한의 도발에 따라 중단과 재개가 반복돼 왔다.

재판소원제도(裁判訴願制度) ▼

법원의 재판에 대한 헌법소원을 인정하는 제도로, 이 제도가 도입되면 헌법재판소의 결정에 따라 대법원 확정 판결이 취소될 수 있다. 현행 헌법은 헌재의 심판 대상으로 ▷위헌법률 ▷탄핵 ▷정당해산 ▷권한쟁의 ▷헌법소원심판 등을 규정하면서, 헌법소원의 경우 법률로 청구사유를 정하도록 위임하고 있다. 헌법재판소법 제68조 1항은 공권력의 행사나 불행사로 기본권을 침해받은 경우 「법원의 재판을 제외」하고 헌재에 헌법소원을 청구할 수 있도록 규정해 재판소원을 금지하고 있다. 재판소원은 헌재와 대법원 간에 수십 년간 논쟁이 이어져 왔던 주제이기도 한데, 헌재는 1988년 출범 이후 한정위헌 형태로 법원 재판을 취소하는 결정을 3차례 내린 바 있다. 그러나 그때마다 대법원은 「한정위헌 결정은 법원을 기속할 수 없고 재심 사유가 될 수 없다」며 수용 불가 입장을 고수해 왔다.

더불어민주당이 대법원 확정 판결을 헌법재판소에서 다시 다툴 수 있도록 하는 이른바 「재판소원제도」를 검토 중인 것으로 알려졌다. 다만 이는 현행 3심제를 사실상 4심제로 전환하는 것이어서 사법부와의 충돌이 불가피할 전망이다. 한편, 민주당은 대법관을 현행 14명에서 30명으로 늘리는 법원조직법 개정안도 발의한 상태인데, 이는 대법원이 지난 5월 1일 이재명 당시 대선후보의 공직선거법 위반 혐의에 유죄 취지 파기환송 판결을 내리면서 그 논의가 거세진 바 있다.

전시작전통제권(戰時作戰統制權) ▼

"이재명 대통령이 10월 1일 충남 계룡대에서 열린 제77주년 국군의 날 기념사에서 「급변하는 안보 환경에 능동적으로 대응하려면 자주국방은 필연」이라며 「굳건한 한미동맹 기반 위에 전시작전통제권(전작권)을 회복해 대한민국이 한미 연합방위 태세를 주도해 나가겠다」고 밝혔다. 이 대통령이 취임 후 공개 석상에서 전작권 문제에 대해 직접 입장을 밝힌 것은 이번이 처음이다."

한반도 유사시 군의 작전을 통제할 수 있는 권리로, 전작권이라고도 한다. 한국군의 작전권은 평시작전통제권과 전시작전통제권으로 나뉘어져 있는데, 평시작전통제권은 한국군 합참의장이, 전시작전통제권은 한미연합사령관(주한미군사령관)에게 있다. 전시작전통제권에서의 전시란 데프콘Ⅲ(중대하고 불리한 영향을 초래할 수 있는 긴장상태가 전개되거나 군사개입 가능성이 존재하는 상태)가 발령되었을 때를 말한다. 현재 주한미군사령관이 갖고 있는 전작권은 2007년 2월 열린 한미 국방장관 회담에서 2012년 4월 17일부로 우리 군에 환수하기로 합의가 이뤄졌으나, 이후 2010년 열린 한미정상회담에서 그 이양 시점이 2015년 12월 1일로 조정된 바 있다. 그러나 2014년 10월 열린 한미 연례안보협의회(SCM)에서는 전작권 전환을 확정적 시기가 아닌, 한반도의 안보상황이 개선되고 한국군의 대북 억지능력이 징점 수준으로 강화되있을 때 등 3가지 조건을 평가해 결정하기로 합의가 이뤄졌다. 3가지 조건은 ▷한반도 및 역내 안보환경 ▷전작권 이후 한국군의 핵심군사능력 ▷북한 핵·미사일에 대한 한국군의 필수 대응능력 등을 기준으로 한다.

데프콘(DEFCO)은 정보감시태세인 「워치콘」의 분석 결과에 따라 전군에 내려지는 전투준비태세로, 강도에 따라 5단계로 나뉜다. 우리나라는 1953년 정전 이래 데프콘 4가 상시로 발령돼 있다.

제노사이드(Genocide)

"대량 학살 전문가로 구성된 국제집단학살학자협회(IAGS)가 9월 1일 「이스라엘의 가자지구에서의 행위는 유엔 학살방지협약에 명시된 (대량 학살) 법적 정의를 충족한다」고 명시된 결의안을 채택했다. 협회는 가자전쟁 기간 이스라엘이 자행한 일련의 행위를 열거하며 학살, 전쟁 범죄 및 반인도적 범죄에 해당한다고 규정했다. 한편, IAGS는 세계 최대 규모의 집단학살 연구 학회로, 홀로코스트 전문가가 다수 포함돼 있다."

특정 집단을 절멸시킬 목적으로 그 구성원을 대량 학살하는 행위로, 보통 종교나 인종, 민족, 이념 등의 대립으로 발생한다. 제노사이드는 1944년 법률학자인 라파엘 렘킨이 국제법에서 집단 학살을 범죄 행위로 규정할 것을 제안하면서 처음 사용했다. 그리고 1948년 유엔 총회에서 제노사이드에 관한 협약이 승인됐으며 특정 국가·종족·인종 또는 종교집단을 전부 또는 부분적으로 파괴할 의사를 갖고 자행하는 행동을 「제노사이드 범죄」라고 정의한 바 있다.

중전회(中全會)

"미중 관세전쟁과 내수 부진 등 대내외 불확실성이 커지는 가운데 중국공산당이 10월 20~23일 제20기 중앙위원회 제4차 전체회의(4중전회)를 개최할 예정이다 이번 4중전회에서는 올해로 마무리되는 14차 5개년 계획(2021~2025년)의 뒤를 이어 향후 5년간의 경제 청사진을 제시하는 제15차 5개년 계획(2026~2030년) 논의가 이뤄질 전망이다."

중국공산당 최고권력기구인 중앙위원회의 전체회의를 줄여서 부르는 말이다. 5년마다 열리는 공산당 전국대표대회(당대회)에서 뽑힌 중앙위원회 위원(정원 205명)과 후보위원(171명)들은 중전회에서 정치·경제·사회 등 분야별 중대 국가 운영 방향과 당·정·군 고위급 인사를 결정한다. 중전회는 1년에 1~2차례 꼴로 당대회 사이에 보통 7차례 열리는데, 집권 1년차에 1·2중전회를 개최해 향후 5년간 공산당을 이끌 당 최고지도부를 선출한다. 3중전회에서는 경제 개혁 조치 등 임기 내 시행할 주요 정책을 결정하고, 4중전회에서는 공산당의 세부적인 정책 방향 등을 결정한다. 그리고 임기 4년차에는 5중전회를 개최해 경제개발 5개년계획 등을 제출하고, 이후 6·7중전회를 잇달아 열어 차기 당대회 등을 준비한다.

지경학(地經學, Geoeconomics)

지정학(Geopolitics)과 경제학(Economics)을 합친 말로, 국가가 외교 및 안보 목표를 달성하기 위해 경제적 수단(무역, 금융 등)을 전략적으로 활용하는 것을 설명하기 위해 등장한 학문이다. 지경학은 2008년 글로벌 금융위기와 미중 간 패권 경쟁 이후 본격적으로 대두됐다. 지경학에서는 무역 규제, 금융 제재, 기술 통제, 투자 제한, 자원 무기화 등이 핵심 수단으로 이용되며, 이를 통해 세계의 경제적 주도권과 공급망을 장악하는 것을 목표로 한다. 2000년대 이후 전 세계의 주요 지경학적 사건으로는 미국과 중국의 기술패권 경쟁과 무역전쟁, 2022년 러시아의 우크라이나 침공 이후 서방이 러시아에 행한 에너지 및 금융 제재 등을 들 수 있다.

촉법소년(觸法少年)

형벌을 받을 범법행위를 한 만 10세 이상~14세 미만의 형사미성년자로, 형법 제9조는 「14세가 되지 아니한 자의 행위는 벌하지 아니한다」고 규정하고 있다. 이들은 형사책임능력이 없기 때문에 형법에 저촉되는 행위를 하더라도 형사처벌을 받지 않고, 가정법원이 소년원으로 보내거나 보호관찰을 받게 하는 등의 보호처분을 할 수 있다. 그러나 매년 촉법소년의 범죄가 급증하면서 촉법소년 연령을 상향해야 한다는 목소리가 계속되고 있다. 한편, 소년법에서는 「19세 미만의 자」를 소년으로 규정하고 있는데, 이러한 소년범은 연령에 따라 ▷범법소년(만 10세 미만) ▷촉법소년 ▷범죄소년(14세 이상~19세 미만) 등으로 구분된다. 이 가운데 만 10세 미만의 범법소년은 일체의 법적 처벌을 받지 않는다.

타이폰(Typhon)

"미국이 9월 11~25일 일본에 최신 중거리미사일 시스템 「타이폰」을 사상 처음 배치하기로 했다고 미국 군사매체 USNI가 1일 보도했다. 이는 이 기간 미일의 연례 합동군사 훈련인 「레졸루트 드래건(Resolute Dragon)」을 위한 것이다. 사거리 1600km의 타이폰은 토마호크 순항미사일, SM-6 신형 요격미사일 등을 탑재할 수 있으며 일본에서 중국 베이징 등을 겨냥할 수 있다. 이와 같은 타이폰의 일본 배치 관측이 제기되자 중국과 러시아는 거세게 반발했다."

토마호크 순항미사일(사거리 1550~2500km)과 SM-6 요격미사일(사거리 최대 460km)을 발사할 수 있는 전략중거리발사시스템으로, 미국의 방산업체 록히드마틴이 개발한 것이다. 컨테이너형 발사대에서 바로 공격 및 방어를 할 수 있는 것이 강점으로 꼽힌다. 타이폰에서 운영되는 토마호크 미사일은 「미국의 창」이라는 별칭을 갖고 있는 대표적인 공격미사일로, 잠수함·항공기·지상발사대 등 어떤 장소에서든 발사가 가능하다. 또 명중 정밀도가 반경 90m로, 그 정확도가 90~95%에 이른다.

태양의 카르텔(Cartel de los Soles)

베네수엘라의 거대 마약 밀매 및 범죄조직으로, 미국 정부에 의해 국제 테러집단으로 지정돼 있다. 조직의 명칭은 장성 계급장의 태양 문양에서 유래한 것으로, 1990년대 초 마약 밀매에 가담해 권력과 부를 축적한 베네수엘라 군부 인사들의 네트워크를 기반으로 성장한 것으로 알려져 있다. 태양의 카르텔은 범죄조직 운영수익 일부를 정치자금으로 상납하는 대신, 베네수엘라 정권 최고위층과 결탁해 이들의 비호를 받고 있다. 미국은 이들 조직이 중남미의 대표적 마약범죄 조직인 멕시코계 「시날로아 카르텔」과 베네수엘라계 「트렌 데 아라과」의 핵심 후원 세력이라고 보고 있다. 특히 도널드 트럼프 대통령은 이들 조직이 미국으로 대량의 마약을 유입시키고 있다며 소탕작전을 지시한 바 있으며, 이에 미 국방부는 8월 23일 이지스함 3척을 베네수엘라 앞바다인 카리브해 남부지역에 배치했다.

통일교(統一敎)

"통일교 한학자 총재가 8월 23일 구속되면서 김건희 특검(특별검사 민중기)의 통일교 정교유착 관련 수사가 탄력을 받게 됐다. 특검은 김건희 씨와 관련된 금품수수 혐의를 파헤치다 통일교가 현안 청탁을 위해 금품을 건넨 정황을 포착하고 수사를 확대해 왔다."

1954년 5월 1일 문선명(1920~2012)이 「세계기독교통일신령협회」라는 명칭으로 창시한 종교단체로, 1996년 세계평화통일가정연합(FFWPU)으로 명칭을 변경했다. 본부는 경기 가평군 설악면에 위치하고 있는데, 이곳에는 천정궁을 비롯한 통일교 성지가 조성돼 있다. 통일교의 주요 사업 중 하나는 축복식이라 불리는 국제합동결혼식을 거행하는 것인데, 1961년 당시 문선명 총재를 참부모로 삼아 그의 주례로 36쌍이 합동결혼식을 올린 이래 전 세계에서 약 5억 쌍의 결혼이 성사됐다. 특히 통일교는 미국의 《워싱턴타임스》와 UPI 통신, 한국의 《세계일보》 등의 언론매체도 소유하고 있다. 또한 문화예술 분야에서는 한국문화재단(구 한미자유문화재단) 산하에 리틀엔젤스예술단과 유니버설발레단을 갖고 있으며, 1981년에는 리틀엔젤스예술회관(현 유니버설아트센터)을 개관한 바 있다.

플라잉 타이거스(Flying Tigers)

"중국 정부가 9월 3일 항일 전쟁 및 반(反)파시스트 전쟁 승리 80주년 대회라는 이름으로 개최하는 전승절 기념행사에 미군 전쟁 영웅 클레어 셔놀트 공군 소장(1890~1958)의 딸과 손녀를 초청했다고 홍콩 《사우스차이나모닝포스트》가 최근 보도했다."

중일전쟁 때인 1941~1942년 미국이 비밀리에 당시 장제스(蔣介石, 1887~1975)의 국민당이 집권하고 있던 중국에 파견한 비행 전대다. 정식 명칭은 제1미국의용군단(AVG·American Volunteer Group)인데, 군용기에 그려진 맹수 얼굴이 호랑이를 연상시킨다고 해 「플라잉 타이거스」라는 명칭이 붙었다. 부대는 미국 육군 항공대, 해군, 해병대의 조종사들로 구성됐으며, 중국에서 항공 고문 겸 교관으로 있던 클레어리 셔놀트 장군이 지휘했다. 이 부대는 미군이 자체 지휘했으나 중화민국 군복을 입고 싸워 미국과 중국이 항일 전선에 함께한 드문 사례로 꼽힌다. 이들은 전쟁 기간 일본군 전투기를 497대 격추한 반면 손실은 73대에 그치는 등의 맹활약을 펼친 것으로 전해진다. 이후 1941년 12월 7일 일본의 진주만 폭격 직후 플라잉 타이거스는 미 정규군에 편입되며 그 역사를 마무리했다. 중국 정부와 대만 정부 모두 플라잉 타이거스를 미국과의 우호 협력의 상징으로 여기고 있으며, 중국에서는 「비호대(飛虎隊)」라 불리고 있다. 실제 중국 내에 플라잉 타이거스 관련 전시물을 소장하고 있는 박물관만 6곳이 운영 중에 있으며, 특히 셔놀트가 지휘한 동굴 사령부가 위치했던 광시좡족자치구 구이린시에는 플라잉 타이거 유적공원이 자리하고 있다.

핑크타이드(Pink Tide)

"10월 19일 치러진 볼리비아 대선 결선투표에서 기독민주당 소속의 중도 성향 후보 로드리고 파스(65)가 승리해 20년 만에 좌파 통치가 막을 내리게 됐다. 특히 파스의 당선으로 남미의 핑크타이드 흐름이 주춤해졌다는 평가다. 현재 엘살바도르와 에콰도르에서도 각각 우파 성향인 나이브 부켈레 대통령, 다니엘 노보아 대통령이 집권 중이며, 아르헨티나에서도 강경 우파인 하비에르 밀레이 대통령이 집권하고 있다."

여러 남미 국가에서 온건한 사회주의를 표방하는 좌파 정당들이 연달아 집권한 기조로, 1990년 베네수엘라의 우고 차베스 정권 출범부터 시작된 흐름이다. 핑크타이드는 2015년까지 약 20년 가까이 이어졌으나, 좌파 정권의 경제정책 실패로 극심한 경제불황이 닥치면서 그해 12월 아르헨티나의 우파 정권 집권을 시작으로 퇴조하기 시작했다. 그러다 2019년 아르헨티나, 2020년 볼리비아, 2021년 온두라스·페루·칠레, 2022년 콜롬비아 등에서 다시 좌파 정부의 집권이 시작되면서 부활한 바 있다. 핑크타이드는 현재 중남미의 좌파 정권 전반을 아우르는 단어로 사용되고 있는데, 이와 반대로 우파 정권이 대거 들어서는 현상은 「블루 타이드」라 한다.

한미원자력협정(Korea-US Nuclear Agreement)

"위성락 대통령실 국가안보실장이 9월 12일 한미원자력협정 개정과 관련해 「(한미 간) 큰 틀의 합의, 의미 있는 진전이 있다」고 밝혔다."

한국과 미국이 원자력의 평화적 이용을 목적으로 체결한 협정으로, 1956년 처음 체결돼 1958년 발효됐다. 이후 여러 차례 개정을 거쳐 2015년 개정안이 현행 기준이며, 유효기간은 2035년까지다. 해당 협정은 미국이 한국에 원자로와 핵연료, 관련 기술을 이전하는 대신 한국은 이를 군사적 목적에 사용하지 않고 오직 평화적 목적에만 쓰도록 규정하고 있다. 특히 2015년 개정안 타결로 우리나라는 이전까지 완전히 제한돼 있던 원전용 연료 생산을 위한 우라늄 농축과 보관 문제에 부딪혀 있던 사용후 핵연료 재활용(재처리) 방안을 부분적으로 확보했다. 또 미국산 핵물질 등을 제3국에 이전하는 문제에도 포괄적인 동의를 받았다. 그러나 우리나라 독자적으로 우라늄을 농축하거나 사용후 핵연료를 재처리하는 것은 엄격히 제한돼 있어 한계가 명확하다. 일본의 경우 20% 미만의 우라늄 농축과 핵연료 재처리 권한을 보유하고 있어 이를 제한적으로 운용하고 있다.

화성-20형(Hwasong-20)

"북한이 10월 10일 노동당 창건 80주년 심야 열병식에서 「화성-20형」 신형 대륙간탄도미사일(ICBM)을 처음 공개했다. 북한이 새로운 ICBM을 공개한 것은 지난해 10월 화성-19형의 시험발사 이후 1년 만이다. 특히 조선중앙통신과 노동신문 등 북한 관영매체는 10월 11일 열병식 개최를 보도하면서 화성-20형을 「최강의 핵전략무기체계」, 「초강력 전략공격무기」라고 전했다."

북한이 10월 10일 노동당 창건 80주년 심야 열병식에서 공개한 신형 대륙간탄도미사일(ICBM)으로, 화성-20형은 이날 열병식 행렬 마지막에 이동식발사차량(TEL)에 실려 등장했다. 화성-20형 발사관의 길이와 직경은 화성-19형과 비슷하고, TEL도 11축(양쪽 바퀴 11개씩, 총 22개)으로 동일했다. 하지만 화성-19형 발사관의 기립 장치가 좌우 유압식 기둥 2개가 세워지는 방식인 데 반해, 화성-20형은 해당 장치가 보이지 않은 것으로 알려졌다. 화성-20형은 화성-19형보다 더 많은 핵탄두를 실을 수 있는 다탄두 ICBM으로 추정되는데, 3발 이상의 핵탄두 장착이 가능할 것이라는 분석도 제기되고 있다. 무엇보다 이번 화성-20형 공개에 따라 북한의 고체연료 ICBM은 화성-18형과 19형, 20형까지 3종류로 늘어났다.

화성-19형과 화성-20형 비교

구분	화성-19형	화성-20형
길이(추정)	27m	27m
탄두부 형태	화성-18형(뾰족함)보다 뭉툭함	공개 안 됨(발사관 덮개는 뭉툭한 원통형)
탄두 유형(추정)	단탄두 및 다탄두	다탄두
이동식발사대(TEL) 규모	11축(총 22개)	11축
공개 및 시험 발사	2024년 10월 31일 첫 시험발사(역대 최대 고도, 최장 비행시간)	2025년 10월 10일 당 창건 80주년 열병식에서 공개(시험 발사는 아직 없음)

후관예우(後官禮遇)

"10월 12일 국회 법제사법위원회 위원장인 더불어민주당 추미애 의원이 대법원으로부터 받은 「최근 5년간(2021~2025년) 신임법관 임용 현황」 자료에 따르면 이 시기 새로 임용된 법관 676명 중 로펌 변호사 출신은 355명(52.5%)으로 전체의 절반을 넘었다. 이 가운데 김앤장을 비롯해 광장·태평양·세종·율촌·화우 등 대형 로펌 출신은 166명으로 전체 24.6%의 비중을 차지했다."

법원을 떠나 변호사가 된 「전관」이 우대받는 것에 빗대 변호사 출신 판사가 자신이 재직했던 로펌에 유리한 판단을 할 수 있다는 우려에서 등장한 용어다. 법원은 과거 사법시험을 통과한 법조인을 법관으로 임명해 법원에서 경력을 쌓는 경력법관제가 중심이었지만, 현재는 다양성 확대를 위해 일정 경력 이상 법조인 중에서 판사를 뽑는 「법조일원화」가 늘고 있다. 여기에 사시 폐지까지 맞물려 다양한 경력의 법조인이 법관으로 충원되는 구조가 정착됐다. 이에 대형 로펌에서 초기 경력을 쌓은 변호사가 법관이 되는 상황이 늘면서 「후관예우」라는 말이 본격적으로 대두되기 시작했다.

> **법조일원화(法曹一元化)** 다양한 배경과 경험을 가진 이들을 법관으로 선발해 국민 눈높이에 맞는 법원을 만들겠다는 사법개혁의 하나로 도입된 제도이다. 이전까지는 사법연수원 수료 후 성적에 따라 곧바로 판사로 선발하는 「즉시임용제도」가 운영돼 왔다. 그런데 법조 경험이 없는 판·검사의 무리한 재판이나 수사, 사법기관의 폐쇄적 엘리트주의와 관료주의 등이 문제로 지적되면서 법조일원화가 추진됐다.

후티(Houthi)

"예멘 후티가 8월 30일 이스라엘의 공습으로 아메드 갈리브 알라위 총리와 내각 장관들이 사망했다고 밝혔다. 알라위 총리는 지난해 8월 후티 총리로 임명됐는데, 알라위 총리의 사망은 이스라엘과 미국이 후티의 미사일·드론 공격에 대응하기 위한 공중·해상작전을 시작한 이후 최고위급 후티 관리가 사망한 사례다."

예멘의 이슬람 근본주의 조직이자 이슬람 시아파 무장단체로, 이들은 2004년 수니파가 남예멘 분리운동을 지원한 이후 무장 활동을 시작했다. 후티는 2004년부터 2010년 정전협상 때까지 정부군과 충돌하면서 내전을 이어갔는데, 통일 예멘의 독재자 알리 압둘라 살레가 「아랍의 봄」 여파로 2012년 2월 물러나면서 큰 변화를 맞게 됐다. 후티는 권력공백이 생긴 틈을 타 2014년 7월 반란을 일으켜 2015년 1월 수도 사나의 대통령궁을 장악했고, 이에 통일 예멘이 옛 남예멘으로 옮겨 저항을 지속하면서 예멘 내전이 일어났다. 후티는 현재 북예멘의 상당 지역을 장악한 상태인데, 국제사회에서는 이란만이 후티 반군을 예멘의 합법 정부로 인정하고 있다. 후티는 이란식 시아파 국가를 수립하는 것을 목표로 하고 있으며, 이란 이외에 하마스·헤즈볼라·북한 등과 우호적인 관계를 맺고 있다.

② 경영·경제

가상자산 트레저리(DAT·Digital Asset Treasury)

기업이 현금이나 국채 대신 비트코인과 같은 가상자산을 금고에 넣어두고 자산·부채 관리의 핵심으로 삼는 전략을 말한다. 여기서 트레저리는 기업이 현금과 채권, 금 등의 자산을 금고에 비축·운용하는 재무 관리 방식을 말하는데, 최근에는 비트코인과 이더리움 등 가상자산으로 이를 확장하면서 가상자산 트레저리가 부상하게 됐다. 그리고 이처럼 가상자산 보유 전략을 사용하는 기업을 가리켜 「암호화폐 비축기업(CTC·Crypto Treasury Company)」 또는 DAT 기업이라고 부른다. DAT 기업은 비트코인(BTC), 이더리움(ETH), 솔라나(SOL) 등의 디지털 자산(가상자산)을 회사 재무자산에 포함시키는 기업이다. 이들 기업은 공개 주식 발행, 전환사채 등으로 자금을 조달해 가상자산을 매입하는데, 일부는 자체 사업을 유지하거나 새로 만들기도 한다. 다만 가상자산은 가격 변동성이 큰 만큼 주가 역시 같은 흐름을 보이며 등락 폭이 클 수 있기 때문에, 이들 기업에 투자할 때는 신중함이 필수적으로 요구된다.

국가경제안보기금

"하워드 러트닉 미국 상무장관이 8월 26일 미 CNBC 인터뷰에서 「일본 자금, 한국 자금, 그리고 다른 나라들의 자금으로 국가 및 경제안보기금이 조성되는 것을 보게 될 것」이라고 밝혔다. 러트닉 장관은 또 「이 나라들이 미국의 사회기반시설 건설을 위해 자금을 댈 것」이라며, 이는 트럼프 대통령이 관세를 이용해 성사한 거래라고 밝혔다."

미국 도널드 트럼프 행정부가 한국과 일본으로부터 받은 투자금으로 조성해 자국 인프라 구축에 사용할 예정인 기금을 말한다. 한국과 일본은 지난 7월 미국과 관세협상을 체결하면서 그 합의 조건으로 각각 3500억 달러(489조 원)와 5500억 달러(769조 원)를 미국에 투자하기로 한 바 있다. 우리나라의 경우 미국에 총 3500억 달러를 투자하는 대신 상호관세를 기존 25%에서 15%로 낮추는 데 합의했으나, 투자 패키지 운용 방식을 놓고는 미국과 이견을 좁히지 못하고 있어 타결에 이르지 못한 상태다.

국민성장펀드

"정부가 9월 10일 관계부처 합동으로 국민보고대회를 열고 150조 원 규모의 국민성장펀드 조성 및 추진 계획을 발표했다. 이재명 대통령은 국민성장펀드 규모를 당초 100조 원에서 150조 원 이상으로 확대하고, 그 지원 방식도 대대적으로 개편해 우리 경제를 선도할 핵심 산업과 프로젝트에 대규모·장기적으로 자금을 투자하겠다는 방침을 밝혔다."

이재명 정부가 2026~2030년까지 5년간 인공지능(AI)·반도체·바이오 등 10대 첨단전략산업에 집중 투자하기 위해 150조 원 규모로 조성하는 펀드를 말한다. 이는 이재명 대통령의 정책 비전인 3·3·5(AI 3대 강국, 잠재성장률 3%, 국력 세계 5강 도약) 실현을 위한 핵심 공약으로, 정부는 이를 통해 글로벌 첨단기술 패권 경쟁에 대응하고 미래 성장동력을 확보하겠다는 목표다. 국민성장펀드는 향후 5년간 첨단전략산업(인공지능, 반도체, 바이오, 백신, 로봇, 수소, 이차전지, 디스플레이, 미래차, 방산 등)과 관련기업(관련기술 및 인프라, 구매상대방 등)을 대상으로 지원한다. 산업별 지원 규모는 AI가 30조 원으로 가장 많으며, 반도체(20조 9000억 원), 모빌리티(15조 4000억 원), 바이오·백신(11조 6000억 원) 등에도 대규모 자금 공급이 이뤄진다. 150조 원 가운데 75조 원은 연기금과 금융회사, 국민이 참여해 마련하고 나머지 75조 원은 정부가 첨단전략산업 기금으로 조성한다. 지원 방식은 ▷직접 지분투자(15조 원) ▷간접 지분투자(35조 원) ▷인프라 투융자(50조 원) ▷초저리 대출 지원(50조 원) 등 종합적인 지원을 할 수 있도록 구성한다.

구체적으로 대규모 투자가 필요한 신설법인 또는 공장설립 시에 국민성장펀드가 지분투자자로 참여하거나, 기술기업 인수·합병(M&A) 자금을 지원하는 방식 등이 가능하다. 지원 대상은 부처 간 협업을 통해 산업 내 파급효과가 크고 상징성이 높은 대형 프로젝트(새정부 경제성장전략의 30대 선도 프로젝트 포함)를 발굴해 집중 지원한다. 아울러 산업정책과 금융정책의 연계를 강화하기 위한 관계부처 간 차관급 협의체를 운영해 「규제·세제·재정·금융·인력양성 등 통합패키지」를 유기적으로 지원하게 된다.

금산분리(金産分離)

"이재명 대통령이 10월 1일 샘 올트먼 오픈AI 최고경영자(CEO)를 만나 인공지능(AI) 투자를 활성화하기 위한 방안으로 금산분리 완화를 검토하겠다고 밝혔다. 그간 기업들은 AI 등 첨단산업에 대규모 민간자본이 투입되기 위해서는 금산분리 규제를 완화해야 한다는 주장을 해왔다."

산업자본(기업)이 은행·보험·증권 등의 금융자본을 소유하지 못하도록 법적으로 막아놓은 제도다. 이는 재벌 기업이 금융기관을 사금고화하거나 불공정 거래를 하는 데 악용할 수 있다는 우려 때문에 1982년 도입돼 현재까지 지켜져 온 규제 원칙이다. 계열회사 중 비금융회사의 자본총액이 해당 회사 전체 자본총액의 25% 이상이거나, 비금융회사의 자산총액 합계액이 2조 원 이상 등에 해당하는 산업자본은 비금융주력자로 규정된다. 또한 비금융주력자는 은행의 의결권 있는 주식총수의 4%를 초과한 주식을 보유하고자 하는 경우 금융위원회의 승인을 얻어야 하며, 이에 대해서는 의결권을 행사할 수 없도록 규정하고 있다. 우리나라에서는 주로 산업자본이 은행을 소유할 수 없도록 하는 은산(銀産)분리로 통용되고 있다. 현재 은행법은 산업자본이 소유할 수 있는 은행 지분을 시중은행 4%, 지방은행 15%로 제한해 기업(재벌)의 은행 소유를 제한하고 있다.

김치 프리미엄(Kimchi Premium)

가상자산이나 금 거래시장에서 한국의 자산 가격이 외국보다 더 비싸게 거래되는 현상으로, 「코리아 프리미엄」이라고도 불린다. 김치 프리미엄이 높다는 것은 한국 시장의 가상자산이나 금 수요가 국제 시장의 수요보다 많다는 뜻이다. 김치 프리미엄은 전 세계 흐름보다 국내에서의 가상자산 투자 열기가 과해지면서 생긴 현상으로, 가상자산 투자자가 급증하고 투기 세력은 증가하는 반면 공급은 제한적임에 따라 형성된 것이다. 이 김치 프리미엄은 대표적인 가상자산 거품 측량 지표로도 통용되는데, 이 거품이 붕괴되면 투자자 손실이 발생할 수 있기 때문이다. 특히 최근 국제 금 가격보다 KRX 금 시장에서 거래되는 금 가격이 높은 수준을 유지하면서, 금에도 김치 프리미엄이 붙었다는 분석이 나오고 있다.

넥스트레이드(Nextrade)

"대체거래소인 넥스트레이드(NXT)가 8월 18일, 79개 종목의 거래를 일시 중단한다고 18일 밝혔다. 해당 조치는 현행 자본시장법을 위반하는 상황을 피하기 위함으로, 현행 자본시장법 시행령은 대체거래소의 최근 6개월간 일평균 거래량이 전체 시장의 15%를 초과할 수 없도록(15%룰) 규정하고 있다. 이에 올해 3월 4일 출범한 넥스트레이드에 이 규정이 처음 적용되는 시점(9월 30일)을 앞두고 선제적으로 거래량을 제한한 것이다."

자본시장 인프라의 질적 발전을 위해 설립된 첫 번째 다자간매매체결회사(ATS·Alternative Trading System)이다. 넥스트레이드는 기존에 한국거래소가 독점하고 있는 증권시장을 경쟁을 통해 효율적이고 편리한 복수시장 체제로 전환하기 위해 추진돼 지난 3월 4일 출범했다. 넥스트레이드는 ▷프리마켓(오전 8시~8시 50분) ▷메인마켓(오전 9시~오후 3시 30분) ▷애프터마켓(오후 3시 30분~8시)으로 구성된다. 이에 국내 주식시장의 거래 시간은 현행 6시간 30분(오전 9시~오후 3시 30분)에서 12시간(오전 8시~오후 8시)으로 늘어났다. 수수료의 경우 0.0013~0.0018%로 한국거래소의 20~40% 수준이다. 거래 종목은 3월 4~14일까지는 10개였으나, 이후 ▷3월 17일부터는 110개로 ▷3월 24일부터는 삼성전자·SK하이닉스 등 코스피200과 코스닥150 편입 종목으로 ▷3월 31일부터는 800개 종목으로 확대됐다.

대왕고래 프로젝트

"한국석유공사가 9월 21일 대왕고래 구조 시추에 대해 6개월 동안 정밀분석한 결과 회수 가능한 가스를 발견하지 못했다며, 경제성이 없어 시추를 더 이상 하지 않기로 했다고 밝혔다. 석유공사는 앞서 2월 대왕고래 구조 시추를 통해 취득한 시료에 대해 미국 지질구조분석업체 코어 래버러토리스를 통해 정밀 분석을 진행해 왔다."

전임 윤석열 정부가 추진한 동해 포항 앞바다 수심 2km 심해에 140억 배럴이 매장돼 있을 것으로 추정되는 석유·가스전을 찾는 탐사 프로젝트이다. 당시 정부와 석유공사는 미국의 액트지오(Act-Geo)사로부터 받은 물리탐사 분석 결과에 추가로 국내외 업체와 민간 전문가위원회를 통한 검증을 거쳐 최우선 개발 후보 해역인 「대왕고래」를 선정했다. 하지만 액트지오가 글로벌 자원개발회사도 아닌 소규모 분석업체라는 점에서 전문성에 대한 여러 의문이 제기됐다. 또 글로벌 자원개발 기업인 우드사이드가 이미 대왕고래 유망 구조를 검토했다가 철수했다는 소식이 전해지면서 사업 적합성을 둘러싼 의혹이 더욱 증폭된 바 있다. 이후 한국석유공사는 2024년 12월 20일 시추선 웨스트 카펠라호를 투입해 지난 2월 4일까지 대왕고래 1차 시추 작업을 진행했는데, 산업통상자원부는 6일 가스 징후가 일부 포착되기는 했지만 경제성을 확보할 수 있는 수준은 아니었다고 밝혔다. 이처럼 대왕고래 프로젝트가 1차 시추에서 사실상 실패로 판명나면서 동해 심해 석유·가스전 개발사업의 나머지 6개 유망구조 시추에도 차질이 불가피해졌다는 전망이 제기된 바 있다.

민생회복 소비쿠폰

"정부가 9월 12일 민생회복 소비쿠폰 2차 지급계획을 발표함에 따라 22일부터 국민 1인당 10만 원의 2차 소비쿠폰 지급이 시작됐다. 이는 10월 31일까지 신청이 가능하며, 사용기한은 11월 30일까지다."

정부가 내수 활성화를 목적으로 1인당 소득 수준별로 15만~55만 원까지 지역사랑상품권과 선불카드, 신용·체크카드 포인트 등을 지급하는 것이다. 1차의 경우 지난 7월 21일부터 9월 12일까지 온·오프라인을 통해 신청이 이뤄졌으며, 전 국민에게 1인당 15만 원(차상위 30만 원, 기초수급 40만 원)이 지급된 바 있다. 반면 2차 쿠폰은 전 국민이 아닌, 소득 하위 90% 국민에 대해 1인당 10만 원을 지급한다. 이에 가구원의 지난해 재산세 과세표준 합계액이 12억 원을 초과하거나 금융소득 합계액이 2000만 원을 초과하는 경우, 해당 가구의 가구원 모두가 지급대상에서 제외된다. 고액자산가 가구 이외에 올해 6월 부과한 본인부담 건강보험료의 가구별 합산액이 선정기준 이하인 경우 지급대상자가 되는데, 예컨대 4인 가구의 경우 직장가입자의 건보료 합산액이 51만 원 이하면 지급 대상이 된다. 직장을 다니는 1인 가구는 연 소득 약 7450만 원 이하면 지급 대상이 되는데, 직장·지역 건보료 선정기준으로는 약 22만 원이다.

2차 민생회복 소비쿠폰 개요

신청기한	9월 22일~10월 31일
사용기한	11월 30일까지 사용
지급대상	소득 하위 90% 국민에 1인당 10만 원 지급 - 올해 6월 부과한 본인부담 건강보험료의 가구별 합산액이 선정기준 이하인 경우 - 1인가구는 직장가입자 기준으로 연소득 7500만 원 이하 - 다소득원 가구는 가구원 수를 1명 추가한 선정기준 적용

백악관 경제자문위원회(CEA·Council of Economic Advisers)

미국 대통령에게 경제정책에 관한 조언을 제공하는 대통령 직속 경제자문기구로, 1946년 고용법에 따라 설립됐다. 이는 제2차 세계대전 후 경기 침체와 대량 실업을 우려한 의회와 정부가 경제 안정을 위해서는 대통령이 신속하고 전문적인 경제 자문을 받을 수 있는 기구가 필요하다고 판단함에 따른 것이었다. CEA는 대통령에게 국내외 경제정책 수립에 대한 객관적이고 실증적인 분석을 제공하는 임무를 맡는데, 보통 3명의 위원(경제학자)으로 구성되며 위원장은 대통령이 지명해 상원 인준을 거쳐 임명된다.

도널드 트럼프 미국 대통령이 지난 8월 스티브 미란 백악관 경제자문위원회(CEA) 위원장을 미 중앙은행인 연방준비제도 이사에 지명하고, 미 상원 은행위원회가 9월 10일 그의 인준안을 통과시키면서 연준의 독립성에 대한 우려가 높아지고 있다. 미란 위원장은 트럼프 행정부의 무역·재정정책 구상에 깊숙이 관여해온 인물로 알려져 있다.

빙상 실크로드(Polar Silk Road)

"10월 15일 중국 관영 신화통신에 따르면 중국 저장성 해양경제발전국은 지난 9월 23일 닝보·저우산항을 출발한 컨테이너선인 이스탄불 브리지호가 영국 펠릭스토항에 도착했다고 발표했다. 이는 중국이 북극해를 통해 유럽으로 가는 해상 항로, 이른바 「빙상 실크로드(Polar Silk Road)」 프로젝트를 본격 가동한 것이다. 북극 항로를 처음 활용한 이번 항해는 수에즈 운하를 경유할 때보다 소요 기간이 절반으로 줄어 20일 만에 마무리됐다. 한편, 북극 항로는 온난화로 북극 해빙이 가속화되면서 최근 떠오르고 있는 새로운 무역 루트다."

중국이 추진하는 북극 항로 개발 프로젝트로, 2018년부터 추진된 것이다. 빙상 실크로드는 일대일로(중국~유럽을 연결하는 육·해상 실크로드) 프로젝트의 북극 확장판이라 할 수 있는데, 베링해협을 통해 북극 북동항로에 진입한 뒤 유럽으로 직항해 운송 기간을 크게 단축한다. 북극 항로의 중국 측 항구로는 닝보를 비롯해 상하이·칭다오·다롄항 등이 있다. 또 유럽 측 항구로는 영국 펠릭스토를 포함해 네덜란드 로테르담, 독일 함부르크, 폴란드 그단스크 등이 있다.

사망보험금 유동화

사망보험금을 연금으로 전환해 국민연금을 받는 만 65세 전까지 생기는 소득 공백에 대응하는 제도로, 이재명 정부의 123대 국정과제 중 하나로도 선정된 것이다. 금융위원회가 8월 19일 「사망보험금 유동화 점검회의」에서 논의한 내용에 따르면 삼성·교보·한화·신한·KB라이프 등 5개 생명보험사가 10월 먼저 상품을 출시하고 이외 보험사들도 순차적으로 상품을 개시하게 된다. 유동화 개시 연령은 만 55세로, 지난해 말 기준 75만 9000건(총 35조 4000억 원)의 종신보험이 유동화 대상이다. 이는 금리 확정형 종신보험의 사망 보험금이 9억 원 이하라면 소득·재산 요건과 관계없이 누구나 신청할 수 있다. 다만 ▷계약·납입 기간이 10년 이상이고 ▷보험료 납입이 끝났어야 하며 ▷계약자와 피보험자가 같아야 하고 ▷신청 시점에 보험계약대출 잔액이 없는 월 적립식 계약이어야 한다. 사망보험금은 90% 이내에서만 유동화할 수 있으며, 연금을 받는 기간은 2년부터 1년 단위로 설정할 수 있다.

사회주택(社會住宅)

"서울시가 8월 26일 보도자료를 통해 사회주택 일부 사업장에서 발생한 입주민 피해를 조사하고 보증금을 돌려받지 못한 7가구를 대상으로 3억 4000만 원의 보증금을 선지급한다고 밝혔다. 또한 보증금 미반환 등 입주민 피해가 발생한 사업장은 즉시 계약을 해지하고, 해당 건물을 SH공사가 매입해 직영으로 운영할 방침이다."

시민이 부담 가능한 임대료로 오랫동안 안심하고 살 수 있는 주택으로, 사회적 경제주체가 공급하고 운영하는 임대주택을 말한다. 이는 민간에서 공급하는 주택보다 저렴하게 공급(시세의 80%)하며, 안정적인 거주기간이 보장(최장 10년 거주 가능)되고, 지역주민이 함께 이용 가능한 공간 및 커뮤니티 특화 프로그램이 운영된다는 특징이 있다. 사회주택은 토지임대부 사회주택과 리모델링형 사회주택 유형으로 구분되는데, 토지임대부 사회주택은 공공에서 토지를 민간에 장기간 저렴하게 빌려주면 민간사업시행자가 그 땅 위에 건물을 지어 시민에게 저렴하게 장기 임대해주는 유형이다. 그리고 리모델링형 사회주택은 노후된 주택 또는 비주택을 리모델링해 재임대함으로써 주거환경을 개선하고 청년에게 안정적인 주거를 공급하는 유형이다.

산업위기 선제대응지역
(産業危機 先制對應地域)

"산업통상자원부가 8월 28일 산업위기대응 심의위원회를 거쳐 대산 석유화학 산업단지가 소재한 충남 서산시와 철강기업이 포진한 경북 포항시를 이날부터 2027년 8월 27일까지 2년간 산업위기 선제대응지역으로 지정한다고 밝혔다."

「지역 산업위기 대응 및 지역경제 회복을 위한 특별법」에 따라 예상하지 못한 대내외 충격, 지역의 주된 산업 내 기업의 도산·구조조정 등으로 지역 주산업의 현저한 악화가 예상되는 지역을 뜻한다. 구체적으로 ▷대규모 재해, 질병이나 국제정세 변동이 발생한 경우 ▷지역의 주된 산업 내 기업의 도산, 구조조정, 주요 사업장의 폐쇄·이전 등이 발생한 경우 ▷지역의 주된 산업이 현저하게 악화될 우려가 있는 사유가 발생한 경우 시·도지사가 계획을 수립해 산업통상부 장관에게 지정을 신청할 수 있다. 산업통상부 장관은 선제적 대응이 시급한지 여부, 국가의 적극적인 지원이 필요한지 여부 등을 검토해 지정 여부를 결정한다. 산업위기 선제대응지역으로 지정되면 국가와 지방자치단체로부터 ▷자금·융자 등 금융·재정 지원 ▷연구개발 지원 및 성과사업화 지원 ▷국내 판매, 수출 지원과 경영·기술·회계 관련 자문 ▷재직근로자의 교육훈련 및 실직자·퇴직자의 재취업교육 등 고용안정 지원 등을 받을 수 있다. 한편, 제1호 산업위기 선제대응지역으로는 석유화학 산업단지가 있는 전남 여수시가 지난 5월 지정된 바 있다.

상생페이백

"중소벤처기업부가 8월 20일 상생페이백의 신청·지급과 사용 등 계획을 담은 시행계획을 발표했다. 상생페이백은 지난 5월 국회에서 1차 추가경정예산으로 확정된 민생회복 지원사업이다."

올 9~11월까지의 카드 소비액이 2024년 월평균 카드 소비액보다 증가한 경우 증가분의 20%를 디지털 온누리상품권으로 환급해주는 민생회복 지원사업이다. 이는 개인이 보유한 모든 신용·체크카드 사용 실적을 합산하며, 9~11월간 월별 최대 10만 원(3개월 30만 원 한도)이 지급된다. 신청 대상은 2024년 본인 명의의 국내 신용·체크카드사의 카드로 소비한 실적이 있는 만 19세 이상의 국민과 외국인으로, 신청은 9월 15일부터 11월 30일까지 상생페이백 누리집(상생페이백.kr)에서 할 수 있다. 이는 별도의 소비실적 제출 없이 한 번의 신청으로 3개월(9~11월) 소비증가분에 대한 페이백을 지급하는데, 다만 온누리상품권을 지급받기 위해서는 누리집에서 신청할 때 디지털 온누리 앱 회원 가입이 필요하다. 디지털 온누리상품권은 받은 날로부터 5년 동안 전통시장과 상점가 등 13만 개 디지털 온누리상품권 가맹점에서 사용할 수 있다.

상생페이백 주요 내용

신청 대상	2024년 신용·체크카드 사용 실적이 있는 만 19세 이상의 국민
신청 기간	9월 15일~11월 30일
신청 방법	상생페이백 홈페이지에서 참여 신청(디지털 온누리 앱 회원 가입)
지급일	다음달 15일마다 지급(9월 소비증가분은 10월 15일 지급)
지급 방법	소비증가분의 20%를 디지털 온누리상품권으로 지급
지급한도	월 최대 10만 원(3개월 30만 원) 한도
사용처와 사용기한	• 전통시장 등 디지털 온누리상품권 가맹점 약 13만 개 • 지급일로부터 5년간 사용

소액소포 면세제도(De Minimis)

800달러(약 110만 원) 이하의 배송 물품에 관세를 부과하지 않는 미국의 소포 제도이다. 그러나 도널드 트럼프 미 행정부는 소액소포가 불법 마약류, 위조품 등의 반입 통로가 되고 있다며 이를 폐지한다고 밝혔다. 이에 지난 5월 2일 중국·홍콩발 소액소포 면세를 우선 중단했고, 8월 29일 0시 1분부터는 모든 국가에 예외 없이 적용됐다. 이에 8월 29일 0시 이후 미국에 도착하는 서류를 제외한 국제 우편물에는 관세가 붙게 된다. 다만 6개월간의 계도 기간에는 가액별 관세 대신 소포 1건당 80~200달러의 정액 관세를 낼 수 있다.

스니크플레이션(Sneakflation)

「살금살금, 몰래」 등을 뜻하는 영단어 「스니크(Sneak)」와 「물가상승(Inflation)」을 합친 말로, 소비자 물가가 잘 드러나지 않게 조금씩 상승될 때 사용된다. 이는 미국 CNN방송이 8월 24일 도널드 트럼프 미국 대통령이 전 세계를 상대로 펼치고 있는 관세 전쟁이 스니크플레이션을 초래하고 있다고 보도하면서 화제가 됐다. 이에 따르면 관세 부과로 비용 부담이 늘게 된 미국의 수입업체들이 소비자들의 반응을 살피며 한꺼번에 가격을 인상하지 못하고 살금살금 올린다는 뜻을 담고 있다. 이처럼 스니크플레이션은 가격이 조금씩 오르는 점진적 인상, 소비자 체감의 지연성 등을 특징으로 한다.

시베리아의 힘 2

"러시아 최대 에너지 기업 가스프롬이 9월 2일 중국 베이징에서 열린 시진핑 중국 국가주석과 블라디미르 푸틴 러시아 대통령의 정상회담에서 「시베리아의 힘 2」 파이프라인 건설에 관한 양해각서(MOU)를 맺었다고 밝혔다. 중국과 러시아는 이날 다른 파이프라인을 통한 가스 공급량도 늘리기로 합의했는데, 기존 시베리아의 힘 1 가스 공급량을 연 380억m³에서 440억m³로 확대할 예정이다."

러시아 야말반도에서 몽골을 거쳐 중국으로 천연가스를 수송하는 가스관 건설 사업을 말한다. 이는 2020년 8월 몽골 정부와 러시아 가스프롬이 타당성 조사를 위한 양해각서를 체결하면서 구체화됐는데, 완공 시 연간 500억의 천연가스가 중국에 공급될 전망이다. 해당 사업은 양국의 가격에 대한 입장차로 인해 오랜 기간 속도를 내지 못했다. 그러나 2022년 러시아의 우크라이나 침공으로 유럽의 러시아산 가스 수입이 대폭 줄면서 대체시장 확보가 중요해진 러시아의 입장 변화로 속도가 붙게 됐다는 평가다.

양도세 대주주(讓渡稅 大株主)

"정부가 9월 15일 주식양도세 부과 대상인 대주주 기준을 현행 50억 원으로 유지한다고 밝혔다. 정부는 앞서 지난 7월 관련 기준을 50억 원에서 10억 원으로 낮추는 내용의 세제개편안을 발표했으나 이를 공식적으로 철회한 것이다."

상장주식이나 비상장주식을 일정 기준 이상으로 보유한 투자자를 의미하며, 현재 그 기준은 시가총액 50억 원 또는 지분율 4% 이상이다. 단 비상장법인은 벤처기업 40억 원, 일반법인 4% 이상 지분 보유도 해당된다. 대주주 여부는 매년 12월 31일 기준으로 판단하며, 해당 연도 중 한 번이라도 기준을 충족하면 대주주로 간주된다. 양도소득세 대주주 기준은 2000년 처음 마련됐는데, 당시 「종목당 100억 원 이상 보유」로 정한 뒤 박근혜 정부 시절 25억 원으로 낮췄다. 이후 문재인 정부 때 10억 원으로 더 낮췄다가 윤석열 정부에서 50억 원으로 올린 바 있다. 이후 이재명 정부에서 이를 다시 10억 원으로 낮추려 했는데, 이후 코스피 5000 시대를 역행한다는 비판이 나오면서 관련 논의가 이어졌다. 이후 이 대통령은 9월 11일 취임 100일 기자회견에서 양도소득세를 내는 대주주 기준에 대해 50억 원에서 10억 원으로 낮추는 기존 정부안을 철회하겠다고 밝혔다.

업토버(Uptober)

가상자산 시장에서 흔히 사용되는 용어로, 10월에 가상자산 가격이 강세를 보이는 경향을 말한다. 이는 과거 몇 년간 비트코인(BTC)을 비롯한 주요 가상자산들이 10월에 뚜렷한 상승세를 보인 것에서 유래된 말로, 특히 2020~2021년 가상자산 강세장에서 그 사용이 확산된 바 있다. 이처럼 10월에 가상자산이 강세를 기록하는 데에는 여러 분석들이 제기되는데, 우선 심리적·계절적 요인이 거론된다. 이에 따르면 일반적으로 9월이 비트코인 시장에서는 가장 약한 달 중 하나인데, 이에 9월 약세장 후 10월의 반등 기대감이 커진다는 것이다. 또 기관투자자나 트레이더들이 이 시기를 포트폴리오 정리 시점으로 여기는 경우가 많아 10월 강세 경향이 이어진다는 분석도 있다. 아울러 제도적·정책적 요인으로는 10~11월 사이에 ETF 관련 뉴스가 집중돼 가격에 반영된다는 기대감이 작용한다는 분석도 있다.

한편, 11월에도 상승세가 이어질 경우는 「붐베버(Boomvember)」, 업토버와 반대로 10월에 시장이 폭락할 경우는 「렉토버(Rektober)」라 한다.

에브리싱 랠리(Everything Rally) ▼

주식, 금, 채권, 원자재, 부동산, 가상자산 등 모든 자산 가격이 동시에 상승하는 현상을 이르는 말이다. 통상 안전자산(금)과 위험자산(주식, 가상자산)은 반대로 움직이는 경향이 있는데, 에브리싱 랠리는 이러한 상관관계가 무너지고 안전자산과 위험자산이 동시에 오르는 기현상을 가리킬 때 사용된다. 이러한 에브리싱 랠리는 중앙은행의 통화정책 완화와 풍부한 유동성, 경기회복 기대감에 따른 투자 심리 상승 등의 상황에서 일어난다. 다만 이 상황에서는 주의도 필요한데, 우선 현재의 자산 가격이 실제 가치보다 지나치게 높게 평가돼 있는 거품 형성 가능성이나 향후 조정 가능성을 염두에 두어야 한다. 또한 과도한 낙관 심리가 확산되면서 무리한 투자 성향이 늘게 되고, 이러한 투자 과열은 시장 충격에 크게 흔들릴 수 있다는 점도 유의해야 한다. 따라서 에브리싱 랠리 상황에서는 여러 자산군에 나눠 투자하는 분산 투자가 필요하며, 반전 가능성에 대비해 손절선 또는 목표 수익선을 미리 정해두는 것이 중요하다. 또 상승 흐름에서 일정 부분 이익을 실현해 현금 비중을 확보해 두는 전략도 고려할 필요가 있다.

> **탈화폐 거래(脫 Debasement Trade)** 달러·엔 등 전통적 화폐가치 하락을 우려한 투자자들이 화폐가 아닌 금이나 비트코인 등 비(非)화폐 대체 자산으로 몰리는 최근의 현상을 가리키는 월가의 신조어로, JP모건이 처음 사용했다.

의무공개매수제(義務公開買收制) ▼

상장회사의 지배권을 확보할 정도의 주식을 취득할 때 주식의 일정 비율 이상을 의무적으로 공개 매수하도록 한 제도다. 이는 기업의 지배주주가 변경되는 인수합병(M&A) 과정에서 이를 반대하는 일반주주에게도 자신이 보유한 주식을 매각할 기회를 부여하는 등 일반 투자자의 권익 보호를 목적으로 한다. 다만 이 제도는 소수의 일부 주주에게 기업의 주식이 과도하게 집중될 수 있으며, 의무공개매수 비율을 지나치게 높이는 경우 상장폐지로 이어질 수 있다는 우려도 있다. 의무공개매수제는 우리나라에는 1997년 1월 도입됐지만, 외환위기 때인 1998년 2월 구조조정을 지연시킨다는 이유와 국제통화기금(IMF)의 요구에 따라 1년 만에 폐지된 바 있다.

한국기업거버넌스포럼이 9월 15일 논평을 내고 태광산업 컨소시엄이 애경산업 인수를 추진하며 대주주 지분만 비싸게 매입하려 하는 데 대해, 소액 주주한테도 같은 조건을 적용하라고 주장했다. 태광 측은 애경 측 지분 63%를 현 주가 대비 70%가량 비싸게 인수할 것으로 전망되는데, 개미 주주들에게 같은 프리미엄을 적용하라는 것이다.

이더리움(Ethereum) ▼

러시아 이민자 출신의 캐나다인 비탈리크 부테린이 2014년 개발한 가상자산이다. 거래 명세가 담긴 블록이 사슬처럼 이어져 있는 블록체인 기술을 기반으로 하며 인터넷만 연결돼 있으면 어디서든 전송이 가능하다. 가상자산거래소에서 비트코인으로 구입하거나 비트코인처럼 컴퓨터 프로그램으로 채굴해 얻을 수 있다. 이더리움은 2016년 당시 장부 거래기록을 코인 보유자 과반수의 동의로 수정할 수 있다는 점을 악용, 장부를 조작해 소유자를 임의로 바꾸는 해킹이 발생했다. 이 공격으로 이더리움은 대량 유출될 위기를 겪었고, 이로 인해 미국의 모든 거래소에서 이더리움이 상장폐지됐다. 이에 개발자들은 새로운 기술을 적용해 이전 버전과 호환이 불가능한 업그레이드인 하드포크를 통해 현재의 이더리움을 개발했고, 기존의 이더리움은 「이더리움 클래식(ETC·Ethereum Classic)」으로 남게 됐다.

7월 비트코인 현물 상장지수펀드(ETF)가 순유출을 겪을 때 이더리움 현물 ETF에는 자금이 대규모로 순유입되는 등 이더리움이 가상자산 시장의 중심으로 부상하고 있다.

2025 APEC 대한민국 경주 정상회의 (APEC 2025 KOREA)

10월 30일~11월 1일까지 경북 경주에서 열리는 아시아태평양경제협력체(APEC) 정상회의로, 이번 회의의 주제는 「우리가 만들어가는 지속가능한 내일: 연결, 혁신, 번영」이다. 이번 정상회의 개최는 우리나라가 앞서 2005년에 부산에서 APEC을 개최한 이후 약 20년 만이다. 회의는 경주시 경주보문단지 국제회의복합지구 등에서 열리며, 21개 회원 및 지역정상 대표단, 경제인, 언론인 등 2만여 명이 참석한다. 해당 기간 중에는 정상회의 외에도 장관급 회의, 고위관리회의, 비즈니스 및 CEO 서밋 등이 함께 개최되며, ▷산업전시 ▷네트워킹 프로그램 ▷문화체험 프로그램 등 다양한 행사도 이뤄진다. 특히 10월 28일 대한상공회의소가 주관하는 「APEC CEO 서밋」에는 세계 각국 정부 관계자와 글로벌기업 CEO 등이 모여 AI·반도체·에너지 전환 등 글로벌 경제 현안을 논의하게 된다. 무엇보다 여기에는 젠슨 황 엔비디아 CEO가 참석할 예정이어서 주목을 받고 있다.

APEC(Asia Pacific Economic Cooperation)

설립	1989년
목표	아시아태평양 지역 내 균형 있고 포용적이며 지속 가능하고 혁신적인 경제성장 촉진
회원	한국, 미국, 일본, 중국, 러시아 등 21개국

자기자본이익률(ROE·Return On Equity)

투입한 자기자본이 얼마만큼의 이익을 냈는지를 나타내는 지표로, 자기자본의 운영이 얼마나 효율적으로 이루어졌는지 반영하는 지표이다. 보통 경상이익, 세전순이익, 세후순이익 등이 기간이익으로 이용되며, 주식시장에서는 자기자본이익률이 주가에 반영되는 경향이 강하기 때문에 투자지표로도 자주 이용된다. 이는 자기자본에 대한 기간이익의 비율로 나타내며, 「(당기순이익 ÷ 자기자본) × 100」의 공식으로 산출된다. 즉 기업이 자기자본(주주지분)을 활용해 1년간 얼마를 벌어들였는가를 나타내는 대표적인 수익성 지표로, 경영 효율성을 표시한다. 따라서 ROE가 높다는 것은 자기자본에 비해 그만큼 당기순이익을 많이 내 효율적인 영업활동을 했다는 뜻이다. 그렇기 때문에 이 수치가 높은 종목일수록 주식투자자의 투자수익률을 높여준다고 볼 수 있어 투자자 측면에서는 이익의 척도가 된다.

재정준칙(財政準則)

국가채무와 재정적자 등 국가 재정건전성 지표가 일정 수준을 넘지 않도록 관리하는 규범으로, 이 기준이 넘으면 국가는 재정 건전화 대책을 마련해야 한다. 전 세계 90여 개국이 재정준칙을 두고 있으나, 한국은 별도로 마련하고 있지 않다. 2020년 문재인 정부가 한국형 재정준칙을 마련했고, 2022년 출범한 윤석열 정부에서 이를 단순하고 명료하게 수정해 입법을 추진했으나 더 이상 진행되지는 않았다.

티메프 사태

"서울회생법원이 9월 9일 위메프를 인수할 회사가 없다고 판단하고 회생절차 폐지를 결정했다. 앞서 티몬은 새벽배송 전문기업 오아시스로의 인수가 결정돼 8월 22일 회생절차를 종결했지만, 위메프는 인수자를 찾지 못한 것이다. 파산 선고가 내려지면 법원이 지정한 파산관재인이 채무자의 재산을 정리해 채권자에게 나눠주는 등의 절차가 진행되게 된다."

2024년 7월 위메프의 대금 미정산 발생과 티몬의 대금 정산 지연 공지로 시작된 소비자 환불 불가 사태를 말한다. 해당 사태는 티몬과 위메프의 모기업인 큐텐이 무리하게 나스닥 상장을 추진한 것이 원인이 됐는데, 나스닥 상장이 미뤄지면서 자금 압박을 받은 데 따른 것이다. 이후 위메프 입점 판매자들이 상품 대금을 지급받지 못한 상황이 7월 알려지면서 여행사 등 판매자들이 상품 판매를 중단하고, 결제 대행업체들이 신규 결제를 차단하면서 자금난이 심화됐다. 여기다 티몬과 위메프의 긴 정산 주기도 사태를 키운 원인이 됐는데, 보통의 쇼핑몰이 늦어도 4~10일 이후 대금이 정산되는 반면 티메프는 구매 후 최대 2달 이후 판매 대금을 정산했다. 양사는 이러한 정산 주기를 이용해 결제대금으로 돌려막기를 하고 프로모션 명목으로 할인 쿠폰 발행이나 이벤트에 사용했는데, 이에 결제대금에 손실이 발생하면서 결국 지급 불능 상태에 직면하게 된 것이다.

T10(Terrific 10)

중국 10대 기술 기업을 가리키는 말로, 최근 중국 증시의 상승세를 견인하고 있는 기업들이다. 여기에는 BYD(비와이디)·알리바바·텐센트·샤오미·메이투안·SMIC·지리차·바이두·넷이즈·징둥닷컴이 포함되는데, 이들 기업들의 최근 1년간 주가 상승률을 평균하면 81%에 이른다. 이에 「미국 M7의 시대가 지고 중국 T10의 시대가 오고 있다」는 말이 언급되고 있는데, 여기서 M7은 미국 7대 빅테크 기업인 마이크로소프트·테슬라·애플·구글(알파벳)·메타(페이스북)·아마존·엔비디아를 가리킨다.

팁플레이션(Tipflation)

팁(Tip·봉사료)과 인플레이션(물가 상승)이 결합된 말로, 미국 뉴욕 등 글로벌 대도시 식당을 중심으로 고객이 종업원에게 주는 팁이 급상승하면서 나온 말이다. 통상 팁은 식당·미용실 등에서 15%선을 지불하는 것으로 여겨졌으나, 코로나19 팬데믹 이후 키오스크나 태블릿 결제 시스템이 확산되면서 팁을 18% 이상부터 선택 가능하도록 만드는 등 그 금액이 높아졌다. 여기다 이전에는 계산대 옆에 비치된 팁 병에 고객들이 자유롭게 현금 팁을 낼 수 있었지만, 현재는 결제 단계에서 팁을 동시에 결제하도록 해 고객이 입력을 마쳐야만 결제가 완료되는 식으로 바뀌었다. 이에 고객들의 팁 부담이 늘어나면서 「팁플레이션」이라는 용어가 등장하게 되었다.

포괄적·점진적 환태평양경제동반자협정(CPTPP)

"정부가 9월 3일 구윤철 경제부총리 주재로 열린 경제장관회의 및 산업경쟁력강화관계장관회의에서 발표한 「미 관세 협상 후속 지원 대책」에서 CPTPP 가입 검토 방침을 밝혔다. 정부는 문재인 정부 시절인 2021년 CPTPP 가입 검토 방침을 처음 공식화한 바 있으나, 피해를 우려한 농민들이 강하게 반발하면서 관련 논의는 동력을 잃었었다. 그러나 정부가 다시 CPTPP 가입을 긍정적으로 검토하고 나선 이유는 도널드 트럼프 미 행정부의 관세 정책으로 CPTPP의 전략적 가치가 더 중요해지고 있는 데 따른 것이다."

Comprehensive and Progressive Agreement for Trans-Pacific Partnership. 일본 주도로 아시아·태평양 11개국이 출범시킨 경제 협정으로, 다양한 분야의 제품에 대한 역내 관세를 전면 철폐하는 것을 원칙으로 한다. 2018년 12월 30일 발효됐으며, 2023년 7월 영국이 추가로 가입하면서 총 12개 회원국으로 구성돼 있다. 이 협정이 발효되면서 전 세계 국내총생산(GDP)의 12.9%·교역량의 14.9%에 해당하는 거대 규모의 경제동맹체가 출범한 바 있다. 참여국들은 전자상거래에서 역내 데이터 거래를 촉진하고 데이터 서버의 현지 설치, 디지털 콘텐츠에 대한 관세 부과 금지 등 디지털 보호주의를 경계하는 내용을 포함시켰다. 또한 금융 서비스와 외국 자본 투자에 대한 규제를 완화하고, 고급인력의 자유로운 이동을 보장하며, 투자 기업에 기술이전을 강요하는 것을 금지하는 내용도 담겼다. 한편, 새 회원국의 CPTPP 가입은 기존 회원국의 만장일치 방식으로 결정된다.

폴더소비

넘쳐나는 정보 속 FOMO(Fear of Missing Out)를 해소하기 위해 일단 저장해 두고 실제 소비 순간에 활용하는 Z세대의 저장형 소비 행태를 의미하는 신조어이다. 여기서 FOMO는 자신만 흐름을 놓치고 있는 것 같은 심각한 두려움 또는 세상의 흐름에서 자신만 제외되고 있다는 공포를 가리키는 말이다. 폴더소비는 KT가 대학내일20대연구소와 협업하는 Y트렌드 컨퍼런스의 2025년 행사에서 Z세대가 직접 선정한 다섯 가지 트렌드 키워드 중 하나로, 여기에는 폴더소비 외에도 ▷N놀러 ▷듣폴트 ▷Ai:tionship ▷셀고리즘이 선정됐다. 이에 따르면 ▷N놀러는 가볍게 즐기는 활동 자체를 취미로 인식하는 사람 ▷듣폴트는 시청보다 청취를 기본으로 삼는 콘텐츠 소비 방식 ▷Ai:tionship은 AI를 단순 도구가 아닌 감정 교류의 대상으로 받아들이는 것 ▷셀고리즘은 알고리즘을 스스로 조정해 자기 정체성을 드러내는 것을 말한다.

푸드플레이션(Foodflation)

"9월 3일 경제협력개발기구(OECD) 물가 수준 통계에 따르면 2023년 우리나라의 식료품 및 비주류 음료 가격은 OECD 38개국 평균보다 1.5배나 높았다. 특히 우리나라의 식료품 물가 수준은 OECD 평균을 100으로 했을 때 147로, 미국(94), 영국(89), 독일(107), 일본(126)보다 높은 것으로 나타났다."

푸드(음식)와 인플레이션(물가 상승)의 합성어로, 급격한 식품가격 인상을 뜻한다. 이는 식료품 가격이 전반적인 소비자물가 상승률보다 높은 상황을 가리킬 때 사용되는데, 최종 식품 가격까지의 상승을 가리킨다는 점에서 곡물·원재료 중심의 상승을 뜻하는 「애그플레이션」과 구분된다. 식품의 경우 필수재라는 점에서 수요가 쉽게 줄지 않으며, 이에 같은 폭으로 상승해도 그 체감은 더욱 크다. 이러한 푸드플레이션은 일반적으로 소비자물가지수(CPI) 가운데 식료품·비알코올 음료와 외식(식품 외부소비) 항목에서 확인할 수 있다. 푸드플레이션을 일으키는 요인으로는 기후변화, 전염병, 에너지 및 비료 가격 상승, 물류비용 증가, 식생활이나 소득 변화 등을 들 수 있다.

PPWR(Packaging and Packaging Waste Regulation)

2026년 8월부터 시행되는 유럽연합(EU)의 포장·포장폐기물 규정으로, ▷과대 포장 금지 ▷재사용 포장 확대 ▷재활용 함량 의무 표기 등을 핵심으로 한다. 이는 지난 2월 11일 발효됐고, 일반 적용은 2026년 8월 12일부터 이뤄지게 된다. PPWR에 따르면 2030년까지 모든 포장재를 재활용이 가능하도록 제작해야 하며, 2030년부터는 일회용 플라스틱 포장재가 전면 금지된다. 이를 통해 포장 폐기물 예방 및 감축, 재활용 가능성 확대, 순환경제 및 지속가능성 추구, 온실가스 감축, 화학물질 우려 최소화 등을 주요 목표로 한다. 기업이 EU 국가에 수출하기 위해서는 EU 내 판매되는 포장재가 규정을 충족함을 입증하는 적합성 선언서(DoC·Declaration of Conformity)와 기술문서(TD·Technical Documentation)를 갖춰야 한다. 해당 문서들은 EU 당국이나 유통사가 요구할 시에 즉시 제출해야 하며, 만약 제시하지 못할 경우 판매가 금지된다.

호스파워(HORSE POWER)

김난도 서울대 소비자학과 교수가 2026년 트렌드를 전망하며 내놓은 키워드로, 2026년 말의 해를 맞아 선정된 10대 소비 트렌드의 영어 앞 글자를 따 제시한 것이다. 서울대 소비트렌드분석센터는 2007년 첫 연구를 시작으로 2009년부터 매년 이듬해에 분석한 소비 트렌드를 주요 키워드에 담아 《트렌드 코리아》를 출간하고 있다. 특히 김 교수는 매년 해당 해의 띠 동물 영어 이름에 착안해 소비 트렌드 키워드를 정하는데, 2026년은 말띠 해라는 점에서 「호스파워」라는 명칭이 붙었다.

2026년 10대 소비 트렌드 「호스파워」

휴먼인더루프 (Human-in-the-loop)	인공지능(AI)이 거의 모든 것을 생성하는 시대에도 인간이 반드시 최소 한 번은 개입해야 한다는 원칙이다.
필코노미 (Oh, my feelings! The Feelconomy)	AI가 발전을 거듭해도 가장 인간적인 감정인 기분이 경제적 의사결정에 미치는 영향이 커지는 역설적인 상황을 설명하는 용어다.
제로클릭(Results on Demand: Zero-click)	사용자가 능동적으로 검색하거나 찾고 선택하지 않아도 AI가 먼저 판단하고 제안한다는 뜻을 담고 있다.
레디코어 (Self-directed Preparation: Ready-core)	사회적 불확실성 속에서 실패를 최소화하기 위해 예행연습과 준비에 몰두하는 것을 가리킨다.
AX조직 (Efficient Organizations through AI Transformation)	AI가 업무 전반을 급속히 바꾸면서 계층과 부서로 구분된 기존 조직 구조가 와해되고, 프로젝트별 업무 중심의 유연하고 자율적인 조직으로 빠르게 개편되는 상황을 반영하는 말이다.
픽셀라이프 (Pixelated Life)	디지털 픽셀처럼 작고 많고 빠른 경험을 추구하며, 거대한 트렌드 대신 수많은 미시적 경험에 몰입하는 것을 가리킨다.
프라이스 디코딩 (Observant Consumers: Price Decoding)	소비자가 생산자가 제시한 가격을 단순히 수용하지 않고, 제품의 원가나 브랜드 가치 등을 일일이 조사해 검토한 뒤 구매 여부를 결정하는 것을 말한다.
건강지능 HQ (Widen your Health intelligence)	건강 상태와 관련 정보를 탐색하고 활용해 자기관리를 실천하는 역량으로, 단순히 수명연장을 넘어 삶의 질을 과학적·의료적·총체적으로 확보하려는 경향을 말한다.
1.5가구(Everyone is an Island: the 1.5 Households)	절대적 자율성(1)을 지키면서도 부분적 연결(0.5)을 추구하는 삶의 양식으로, 혼자이지만 혼자이고 싶지 않은 사람들을 겨냥한 새로운 가구의 모습이다.
근본이즘 (Returning to the Fundermentals)	고전 및 전통, 클래식과 아날로그의 낭만에 가치를 두는 트렌드를 이르는 말로, 가상이 현실을 대체하는 시대에 등장한 흐름이다.

③ 사회·노동·환경

▼ 간병살인

"보건복지부가 9월 22일 「의료 중심 요양병원 혁신 및 간병 급여화」 공청회를 열고, 현재 비급여 항목이어서 환자나 가족이 100% 부담하는 간병비를 내년 하반기부터 급여화하는 방안을 내놓았다. 이는 건강보험에서 병원 간병비를 지원해 간병살인·간병파산을 막겠다는 취지로, 정부는 중증 요양환자의 간병비 본인 부담률을 30%까지 낮춘다는 계획이다."

장기적으로 환자를 돌보던 가족이나 보호자가 간병 부담을 견디지 못하고 결국 환자를 살해하거나 동반 자살을 시도하는 것을 말한다. 주로 고령화 사회에서 심각해지고 있는 간병살인은 경제적 어려움은 물론 정신적·육체적 부담과 사회적 고립 등이 주요 원인으로 꼽힌다. 우선 간병에는 막대한 비용이 소요되는데, 특히 간병을 위해 직장을 그만둘 경우 경제적 어려움은 더욱 커지게 된다. 또한 장기간 간병을 하면서 보호자 역시 극심한 스트레스 등 정신적 부담을 겪게 되며, 이러한 정신적 부담은 수면부족이나 우울증으로 이어지기도 한다. 아울러 간병으로 인해 사회생활이 단절되는 등의 사회적 고립도 간병살인이 일어나는 원인으로 거론된다.

▼ 관계성 범죄

"경찰청이 8월 25일 「관계성 범죄 종합대책」을 발표하며 가정폭력·아동학대·스토킹·교제폭력 등에 대한 기존의 대응 정책을 재정비·고도화하겠다고 밝혔다. 이는 과거에는 사적 문제로 치부해 공권력이 제한적으로 개입했으나 최근 관계성 범죄가 살인으로 이어지는 사건이 반복되는 데 따른 것이다. 경찰은 앞으로 피해자 보호 강화 차원에서 선제적이고 적극적으로 관계성 범죄에 대응한다는 계획이다."

가해자와 피해자 사이에 일정한 관계가 형성된 상태에서 반복적으로 발생하는 범죄로, ▷가정폭력 ▷아동학대 ▷연인 간 스토킹 및 교제폭력 등이 대표적이다. 이러한 관계성 범죄는 일반적인 범죄와 달리 권력·신뢰·의존 관계에 있는 가까운 이들 사이에서 발생하는 만큼 재범 위험이 높고 강력범죄로 이어질 가능성이 크다.

국가온실가스감축목표(NDC · Nationally Determined Contributions)

"환경부가 9월 8일 국회 기후위기특별위원회에 「2035 국가 온실가스감축목표(2035 NDC) 초안」을 보고했다. 초안에 따르면 2035 감축 목표를 40%대 중후반, 53%, 61%, 67% 등 네 가지 안으로 제시했다."

국제사회에 감축 이행을 약속하는 구속력 있는 온실가스 감축목표로, 한국 등 파리기후협약 체결국은 2050년까지 탄소중립을 목표로 5년마다 탄소감축 목표를 유엔에 제출해야 한다. 국제사회는 2015년 채택한 파리협정을 통해 지구 평균온도 상승을 산업화 이전 대비 2℃ 이내, 나아가 1.5℃ 이하로 제한하기 위한 첫걸음으로 2020년까지 유엔에 자국의 장기저탄소발전전략과 국가온실가스감축목표(NDC)를 제출하기로 합의한 바 있다. 우리나라는 2015년 6월 NDC를 제출한 이후 2030년까지 국가 온실가스를 2018년 대비 40% 감축하는 방안을 2021년 10월 확정한 바 있다. 그리고 오는 11월 브라질에서 열리는 유엔기후변화협약(UNFCCC)에서는 「2035 NDC」를 제출해야 하는데, 정부는 11월까지 각계 의견을 수렴해 최종안을 확정한다는 계획이다.

근로감독관(勤勞監督官)

근로기준법에 규정된 근로조건의 실시여부에 대한 감독업무와 중대재해처벌법 등에 관한 수사를 담당하는 고용노동부 소속의 공무원이다. 근로감독관은 노동관계법령을 위반한 범죄에 대해 형사소송법 규정에 의한 사법경찰관의 직무를 행할 수 있다. 구체적으로 사업장, 기숙사 기타 부속건물에 임검하고 장부와 서류의 제출을 요구할 수 있으며 사용자와 근로자에 대하여 신문할 수 있다. 근로감독관은 현재 고용노동직 시험을 통해 채용되지만, 일반 행정직 공무원에서 전환되기도 한다.

근로자이음센터

노동관계법상 근로자로 인정받지 못하는 프리랜서·특수고용직·플랫폼 종사자 등의 권익보호와 이해대변을 위해 개설된 공간이다. 고용노동부 산하 노사발전재단이 운영하는 곳으로, 취약 노동자들에게 노무·세무·법률 상담을 비롯해 임금 체불 진정서 작성 지원, 노동법 교육 등을 무료로 제공해 제도적으로 보호받을 수 있도록 지원한다. 근로자이음센터는 2024년 4~5월 서울·부산·대구·광주·청주·평택 등 6곳을 시작으로 올해 4곳(김포, 천안, 군산, 울산)이 추가로 문을 열면서 현재 전국에 모두 10곳이 운영되고 있다.

농어촌기본소득

"농림축산식품부가 10월 20일 농어촌기본소득 시범사업 지역으로 경기 연천·강원 정선·충남 청양·전북 순창·전남 신안·경북 영양·경남 남해 등 7개 군을 선정했다고 밝혔다. 앞서 인구감소지역(지방분권균형발전법) 69개 군 대상 사업을 공모한 결과 총 49개 군(71%)에서 해당 사업을 신청한 바 있다. 정부는 2년간 약 8900억 원을 투입해 이들 지역에서 농어촌기본소득 시본사업을 진행하는데, 이는 대상 지역에 거주하는 주민에게 매달 15만 원 상당의 지역사랑상품권을 지급하는 방식이다."

이재명 정부가 주요 국정과제로 추진하는 사업으로, 인구감소와 고령화로 인한 농어촌 소멸 위기에 대응하기 위해 시행되는 것이다. 농식품부는 우선 농어촌기본소득 시범사업을 통해 다양한 농어촌 여건에 맞는 지속 가능한 정책 모델을 발굴하고 효과를 검증해 확산의 토대를 마련한다는 방침이다. 시범사업은 2026년 초부터 2027년 말까지 2년간 진행되는데, 대상 지역에 거주하는 주민에게 매달 15만 원 상당의 지역사랑상품권을 지급하는 구조다. 농어촌기본소득을 위한 소득·연령 제한은 없으며, 내국인으로 구성된 4인 가구는 매달 60만 원을 수령할 수 있다. 앞서 이재명 정부는 저출생·고령화 등 농어촌 소멸 현상이 심화함에 따라 국정과제로

「농어촌기본소득 시범사업」을 선정하고, 후속 조치로 내년도 예산안에 정부 예산 2000억 원을 편성한 바 있다. 이후 시범사업 선정을 위해 인구감소지역 69개군을 대상으로 사업을 공모한 결과 총 49개 군(71%)에서 사업을 신청했다. 이에 농식품부는 분야별 전문가로 구성된 평가위원회를 통해 평가를 시행했는데, 선정 기준은 ▷지역 소멸위험도 및 발전 정도 ▷지자체 추진 계획의 실현 가능성 ▷기본소득과 연계한 성과 창출 계획 등이다.

돌발가뭄

"강릉시 주요 상수원인 오봉저수지의 평년 대비 저수율이 8월 말 들어 20%대까지 떨어지는 등 가뭄 피해가 본격화되면서 비상이 걸렸다. 8월 26일 한국농어촌공사에 따르면 강릉 최대 상수원인 오봉저수지의 저수율은 16.8%를 기록했는데, 이는 평년 저수율인 70.3%의 4분의 1 수준이다. 이처럼 강릉에 유독 심각한 가뭄이 발생한 이유로는 기후변화로 나타난 돌발가뭄 때문이라는 분석이 나오는데, 지형적 특성으로 강수량이 적었던 데다 기후변화에 따른 이상 현상까지 겹쳤다는 것이다."

수일~수주 사이에 땅속 수분과 수자원이 급격하게 줄어드는 현상으로, 폭염과 여름철 강수량 부족이 주요 원인으로 꼽힌다. 전통적 가뭄이 강수량이 적어 수개월에 거쳐 나타나는 반면, 돌발가뭄은 예측이 어렵고 단시간에 갑자기 발생한다는 특징이 있다. 돌발가뭄은 최근 지구온난화에 따른 기후변화로 발생 빈도가 증가하고 있는데, 여름철 극심한 폭염이 토양의 수분을 마르게 해 가뭄이 급격히 진행되는 것이다. 국내에서 발생하는 돌발가뭄은 대부분 폭염으로 인한 것으로, 고온 환경에서 토양과 식물의 증발산량(지표 증발과 식물이 내뿜는 수분)이 급증해 토양 수분이 빠르게 사라지는 것을 특징으로 한다. 무엇보다 돌발가뭄은 단순한 물 부족에 그치는 것이 아니라, 토양과 대기의 건조로 산불 위험을 높인다는 데 더욱 심각성이 있다.

강원 강릉시가 9월 10일 최악의 가뭄 대처를 위해 도암댐 방류수를 한시적으로 수용하겠다는 공식 입장을 밝혔다. 도암댐은 1990년에 건설됐는데, 댐에 가둔 물을 15.6km 관로를 통해 한국수력원자력 강릉수력발전소로 보내 전기를 생산한 뒤 강릉 남대천으로 방류하는 유역변경식 발전이 2000년까지 이어져 왔다. 그러나 방류수가 남대천 수질을 오염시킨다는 주민 반발로 2001년 3월부터 발전용 방류는 중단된 바 있다. 하지만 그간 극심한 가뭄으로 강릉의 제한급수 조치가 단계적으로 확대되며 지역 안팎에서는 도암댐 방류가 대안으로 거론돼 왔다.

만성 폐쇄성 폐질환(COPD·Chronic Obstructive Pulmonary Disease)

"보건복지부가 9월 18일 2025년 제1차 국가건강검진위원회를 열고 폐기능 검사 신규 도입방안, 이상지질혈증 및 당뇨병 사후관리 강화방안을 의결했다. 이에 따르면 만성 폐쇄성 폐질환(COPD) 조기 진단을 위한 폐기능 검사가 내년 국가검진으로 첫 도입된다. COPD는 호흡기 만성질환으로 유병률은 12%로 높지만, 초기에 별다른 증상이 없어 폐가 망가질 때까지 모르고 지내는 환자가 많다. 그러나 이번 위원회 의결로 내년부터는 56세, 66세 국민이 국가건강검진을 받는 경우 폐기능 검사를 함께 받게 된다."

원인이 되는 폐질환이나 심장질환 없이 기도폐쇄가 발생해 기류의 속도가 감소하는 질환군을 말한다. 임상적으로는 만성적으로 객담을 동반하는 기침을 하는 만성기관지염과 종말세기관지 이하의 폐포들이 비정상적으로 늘어나고 폐포 격벽이 파괴되는 폐기종이 혼합돼 양자 간의 구분이 힘든 경우, 이들을 총칭해 COPD라고 한다. COPD는 천식과 비슷하게 호흡곤란, 기침, 가래 등의 기도질환 증상이 나타나다가 점차 폐기능이 악화돼 사망에 이르게 된다. 발병 원인은 90% 이상이 흡연으로 알려지며, 이 밖에 공해와 선천적 질환, 호흡기 감염증 등도 원인으로 꼽힌다.

문신사법

"국회가 9월 25일 비의료인의 문신 시술을 허용하는 문신사법 제정안을 가결했다. 이로써 1992년 대법원이 문신 시술을 의료 행위로 판결한 지 33년 만에 비의료인의 문신 시술이 합법화됐다. 문신사법은 공포 2년 후부터 시행되며, 최대 2년간의 임시 등록 특례도 마련됐다."

비의료인인 문신사도 문신 시술을 할 수 있도록

허용한 법률이다. 비의료인의 문신 시술은 1992년 문신 시술을 의료 행위로 판단한 대법원 판결 이후 의료법 위반으로 처벌받아 왔다. 제정안은 법과 현실 간의 괴리를 해소하기 위해 문신사 면허를 신설해 문신 행위와 일반의약품 사용을 할 수 있도록 했다. 또 문신과 반영구 화장을 모두 「문신 행위」로 정의하고, 국가시험에 합격해 면허를 취득한 사람에게만 문신사의 독점적 지위를 부여해 문신 행위를 할 수 있도록 했다. 다만 문신 제거는 금지된다. 아울러 보호자의 동의가 없는 미성년자에 대한 문신 행위는 금지하고, 시술자는 위생 및 안전관리 교육을 의무적으로 이수하도록 했다. 이와 함께 문신 행위 실시 일자, 사용 염료의 종류 및 양, 문신 부위·범위 등에 대한 기록·보관 등도 의무적으로 하도록 했다.

산업재해(産業災害)

"기획재정부가 8월 20일 조달정책심의위원회를 열고 다수의 사망자를 낸 기업의 공공입찰 참여를 제한하는 내용 등을 담은 「국가계약제도 개선 방안」을 심의·의결했다. 지금까지는 동시 2명 이상 사망 시 최대 2년간 입찰 참여를 제한했는데, 이를 연간 다수 사망으로 강화하고 제한 기간도 확대한다."

노동 과정에서 업무상 일어난 사고 또는 직업병으로 인해 근로자가 받는 신체적·정신적 장애를 이르는 말로, 산업재해에 대한 보상 및 배상을 위해서는 업무상 재해로 인정받아야 한다. 우리나라에서는 1953년 제정된 근로기준법 제6장에서 안전과 보건에 관한 조항을 규정한 것이 그 시초로, 1963년에는 산업재해보상보험이 제정됐다. 그러나 산업안전보건에 대한 예방대책은 1981년 산업안전보건법이 제정·공포되면서 본격적으로 추진됐다. 산업재해 발생의 직접적인 요인은 보통 사용자 측에 해당되는 물적 조건과 근로자 측에 해당되는 인적 조건으로 나눌 수 있다. 사용자 측에서 보면 주로 산업재해에 대한 안전대책이나 예방대책의 미비·부실에 기인한다고 볼 수 있으며, 근로자 측에서 보면 ▷근로자의 피로 ▷근로자의 작업상 부주의나 실수 ▷근로자의 작업상 숙련미달 등을 들 수 있다.

스와이시(Swicy)

Sweet(달콤한)와 Spicy(매콤한)의 합성어로, 매콤달콤한 맛의 조화를 뜻하는 말이다. 이는 이국적인 맛을 즐기려는 MZ세대의 취향과 맞물리면서 글로벌 트렌드로 부상 중인데, 실제로 미국 CNN은 2024년 스와이시를 가장 주목받는 음식 트렌드 중 하나로 소개한 바 있다. 또 미국에서는 꿀에 고추를 더한 소스인 「핫 허니(Hot Honey)」가 2024년 연매출 4000만 달러를 달성하는 등의 큰 인기를 누리고 있다. 이러한 스와이시의 인기 요인 중 하나로는 K드라마나 K팝 등 한류 콘텐츠의 인기가 한국 음식에 대한 호기심 증가로 이어진 데 따른 것이라는 분석이 있다. 실제로 우리나라는 떡볶이, 양념치킨, 제육볶음 등 단맛+매운맛(맵단) 조합의 음식이 일찍이 대중화된 상태다. 특히 스와이시는 처음에는 음식의 맛에서 시작됐지만, 점차 패션이나 콘텐츠 등 다양한 맥락에서도 사용되며 그 활용이 확산되고 있다. 예컨대 시각과 청각 모두를 만족시키는 콘텐츠 등에 「스와이시하다」는 표현을 사용하며, 부드러움과 강함 등 상반되는 매력을 모두 가진 분위기나 패션을 가리킬 때도 해당 표현이 사용되고 있다.

슬립맥싱(Sleepmaxxing)

수면(Sleep)과 극대화(Max)를 합친 말로, 수면의 질을 최대한 끌어올리려는 시도를 뜻하는 신조어이다. 슬립맥싱은 「더 빠르게, 오래, 깊이 잠드는 것」을 목표로 하는데, 특히 젊은 세대들은 SNS 등에서 수면 마스크, 마그네슘 음료 섭취, 수면 ASMR 등 다양한 슬립맥싱 방법을 공유하기도 한다. 하지만 슬립맥싱과 같이 수면을 지나치게 통제하거나 인위적으로 최적화하려는 시도는 오히려 수면을 방해할 수 있다는 점에서 주의가 필요하다. 즉, 수면을 인위적으로 최적화하려는 시도가 수면 무호흡증이나 비염 같은 질환을 더욱 악화시킬 수 있다는 것이다. 이에 전문가들은 수면을 위한 인위적 노력보다는 우리 몸이 자연스럽게 수면에 들 수 있는 환경과 습관을 만드는 것이 핵심이라고 말한다. 만약 수면 개선을 위한 여러 노력에도 증상이 나아지지 않거나 수개월 지속되는 경우, 불면으로 인한 우울이나 불안감 등의 증상이 나타나는 경우에는 병원에서 적절한 치료를 받을 것을 권고하고 있다.

양성평등채용목표제(兩性平等採用目標制) ▼

공무원 채용시험에서 성비 불균형을 해소하기 위해 남성이든 여성이든 어느 한쪽이 합격자의 70%를 넘지 않게 하는 제도다. 여성이나 남성이 합격자의 30% 미만일 때 합격선 범위 내에서 해당 성의 응시자를 추가로 합격시키는 것이다. 2000년 남성 군가산점을 폐지한 후 9급 교육행정직과 일반행정직 등 공무원 채용시험 일부 직렬에서 여성 합격률이 70%를 넘으며 남성이 역차별을 받고 있다는 지적이 제기되자, 1996년부터 실시된 여성채용목표제가 2003년 양성평등채용목표제로 전환된 바 있다. 이 제도는 당초 5년 시행을 목표로 시작됐지만, 그동안 네 차례나 연장되면서 2027년까지 시행될 예정이다. 하지만 이 제도에 대해서는 여성에 대한 불평등이 여전하기 때문에 존치되어야 한다는 의견과 이 제도로 인해 오히려 남성이 역차별을 당하고 있다는 찬반 의견이 엇갈리면서 갈등이 지속되고 있다. 특히 이 제도가 내년부터는 경찰 순경 공채로도 확대될 예정이어서 제도를 둘러싼 논란이 재점화되고 있다.

에코 반달리즘(Eco-vandalism) ▼

Eco(생태, 환경)와 Vandalism(공공기물 파손)을 합친 말로, 환경 문제에 대한 주목을 끌기 위해 예술 작품이나 문화유산, 공공시설물에 손상을 가하거나 변형하는 행동을 가리킨다. 이는 환경보호라는 명분 아래 급진적인 환경단체나 동물보호단체들이 특정 기업 및 개발지역 등에 방화·파괴·협박 등의 과격한 행위를 일으키는 것으로, 「에코 테러리즘」이라고도 한다.
에코 반달리즘 사례로는 주요 관광지나 유명 미술관에 걸린 작품들에 음식을 던지거나 액체를 쏟아 훼손하는 환경단체들의 시위를 들 수 있다. 에코 반달리즘을 자행하는 환경단체들은 평범한 시위 방식으로는 정부가 기후 변화에 제대로 대응하지 않으므로 극단적 방법이 필요하다는 입장이지만, 이들의 행위가 대중의 공감보다는 반감을 더 불러일으켜 환경운동 전체에 큰 타격을 준다는 비판의 목소리도 높다. 또한 문화유산이나 예술작품 등 인류 전체의 자산을 공격 대상으로 삼는 것은 부적절하다는 지적도 있다.

연결되지 않을 권리(Right to disconnect) ▼

"9월 8일 로이터통신에 따르면 유럽연합(EU) 집행위는 지난 7월 「연결차단권·공정한 원격근무」에 관한 사회적 파트너(노사) 2단계 협의를 시작했다. 이어 10월 6일까지 기업과 노조 관계자 등의 의견을 수렴해 입법안을 최종 결정한다는 계획이다."

근무시간 외에 직장에서 오는 이메일이나 전화, 메시지 등을 받지 않을 수 있는 권리로, 디지털 시대에 부합하는 사생활 보호와 자유권의 보장이라는 측면에서 새롭게 등장한 개념이다. 특히 스마트폰 등의 디바이스 발전과 재택근무 증가로 업무시간과 장소의 범위가 모호해지면서 해당 권리가 중요시되고 있다. 여기다 워라밸(일과 삶의 균형)을 중시하는 젊은 세대 직장인들이 늘어난 것도 「연결되지 않을 권리」의 등장에 영향을 미쳤다. 전 세계적으로는 프랑스가 제일 처음으로 2016년 2월 업무시간 외 전화·이메일·SNS·회사 전산망 등의 사용을 규제하는 내용의 「로그오프법」을 제정해 2017년부터 시행 중에 있다. 이후 스페인·포르투갈·아일랜드·벨기에·이탈리아 등도 연결차단권을 시행했다.

EU 탄소국경조정제도(CBAM·Carbon Border Adjustment Mechanism)

유럽연합(EU)이 세계 최초로 도입한 탄소국경세로, EU 역내로 수입되는 제품 가운데 자국 제품보다 탄소배출이 많은 제품에 비용을 부과하는 것이다. 이는 2030년까지 탄소 배출량 55% 감축을 목표로 하는 EU의 「핏 포 55(Fit for 55)」 정책 패키지의 일환으로, EU 역내 저탄소 제품 생산 기업들이 외국 수입제품과 가격 경쟁력에서 뒤처진다는 지적에 따라 고안된 것이다. EU는 2023년부터 전기·시멘트·비료·철강·알루미늄 등 탄소배출이 많은 품목에 CBAM을 시범 시행하고 있는데, 이는 2026년부터 단계적으로 적용된다. 이에 외국 수출기업은 마감 시한 전에 EU가 정한 형식에 맞춰 신고인인 EU 역내 수입업자에 탄소 배출량 데이터를 공유해야 한다. 만약 기한을 어기거나 보고 규정을 지키지 않으면 t당 10~50유로의 벌금 등 벌칙이 부과된다. 전환기는 본격적으로 관세를 부과하는 2026년 1월 전까지 일종의 준비 기간으로 보고 의무만 있지만, 2026년부터는 탄소 배출량에 상응하는 CBAM 인증서를 구입해야 한다.

2차 에코붐(Echo-boom) 세대

"통계청이 8월 27일 발표한 「2025년 6월 인구 동향」에서 올해 2분기 출생아가 6만 979명으로 전년 대비 7.3%(4157명) 늘어났으며, 2분기 결혼 건수도 5만 9169건으로 전년 대비 5.8%(3263건) 늘었다고 밝혔다. 이는 지난해 1분기(0.4%) 이후 6분기 연속 증가세인데, 이에 대해서는 제2차 베이비붐 세대의 자녀들인 2차 에코붐 세대가 30대 초·중반의 결혼 적령기에 진입한 데 따른 것으로 분석된다."

2차 베이비붐 세대(1964~1974년생)의 자녀 세대로 1991~1996년에 태어난 이들을 가리킨다. 베이비붐 세대가 메아리(Echo)처럼 고용시장에 돌아온 것 같다는 뜻에서 붙은 명칭이다. 2차 에코붐 세대는 매년 70만 명 넘게 태어나 1980년대 후반생(연간 60만 명대)이나 2000년대생(연간 40만~60만 명대)보다 많다.

재난사태(災難事態)

대통령령이 정하는 재난이 발생하거나 발생할 것으로 판단될 경우 「재난 및 안전관리기본법」에 근거해 선포되는 것이다. 행정안전부 장관은 대통령령으로 정하는 재난이 발생하거나 발생할 우려가 있는 경우 사람의 생명·신체 및 재산에 미치는 중대한 영향이나 피해를 줄이기 위하여 긴급한 조치가 필요하다고 인정하면 중앙위원회의 심의를 거쳐 재난사태를 선포할 수 있다. 행정안전부 장관 및 지방자치단체의 장은 재난사태가 선포된 지역에 대하여 ① 재난경보의 발령, 인력·장비 및 물자의 동원, 위험구역 설정, 대피명령, 응급지원 등 이 법에 따른 응급조치 ② 해당 지역에 소재하는 행정기관 소속 공무원의 비상소집 ③ 해당 지역에 대한 여행 등 이동자제 권고 ④ 그 밖에 재난예방에 필요한 조치 등을 행할 수 있다. 재난사태는 지난 2005년 식목일에 발생한 대형산불로 인해 강원특별자치도 양양·고성군에 최초로 선포된 바 있다. 이후 ▷2007년 12월 8일 기름 유출 사고가 발생한 태안군에 ▷2019년 4월 5일 고성·속초 산불과 강릉·동해 산불로 강원특별자치도에 ▷2022년 3월 4일에는 대형산불이 발생한 울진군과 삼척시에 재난사태가 선포됐다. 그리고 지난 8월 30일에는 가뭄으로 생활용수 공급에 심각한 차질이 발생한 강원도 강릉시에 재난사태가 선포됐다.

재난적 의료비 지원사업

과도한 의료비로 경제적 부담을 겪는 가구에 의료비를 지원하는 사업으로, 의료기관 등에서 입원 진료를 받는 경우(모든 질환 적용)와 중증질환(암, 뇌혈관질환, 심장질환, 희귀질환, 중증난치질환, 중증화상질환)으로 의료기관 등에서 외래 진료를 받은 경우가 해당된다. 기초생활수급자, 차상위계층, 기준중위소득 100% 이하인 경우에 지원되는데 지원요건이 미충족됐더라도 지원이 필요한 경우에는 개별 심사를 통해 지원이 이뤄진다. 신청은 국민건강보험공단에 방문해 이뤄지며, 대상으로 선정되면 연간 2000만원 범위 내에서 비급여 포함 본인부담 의료비의 50%를 지원받을 수 있다.

> **재난적 의료비** 가구의 소득이나 지출에서 일정 수준을 넘는 의료비 지출로, 일반적으로 의료비 지출이 전체 가계지출(생활비)의 10~40%를 넘는 경우를 가리킨다. 세계보건기구(WHO)에서는 가처분소득에서 의료비 지출이 차지하는 비중이 40%를 초과하는 경우를, 우리 보건복지부에서는 가구의 경상소득 대비 의료비 비중이 10% 이상인 경우를 재난적 의료비 지출로 보고 있다. 재난적 의료비 지출은 소득 수준이 낮은 나라일수록, 본인부담률이 높을수록 저소득층의 지출 부담이 큰 것으로 알려져 있다.

콘에어(Convict Airline)

"경찰청이 9월 3일 인천국제공항을 통해 필리핀에서 피의자 49명(남성 43명, 여성 6명)을 강제 송환했다고 밝혔다. 이처럼 한국 범죄자를 전세기로 집단 송환한 사례는 8년 만이자 이번이 두 번째다."

「수형자를 태운 비행기(Convict Airplane)」의 줄임말로, 미 법무부 산하 연방보안관실(USMS)에서 운영하는 수형자 항공 이송 시스템(JPATS·Justice Prisoner and Alien Transportation System)을 가리킨다. 이는 수형자 항공이라는 의미로 「콘에어」라는 별칭이 붙었는데, 수감자들을 교도소나 법원 등으로 이동시키는 역할을 하고 있다. 이 명칭은 1997년 개봉한 미국 영화 〈콘에어〉로 널리 알려졌는데, 이 영화는 흉악범들을 이송하는 임무를 띤 콘에어에서 벌어진 위기를 다루고 있다. 우리나라에서는 2017년 처음으로 경찰이 전세기를 동원해 필리핀에서 피의자 47명을 송환해 왔는데, 당시 이를 「한국판 콘에어 작전」이라고 부른 바 있다.

한강버스

국내 최초의 친환경 수상 대중교통수단으로, 서울시가 도심 교통 혼잡을 완화한다는 목표로 추진해 9월 18일 첫 정식운항을 시작했다. 이는 마곡-망원-여의도-압구정-옥수-뚝섬-잠실 7개 선착장, 총 28.9km를 친환경 선박(하이브리드, 전기 선박)이 운항한다. 199인승과 155인승의 각 선박은 경복궁호, 남산서울타워호, 세빛섬호 등 서울을 대표하는 역사, 건축, 문화 관련 이름이 붙었다. 이용 요금은 1회 3000원(일반)이며(만 6~12세 어린이는 1100원, 만 13~18세 청소년은 1800원), 기후동행카드에 월 5000원을 추가하면 횟수 제한 없이 한 달 내내 무한 탑승이 가능하다. 특히 지하철 및 버스, 수도권 광역버스 대중교통 환승할인도 받을 수 있다.

9월 18일부터 운항을 시작한 한강버스는 운항 초기부터 고장과 운항 지연, 폭우와 팔당댐 방류로 인한 중단 사태 등이 이어지면서 거센 논란에 부딪혔다. 이에 서울시는 9월 29일부터 약 한 달간 한강버스 승객 탑승을 일시 중단한다고 밝혔다. 무승객 시범 운항은 기존과 동일하게 양방향 7회씩 하루 총 14회다. 시는 시범 운항을 통해 선박별로 운항 데이터를 축적하고, 그 결과를 운항 품질 개선에 활용한다는 계획이다.

합성 니코틴(Synthetic Nicotine)

"국회 기획재정위원회가 9월 25일 전체회의에서 액상형 전자담배의 원료인 「합성 니코틴」도 담배로 규정해 세금을 부과·규제하는 담배사업법 개정안을 의결했다. 개정안에는 담배의 정의를 기존 천연 니코틴의 원료인 「연초의 잎」에서 「연초」 또는 「니코틴」으로 확대하는 내용이 담겼다. 법이 통과되면 1988년 이후 37년 만에 담배의 정의가 바뀌게 된다. 이처럼 합성 니코틴이 담배로 정의되면 액상형 담배도 기존 궐련형 담배와 같은 동일한 규제를 받게 된다."

담배 식물에서 추출하지 않고 화학적으로 합성한 니코틴으로, 천연 니코틴과 화학적으로 동일한 구조를 가지고 있으나 제조 방식이 다르다. 이는 인공적으로 제조돼 불순물이 적고 순도가 높다는 특징을 가지고 있으며, 천연 니코틴보다 가격이 저렴해 액상형 전자담배의 원료로 주로 쓰이고 있다. 그러나 현행법상 담배가 아니라는 이유로 담뱃세, 판매 및 광고 규제를 받지 않아 논란이 있었다. 그러다 지난해 10월 정부 용역 결과, 합성 니코틴 원액에 포함된 69개 항목에서 유해성이 확인되면서 합성 니코틴 규제 논의가 거세진 바 있다. 합성 니코틴 역시 화학적으로 천연 니코틴과 동일하기 때문에 생리학적·중독 작용도 같다. 합성 니코틴 역시 각성이나 집중력 향상 등 중추신경계를 자극하지만, 의존성이 높은 데다 심박수와 혈압 상승, 구토와 불면, 두통 등의 부작용을 갖고 있다.

해루질

"인천해양경찰서 영흥파출소 소속 고 이재석 경사(34)가 9월 11일 갯벌에 고립된 70대 남성을 구하려다 순직하면서 해루질 안전 문제에 대한 우려가 다시 커지고 있다. 최근 5년간 해루질 중 갯벌에 고립돼 사망하거나 실종된 인원은 38명에 달하는 것으로 집계됐다."

바닷물이 빠지는 간조(干潮, 썰물) 때 갯벌이나 바위틈, 해안가 모래사장 등에서 조개, 낙지, 게, 해삼 등의 어패류나 해산물을 전통적인 방식으로 채취하는 활동을 말한다. 우리나라에서는 갯벌이 넓게 분포된 서해안에서 특히 많이 볼 수 있는데, 보통 어패류의 활동이 활발한 밤 시간대에 많이 이뤄진다. 해루질에는 보통 ▷해루망(밑이 촘촘한 뜰채) ▷호미, 삽 ▷랜턴이나 수중 헤드랜턴 등이 사용된다. 해루질은 행해지는 장소에 따라 방식에 약간 차이가 있는데, 대표적으로 갯벌 해루질의 경우 밤에 불을 켜고 손이나 호미 등을 이용해 어패류를 채취한다. 다만 해루질은 밤시간에 주로 이뤄지기 때문에 해무 등에 의한 방향 상실, 밀물 고립, 갯골 등에 의한 익수사고에 매우 유의해야 한다. 우선 해루질에 앞서 밀물 및 썰물시간과 안개 등의 기상상황을 반드시 확인해야 하고, 구명조끼 착용과 2인 이상 동행 등의 안전수칙 이행이 중요하다. 또 지역 어민들이 출입을 위해 만들어 놓은 진입로를 이용하고, 진입로로부터 멀리 떨어진 곳은 출입하지 않도록 해야 한다.

④ 문화·스포츠

그리팅맨(Greetingman)

"60여 년 동안 이역만리 바다에서 원양어업을 한 한인 어부들을 기념하기 위한 조각상이 10월 14일 서아프리카 스페인령 카나리아제도의 라스팔마스에 설립됐다. 라스팔마스는 1966년 3월 한국수산개발공사 소속의 강화 601호가 처음 닻을 내린 이래 60년 가까이 한국 원양어업의 전진기지 역할을 한 곳이다."

한국의 조각가 유영호 작가가 제작한 현대 조각 작품으로, 깍듯하게 90도로 인사하는 파란색 남자 형상이다. 이는 평화, 존중, 대화, 연대의 메시지를 전 세계에 전달하고자 하는 공공예술 프로젝트의 일환으로 추진되고 있다. 작가는 이 작품을 2012년 우루과이를 시작으로 브라질·멕시코·미국·베트남 등에 설치하고 있으며, 국내에서는 경기도 연천, 강원도 양구, 제주도 서귀포 등에서 볼 수 있다. 각 조각상은 현지 상황에 따라 크기와 재질, 설치 위치가 조금씩 차이가 있는데, 일부 국가는 한국 정부나 민간 단체, 교민사회가 후원해 제작·설치됐다.

대목장(大木匠)

"국가유산청이 10월 20일 국가무형유산 대목장(大木匠) 보유자로 김영성·이광복·조재량 씨를 각각 인정했다고 밝혔다. 대목장 분야에서 보유자가 새로 인정받는 것은 2000년 최기영 보유자 이후 25년 만으로, 올해 3명이 추가로 인정돼 향후 전승 활동에 큰 역할을 할 것으로 기대되고 있다."

나무를 다루는 목수 중에서 궁궐이나 사찰, 가옥 등과 같이 대규모 목공일을 하는 사람을 부르는 말로, 집을 짓는 전 과정을 책임지는 사람이다. 대목장이라는 명칭은 문짝, 난간 등 소규모의 목공일을 맡아 하는 소목장과 구분한 데서 나온 명칭이다. 대목장은 1982년 6월 국가무형유산으로 지정됐으며, 2010년 11월에는 유네스코 인류무형문화유산에 등재됐다. 특히 대목장의 인류무형유산 등재는 우리나라 최초의 기능 분야 등재라는 점에서 그 의미를 더한 바 있다.

대목장은 그 기법이 엄격히 전승되기 때문에 「기문(技門)」이 형성돼 있는데, 여기서 기문은 기술로서 한 가문이 만들어지는 것을 말한다. 대목장은 능력에 따라 새로운 기법이 도입되기도 하고 기능이 향상되기도 하며, 새로운 문물을 수용하기도 한다.

대한민국 대중문화예술상 (大韓民國 大衆文化藝術賞) ▼

"문화체육관광부와 한국콘텐츠진흥원이 10월 23일 서울 중구 국립극장에서 「2025 대한민국 대중문화예술상」 시상식을 열고 문화예술인 31명(팀)에 대해 문화훈장과 표창을 수여한다고 15일 밝혔다. 은관문화훈장에는 배우 김해숙이 선정됐으며, 보관문화훈장은 배우 이병헌과 정동환이 수훈한다. 또 옥관문화훈장은 故 전유성과 성우 배한성, 가수 지드래곤이 받는다."

우리나라 대중문화 예술인들의 위상 제고와 사기 진작을 위해 2010년 제정된 정부 포상제도다. 최고 영예인 금관문화훈장을 비롯해 문화훈장, 대통령 표창, 국무총리 표창, 문화체육관광부장관 표창 등 4개 부문에서 시상한다. 포상 대상은 대중문화예술인 및 대중문화예술산업 종사자로, 시상식은 매년 10~11월경에 열린다. 수상자는 일반 공모로 후보자를 추천받아 ▷예비심사(1차 검증) ▷본 심사(2차 검증 및 공적심사) ▷문체부 공적심사(포상대상 후보자 선정) ▷행정안전부 검증(후보자 검증) ▷국무회의(포상대상자 확정)의 5차례의 과정을 거쳐 최종 결정된다.

로봇 심판(Robot Umpires) ▼

"메이저리그(MLB) 사무국이 2026시즌부터 로봇 심판이라고 불리는 자동투구판정시스템(ABS)을 도입한다고 밝혔다. 다만 이는 이의 신청이 있을 때 ABS를 통해 확인하는 챌린지 방식으로 활용된다. 구단은 주심의 스트라이크존 판정에 대해 경기당 2번의 챌린지를 사용할 수 있으며, 챌린지는 해당 투구와 직접 관련된 투수·포수·타자만 제기할 수 있다. 모자나 헬멧을 두드려 심판에게 의사를 표시하면 심판은 ABS를 확인해 결과를 발표한다."

전용 카메라가 마운드, 홈 플레이트, 베이스 등 고정된 그라운드 위치 정보를 바탕으로 모든 투구의 궤적을 실시간 추적하는 시스템이다. 타자별로 스트라이크존을 설정한 뒤 그 존을 통과할 경우 투구의 위치를 측정해 볼·스트라이크 여부를 판단한다. 이 시스템은 볼 판정과 관련해 오심 논란을 예방하고, 주심 성향에 따라 스트라이크존이 변하는 것을 막을 수 있으며 볼 판정 항의 등 불필요한 논쟁을 피할 수 있다는 장점이 있다. 반면에 볼 판정에 걸리는 시간이 늘어나 경기가 지연될 수도 있다.

한편, 한국야구위원회(KBO)는 2024시즌부터 1군에 로봇 심판을 도입했는데, 메이저리그(MLB)와는 다르게 모든 투구를 ABS로 판정하고 있다.

루브르 박물관(Musée du Louvre) ▼

"프랑스 파리의 관광명소 루브르 박물관에 10월 19일 4인조 괴한들이 사다리차를 타고 침입해 보석류를 훔쳐 달아나는 사건이 발생했다. 이들은 프랑스 왕실 보석류가 전시된 아폴론 갤러리에서 9점의 보석류를 훔쳐 달아났는데, 그 중 1점은 범행현장 인근에서 회수된 것으로 전해졌다. 괴한들이 훔쳐간 보석류에는 나폴레옹 1세가 부인 마리 루이즈 황후에게 선물한 에메랄드·다이아몬드 목걸이, 나폴레옹 3세의 부인 외제니 황후의 왕관과 브로치, 18세기 마리 아멜리 왕비와 오르탕스 왕비와 관련된 사파이어 목걸이 등이 포함된 것으로 알려졌다."

프랑스 파리에 위치한 박물관으로, 대영박물관·바티칸박물관과 함께 세계 3대 박물관으로 꼽힌다. 원래 프랑스 왕가의 궁전이었던 곳으로, 약 6만 600m² 규모를 자랑한다. 이곳은 16세기 초 예술에 조예가 깊었던 프랑수아 1세가 레오나르도 다빈치의 〈모나리자〉를 비롯한 이탈리아 거장들의 작품과 고대 조각 작품들을 수집해 궁전에 전시하면서 그 역사가 시작됐다. 이후 왕궁이 베르사유 궁전으로 옮겨간 후 왕실의 미술품 보관처로 사용됐고, 1648년부터는 미술 아카데미의 전시회가 매년 열리는 등 점차 많은 작품을 소장하게 되었다. 프랑스혁명 후인 1793년 혁명 정부가 국립중앙미술관으로 공개했으며, 19세기에 이르러 2개의 사각형 본관과 건물을 둘러싸고 있는 두 개의 거대한 정원으로 구성된 현재의 모습이 완성됐다. 특히 분관으로 루브르-랑스(2004년 개관), 루브르 아부다비(2017년 개관), 루브르 테헤란(2018년 개관) 등이 있다. 루브르 박물관은 지난해에만 방문객 900만 명이 찾은 관광 명소로, 메소포타미아와 이집트부터 유럽까지 전 세계 유물과 예술작품 3만 3000점을 전시하고 있다. 다만 개관 이후 절도 및 강도 사건도 여러 차례 겪었는데, 대표적으로 1911년 레오나르도 다빈치의 모나리자 도난 사건이 가장 잘 알려져 있다. 당시 이탈리아인 빈센조 페루자가 훔쳐낸 모나리자는 2년여 만에 루브르로 돌아왔고, 이 사건으로 모나리자의 유명세는 더욱 높아진 바 있다.

믹솔로지(Mixology)

Mix(섞다)와 Technology(기술)를 합친 말로, 「술과 음료, 시럽, 과일 등 여러 재료를 섞어 만든 칵테일 또는 그 문화」를 뜻한다. 믹솔로지는 2020년 코로나19로 인해 사회적 거리두기가 시행되는 가운데, 사람들이 집에서 직접 새로운 술을 제조해 마시는 홈텐딩 문화가 확산하면서 인기를 끌었다. 믹솔로지는 재료의 종류와 양, 비율, 혼합 방법 등을 조절해 칵테일의 색이나 맛, 향 등을 개인의 취향에 맞게 바꿀 수 있다는 점에서도 인기를 끌고 있다. 이처럼 믹솔로지가 새로운 주류 문화로 떠오르면서 주류업계도 레몬맛 하이볼, 바닐라향 칵테일 등 다양한 믹솔로지 제품을 선보이고 있다. 특히 최근에는 여러 종류의 라면을 섞어 먹는 푸드 믹솔로지(Food Mixology), 화장품을 섞어 바르는 뷰티 믹솔로지(Beauty Mixology) 등 식품·화장품 등의 산업 분야에서도 믹솔로지 문화가 확대되고 있다.

베르그루엔 철학 및 문화상 (Berggruen Prize for Philosophy)

"《정의란 무엇인가》의 저자 마이클 샌델(72) 미국 하버드대 정치학과 교수가 저명한 사상가에게 수여되는 제9회 베르그루엔 철학 및 문화상(베르그루엔상) 수상자로 선정됐다. 비영리 싱크탱크인 베르그루엔 연구소는 10월 14일 「샌델이 사회와 공적 담론 속에서 도덕, 존엄, 공공선의 의미를 탐구한 영향력과 범위는 그 누구와도 비교할 수 없을 정도」라고 선정 이유를 밝혔다."

독일계 미국인 투자자이자 억만장자 자선사업가인 니콜라스 베르그루엔(64)이 2016년 제정한 상으로, 「철학계의 노벨상」이라 불린다. 베르그루엔은 사상이 인류 역사에 지대한 영향을 끼쳐 왔음에도 사상가나 철학가에게 수여하는 상이 없다는 것에서 착안해 이를 고안했다. 상금 규모는 노벨상(1100만 스웨덴 크로나·약 16억 4000만 원)과 맞먹는 100만 달러(약 14억 3000만 원)다. 2016년 제1회 베르그루엔 철학상은 문화 다원주의를 이론화하고 다른 문명에 대한 인정과 존중의 중요성을 역설한 찰스 테일러 캐나다 맥길대 명예교수가 수상한 바 있다.

성덕대왕신종(聖德大王神鐘)

"성덕대왕신종 타음조사 공개회가 9월 24일 열린 가운데, 이날 행사에는 771명의 시민이 참석했다. 771은 성덕대왕신종이 조성된 해를 상징하는 것으로, 이날 행사는 통일신라 때인 771년(혜공왕 7년) 제작된 성덕대왕신종 보존을 위한 과학적 조사와 연계해 이를 대중에게 공개한 것이다. 이처럼 타종 장면이 일반에 공개된 것은 2003년 10월 개천절 타음조사 이후 22년 만이었다."

우리나라에 남아있는 가장 큰 종으로 상원사 동종(국보), 청주 운천동 출토 동종(보물)과 더불어 현존하는 완형의 통일신라시대 범종 3구 중 하나이다. 이는 신라 상원사 동종(8세기 초 제작)에 이어 우리나라에서 두 번째로 오래된 종으로, 봉덕사에 달았기 때문에 「봉덕사종」이라고도 부른다. 성덕대왕신종은 742년 신라 경덕왕이 부왕인 성덕대왕을 기리기 위해 만들기 시작해 771년(혜공왕 7년)에 완성됐다. 원래 봉덕사에 걸었던 것을 조선시대 때인 1460년(세조 6)에 영묘사에 옮겨 걸었는데, 홍수로 절이 떠내려가고 종만 남게 되었다. 이에 현 봉황대 옆에 종각을 짓고 보존하다가 1915년 국립경주박물관으로 옮겨 보관 중에 있다. 특히 주조 과정에서 어린이를 바쳐 종이 울릴 때마다 아이가 어머니를 찾는 「에밀레 에밀레(어머니 어머니)」 소리를 낸다는 설화를 가지고 있어 에밀레종이라고도 불린다. 성덕대왕신종의 종소리는 신비롭고 아름답기로 유명한데, 다른 종들이 10~20초 정도의 여운을 남기는 데 반해 평균 1분 이상 계속된다. 이에 종소리에 대한 연구가 이어져온 결과, 그 소리의 신비함은 두 개의 소리가 서로 간섭해 강약을 반복하는 「맥놀이현상」 때문이라는 사실이 밝혀지기도 했다.

▲ 출처: 국가유산청

수정헌법 1조 위원회
(Committee for the First Amendment) ▼

"할리우드의 원로 배우인 제인 폰다(87)가 10월 1일 성명을 내고 매카시즘 광풍에 저항했던 예술인들의 모임 「수정헌법 1조 위원회」를 78년 만에 재결성했다고 밝혔다. 미국 수정헌법 1조는 언론의 자유를 규정하고 있다. 최근 미국 방송가에서는 지난 9월 ABC 방송국이 정부의 압박을 받아 〈지미 키멀 쇼〉를 일시 중단한 것을 계기로 표현의 자유가 화두로 부상하고 있다."

미국에서 표현의 자유를 지지·보호하기 위해 조직됐던 단체로, 1947년 당시 필립 던(각본가), 윌리엄 와일러(감독) 등이 주축이 돼 설립됐다. 당시 미국 사회에서는 공산주의자들을 축출하기 위한 매카시즘(McCarthyism) 광풍이 거셌는데, 특히 하원 반미활동위원회(HUAC)가 영화계·문학계·언론계 인사들을 대상으로 공산주의 동조자 의혹 조사를 전개했다. 이에 수정헌법 1조 위원회는 HUAC에 대응해 매카시즘 광풍에 저항하는 예술인들이 중심이 돼 결성됐는데, 배우 헨리 폰다를 비롯해 험프리 보거트, 프랭크 시내트라, 주디 갈런드 등의 당대 유명 스타들도 대거 참여해 정부의 탄압에 맞섰다. 그러나 조셉 매카시 상원의원의 주도로 이뤄진 조사들을 통해 많은 할리우드 인사들이 소련의 간첩이라는 비난을 받으며 활동이 중지됐다. 아울러 위원회의 활동은 초기에는 대중의 주목을 받았지만, 이후 정치적 압박과 반공 분위기가 점차 심화되면서 비난을 받기도 했다. 이에 일부 참여자들이 위원회 참여를 철회하면서 결국 위원회는 지속적인 활동을 유지하지 못하게 됐다.

쉽게 씌어진 시 ▼

"도쿄 릿쿄대가 9월 25일 윤동주 시인의 기념비 제막식을 10월 11일 개최한다고 발표했다. 그간 윤 시인의 모교 교토 도시샤대를 비롯한 교토 일대에는 기념비가 많았지만 도쿄에 윤동주 기념비가 생기는 것은 처음이다. 릿쿄대는 윤 시인이 1942년 연희전문학교(현 연세대) 졸업 후 일본으로 유학 갔을 때 다녔던 첫 대학이다. 윤 시인은 릿쿄대 시절 〈쉽게 씌어진 시〉, 〈흰 그림자〉 등 5편의 시를 남겼다."

일제강점기 대표적인 저항 시인 중 한 명인 윤동주 시인(1917~1945)의 마지막 작품이다. 이는 시인이 일본 유학 중이던 1942년에 쓴 자유시로, 식민지 지식인의 고뇌와 자기 성찰 등을 담아낸 것이 특징이다. 이 시는 1948년 시인의 유고 시집 《하늘과 바람과 별과 시》에 수록돼 세상에 알려졌다. 이 시에는 육첩방·밤비·등불 등의 시어가 등장하는데, 이는 시인이 처한 억압적 현실과 자기 성찰, 극복 의지 등을 상징한다.

〈쉽게 씌어진 시〉 일부 등불을 밝혀 어둠을 조금 내몰고/시대처럼 올 아침을 기다리는/최후의 나./나는 나에게 적은 손을 내밀어/눈물과 위안으로 잡는/최초의 악수.

시체스영화제
(Sitges International Film Festival) ▼

"박찬욱 감독이 영화 〈어쩔수가없다〉로 10월 19일 폐막한 제58회 시체스영화제에서 감독상을 받았다. 박 감독은 앞서 이 영화제에서 여러 번 수상한 바 있는데, 2004년 〈올드보이〉로 작품상을 받은 것을 시작으로 〈쓰리, 몬스터〉(2004)로 FX작업상, 〈싸이보그지만 괜찮아〉(2007)로 각본상, 〈아가씨〉(2017)로 관객상을 수상한 바 있다."

스페인 대표 영화제로 꼽히는 세계 최대 규모의 장르 영화제로, 판타지·공포·SF·컬트 등 독창적인 상상력과 높은 완성도를 겸비한 다양한 장르영화의 가치를 조명하는 것이 특징이다. 1968년 창설됐으며, 벨기에 브뤼셀판타스틱영화제, 포르투갈 판타스포르투영화제와 함께 세계 3대 장르 영화제로도 불린다. 영화제는 매년 10월경 스페인 카탈루냐주의 해변 도시 시체스에서 개최되고 있으며, 일반적인 종합 영화제와 달리 장르영화에 집중하는 것이 특징이다. 시체스영화제는 다양한 섹션에서 상을 수여하지만 핵심 경쟁 부문은 장편 경쟁작을 포함한 공식 판타스틱 섹션(Official Fantàstic Selection)으로, 이 섹션에서는 최고의 작품상, 감독상, 남녀 배우상 등을 수여한다.

식스 킹스 슬램(Six Kings Slam)

사우디아라비아 관광청이 주관하는 테니스 이벤트 대회로, 2024년 처음 시작됐다. 식스 킹스 슬램은 남자프로테니스(ATP) 투어 공식대회가 아닌 이벤트 형식의 대회임에도 총상금 규모가 1350만 달러(192억 5000만 원)에 이른다. 이에 출전만 해도 상금 150만 달러(약 21억 4000만 원)를 받고, 우승자는 600만 달러(약 85억 7000만 원)를 받는다. 이 우승상금은 테니스 4대 메이저 대회 중 가장 상금 규모가 큰 US오픈(우승 상금 500만 달러)보다 100만 달러나 많은 것이다. 지난해 1회 대회에서는 결승에서 얀니크 신네르가 카를로스 알카라스를 2-1로 제압하고 우승한 바 있다.

MTV(Music Television)

"BBC가 최근 MTV의 모회사 패러마운트가 12월 31일을 끝으로 영국에서 〈MTV Music〉, 〈MTV 80s〉 등 5개 채널을 폐쇄한다고 보도했다. 이는 TV보다는 유튜브를 비롯한 스트리밍 서비스나 소셜미디어에서 음악을 향유하는 세태가 늘어난 데 따른 결정이다."

세계 최초의 24시간 비디오 음악 채널을 표방하며 보는 음악의 시대를 열었던 미국의 음악 전문 케이블 채널이다. MTV는 1981년 8월 1일 〈Video Killed the Radio Star〉를 첫 번째로 방송하며 시작했는데, 이는 라디오처럼 24시간 음악을 틀지만 비디오로 보여주는 형식이었다. 특히 마이클 잭슨의 최고 명곡으로 꼽히는 〈스릴러(Thriller)〉 뮤직비디오 최초 공개(1983), 퀸·U2 등 전설적 가수들이 총출동한 초대형 자선공연「라이브 에이드(Live Aid)」 16시간 생중계(1985) 등으로 대중문화의 글로벌 확산을 주도했다. MTV는 1990년대에는 음악과 리얼리티를 결합시키며 단순한 음악방송을 넘어 청년문화 전체를 다루는 채널로 진화했다. 이후 2000년대에는 음악보다는 리얼리티 쇼와 연예 오락 중심으로 바뀌는 변화를 꾀했으나, 2010년대 이후부터 유튜브나 스포티파이 등 스트리밍 서비스의 등장으로 그 영향력이 점차 약화되기 시작했다. 다만 MTV가 운영하고 있는 음악 시상식인「MTV Video Music Awards(VMA)」는 미국의 4대 대중음악 시상식으로 그 명성을 공고히 하고 있다.

여자 럭비 월드컵 (Women's Rugby World Cup)

"2025 여자 럭비 월드컵이 8월 22일~9월 27일 영국 선덜랜드, 오크, 노샘프턴 등 8개 지역에서 열렸다. 대회는 16팀이 4조로 나뉘 풀 리그를 치르고 각 조 1·2위 팀이 8강 토너먼트를 거쳐 우승팀을 가렸다. 그 결과 잉글랜드가 우승을 차지했으며 2위는 캐나다. 3위와 4위는 각각 뉴질랜드, 프랑스가 올랐다."

국제럭비평의회(International Rugby Board)가 주관하며 4년마다 개최되는 럭비 대회다. 1991년 제1회 대회는 영국 웨일스에서 열렸으며, 올림픽 정식 종목(7인제 럭비)과 다르게 15인제로 진행한다.

럭비(Rugby)는 직사각형의 경기장에서 타원형의 럭비공을 상대편의 골대나 엔드라인 너머로 보내 득점하는 구기 종목이다. 한 팀이 15명 이내(7인제, 13인제, 15인제)로 구성된다. 득점 방식은 크게 4가지로 ▷럭비공을 상대편 진영에 터치하는 「트라이」가 5점 ▷트라이 성공 시 주어지는 컨버전킥을 성공할 경우 2점 ▷상대편 선수가 반칙을 범해 얻은 페널티킥을 성공시키면 3점이 된다.

유네스코 세종대왕 문해상 (UNESCO King Sejong Literacy Prize)

"문화체육관광부가 9월 8일 프랑스 파리 유네스코 사무국에서 열린 2025 유네스코 세종대왕 문해상 시상식에서 세네갈, 에콰도르, 태국의 단체와 기관 3곳이 수상했다고 9월 10일 밝혔다. 세네갈의 「문해력 및 국가언어기구」는 시각장애인을 위한 문해력 프로그램을, 에콰도르의 「연구·교육·홍보연구소」는 아동과 청소년의 디지털 문해력 프로그램을, 태국의 「국가과학기술개발청」은 장애 학생을 위한 문해력 프로그램을 진행한 공로를 인정받았다."

전 세계 문맹 퇴치를 위해 1989년 제정돼 1990년부터 시상해 오고 있는 상이다. 매년 9월 8일 「세계 문해의 날(International Literacy Day)」에 문맹 퇴치에 기여한 개인 및 단체에 시상한다. 유네스코 각 회원국 대표나 관련 기관 등의 추천을 거친 후 유네스코 사무총장이 위촉한 심사위원들의 심사로 수상자가 결정되며, 수상자에게는 상금 2만 달러와 은으로 만든 메달이 수여된다. 문화체육관광부는 세종대왕의 한글 창제 정신을 기리고, 전 세계 문맹 퇴치 노력에 동참하기 위해 이 상을 지원하고 있다.

카보베르데(Cabo Verde)

"서아프리카의 섬나라 카보베르데가 10월 13일 열린 에스와티니와의 2026 FIFA 북중미 월드컵 아프리카 예선 D조 최종전(10차전) 경기에서 3-0으로 승리, 조 1위를 기록하며 사상 처음으로 월드컵 본선에 진출했다. 이로써 카보베르데는 모로코, 튀니지, 이집트, 알제리, 가나에 이어 아프리카에서 6번째로 월드컵행을 확정짓게 됐다."

아프리카 서북부 대서양 상에 있는 공화국으로, 15개의 섬으로 구성된 도서국가이다. 1456년 포르투갈인에 의해 발견되기 전까지는 무인도였으며, 국명은 포르투갈어로 「녹색 곶」을 뜻한다. 포르투갈은 섬에 도시를 만들어 유럽, 미국, 브라질, 아프리카를 잇는 노예무역의 요충지로 활용했다. 1963년에는 포르투갈의 해외령이 됐다가 1975년 포르투갈에서 독립했다. 수도는 프라이아(Praia)이며, 현 인구는 약 56만 명이다. 포르투갈 식민지 시절의 영향으로 포르투갈어가 공식 언어이지만, 대부분의 국민은 카보베르데 크리올어를 일상 언어로 사용한다.

카탈로그 레조네(Catalogue Raisonne)

특정 작가가 일생 동안 제작한 작품을 체계적으로 정리한 자료를 뜻한다. 프랑스어로 레조네(Raisonne)는 「검토하다, 고찰하다」라는 의미다. 한정 기간의 작품을 선별적으로 포함하는 도록과 달리 카탈로그 레조네에는 작품 제작 배경 및 시기, 제목, 크기, 재료, 기법 등의 작품 정보는 물론 작가의 생애, 작품 제작 당시 작가의 심리 상태, 작품의 소장 및 전시 이력 등 작가와 작품에 대한 모든 것이 포함된다. 이는 연구자들의 연구 자료가 될 뿐만 아니라 작품의 출처와 진품 여부를 보증하는 데에도 활용된다.

컨시드(Concede)

골프 경기에서 상대 선수의 남은 퍼트 거리가 짧아 성공 확률이 높은 경우에 다음 샷으로 홀인(Hole In)할 수 있다고 인정하는 것을 뜻한다. 프로 선수의 경우 매치플레이에서만 가능하고 스트로크 게임에서는 허용되지 않는다. 보통 컨시드는 홀컵과 공 사이의 거리가 60cm 안팎인 경우에 이뤄지며, 「OK」 또는 「That's good」이라고 말하거나 명확한 제스처 등으로 확실하게 의사를 표시해야 한다. 한번 컨시드 의사를 밝히면 취소할 수 없고, 상대 선수도 거부할 수 없다. 본래는 원활한 경기 진행을 위해 사용되지만, 중요한 순간에 짧은 거리라도 컨시드 의사를 밝히지 않고 퍼트를 하게 해 상대 선수를 심리적으로 압박하기 위한 수단으로 활용되기도 한다. 또한 역전이 불가능하다고 판단해 체력이나 시간을 절약하기 위함(홀 컨시드)이나 예의 있게 승패를 인정하는 마무리(매치 컨시드)를 위해서도 컨시드가 활용되고 있다.

K리그 명예의 전당 ▼

"한국프로축구연맹이 9월 16일 제2회 K리그 명예의 전당 헌액자 6명을 대상으로 헌액식을 진행했다. 올해 선수 부문 헌액자는 고(故) 유상철 전 인천 유나이티드 감독, 김병지 강원FC 대표이사(55), 김주성 전 동아시아축구연맹 사무총장(59), 외국인 공격수 데얀(44)이 선정됐다. 지도자 부문 헌액자로는 김호(81) 전 감독이, 공헌자 부문 헌액자로는 정몽준(74) 대한축구협회 명예회장이 선정됐다."

한국 프로축구 발전에 기여한 인물들의 업적을 기리기 위해 2023년 신설됐다. 선수(STARS)·지도자(LEADERS)·공헌자(HONORS) 3개 부문에서 2년마다 헌액자를 선정하고 있다. 선수 부문은 선정위원회, 구단 대표자, 미디어, 팬 투표의 점수를 합산해 점수가 높은 4명을 최종 헌액자로 선정한다. 지도자와 공헌자 부문은 선정위원회 심사로 각 1명이 선정된다. 제1회 헌액자로는 ▷선수 부문에 최순호 수원FC 단장, 홍명보 축구대표팀 감독, 신태용 대한축구협회 부회장, 이동국 전 전북 현대 선수가 선정됐고 ▷지도자 부문에는 김정남 전 유공 감독이 ▷공헌자 부문에는 고(故) 박대준 포스코 명예회장이 선정된 바 있다.

킥오프(Kick-off) ▼

축구 경기에서 그라운드 가운데 공을 두고 다시 경기를 시작하는 플레이를 뜻한다. 전·후반이 시작될 때나 득점한 후에 경기를 재개할 때 행해진다. 2016년부터는 국제축구평의회(IFB)가, 킥오프를 모든 방향으로 차는 것을 허용함에 따라 기존에 단순한 패스 플레이에서 공격 기회를 위한 전술로도 활용되고 있다.

트리온다(Trionda) ▼

사상 처음 3개국(미국, 캐나다, 멕시코)에서 공동 개최되는 2026년 북중미 월드컵에서 사용될 공인구로, 스페인어로 「세 개의 물결」이라는 뜻이다. 아디다스가 제작한 트리온다는 공동 개최국 미국, 캐나다, 멕시코의 상징색인 파랑, 빨강, 초록을 사용했다. 표면에는 미국을 상징하는 별, 캐나다의 단풍잎, 멕시코의 독수리 그림이 새겨졌으며 월드컵 트로피에 대한 경의를 나타내는 금빛 장식도 담겼다. 특히 트리온다는 월드컵 사상 최초로 패널(Panel·외피 조각)을 단 4개만 사용해 제작됐는데, 이 패널들이 공 중앙에 삼각형을 이뤄 연결돼 개최국들의 역사적인 결합을 상징한다. 또 트리온다에는 「커넥티드 볼」 기술이 적용됐는데, 이는 내장된 첨단 모션 센서 칩이 공의 모든 움직임을 실시간으로 기록해 「비디오 판독(VAR) 시스템」에 전달하는 것이다. 한편, 월드컵 공인구는 1970년 멕시코 월드컵 때의 「텔스타(Telstar)」를 시작으로 공식 후원사인 아디다스가 제작해 오고 있다.

FAST (Free Ad-supported Streaming TV) ▼

광고 기반 무료 스트리밍TV를 일컫는 말로, OS가 탑재된 스마트TV를 통해 구독요금이나 수신료를 지불하지 않아도 실시간 채널과 VOD 콘텐츠를 감상할 수 있는 온라인동영상서비스(OTT)이다. 이는 광고 기반 주문형비디오(VOD)와 TV 실시간 채널이 혼합된 개념으로, IPTV와 케이블TV 등 유료방송이나 OTT 플랫폼과 달리 스마트TV와 인터넷만 있으면 광고를 시청하면서 원하는 영상 콘텐츠를 볼 수 있다. FAST는 여러 개의 채널을 동시에 공급하는 다채널 전략으로 다양한 성격의 채널을 동시에 공급해 소비자의 피로감을 줄여준다는 장점이 있다. 또한 가입비가 따로 없기 때문에 이용자 확보에 용이하고 기존 OTT 구독 서비스에 비해 해지율이 상대적으로 낮아 광고를 통한 꾸준한 수익 창출이 가능하다. 여기다 소비자가 선호하는 장르와 콘텐츠 소비 패턴 등을 기반으로 한 데이터를 통해 맞춤형 광고가 가능해 광고주에게는 새로운 마케팅 플랫폼으로 부상하고 있다.

홀드백(Hold Back) ▼

한 편의 영화가 다른 수익 과정으로 중심이 이동할 때까지 걸리는 시간 또는 공중파의 본방송 이후 다른 케이블 방송에서 재방송되기까지 걸리는 기간을 가리킨다. 즉, 영화가 개봉된 뒤 주문형 비디오(VOD)·IPTV·OTT 등으로 소비되기 전 극장에서의 충분한 관람을 독려하기 위해 일종의 유예기간을 두는 것을 말한다. 홀드백 기간에는 절대적 기준이 없으며, 영화의 규모 혹은 흥행 정도에 따라 그 기간은 다르게 설정되고 있다. 예컨대 흥행에 실패한 영화의 경우 홀드백 기간을 짧게 잡고 이후 DVD나 비디오 시장으로 판권이 넘어가게 된다. 그러나 코로나19 이후 극장을 찾는 관객이 급격히 줄어들며 영화가 개봉된 지 불과 한 달 만에 OTT에 공개되거나 영화관 개봉 없이 OTT로 직행하는 사례가 이어지면서, 영화업계에서는 홀드백 법제화가 논의되고 있다. 그러나 이에 대해서는 극장 존폐의 문제라는 주장과 시장 자율이라는 반론이 팽팽히 맞서며 논란이 거세다.

⑤ 일반과학·첨단과학

게임이용장애(Gaiming Disorder) ▼

일상생활보다 게임을 우선시해 부정적인 결과가 발생해도 게임을 지속하는 게임중독 상태를 일컫는다. 2019년 세계보건기구(WHO)가 게임이용장애를 국제질병사인분류 11차 개정안(ICD-11)에 포함하면서 2022년부터 도박중독과 같은 「중독성 행위장애」로 공식 분류됐다. WHO의 진단기준에 따르면 ▷게임에 대한 통제기능이 손상되고 ▷삶의 다른 관심사나 일상생활보다 게임을 우선시하며 ▷부정적인 결과가 발생해도 게임을 중단하지 못하는 증상이 12개월 이상 지속될 경우 게임이용장애로 판단한다. 다만 증상이 심각하면 12개월이 지나지 않았더라도 진단을 내릴 수 있다. 이러한 게임이용장애에 해당하는 환자들 중에는 우울증이나 주의력결핍과잉행동장애(ADHD) 등을 함께 겪는 경우가 많은데, 치료에는 자기조절 훈련을 비롯해 인지행동치료(CBT)·약물치료 등이 활용되는 것으로 알려졌다.

우리나라도 세계보건기구(WHO)의 국제질병사인분류(ICD)를 준용해 게임이용장애의 한국표준질병사인분류(KCD) 등재 여부를 검토해 왔다. 당초 올해 10월까지 등재 여부를 확정하고 개정안 초안을 마련할 계획이었으나, 민관합의체가 이견을 좁히지 못하면서 결정이 내년으로 연기될 전망이다. 이와 관련해 보건복지부와 정신의학계는 게임이용장애에 질병코드가 부여될 경우 정확한 통계를 바탕으로 예방과 치료를 위한 연구를 추진할 수 있다고 보지만, 게임업계 등은 국내 게임산업이 위축될 수 있음을 우려하고 있다.

고리원자력발전소(古里原子力發電所) ▼

"원자력안전위원회가 9월 25일 제222회 원안위 회의를 개최해 고리2호기 계속운전 여부를 논의했지만 결론을 내리지 못했다고 밝혔다. 1983년 상업운전을 시작한 고리2호기는 2023년 4월 설계수명 40년이 완료돼 가동이 중단됐다. 다만 원안위가 계속운전을 승인하면 가동 중단 시점으로부터 10년 후인 2033년 4월까지 원전 가동이 가능한데, 이날 원안위는 안건을 재상정해 논의를 이어가기로 했다."

부산 기장군에 위치한 우리나라 최초의 원자력발전소이다. 총 4개의 원자로로 구성돼 있으며 1호기는 1978년 첫 상업운전을 시작했다. 2호기는 1983년, 3호기는 1985년, 4호기는 1986년 각각 준공돼 모두 25년 이상된 노후 원전이다. 이중 고리 1호기는 2007년 6월에 30년인 설계수명을 종료하고 가동이 중단됐으나, 정부 승인을 받아 2008년 1월 17일부터 10년 연장 가동됐다. 이에 국내 노후 원전 안전성 논란의 중심에 섰고, 2017년 6월 19일에야 영구 정지됐다.

공정 이용(Fair Use) ▼

"9월 6일 블룸버그 등 외신에 따르면 미국 인공지능(AI) 스타트업 앤스로픽이 지난해 8월 작가들이 제기한 저작권 소송과 관련해 15억 달러(약 2조 원) 규모의 합의를 이뤘다. 이는 미국 저작권 사건 역사상 최대 규모의 배상으로, 앤스로픽은 50만 명의 작가에게 작품당 3000달러(약 417만 원)를 지급하고, 불법 복제자료가 포함된 학습 데이터를 파기하기로 했다. 앤스로픽은 지난해 8월 불법 사이트를 통해 수백만 권의 책 텍스트를 무단 수집했다는 의혹으로 피소됐다. 그리고 지난 6월 해당 데이터 사용은 공정 이용에 해당하나, 불법 복제자료 저장 행위 자체는 저작권 침해라는 법원의 판결을 받았다."

특정 조건을 만족하는 경우 저작권자의 동의 없이도 저작물 일부를 무료로 사용할 수 있도록 한 제도를 말한다. 공정 이용의 성립 여부는 ▷이용 목적과 그 특성(상업적 용도인지 비영리적 용도인지, 창의적 변형이 가해졌는지) ▷원저작물의 성격(창작물인지 사실 기반인지) ▷사용된 분량과 그 중요성 ▷그 사용이 저작물 시장에 미치는 영향 등을 종합적으로 고려해 판단한다. 이는 창작자의 권리를 보호하는 동시에 사회 전체의 정부 접근권과 표현의 자유를 보장하고자 마련된 제도로, 우리나라에서는 저작권법 제35조의5에서 포괄적·일반적 규정으로 관련 내용을 명시하고 있다.

빅테크의 AI 저작권 소송 내용

앤스로픽	불법 복제 텍스트 무단 사용으로 지난해 8월 미국 작가 3명에 피소 → 15억 달러에 합의(역대 최대 규모)
메타	대규모 전자책 데이터 무단 사용으로 2023년 미국 작가 12명에 피소 → 증거 불충분으로 메타 승소
오픈 AI	지난해 12월 뉴욕타임즈가 자사 뉴스 콘텐츠 무단 활용을 이유로 소송 제기

누리호(KSLV-Ⅰ) ▼

"우주항공청이 오는 11월 27일 0시 54분부터 1시 14분 사이에 전남 고흥 나로우주센터에서 누리호 4차 발사를 실시한다고 9월 30일 발표했다. 정확한 발사 시각은 발사 하루 전날 최종 확정되는데, 야간 발사를 하는 이유는 누리호의 주탑재위성인 차세대 중형위성 3호(중량 577kg) 때문이다. 무엇보다 이번 누리호 4번째 발사는 누리호 기술을 이전받을 체계종합기업인 한화에어로스페이스가 주도함에 따라 항공우주연구원 등 정부 측 기관이 아닌 민간이 이끄는 첫 누리호 발사가 된다."

국내 기술로 개발한 3단 액체로켓으로 1단은 75t급 액체엔진 4개, 2단은 1개, 3단은 7t급 액체엔진으로 구성돼 있다. 엔진은 가스 연료 주입 방식을 활용하는데, 이는 전기로 주입하는 방식을 사용할 경우 우주의 극한 환경에서 작동 오류가 발생할 가능성이 있기 때문이다. 연료는 발열량이 많은 수소 대신 케로신(등유)을 사용한다. 이 가운데 1단 로켓의 경우 가장 큰 추력을 내야 해 한 개의 엔진만 사용하는 2·3단과는 달리 75t급 액체엔진 4개가 묶여 있다. 누리호는 발사체의 성능과 신뢰성 향상을 위해 반복 발사가 이뤄지고 있는데, ▷1차 발사(2021년 10월 21일) ▷2차 발사(2022년 6월 21일) ▷3차 발사(2023년 5월 25일)가 차례로 진행돼 왔다. 특히 2022년 누리호의 2차 발사 성공으로 우리나라는 전 세계에서 7번째로 1톤급 실용위성을 우주발사체에 실어 자체 기술로 쏘아올린 나라에 오른 바 있다.

로봇 두뇌(Robot Brain) ▼

"엔비디아가 8월 25일 로봇용 신형 칩 「젯슨 AGX 토르」를 공개했다. 엔비디아는 이 칩을 「로봇 두뇌」라고 칭하며, 개발자들이 이를 이용해 다양한 로봇을 제작할 수 있다고 설명했다. 젯슨 토르는 엔비디아의 최신 그래픽처리장치(GPU) 아키텍처인 「블랙웰」을 기반으로 설계됐으며, 이전 세대보다 연산 성능은 7.5배, 전력 효율은 3.5배 향상됐다. 특히 128GB 메모리를 탑재해 인공지능(AI) 모델을 로봇에서도 직접 실행할 수 있는 것으로 알려지며, 이에 엔비디아가 AI 반도체를 넘어 로봇 산업에서도 핵심 인프라를 선점할 수 있을지 관심이 쏠린다."

로봇이 스스로 상황을 인식하고 판단하며 행동할 수 있도록 하는 인공지능(AI) 기반 제어 시스템이다. 단순히 센서에 입력된 자극에 반응하는 수준을 넘어, 시각·음성·언어 등 다양한 데이터를 통합적으로 이해하고 행동을 계획할 수 있다. 예를 들어 로봇 두뇌를 탑재한 자율주행 로봇은 센서로 수집한 데이터를 바탕으로 주변 환경을 분석하고 목적지까지 최적의 경로를 도출할 수 있다. 또한 로봇 두뇌의 정밀한 제어 기능을 통해 로봇의 팔이나 손가락 등의 움직임을 세밀하게 조율하는 것도 가능하다. 특히 로봇 두뇌는 하나의 파운데이션 모델을 기반으로 구축되기 때문에, 로봇마다 개별 알고리즘을 새로 개발해 적용해야 했던 기존 방식과 달리 하나의 범용 지능 플랫폼으로서 여러 산업과 작업에 적용할 수 있다. 이는 로봇이 불확실한 환경에 적응하고 자율적으로 작동할 수 있게 한다는 점에서 피지컬 AI를 구현할 핵심 기술로 꼽는다.

> **피지컬 AI(Physical AI)** 로봇이나 스마트 기기 등의 하드웨어에 적용돼 외부 환경과 물리적·지능적으로 상호작용할 수 있는 인공지능(AI) 기술이다. 로봇이 센서를 통해 수집한 외부 환경의 데이터를 AI가 분석하고, 최적의 행동을 계획·수행한 뒤 수행 결과를 스스로 학습해 이후 행동의 효율성을 향상시키는 방식으로 작동한다. 이는 특히 휴머노이드 로봇(인간형 로봇) 분야에서 주목되는 기술로, 피지컬 AI가 결합된 휴머노이드 로봇은 현실의 물리법칙을 이해하고 스스로 판단할 수 있어 보다 효율적인 동작이 가능하다.

류구(Ryugu) ▼

"일본 도쿄대를 중심으로 한국·미국 등 10개국이 참여한 국제 공동 연구팀이 9월 11일 국제학술지 《네이처》를 통해 소행성 「류구」의 암석 시료를 연구한 결과를 공개했다. 이전 연구에서는 류구의 모체에서 물과 암석이 수백만 년 동안 반응한 흔적은 확인됐지만, 그 이후에도 물이 존재했는지는 밝혀지지 않았다. 이에 연구진은 시료 분석을 통해 류구의 모체에 물이 형성된 뒤 10억 년 이상 흘렀을 가능성을 확인했으며, 류구에 얼음 상태의 물이 오랜 기간 있었을 수 있다고 설명했다."

지구에서 약 3억 4000만km 떨어진 직경 약 850m의 소행성으로, 1999년 5월 10일 처음 발견됐다. 태양 주위를 1.3년(474일)에 한 번 공전하며, 중력은 지구의 6만 6500분의 1 정도로 매우 약하다. 류구는 특히 일본 우주항공연구개발기구(JAXA)의 소행성 탐사선 「하야부사 2호」의 탐사 대상으로도 잘 알려져 있다. 하야부사 2호는 2014년 12월 발사돼 2018년 6월 류구에 착륙, 표면물질과 지하물질을 채취해 2020년 12월 지구로 귀환한 바 있다. 이후 JAXA는 이 시료를 분석하기 위해 전 세계 연구진으로 구성된 국제 공동연구팀을 꾸려 2019년부터 연구를 진행 중이다. 지금까지의 연구 결과, 류구는 하나의 암석 천체가 아니라 작은 암석들이 중력으로 뭉쳐 형성된 돌무더기 구조라는 사실이 밝혀졌다. 특히 류구와 같은 탄소질 소행성에는 태양계 형성 초기의 물질이 그대로 남아 있을 가능성이 높아, 앞으로 태양계의 기원과 진화 과정을 밝히는 데 있어 중요한 단서가 될 것으로 기대를 모으고 있다.

메탄 엔진(Methane Engine) ▼

"9월 9일 방위사업청 산하 국방기술진흥연구소(국기연)가 「지상 기반 재사용 우주발사체용 메탄 엔진 기술」 연구개발(R&D) 사업의 우선협상대상자로 현대로템·대한항공 등 컨소시엄을 선정했다고 밝혔다. 이번 사업의 목표는 지구 500km 상공까지 도달할 수 있는 메탄 엔진과 재사용발사체 기술을 확보하는 것으로, 상용 발사가 가능한 메탄 발사체를 개발하는 것은 국내 최초다. 국기연은 오는 11월 협약을 체결한 뒤 본격적으로 연구개발에 착수, 2030년까지 약 491억 원을 투입해 메탄 엔진을 완성한다는 계획이다."

메탄(CH_4)을 연료로 사용하는 로켓 엔진을 말한다. 기존에는 주로 케로신(등유)이나 액체 수소가 로켓 연료로 사용됐는데, 케로신은 연소 후 그을음과 같은 탄소 찌꺼기가 많이 생겨 엔진 배관을 막기 쉽고, 액체 수소는 영하 253℃의 극저온을 유지해야 해 관리가 까다롭다는 단점이 있었다. 반면 메탄 엔진은 액체 메탄과 액체 산소를 추진제로 사용해 연소 시 이산화탄소와 물만을 생성하므로, 케로신보다 그을음이 훨씬 적다. 또한 영하 162℃에서 만들어지기 때문에 액체 수소보다 보관·운용에도 유리하다. 여기에 추진력도 높고 유지 비용이 적게 들어, 재사용발사체에 활용하기 유리한 차세대 엔진으로 주목받고 있다. 다만 액체 메탄과 액체 산소는 액화점이 비슷해 열전달 효율이 낮고, 서로 잘 섞이지 않아 연소 안정성을 확보하기 어려워 케로신·수소 엔진보다는 개발이 늦게 진행됐다.

주요 로켓 연료별 비교

구분	케로신	액체 수소	메탄
추력	높음	낮음(비추력은 높음)	높음
재사용성	탄소 찌꺼기 발생해 재사용에 불리	극저온 유지 어려워 관리 까다로움	재사용 유리해 차세대 엔진으로 주목
저장성	상온 저장 가능	극저온 저장 필요	극저온 저장 필요
연료 밀도	높음	낮음	중간
기술 성숙도	높음	높음	낮음

모파이(MOFAI)

외교부가 오는 11월부터 업무에 도입할 예정인 생성형 인공지능(AI) 모델로, 외교부의 영문 약칭 「MOFA」에서 따온 명칭이다. 이는 외교부가 추진 중인 「지능형 외교안보 데이터 플랫폼 구축사업」의 일환으로, 외교부는 지난 2월부터 AI 기술을 외교 현장에 단계적으로 도입하는 3개년 사업을 진행하고 있다. 이 사업은 ▷업무 지원용 대형언어모델(LLM)을 구축하는 1단계 ▷정책 결정 지원 기능을 탑재하는 2단계 ▷대국민 서비스로 이를 확대 적용하는 3단계로 진행될 방침이다. 현재는 1단계가 완료됐으며, 일부 부서에서 시범 운용을 시작해 내년 1월부터 전 부서에 지급될 것으로 알려졌다. 모파이는 질문·답변 방식으로 작동하며, 초기에는 8개 국어를 지원하다가 향후 28개 언어로 확장될 계획이다. 다만 기밀 유출을 방지하기 위해 외교부 내부망에서만 작동하며, 국가암호체계를 통해 접근 권한을 부여받은 인원만 사용할 수 있는 것으로 알려졌다.

반도체 슈퍼사이클

반도체 산업에서 4~5년 주기로 2년 여간 이어지는 장기적인 가격 상승 현상으로, 최근 AI 산업의 급성장과 함께 반도체 슈퍼사이클 진입 가능성이 전망되고 있다. 반도체 슈퍼사이클은 앞서 ▷1990년대 중반 PC ▷2000년대 중반 인터넷 ▷2010년대 스마트폰 ▷2017~2018년 AI·사물인터넷 ▷2020~2021년 데이터센터 수요 증가 등의 상황에서 이어진 바 있다. 그리고 올해는 마이크로소프트(MS)와 구글 등 글로벌 빅테크 기업들이 AI 데이터센터 투자 규모를 줄이지 않는 데다, 오픈AI와 오라클 등이 대규모 데이터센터 건설을 추진하면서 이에 대한 예측을 높이고 있다. 실제로 이러한 기업들의 움직임에 AI 반도체와 기존 서버 수요가 급증한 데다, D램 메모리와 낸드플래시 가격도 오르고 있다.

오픈AI가 2022년 11월 30일 대화 전문 인공지능 챗봇인 「챗GPT」를 공개하며 엄청난 변화를 일으킨 이후 「생성형 인공지능(Generative AI)」이 잇따라 출시됐다. 이에 생성형 AI의 학습·추론에 있어 필수적인 메모리 반도체가 무섭게 성장하는 가운데, 「반도체 슈퍼사이클(초호황기)」이 본격화하고 있다는 관측이 제기된다. 실제로 전 세계적 반도체 기업인 삼성전자의 경우 올해 3분기에 시장 전망치를 훌쩍 뛰어넘는 역대급 실적을 냈으며, SK하이닉스 역시 창사 이래 최대 분기 실적을 낼 것으로 전망되고 있다.

생물보안법(Biosecure Act)

"중국 바이오 기업과 미국 기업 간의 거래를 제한하는 생물보안법이 10월 9일 미국 상원을 통과했다. 이에 연내 상원과 하원의 국방수권법안 타협안에 포함될 경우, 생물보안법은 실제로 입법될 전망이다."

중국 바이오 기업을 제한하기 위해 추진 중인 미국의 법안으로, 미국 정부와 산하 기관, 정부 예산을 지원받는 기업이 중국의 바이오 기업과 거래하는 것을 금지하는 내용을 골자로 한다. 이는 미국 국민의 유전자 분석 정보, 지식재산권(IP) 등 안보적 중요성이 큰 바이오 데이터가 중국으로 넘어가 악의적으로 이용되는 것을 막기 위함이다. 미국 정부는 지난해에도 생물보안법을 입법하기 위해 나섰으나, 하원의 문턱을 넘지 못하고 좌초된 바 있다.

그러나 이번에 생물보안법이 시행될 경우 중국 주요 바이오 기업은 타격을 입을 것으로 전망되는 반면, 국내 기업들에는 기회로 작용할 것이라는 전망이다. 특히 공급망과 밀접한 CDMO(위탁개발생산) 분야에서 수혜가 두드러질 것이라는 예측이 나온다.

생물보안법 개요

주요 내용	우려 기업에 대한 보조금 제공 및 미국 기업과 계약 금지
진행 상황	2025년 9월 하원, 10월 상원 통과
법안 통과 시 영향	중국 CDMO 영향력 약화로 국내 기업의 반사이익 전망

섀도 AI(Shadow AI) ▼

직원들이 회사의 정보기술(IT) 부서로부터 공식적인 승인이나 감독을 받지 않고 인공지능(AI) 툴 또는 애플리케이션(앱)을 무단으로 사용하는 것을 말한다. 최근 다양한 기능을 갖춘 AI 모델들이 대중화되면서 직원들이 생산성을 높이기 위해 회사 자체 AI가 아닌 외부 AI 모델을 업무에 활용하는 사례가 늘고 있다. 문제는 이러한 섀도 AI의 사용이 데이터 보안 측면에서 심각한 위협이 될 수 있다는 점으로, 보안 검증을 거치지 않은 AI 모델을 사용할 경우 기밀정보가 유출되거나 회사의 신뢰성에 악영향을 미칠 수 있기 때문이다. 그럼에도 직원들의 섀도 AI 사용을 일일이 파악하기 어렵다는 현실적 한계로 인해 문제 해결이 쉽지 않다. 이에 대해 보안업계 전문가들은 직원들에게 보안 검증을 거친 AI 사용 가이드라인 등을 지속적으로 교육시키는 것이 중요하다고 강조한다.

IBM이 지난 8월 발표한 「2025년 데이터 유출 비용 보고서」에 따르면 조사에 참여한 600개 기업 중 20%가 섀도 AI로 인한 데이터 유출을 경험한 것으로 나타났다. 특히 섀도 AI의 사용 빈도가 높은 기업은 빈도가 낮은 기업보다 데이터 유출 비용이 평균 67만 달러(약 9억 3100만 원) 더 높았으며, 섀도 AI로 인한 피해 대응에는 다른 보안 사고보다 평균 10일가량 더 소요되는 것으로 보고됐다.

소버린 AI(Sovereign AI) ▼

자국의 데이터와 인프라를 기반으로 독자적으로 개발한 인공지능(AI) 기술로, 국가 차원에서 데이터·인프라·AI 모델 등을 직접 통제하고 관리할 수 있는 기술을 가리킨다. 이는 외국 기술에 대한 종속에서 벗어나 독립적으로 AI를 운영해 주도권을 가진다는 것으로, ▷데이터 주권(Data Sovereignty) ▷자국 통제(Control) ▷전략 자율성(Strategic autonomy) 등이 결합된 형태라 할 수 있다. 따라서 단순한 기술 개발을 넘어 국가안보와 산업 경쟁력, 디지털 주권 확보와 연결되는 개념이다.

데이터 주권(Data Sovereignty) 개인이나 국가가 자신이 소유한 데이터의 사용 범위나 방법·목적 등에 대해 결정할 수 있는 권리를 말한다. 이는 인터넷 기술이 발전함에 따라 소수의 인터넷 서비스 기업이 데이터를 독점하면서 개인정보 침해나 정보 독과점 등의 문제가 발생하며 대두된 개념이다.

슈퍼 박테리아(Super Bacteria) ▼

"10월 13일 질병관리청과 최근 발표된 경제협력개발기구(OECD) 보건 통계에 따르면 2023년 기준 한국의 항생제 사용량은 인구 1000명당 하루 31.8 DID(DDD/1000 inhabitants/day)였다. 이는 자료가 공개된 OECD 회원국 중 두 번째로 높은 것으로, 2022년 4위(25.7 DID)에서 두 계단 상승한 것이다."

어떠한 강력한 항생제에도 저항할 수 있는 박테리아를 이르는 말로, 「항생제 내성균」이라고도 한다. 항생제를 자주 사용하다 보면 병원균이 항생제에 스스로 저항할 수 있는 힘을 기르게 돼 점점 더 내성이 강해지고, 이 때문에 더 강력한 항생제를 사용해야 한다. 그러다 결국은 어떠한 강력한 항생제에도 저항할 수 있는 박테리아가 생겨나게 되는데, 이를 슈퍼 박테리아라 한다. 내성률은 항생제 투여 후 세균 100마리당 살아남는 세균의 숫자로 표시하며, 항생제를 많이 쓸수록 높아진다. 1961년 영국에서 「메티실린 내성 황색포도상구균(MRSA)」이라는 이름으로 처음 보고됐으며, 1996년에는 일본에서 「반코마이신 내성 황색 포도상구균(VRSA)」이 발견됐다. 항생제 내성은 2019년 세계보건기구(WHO)가 인류의 10대 건강 위협으로 지목할 정도로 심각한데, 항생제가 듣지 않는 내성균에 감염되면 치료가 어려워지기 때문이다. 질병관리청은 이러한 위기에 대응하기 위해 2024년 11월부터 「항생제 적정 사용 관리(ASP)」 시범사업을 시작했는데, 이는 불필요한 항생제 사용을 줄여 내성균 확산을 막고 치료 효과를 높이는 것을 궁극적 목표로 한다.

> **마이데이터(My Data)** 개인이 자신의 정보를 주도적으로 관리·통제하고, 이를 신용평가나 자산관리 등에 능동적으로 활용할 수 있도록 지원하는 서비스다. 이를 통해 개인은 각종 기업이나 기관 등에 흩어진 자신의 정보를 확인하고, 이를 마이데이터 사업자 등 제3자에 전송해 맞춤 상품이나 서비스를 추천받을 수 있다. 그간 우리나라에서는 마이데이터 서비스가 금융·공공 분야에서만 제한적으로 시행돼 왔으나, 2023년 3월 개인정보보호법 개정으로 마이데이터를 전 산업 분야로 확대할 수 있는 법적 근거가 마련됐다. 이후 올해 3월부터는 의료·통신 분야에서 마이데이터가 우선 시행되고 있다.

스크래핑(Scraping) ▼

"8월 20일 개인정보보호위원회가 연내 개인정보보호법 시행령을 개정해 기존 의료·통신 분야에 한정됐던 「마이데이터」 제도를 모든 산업 분야로 확대하겠다고 밝혔다. 앞서 정부는 지난 3월 개인정보보호법 개정을 통해 의료·통신 분야에서 정부가 정한 특수기관만이 관련 정보를 다룰 수 있도록 허가한 바 있다. 정부는 이번 시행령 개정을 통해 그 범위를 확대하고, 플랫폼 기업들에 정부 제공 응용프로그램 인터페이스(API)를 활용할 것을 권고한다는 방침이다. 이에 따라 그동안 공공 데이터를 대규모로 추출해 온 플랫폼 기업들의 스크래핑 관행에도 제동이 걸릴 것으로 보인다."

고객이 제공한 인증정보를 기반으로 금융기관, 공공기관, 정부 웹사이트 등 여러 데이터 시스템에 흩어진 고객의 개인정보를 수집·가공해 제공하는 기술이다. 처음에는 여러 금융사에 분산된 고객의 금융정보를 모아 개인자산이나 기업자금 등을 관리하는 데 활용됐다가, 점차 다른 분야로도 확산됐다. 특히 스크래핑은 인증서 비밀번호를 일일이 입력하지 않아도 통합자산관리를 가능케 하는 핀테크 서비스의 핵심 기술로 활용된다. 이를 통해 고객은 금융권이나 공공기관 등에 방문해 각종 서류를 제출하지 않아도 앱 하나로 여러 은행 계좌를 확인하거나 보험사 가입내역 등을 한꺼번에 열람할 수 있다. 다만 스크래핑 업체들이 고객의 인증정보를 대량 보관하고 있는 만큼, 해킹 피해를 막기 위해서는 철저한 보안이 요구된다.

신경망처리장치 (NPU·Neural Processing Unit) ▼

인간 뇌의 신경망을 모방해 수천 개의 연산을 동시에 처리할 수 있는 인공지능(AI) 반도체를 말한다. 딥러닝 알고리즘 연산에 최적화된 프로세서로, 인간의 뇌처럼 정보를 스스로 학습하고 처리할 수 있다. AI 반도체로 널리 쓰이는 그래픽처리장치(GPU)가 단순 연산처리에 최적화돼 있다면, NPU는 인공지능 작업에 특화돼 GPU보다 낮은 전력으로도 더 많은 결과물을 산출할 수 있다. 따라서 스마트폰뿐만 아니라 데이터센터·클라우드 등에 NPU를 활용하면 대용량 데이터의 실시간 처리가 가능해져 향후 다양한 산업 발전의 중요한 기반 기술이 될 것으로 전망된다.

> **그래픽처리장치(GPU·Graphic Processing Unit)** 컴퓨터에서 그래픽 처리와 화면 출력 등을 담당하는 고성능 연산처리장치이다. 게임, 영상 편집 등 멀티미디어 작업에서 중앙처리장치(CPU)를 보조하기 위해 사용되다 최근에는 자율주행차 개발, 기후변화 예측 등 다양한 산업 분야에서 활용되고 있다. 특히 GPU는 수백~수천 개의 코어(핵심 처리회로)를 통해 방대한 양의 데이터를 한꺼번에 처리할 수 있다는 점에서 다량의 데이터 학습이 필요한 인공지능(AI) 분야의 핵심 부품으로 주목받고 있다. 현재는 엔비디아가 서버에 탑재되는 GPU의 약 90%를 점유하는 등 AI 반도체 시장을 독점하고 있다.

GPU vs NPU

GPU	구분	NPU
학습용(LLM 학습 및 개발), 범용	용도	추론용(AI 모델 구동)
연산 전반에서 고성능 발휘하나, 전력 효율 낮음	특징	• 특정 분야에서 효율 극대화 • 전력 효율 뛰어남
서버, 데이터센터, 고성능 PC	사용 환경	모바일 기기, 웨어러블 기기, 자율주행차 등

신세계 나사벌레(New World Screwworm) ▼

"로이터통신이 8월 24일 미국에서 올해 들어 처음으로 「신세계 나사벌레」 인체 감염 사례가 확인됐다고 보도했다. 이번에 감염된 환자는 중미 지역으로 여행을 갔다가 감염, 미국으로 돌아온 뒤 발병한 것으로 알려졌다. 특히 나사벌레가 확산하면 축산업에 큰 타격을 줄 수 있다는 우려가 제기된다. 이에 지난 8월 15일 미국 농무부(USDA)는 텍사스에 불임 성충을 대량 생산하는 공장을 건설하겠다는 발표를 내놓기도 했다."

학명이 「Cochliomyia hominivorax」인 파리목(Diptera) 곤충의 유충으로, 인수공통감염증을 일으키는 해충이다. 가축·야생동물·사람 등 온혈동물의 피부에 알을 낳으면 거기서 부화한 구더기 수백 마리가 피부를 파먹는 피해를 일으킨다. 이 벌레의 끝부분에는 나사 모양의 돌기가 있어, 숙주의 상처 속으로 나사처럼 회전하며 침투할 수 있는 것으로 알려졌다. 나사벌레는 숙주의 살아 있는 조직을 먹기 때문에 상처 부위의 감염 및 괴사를 일으키며, 제때 치료되지 않으면 2차 세균감염이나 숙주의 사망까지 유발할 수 있다. 주로 아메리카 대륙 전역에 분포하는데, 1960년대에 불임성충 방생정책을 통해 미국과 멕시코 대부분 지역에서 박멸됐었다. 그러나 2023년 들어 중앙아메리카를 중심으로 다시 유행하기 시작했다.

CXL(Compute eXpress Link) ▼

"SK하이닉스와 네이버클라우드가 9월 9일 차세대 인공지능(AI) 메모리·스토리지 솔루션 관련 기술 협력을 위한 양해각서(MOU)를 체결했다. 이번 협력으로 SK하이닉스는 네이버클라우드의 대규모 데이터센터 인프라에서 CXL 등 자사의 AI 특화 제품군을 실시간으로 검증할 수 있게 됐다. 또한 네이버클라우드는 검증된 고성능 메모리와 스토리지 솔루션 등을 활용해 AI 서비스 운영비용을 절감할 계획이다. SK하이닉스는 이번 협력을 시작으로 아마존·구글 등 글로벌 클라우드 서비스 제공업체와의 기술 파트너십도 확대하겠다고 밝혔다."

고성능 연산이 필요한 애플리케이션에서 중앙처리장치(CPU), 그래픽처리장치(GPU), D램 등 서로 다른 종류의 반도체를 효율적으로 통합·연결할 수 있는 차세대 인터페이스를 말한다. 기존에는 여러 반도체를 연결할 경우 통신 규격이 서로 달라 시간이 지연되는 문제가 있었다. 그러나 CXL을 활용하면 서로 다른 규격의 반도체를 빠르게 통합해 연결, 병목을 줄이고 하나의 시스템으로 운영할 수 있다. 또한 서버의 용량을 기존보다 8~10배가량 확장할 수 있어 컴퓨팅 시스템메모리 용량의 물리적 한계도 극복 가능하다. 여기다 데이터의 전송 대역폭을 늘려 데이터 연산성능을 개선할 수 있어, 차세대 인공지능(AI) 기술 발전을 주도할 핵심 기술로 꼽힌다.

업계에서는 2019년 인텔의 주도하에 마이크로소프트, 메타, 구글 등 글로벌 기업들이 CXL 기술을 공동 개발하고 그 표준을 정립하는 「CXL 컨소시엄」이 출범한 바 있다. 현재는 삼성전자와 SK하이닉스를 비롯한 250여 개 기업들이 해당 컨소시엄에 참여 중이며, CXL 1.0, 1.1, 2.0, 3.0, 3.1, 3.2 버전까지 개발된 상태다.

양자칩(QPU·Quantum Processing Unit) ▼

양자 컴퓨터의 대규모 연산을 수행하는 반도체 칩이다. 기존 디지털 컴퓨터의 반도체 칩이 정보를 0이나 1 둘 중 하나로 표현해 연산작업을 수행했다면, 양자칩은 양자역학의 중첩 상태인 「큐비트」를 활용해 0과 1을 동시에 처리할 수 있다. 이러한 원리로 기존 컴퓨터보다 월등히 빠른 계산속도를 보이며, 암호 해독이나 신약·신소재 개발 등 복잡한 과제도 쉽게 풀어낼 수 있다. 특히 양자칩을 인공지능(AI)과 결합하면 AI의 연산 성능을 획기적으로 향상시킬 수 있다는 점에서 이를 상용화하기 위한 빅테크들의 관심이 높다. 그러나 현재의 기술로는 양자상태를 오랫동안 유지하는 것이 어려워, 양자 컴퓨터의 상용화에 필요한 수천~수만 개의 큐비트를 구현하기 위한 연구가 계속되고 있다.

닷컴 버블(Dot-Com Bubble) 1990년대 후반부터 2000년대 초반까지 이어진 인터넷 산업 중심의 거품 현상을 말한다. 당시 인터넷이 대중화되기 시작하면서 시스코·델·마이크로소프트·인텔 등 주요 기업을 중심으로 주가가 폭등했으나, 다수의 기업들은 안정적 수익 모델을 갖추지 못해 2000년대 전후로 파산하거나 시장에서 사라졌다. 닷컴 버블의 붕괴는 단기적으로는 투자자들에게 막대한 손실을 안겼지만, 거품 속에서 살아남은 기업들이 이후 핵심 기술 기업으로 성장하면서 장기적으로는 새로운 IT산업의 성장을 이끌었다는 평가를 받는다.

AI칩 vs 양자칩

AI칩	구분	양자칩
비트(0 또는 1 둘 중 하나만 표현)	연산 단위	큐비트(0과 1을 동시에 표현 가능)
AI 가속, 범용 연산	작업	암호 해독 등 복잡한 대규모 연산
상온 동작 가능	사용 환경	극저온·진공 환경

AI 버블(AI Bubble) ▼

인공지능(AI) 기술에 대한 과도한 기대가 사회 전반에 확산하면서, 실제 기술적 성과나 상용화 수준에 비해 AI 기업에 대한 투자와 대중의 관심이 지나치게 부풀려진 현상을 말한다. 여기서 「버블(Bubble·거품)」이란 실체가 없음에도 가격이 상승해 투기를 유발하다가, 결국 원래의 가격으로 급격하게 되돌아가는 현상을 뜻한다. 일반적으로 거품이 사라진 뒤에는 투자 손실이나 산업 전반의 신뢰 하락으로 인해 공황이 발생하는 경우가 많다.

최근 혁신적 AI 기술이 잇따라 등장하면서 관련 투자가 과열되자, AI가 지속 가능한 기술 혁신인지 아니면 곧 터질 거품에 불과한지에 대한 논쟁이 격화되고 있다. AI 버블론을 주장하는 쪽은 현재의 주식시장이 과거의 닷컴 버블과 유사한 양상을 보이고 있다고 경고한다. 반면 이에 반대하는 쪽은 AI가 단순 트렌드에 그치지 않고 산업 전반에 실질적인 혁신을 이끌어 내고 있다는 점에서 닷컴 버블과는 본질적으로 다르다는 입장이다. 이에 대해 전문가들은 결국 기업의 생존을 좌우하는 것은 기술력이며, 시장의 거품 여부보다는 실질적인 성과에 주목할 필요가 있다는 지적이다.

AI 슬롭(AI Slop) ▼

인공지능(AI)이 생성한 저품질 콘텐츠를 가리키는 말로, 글자를 단순 반복하거나 무의미하게 조합해 만든 텍스트, 각종 캐릭터를 혼합해 만든 이미지 등이 이에 해당한다. 이는 이용자들의 의사와는 상관없이 무분별하게 뿌려진다는 점에서 「AI 시대의 스팸메일」로도 불린다. 최근 생성형 AI의 발달로 누구나 쉽게 이미지를 대량 생산할 수 있게 되면서, AI 슬롭을 만들어 유포하는 사회관계망서비스(SNS) 계정이 급격히 늘어나 사회문제로 지적됐다. 이와 같은 저품질 콘텐츠가 범람하면 플랫폼의 전체적인 신뢰도에 악영향을 미치며, 이는 플랫폼 이용자들의 이탈로 이어질 수 있어 문제가 된다. 여기에 대량 생산된 콘텐츠로 인해 서버 비용이 급증한다는 점도 문제다. 특히 생성형 AI가 AI 슬롭을 학습할 경우 전반적인 AI 콘텐츠의 질이 떨어질 수 있다는 우려가 있다.

글로벌 플랫폼 기업들의 AI 슬롭 대응

구글(유튜브)	AI 활용한 반복·재사용 콘텐츠의 수익 창출 제한
메타(인스타그램, 페이스북)	타인의 게시물 복제한 「비창의적」 게시물의 수익 창출 제한
위키피디아	「신속 삭제」 정책 도입해 AI 생성 저품질 문서 삭제
핀터레스트	AI 생성 이미지에 라벨 표시, AI 생성 이미지 「더 적게 보기」 옵션 제공
네이버	AI 활용 대량 생산 콘텐츠 모니터링 및 수익 창출 제한

AI 에이전트(AI Agent)

사용자의 요구에 맞게 다양한 작업을 자동으로 수행하고 지원하는 인공지능(AI) 시스템으로 ▷개인의 일정 관리 ▷정보 검색과 제공 ▷통신 기능 ▷스마트홈 관리 ▷언어 번역과 대화 등의 기능을 수행한다. 이는 특정 목표를 달성하기 위해 스스로 계획을 수립하고 실행하는 추론과 행동이 가능하다는 점에서 단순한 AI 챗봇 수준을 넘어선 것이다. AI 에이전트는 크게 3단계로 작동하는데, 우선 센서를 통해 환경의 상태를 감지하거나 데이터를 수집하는 것이 첫 번째이다. 이후 입력 데이터를 분석하고 이를 바탕으로 목표 달성을 위한 최적의 행동을 계획하는 생각(Think)을 거쳐, 계획된 행동(Act)을 실행하여 환경에 영향을 미치게 된다. 이처럼 사용자가 명령을 내리면 AI 에이전트는 자연어 처리 능력을 기반으로 맥락을 이해하고 정확하고 검증된 결과를 제공한다. AI 에이전트는 반복적이고 시간이 많이 드는 작업을 효율적으로 처리할 수 있고, 환경 변화에 빠르게 대응할 수 있으며, 데이터를 분석해 사람보다 정확한 의사 결정을 내릴 수 있다는 장점이 있다. 반면 품질 높은 데이터가 없으면 성능이 저하되고, 편향된 학습의 위험이 있으며, 예측 불가능한 환경에서는 성능이 제한될 수 있다는 단점이 있다.

보스턴컨설팅그룹(BCG)은 AI 에이전트 시장이 올해부터 2030년까지 연평균 45% 성장할 것이라고 전망했다. 또 맥킨지는 금융·헬스케어·제조·소매·통신 등 주요 산업군의 AI 도입으로 연간 최대 4조 4000억 달러(약 6000조 원)의 경제 가치가 창출된다고 분석했다. 여기에 오픈AI는 지난 7월 챗GPT에 AI 에이전트를 처음으로 장착했고, 구글·앤스로픽 등 주요 기업들도 잇따라 전용 AI 에이전트를 출시했다.

AI 정신병(AI Psychosis)

인공지능(AI)에 대한 과도한 의존과 맹목적 신뢰가 정신건강에 심각한 영향을 끼치는 현상을 말한다. 다만 학계에서 공인된 진단명은 아니며, 챗GPT 등의 AI 챗봇을 장시간 사용한 일부 이용자가 현실 감각을 잃거나 망상에 빠지는 사례를 설명하는 데 사용된다. 특히 AI 챗봇의 경우 사용자의 발언에 긍정적인 반응을 보이고, 사용자가 듣고 싶은 말을 해주는 특성이 있어 정신적으로 취약한 사람들의 망상을 키울 수 있다는 지적이 나온다. 전문가들은 이미 정신건강이 약한 개인이 AI에 과하게 의존하면 증세가 악화되고, AI에 과도한 애착을 보이거나 불안·망상 등을 키울 수 있다고 경고한다. 이를 예방하기 위해서는 AI에 대한 비판적 수용 능력을 기르는 리터러시 교육을 이수하고, 사람들과의 사회적 관계를 강화하는 노력이 요구된다. 더불어 사회적 차원에서 AI 사용에 대한 윤리적 가이드라인과 규제를 마련하는 것도 중요한 대응책 중 하나다.

AI 정신병 유형

과대망상	자신이 AI와 함께 세상의 진리를 밝혔다고 믿음
AI 숭배	AI 챗봇이 전지전능한 신이며, 사용자에게 메시지를 보내고 있다고 믿음
낭만·애착 기반 망상	AI에 과도한 애정을 느끼며 지나치게 의존함

AI 팩토리(AI Factory)

인공지능(AI) 로봇·시설을 적용해 생산성을 높인 공장 형태로, 제조 공정뿐 아니라 설계·유통·물류·재고관리 등 현장 전반에 AI를 활용하는 것이 특징이다. AI 팩토리는 이재명 정부가 추진하는 경제성장전략의 핵심 과제 중 하나이기도 한데, 정부는 자동차·조선·이차전지 등 12개 주력 업종에 특화된 「제조 AI 파운데이션 모델」을 개발한다는 계획이다. 특히 완성된 파운데이션 모델의 일부는 오픈소스로 공개돼 개별 기업들이 자사 공정에 맞는 제조 시스템을 구축하는 데 활용될 것으로 알려졌다. 정부는 아울러 AI 도입 제조 현장을 현재 26곳에서 2030년까지 500곳 이상으로 확대하고, 휴머노이드(인간형 로봇)를 현장에 본격 투입하기로 했다. 또한 AI 팩토리가 실질적으로 기능을 다할 수 있도록 현장 고숙련 장인들의 「암묵지」(오랜 경험을 통해 개인의 몸에 체득된 비정형 지식)를 데이터베이스화해 AI에 학습시킨다는 계획이다.

LFP 배터리
(Lithium Iron Phosphate Battery)

"SK온이 미국 재생에너지 기업 플랫아이언과 1GWh(기가와트시) 규모의 ESS(에너지저장시스템) 공급 계약을 체결했다고 9월 4일 밝혔다. 이에 따라 SK온은 내년 하반기부터 ESS 전용 LFP 배터리 양산에 돌입, 현지 생산체계를 구축하고 플랫아이언에 LFP 배터리가 탑재된 컨테이너형 ESS 제품을 공급하기로 했다. 한편, SK온은 연말 국내 장주기 ESS 프로젝트에 대응하기 위해 LFP 배터리의 국내 생산 계획도 마련 중인 것으로 알려졌다."

리튬인산철(Li-FePO4)을 양극재로 사용하는 리튬이온 배터리를 말한다. 니켈·코발트·알루미늄을 사용하는 삼원계 배터리보다 가격이 저렴하고 수명이 길며, 350℃ 이상의 고온에서도 폭발 위험이 적어 안정성이 뛰어나다. 이러한 특성 덕분에 최근에는 장기간 안정적 운용이 필요한 에너지저장장치(ESS)와 전기차 시장 등에서 LFP 배터리 수요가 급증하고 있다. 여기에 최근에는 LFP에 망간을 추가해 에너지 밀도를 높이고 성능을 개선한 「LMFP(리튬망간인산철) 배터리」 등에 대한 연구도 진행되고 있다.

에너지저장장치(ESS·Energy Storage System) 화력, 풍력, 태양광발전 등으로 만들어진 잉여전력을 모아 보관했다가 적시에 가정이나 공장, 빌딩 등 필요한 곳에 공급할 수 있도록 한 저장장치를 말한다. ESS는 전력망의 안정성을 유지해 효율적인 전력 관리가 가능하며, 화석연료 의존도를 낮추고 재생에너지 사용을 높인다는 점에서 탄소배출도 줄일 수 있다. 이는 전력을 저장하는 방식에 따라 크게 화학에너지(리튬이온·니켈 등)로 저장하는 배터리 방식과 물리적 에너지(양수발전·압축공기저장 등)로 저장하는 비배터리 방식으로 나뉘는데, 특히 LFP 배터리의 경우 안정성이 높고 가격이 낮아 ESS 시장에서 사실상 표준처럼 채택되고 있다.

연구과제중심운영제도
(PBS·Project-Based System)

"과학기술정보통신부가 8월 22일 연구과제중심제도(PBS)를 내년부터 2030년까지 단계적으로 폐지하겠다고 밝혔다. 정부는 내년 약 4조 원의 R&D 예산을 산하 출연 연구원(출연연)에 투입, 그동안 개별 과제 수주로 충당하던 출연연의 인건비와 연구비를 전액 정부 예산으로 지원한다는 방침이다. 이 같은 결정에 대해 과학기술출연기관장협의회 등 과학계는 연구자들이 안정적으로 연구에 집중할 수 있는 환경이 마련됐다며 환영의 뜻을 밝혔다. 다만 정부는 무임승차를 막기 위해 공정한 기관별 출연금 배분 기준과 성과 평가체계를 마련하는 데 주력하겠다고 강조했다."

정부 출연 연구기관(출연연)의 사업 수행과 예산 집행을 연계하기 위해 1996년 도입한 예산 분배 방식이다. 출연연이 직접 연구과제를 섭외하거나 수주해 기관 운영에 필요한 인건비와 연구비 등을 확보하도록 하는 것을 골자로 한다. 이는 수행 과제를 기준으로 예산을 분배해 예산 운용의 투명성과 효율성을 높이고, 출연연 간 경쟁을 촉진해 연구 성과를 높이자는 취지에서 도입됐다. 그러나 연구자들이 과도한 수주 경쟁에 내몰리고, 수주하기 수월한 과제에만 매몰되면서 오히려 창의적인 연구를 저해한다는 비판을 받아 왔다.

우주 재급유(宇宙 再給油)

지구가 아닌 우주궤도에서 인공위성이나 우주선에 연료를 보충하는 기술을 말한다. 예컨대 보급선이 연료를 싣고 우주로 올라가 장기 임무를 수행하는 위성이나 우주선에 연료를 추가로 공급해 주는 식이다. 우주 재급유가 가능해지면 연료가 고갈된 인공위성의 수명을 연장할 수 있을 뿐더러 그만큼 우주 쓰레기를 줄일 수 있다. 또한 위성이나 우주선이 지구에서 발사될 때 연료를 적게 실어도 되기 때문에 발사 비용을 절감할 수 있고, 단독 발사로는 연료가 부족했던 달·화성 등의 장거리 탐사도 가능해진다. 다만 현재의 기술로는 영하 180~200℃에서 유지되는 액체 메탄 등의 연료를 안정적으로 저장·운반하기가 어렵고, 궤도에서 두 우주선을 도킹해 연료를 주고받는 것도 쉽지 않다. 따라서 우주 재급유 기술을 선점한 기업이 향후 우주기술 경쟁의 주도권을 쥐게 될 것이라는 전망이 나온다.

우주 재급유 기술 개발 상황

중국항천과기집단(중국)	지난 7월 연료 공급용 위성 「스젠-25」로 우주 쓰레기 제거 위성 「스젠-21」에 재급유 성공 추정
오빗 팹(미국)	• 우주 재급유용 도킹 장치인 「라프티(RAFTI)」 개발해 100여 개 상업용 위성에 장착 • 내년 초 궤도상에서 우주선에 연료를 공급하는 「우주 주유소」 시험 발사 예정
스페이스X(미국)	초대형 우주선 「스타십」 급유 위한 「스타십 탱커」 개발 중
블루 오리진(미국)	우주 재급유 및 궤도 변경용 우주 인프라 「블루 링」 개발 중

울트라 이더넷(Ultra Ethernet) ▼

인공지능(AI) 및 고성능컴퓨팅(HPC) 시대에 폭증하는 데이터트래픽을 처리하기 위해 설계된 차세대 네트워크 기술이다. 이는 대규모 연산 등에서 병목 현상이 잦았던 기존 이더넷(인터넷 프로토콜을 활용한 근거리통신망 기술)의 한계를 극복하고, 데이터 흐름을 효율적으로 관리하는 것을 목표로 한다. 울트라 이더넷은 최대 1.6Tbps(테라비트/초)의 전송속도를 구현할 수 있으며, 높은 확장성을 제공해 대규모 분산 시스템이나 AI 기반 네트워크에 대응할 수 있다. 여기에 8K급 초고화질 영상 전송이나 실시간 가상·증강현실(VR·AR)을 구현하는 데에도 핵심적인 역할을 할 것으로 기대를 모으고 있다.

한편, 글로벌 통신기업들은 2023년 「울트라 이더넷 컨소시엄(UEC·Ultra Ethernet Consortium)」을 결성해 울트라 이더넷의 개방형 표준 기술을 개발하고 있다. 현재 인텔·메타·마이크로소프트 등 100개 이상의 글로벌기업이 참여하고 있는데, 지난 6월에는 혼잡 제어 메커니즘 등을 적용한 「울트라 이더넷 1.0」 사양이 공식 발표되기도 했다.

UGC(User-Generated Content) ▼

텍스트, 비디오, 이미지, 리뷰 등 참여자가 직접 제작하고 게시하는 모든 콘텐츠로, 「사용자 제작 콘텐츠」라고도 한다. 즉, 전문가나 기업이 아닌 일반 사용자들이 직접 콘텐츠를 만들고 공개한다는 점에서 수요에 맞춘 콘텐츠를 생산할 수 있는 데다 다양한 취향을 만족시킬 수 있다는 특징을 갖고 있다. UGC의 형식은 텍스트를 비롯해 사진, 영상, 리뷰, 소셜미디어 게시물 등으로 매우 다양하다. 이는 사용자가 자발적으로 콘텐츠를 만들고 공유하며, 누구나 참여할 수 있다는 점에서 콘텐츠의 양이나 주제가 광범위하며 매우 많다. 특히 바이럴 마케팅 효과가 커 기업이나 사회 현상에 큰 파급력을 미치기도 한다. 하지만 잘못된 정보나 왜곡된 후기도 적지 않다는 점에서 품질 관리의 지속성 확보가 어려우며, 타인의 콘텐츠를 무단으로 활용하는 등의 저작권 문제도 발생할 수 있다는 점에서 주의가 필요하다.

이그 노벨상(Ig Nobel Prize) ▼

"노벨상을 패러디한 유머 과학상 「이그 노벨상」 시상식이 9월 18일 미국 보스턴대에서 열린 가운데, 올해 평화상은 「술 한 잔이 외국어 실력을 높인다」는 속설을 과학적으로 입증한 유럽의 연구자들이 차지했다. 또 젖소에 얼룩말처럼 줄무늬를 그려 넣으면 파리 떼를 줄일 수 있다는 사실을 입증한 일본 연구팀이 생물학상을 수상했다."

미국 하버드대 계열의 과학유머잡지사 AIR에서 과학에 대한 관심 제고를 위해 1991년 제정한 상이다. 이는 현실적 쓸모에 상관없이 발상 전환을 돕는 이색적인 연구, 고정관념이나 일상적 사고로는 생각하기 힘든 획기적인 사건에 수여하는 것으로, 노벨상의 패러디 격이자 「괴짜들의 노벨상」이라고도 불린다. 수상 부문은 물리학·화학·의학·평화상 등이 주로 고정으로 수여되고, 매년 연구 성과에 따라 부문을 정해 총 10개 분야의 시상이 이뤄진다.

전고체 배터리(SSB·Solid State Battery)

전기를 흐르게 하는 배터리 양극과 음극 사이의 전해질이 액체가 아닌 고체로 된 차세대 2차전지이다. 현재 가장 많이 사용되는 2차전지인 리튬이온 배터리의 경우 액체 전해질로 돼 있어 에너지 효율이 좋지만 수명이 상대적으로 짧고, 전해질이 가연성 액체이기 때문에 고열에 폭발할 위험이 높다. 반면 전고체 배터리는 전해질이 고체이기 때문에 충격에 의한 누액 위험이 없고, 인화성 물질이 포함되지 않아 발화 가능성이 상대적으로 낮다. 또 액체 전해질보다 에너지 밀도가 높으며, 충전 시간도 리튬이온 배터리보다 짧다. 특히 전고체 배터리는 확장성이 높아 플렉서블(Flexible) 배터리로 활용될 수 있다는 점에서 리튬이온 배터리를 대체할 기술로 주목받고 있다. 그러나 고체 전해질은 액체 전해질보다 전도성이 낮아 효율이 떨어진다는 문제가 있으며, 배터리 규격 국제 표준화 및 수명예측기술 개발 등도 필요해 상용화까지는 시간이 걸릴 수 있다.

전고체 배터리 개발 현황
- 에너지 밀도 상향: 고출력 구동 가능한 배터리 용량 연구
- 배터리 무게 축소: 고밀도 배터리를 로봇에 탑재할 수 있도록 무게 감축
- 충전 및 방전 속도 향상: 자주 충전 필요한 만큼 고속충전기술 개발 연구
- 안전성 확보: 사람과 함께 사용 시 안정성 확보 노력

커넥톰(Connectome)

뇌를 구성하는 신경세포(뉴런)들이 서로 어떻게 연결돼 있는지를 규명해 도식화한 지도를 말한다. 인간의 뇌에는 약 860억 개의 뉴런이 밀집돼 있는데, 이 뉴런들은 서로 연결돼 다양한 회로를 이루면서 두뇌 활동을 벌이고 있다. 따라서 커넥톰을 완성하면 뇌 활동을 세밀하게 관찰하고, 뇌가 정보를 어떻게 처리하고, 기억·인성·감정 등을 형성하는지를 이해할 수 있을 것으로 전망된다. 또한 우울증이나 치매 등 뇌질환의 원인을 규명하거나, 인공지능(AI)의 신경망 구조를 설계하는 데에도 커넥톰이 활용될 수 있다. 현재는 초파리나 선충, 쥐처럼 상대적으로 두뇌 구조가 단순한 동물부터 커넥톰을 완성해 점차 인간 뇌로 확장하는 방식으로 연구가 진행되고 있다. 대표적으로 2011년에는 「예쁜꼬마선충(Caenorhabditis Elegans)」의 뇌 커넥톰이, 2024년에는 초파리의 뇌 커넥톰이 완성된 바 있다. 인간의 커넥톰과 관련해서는 미국 국립보건원(NIH)이 2010~2018년 「인간 커넥톰 프로젝트」를 진행, 현재까지 후속 연구가 이어지고 있다.

컴플리트 가챠(Complete Gacha)

"9월 1일 국회에서 「컴플리트 가챠」를 전면 금지하는 것을 골자로 하는 게임산업진흥법 일부개정안이 발의됐다. 개정안은 게임 사업자가 유료 게임 콘텐츠에 대한 정확한 정보를 제공하도록 했으며, 공시된 확률형 아이템의 구성 비율이 실제와 다른 것으로 의심될 경우에는 문화체육관광부가 조사에 착수할 수 있도록 하는 내용이 포함됐다. 한국게임이용자협회 등은 해당 법안이 이용자 권익 보호에 기여할 것이라며 지지 입장을 표명했으나, 일부 게임업계에서는 컴플리트 가챠 금지로 인한 매출 하락을 우려하는 목소리도 나왔다."

확률형 아이템으로 얻은 결과물을 조합해 새로운 아이템이나 콘텐츠를 완성하는 게임 수익모델이다. 「완성형 뽑기」 또는 「2중 뽑기」라고도 불린다. 무작위로 뽑은 조각 아이템을 모아 정해진 조합을 완성하면 희귀 보상을 제공하는 방식이다. 2010년대 초 일본에서 처음 등장한 뒤 현재는 국내 여러 게임에서 활용되고 있다.

컴플리트 가챠는 원하는 보상을 얻기 위해 뽑기를 반복해야 한다는 점에서 과소비를 유도한다는 비판을 받는다. 특히 조합을 완성하지 못하면 그동안 구매한 아이템이 무의미해져 이용자가 도중에 소비를 멈추기도 쉽지 않다. 이러한 이유로 일본에서는 2016년부터 사행성 요소로 규정돼 금지됐는데, 국내에서도 관련 규제를 요구하는 목소리가 꾸준히 제기되고 있다.

TPU(Tensor Processing Units)

"정보기술(IT) 전문 매체 더 인포메이션은 9월 3일 구글이 최근 클라우드 제공업체들에 자사 TPU 도입을 제안하고 있다고 보도했다. 이에 따르면 구글은 영국의 클라우드 업체 플루이드스택과는 이미 계약을 맺고 뉴욕 데이터센터에 TPU를 설치하기로 했는데, 구글이 외부 데이터센터에 TPU를 배치하는 것은 이번이 처음이다. 업계에서는 구글이 AI 반도체 시장에서 엔비디아의 독점적 지위를 견제하기 위해 TPU 기반을 확대하고 있다는 분석을 내놓고 있다."

구글이 머신러닝(기계학습)과 딥러닝 알고리즘에 특화해 개발한 맞춤형 AI 반도체로, 구글의 AI 기계학습 엔진인 「텐서 플로우(Tensor Flow)」에 최적화돼 있다. 이는 복잡한 행렬 곱셈 연산을 효율적으로 처리해 그래픽처리장치(GPU)나 중앙처리장치(CPU)보다도 낮은 전력으로 높은 성능을 낼 수 있는 것이 특징이다. TPU는 2016년 1세대가 처음 공개된 이후 꾸준히 발전해 왔으며, 우리에게는 특히 이세돌 9단과 바둑 대국을 벌였던 「알파고」에 탑재된 것으로 잘 알려져 있다. 현재는 구글 검색, 구글 지도 등의 서비스와 구글의 대규모언어모델(LLM)인 「제미나이」의 학습·추론 기반으로도 활용되고 있다. 지난해 12월 6세대 TPU인 「트릴리움(Trillium)」이 출시됐으며, 지난 4월에는 7세대인 「아이언우드(Ironwood)」가 공개된 바 있다.

GPU vs TPU

GPU	구분	TPU
엔비디아	개발사	구글
그래픽 처리, 범용 AI 연산 등	활용	AI 전용(딥러닝 모델 훈련 및 추론에 특화)
범용성·호환성 높음	장점	연산 속도 빠르고 전력 효율성 높음
전력 소모 크고 비쌈	단점	호환성 낮음(구글 클라우드 전용)

페이스 페이(Face Pay)

"국내 핀테크 기업 토스가 9월 2일 얼굴 결제서비스인 「토스 페이스 페이」를 정식 출시한다고 밝혔다. 토스 페이스 페이는 지난 3월 시범운영을 시작해 현재 서울 지역 2만 개 가맹점에서 사용되고 있으며, 누적 가입자가 40만 명을 넘은 것으로 알려졌다. 토스는 페이스 페이를 결제뿐 아니라 본인 확인이나 콘서트 예매 인증 등 다양한 분야로 확대하겠다는 방침이다."

소비자의 얼굴 정보를 인식해 본인 인증 및 결제를 진행하는 생체결제 방식이다. 이는 스마트폰, 무인단말기, 키오스크 시스템 등에 내장된 카메라와 인공지능(AI) 얼굴 인식 기술을 활용해 자동화된 결제 서비스를 제공한다. 페이스 페이를 사용하기 위해서는 사용자가 사전에 스마트폰 카메라 등으로 자신의 얼굴을 촬영해 등록하는 작업이 필요하다. 이렇게 등록된 사진 속 사용자의 코의 높이, 눈과 눈 사이의 거리 등 얼굴 곡면에 대한 정보는 암호화된 형태로 서버에 저장된다. 이후 결제 시 단말기가 사용자의 얼굴을 인식하고, 등록된 얼굴 정보와 실시간 얼굴을 비교해 일치 여부를 확인, 미리 등록한 결제 수단으로 결제가 실행되는 것이다. 이는 성형수술을 하거나 체중에 큰 변화가 있지 않은 이상 안경을 쓰거나 쌍둥이라도 구분해 결제할 수 있는 것으로 알려졌다. 또한 페이스 페이를 활용하면 지갑이나 스마트폰을 가지고 있지 않아도 결제할 수 있고, 지문 인증 등 다른 결제 방식보다 짧은 시간이 소요된다는 장점도 있다. 그러나 생체정보 등의 개인정보 침해 우려로 서비스 제공업체 간 얼굴 인식 단말기의 호환이 이뤄지지 않는다는 점은 한계로 지적된다.

플로팅 데이터센터(Floating Datacenter)

"삼성물산과 삼성중공업이 10월 14일 오픈AI와 해상 데이터센터, 이른바 「플로팅 데이터센터」 개발에 나서기로 협의했다. 이는 지난 10월 1일 샘 올트먼 최고경영자(CEO)가 한국에 방문해 이재용 삼성전자 회장과 만난 자리에서도 논의가 이뤄진 바 있다."

이름 그대로 바다 위에 데이터센터를 설치하는 것으로, 해양 위에 구조물을 띄워 그 안에 서버와 네트워크 인프라를 설치한 형태의 데이터센터이다. 이는 해상 구조물(바지선, 해상 플랫폼, 선박 등)에 서버, 저장장치, 네트워크 장비, 냉각

시스템 등을 설치해 운영한다. 플로팅 데이터센터는 지상에서의 공간 제약을 극복하고 냉각에 필요한 해수를 멀리서 끌어오지 않고 바로 공급할 수 있다는 장점이 있다. 또한 데이터센터에서 발생하는 엄청난 서버의 열을 식히는 데 바다가 유리한 조건이라는 것도 이점으로 꼽는다. 하지만 바다의 염분이나 습기에 따른 장비 부식 및 손상 위험이 존재하며, 위성 또는 해저 케이블 연결이 필요하고 위치에 따라 통신이 지연될 수 있다는 단점이 있다. 아울러 물리적 접근이 어려워 정비나 교체 작업이 복잡하고 초기 투자비용이 높다는 점도 고려 요소로 꼽힌다.

희토류(稀土類, Rare Earth Elements)

"도널드 트럼프 미국 대통령이 10월 10일 중국의 희토류 수출 통제에 반발해 100% 초고율 관세를 부과하기로 하면서 미중 관세전쟁 발발 위기를 높였다. 하지만 10월 12일에는 중국에 유화적 메시지를 발신하며 사태가 가라앉는 모양새다. 트럼프 대통령이 중국에 저자세로 선회한 것은 중국이 희토류 수출 통제를 강력히 시행할 경우 미국 경제에 큰 타격이 미칠 것을 우려했기 때문이라는 분석이다. 현재 중국은 전 세계 희토류 생산량의 70%, 정제·가공은 80% 이상을 점유하고 있으며 미국 역시 중국에 공급망을 의존하고 있다."

원소주기율표 상에서 제3족인 스칸듐(Sc)과 이트륨(Y), 란타넘족(원자번호 57~71)의 15종을 포함하는 17개 원소를 총칭한다. 지각 내 총 함유량이 300ppm(100만 분의 300) 미만인 희유금속의 일종으로, 화학적으로 안정되면서도 열을 잘 전달하는 성질이 있어 첨단산업의 소재로 사용된다. 희토류는 전 세계에 풍부하게 매장돼 있으나, 문제는 여러 원소가 뒤섞인 상태의 희토류를 분리·정제해 순도 높은 제품으로 만드는 가공 공정이다. 희토류는 광물과 토양에서 분리하는 과정에서 강력한 산성 용액이 사용되며, 방사능이 유출돼 환경오염 문제 등이 있다. 이에 환경 비용을 감당하기 어려웠던 서방 생산국들이 잇달아 희토류 가공에서 철수한 데 반해, 중국은 1990년대부터 희토류를 중국의 석유로 개발하는 계획을 추진해 현재 희토류의 세계 공급망을 완전히 장악한 상태다.

트럼프 대통령이 10월 14일 중국의 미국산 대두 수입 구매 중단을 적대적 행위라고 규정하며 보복을 예고했다. 중국은 지난 4월 트럼프 행정부가 일방적으로 고율의 상호관세를 부과하자, 보복관세로 맞서는 한편 미국산 대두 수입을 중단했다. 현재 미중 협상으로 관세 전쟁은 휴전 상태지만, 중국의 미국산 대두 수입 중단은 그대로 유지돼 미국 내 대두 농가들의 피해가 크다. 무엇보다 대두의 주요 생산지인 미 중서부는 트럼프의 강력한 지지 기반이라는 점에서 트럼프 대통령에게도 무시할 수 없는 쟁점이 되고 있다.

시사인물

1934. 영국 출생
1965. 케임브리지대학 동물행동학 박사
1977. 제인 구달 연구소 설립
2001. 간디 킹 비폭력상 수상
2002. 유엔 평화의 대사 선정
2003. 영국 왕실 기사 작위(DBE)
2025. 별세

"절망에 맞서는 가장 좋은 방법은 상황을 바꾸기 위해 모든 노력을 다하는 것이다."

제인 구달(Jane Goodal)

1934~2025. 저명한 침팬지 연구자이자 세계적 동물보호 운동가로, 10월 1일 별세했다. 향년 91세.

1934년 4월 3일 영국 런던에서 태어난 고인은 어린 시절부터 동물에 관심이 많았다. 1957년 저명한 고생물학자인 루이스 리키 박사의 조수가 돼 아프리카 케냐로 가게 된 그녀는 26세 때인 1960년부터 탄자니아 곰베 국립공원에서 침팬지 연구를 시작했다. 이후 1965년 케임브리지대학에서 동물행동학 박사 학위를 받은 뒤 탄자니아로 돌아가 곰베 연구센터를 설립, 침팬지 연구를 지속했다. 고인은 침팬지를 번호로 부르던 연구 관습을 거부하고, 침팬지들에게 모두 이름을 붙여 연구한 것으로도 유명했다. 특히 침팬지와 가족처럼 어울려 사는 모습으로 「침팬지의 어머니」라고 불린 고인은 침팬지와의 친밀감과 뛰어난 관찰력으로 침팬지에 대한 놀라운 발견을 거듭했다. 대표적으로 1960년에는 침팬지들이 나뭇가지를 꺾어 나뭇잎을 떼어낸 후 흰개미굴 속에 집어넣고, 흰개미가 나뭇가지에 달라붙도록 해 이를 먹는다는 사실을 발견했다. 이는 인간만이 도구를 사용한다는 당시의 통념을 뒤집은 획기적인 발견이었다. 또 침팬지가 기존에 알려진 것처럼 야채나 과일만 먹는 것이 아니라, 육식을 한다는 사실을 발견하기도 했다.

고인은 1977년에는 야생동물 연구·교육·보전을 위한 제인 구달 연구소를 설립, 환경·봉사운동인 「뿌리와 새싹(Roots&Shoots)」 프로그램을 전 세계적으로 전개했다. 이러한 공로들로 2001년 간디 킹 비폭력상을 수상했으며, 2002년에는 유엔 평화의 대사로 선정됐다. 또 2003년에는 영국 엘리자베스 여왕으로부터 기사 작위에 해당하는 DBE(Dame of the British Empire)를 받았다. 고인이 생전 남긴 저서로는 《생명사랑 십계명》, 《인간의 그늘에서》, 《희망의 이유》, 《침팬지와 함께 한 나의 인생》 등 60여 권에 이른다.

다카이치 사나에(高市早苗)

일본 제104대 총리(64). 다카이치가 10월 21일 치러진 총리 지명선거에서 총리로 선출, 일본이 1885년 의원내각제를 도입한 이후 첫 여성 총리가 됐다.

1961년 3월 7일 일본 나라현에서 태어났으며, 고베대학 경영학부를 졸업했다. 대학 졸업 후에 정치인 양성기관인 「마쓰시타정경숙」에서 정치 수업을 받았다. 1993년 중의원 선거에서 나라현 무소속 후보로 출마해 당선되며 정치에 입문했고, 이후 나라현에서 10선을 지냈다. 아베 신조 전 총리가 처음 집권한 2006년에는 내각부 특명담당장관으로 처음 장관직에 올랐고, 2014년 2기 아베 내각부터는 제18·19·23대 총무상을 지내며 총무상 최장 재직 기록을 세웠다. 이후 2021년과 2024년에 자민당 총재 선거에 연이어 나서 모두 고배를 마셨지만, 10월 4일 치러진 선거에서는 총재로 선출됐다. 이후 자민당과 26년간 연립내각을 구성해온 공명당이 연정 탈퇴를 선언하면서 총리 선출에 위기를 맞기도 했으나, 제2야당인 일본유신회와의 연정 합의를 이루면서 총리 선출을 사실상 확정한 바 있다. 한편, 다카이치는 자민당 내에서도 강성 극우 성향 정치인으로, 태평양전쟁 A급 전범이 합사된 야스쿠니 신사를 정기적으로 참배하고 아베 전 총리의 정책을 계승하겠다는 의사를 표명해 와 「여자 아베」로 불린다. 또한 일본군 위안부와 강제징용 문제를 부인하는 발언을 거듭해 왔다는 점에서 추후 한일 관계 악화가 우려되고 있다.

존 볼턴(John Bolton)

전 미국 백악관 국가안보좌관(77). 조지 W 부시 행정부 내 대표적인 네오콘(신보수주의자)으로 꼽힌 인물로, 지난 8월 미국 연방수사국(FBI)이 그의 메릴랜드주 자택과 워싱턴 사무실을 전격 압수수색하며 주목을 받았다.

1948년 미국 메릴랜드주 볼티모어에서 태어나 예일대를 졸업하고 같은 대학 로스쿨에서 법학박사 학위를 받았다. 이후 법무부 차관과 국무부 차관을 비롯해 국무부 군축담당 차관, 유엔 주재 미국 대사를 역임했으며, 보수 성향의 싱크탱크인 미국기업연구소(AEI)에서 선임연구원으로 활동했다. 그러다 트럼프 1기 정부 출범 이후인 2018년 3월, 백악관 국가안보좌관으로 임명돼 그해 4월 취임했다. 그러나 그는 재임 중 트럼프 대통령과 지속적인 마찰을 빚었는데, 특히 북미 정상회담에 매우 부정적이었다. 이에 2019년 9월 경질된 그는 사임 후 회고록, 언론 인터뷰, 강연 등을 통해 트럼프 대통령을 강하게 비판해 왔다.

무라야마 도미이치(村山富市)

1924~2025. 일본의 과거 식민지 지배를 사과한 「무라야마 담화」로 잘 알려져 있는 전 일본 총리로, 10월 17일 별세했다. 향년 101세.

1924년 일본 오이타현에서 태어났으며, 젊은 시절 공무원 노조와 지방의회 등에서 활동했다. 이후 1972년 중의원 선거에서 사회당 후보로 당선되며 중앙 정계에 진출했고, 이후 내리 8선을 했다. 그리고 사회당을 이끌던 1994년 4월 자민당·사회당·신당 사키가케 연립내각을 구성해 제81대 총리에 올랐는데, 역대 2번째이자 47년 만의 사회당 출신 총리라는 기록이었다. 그는 총리 취임 이후 자위대를 합헌화하고 미일 안전보장 체제를 견지한다고 발언하는 등 사회당의 기본정책을 과감하게 전환했다. 여기에 일본의 침략과 식민지배 문제와 연관된 과거사 문제 해결에 매진, 전후 50년을 맞아 과거 일본의 식민지 지배와 침략에 대한 반성과 사죄를 표명한 「무라야마 담화」를 발표했다. 취임 약 1년 6개월 만인 1996년 1월 총리직을 사임한 그는 사회당 당명을 사회민주당으로 바꾸고 초대 대표로 취임했으며, 1999년에는 초당파 방문단

단장으로 북한을 방문하기도 했다. 이후 2000년 6월 정계를 은퇴한 그는 일본군 위안부 문제 해결에 노력하며 「여성을 위한 아시아평화국민기금」을 설립했다. 2015년에는 평화헌법 개정과 집단자위권을 주장하는 당시 아베 신조 총리를 강하게 비판하기도 했다. 고인은 지난해에는 100세 생일을 앞두고 일본이 계속 평화로운 나라이기를 기원한다는 메시지를 남기기도 했다.

🔸 방용석(方鏞錫)

1945~2025. 1970년대 민주노조 운동을 이끌었던 노동운동가이자 전 노동부장관으로, 8월 24일 별세했다. 향년 80세.

1945년 11월 6일 충북 진천에서 태어났으며, 1970년 원풍모방의 전신인 한국모방에 입사했다. 그는 당시 여공들이 월급도 제대로 받지 못하는 현실을 바꾸기 위해 1972년 한국모방 민주노조 창립을 주도했다. 하지만 전두환 정권 당시 노조 탄압으로 1982년 노조는 해산됐고, 그는 노동쟁의조정법 및 집시법 위반으로 수감됐다. 하지만 출소 후에도 최초의 공개 노동운동단체인 한국노동자복지협의회 위원장, 통일시대 민주주의 국민회의 공동대표를 역임하며 노동운동을 이어갔다. 그리고 1995년 김대중 전 대통령이 창당한 새정치국민회의에 입당하며 정계에 입문했다. 이후 1996년 15대 총선에서 새정치국민회의 전국구 국회의원으로 당선됐고, 김대중 정부 때인 2002~2003년에는 노동운동가 출신으로서는 처음으로 노동부 장관을 역임했다.

🔸 조르지오 아르마니(Giorgio Armani)

1934~2025. 「우아함의 황제」, 「미니멀리즘의 거장」으로 불린 이탈리아 출신의 세계적 디자이너로, 9월 4일 별세했다. 향년 91세.

1934년 7월 11일 이탈리아 북부 밀라노 근처의 피아첸차에서 태어났으며, 밀라노의 한 백화점에서 창문 장식 보조로 일하며 패션계에 입문했다. 그러다 1975년 사업파트너이자 친구였던 세르지오 갈레오티와 함께 자신의 이름을 딴 남성 기성복 브랜드 「조르지오 아르마니」를 창업하면서 본격적으로 사업을 시작했다. 그는 1970년대 후반 안감이 없는 재킷을 출시했는데, 이는 절제되면서도 여유로운 라인으로 전 세계적으로 반향을 일으키며 대성공을 거뒀다. 이후 여성복으로는 넓은 어깨선을 가진 「파워 슈트」를 선보였는데, 이는 사회 활동에 적극적인 여성들의 상징으로 부상했다. 특히 1980년대 영화 〈아메리칸 지골로〉에서 배우 리처드 기어가 아르마니 슈트를 입으면서 그는 할리우드에서 가장 유명한 디자이너가 됐다. 아르마니는 이후 영화 약 200편에서 의상을 담당했고, 2003년에는 할리우드 「명예의 거리」에 이름을 올리기도 했다. 아울러 고인은 디자이너뿐 아니라 사업성에서도 탁월한 성과를 보였는데, 연간 약 23억 유로(약 3조 7355억 원)의 매출을 올리는 브랜드를 직접 이끌며 「킹 조르지오(Re Giorgio)」라는 수식어를 얻었다. 또 「조르지오 아르마니」, 「엠포리오 아르마니」 등의 의류 외에도 향수·화장품·가구·호텔·레스토랑까지 사업을 확장하며 아르마니 제국을 구축했다는 평가를 받았다.

🔸 로버트 레드포드(Robert Redford)

1936~2025. 미국의 영화배우이자 영화감독으로, 9월 16일 별세했다. 향년 89세.

1936년 8월 18일 미국 캘리포니아주 산타모니카에서 태어났으며, 뉴욕의 드라마예술 아카데미를 다니며 연기를 배우기 시작했다. 이후 1959년 브로드웨이에서 연극 〈톨 스토리〉로 데뷔했고, 1962년 드니스 샌더스 감독의 〈워 헌트〉로 영화계에 데뷔했다. 이후 1969년 폴 뉴먼과 출연한 〈내일을 향해 쏴라〉로 스타덤에 올랐고, 1973년에는 영화 〈스팅〉에 뉴먼과 다시 한번 출연하며 아카데미 남우주연상 후보에 오르기도 했다. 그는 이후에도 〈위대한 개츠비〉, 〈아웃 오브 아프리카〉 등 수많은 명작에 출연하며 시대를 상징하는 배우가 됐다. 특히 1980년에는 영화 〈보통 사람들〉을 연출했고, 이 영화로 1982년 아카데미 감독상을 수상하며 감독 데뷔까지 성공적으로 이뤄냈다. 고인은 1984년부터는 유타주 파크시티에서 열리던 작은 영화제를 인수해 「선댄스 영화제(The Sundance Film Festival)」로 성장시키며, 후진 양성에도 힘을 기울였다. 선댄스 영화제는 수많은 신예 감독을 발굴하며 세계 최대의 독립영화 축제가 된 것은 물론, 오늘날 미국 독립영화의 상징이 됐다.

한편, 환경보호와 평화운동에도 적극적이었던 그는 2012년 제주도 강정해군기지 건설에 반대하며 국제적 연대를 호소하기도 했다. 고인은 2010년 프랑스 정부로부터 레종 드뇌르 훈장을 받았고, 2016년에는 미국 최고 영예인 「자유의 메달(Presidential Medal of Freedom)」을 수훈했다.

다이앤 키튼(Diane Keaton)

1946~2025. 영화 〈애니 홀〉과 〈대부〉 시리즈 등에서 열연했던 미국의 영화배우로, 10월 11일 별세했다. 향년 79세.

1946년 1월 5일 미국 캘리포니아주 로스앤젤레스에서 태어났으며, 캘리포니아주 산타아나대학을 1년 만에 중퇴한 뒤 뉴욕 브로드웨이에서 연기 이력을 쌓기 시작했다. 그리고 1970년 〈러버스 앤 어더 스트레인저〉로 스크린에 데뷔했다. 이후 영화 〈대부〉(1973)에서 알 파치노가 연기한 마이클 코를레오네의 연인 케이 애덤스 역으로 주목받으며 배우의 입지를 다졌고, 우디 앨런 감독 작품인 〈애니 홀〉로 1978년 아카데미 여우주연상을 수상했다. 이후 〈레즈〉(1981), 〈신부의 아버지〉(1991), 〈조강지처 클럽〉(1996), 〈마빈의 방〉(1996), 〈사랑할 때 버려야 할 것들〉(2004) 등 60편이 넘는 작품에 출연하며 꾸준한 연기 활동을 펼쳤다. 그녀는 배우 외에도 작가와 감독으로도 활동했는데, 1987년 첫 연출작으로 다큐멘터리 〈헤븐〉을 내놓은 뒤 2000년까지 극영화와 다큐멘터리 작업을 진행했다. 특히 1995년 연출작 〈내 마음의 수호천사〉는 칸영화제 「주목할 만한 시선」에 초청되며 화제를 모았다.

루이스 부르주아(Louise Bourgeois)

1911~2010. 프랑스 출신 미국의 조각가이자 설치미술가로, 페미니즘을 대표하는 작가다.

1911년 12월 25일 프랑스 파리에서 갤러리를 운영하는 집안의 딸로 태어났으나, 아버지의 외도로 불행한 어린 시절을 보냈다. 1935년 파리 소르본느대학교를 졸업했으며, 1938년 미국인 미술사학자와 결혼하면서 뉴욕으로 이주했다. 고인은 60세가 다 되도록 무명 시절을 보내다가 1970년대에 들어서야 주목을 받기 시작했다. 초기에는 격자무늬와 원, 평행선 등을 작품의 소재로 했으나 말년에는 자연과 모성, 여인 등의 이미지를 모티프로 삼았다. 또 자신의 내면과 트라우마를 작품에 자주 담아냈는데, 대표적으로 1974년 설치미술 작품 〈아버지의 파멸〉에서는 아버지에 대한 고통스러운 기억을 표현해 내기도 했다. 그녀는 1982년 여성으로는 처음으로 뉴욕현대미술관(MoMA)에서 회고전을 여는 등 페미니즘 작가로 명성을 떨쳤으며, 1999년 베니스 비엔날레에서는 황금사자상을 수상했다. 대표작은 거대한 어미 거미를 형상화한 청동 조각상 〈마망(Maman)〉으로, 이 작품은 현재 영국 런던 테이트모던, 캐나다 오타와 국립미술관, 서울 삼성미술관 등에 전시돼 있다.

에이스 프레일리(Ace Frehley)

1951~2025. 기괴한 분장과 퍼포먼스로 큰 인기를 끌었던 미국 하드 록밴드 「키스」의 원년 기타리스트로, 10월 16일 별세했다. 향년 74세. 1951년생인 고인은 13세부터 기타를 배우기 시작했고, 18세 때 전설적 기타리스트 故 지미 헨드릭스의 공연팀에서 일했다. 그러다 1973년 싱어 폴 스탠리, 베이시스트 진 시먼스, 드러머 피터 크리스와 함께 그룹 「키스」를 결성했다. 키스는 흑백의 얼굴 분장과 화려한 복장, 다채로운 특수효과를 동원한 연출 등으로 선풍적인 인기를 누렸다. 키스는 1970년대 중반 수천만 장의 앨범을 판매했는데, 특히 대표곡인 〈베스(Beth)〉는 1976년 빌보드 탑 100에서 7위를 기록하기도 했다. 당시 키스 팬들에게 「스페이스맨」으로 불렸던 고인은 1982년 솔로활동을 위해 키스에서 탈퇴했다가 1996년 다시 합류하며 활동을 지속했다. 키스는 2014년 미국 「로큰롤 명예의 전당」에 헌액됐으며, 올 8월에는 제48회 케네디센터 공로상 수상자로 결정되기도 했다. 한편, 고인은 지난해에는 자신의 록 앨범 〈1만 볼트(10,000 Volts)〉를 발매하기도 했다.

전유성(全裕成)

1949~2025. 「개그계 대부」로 불린 코미디언으로, 9월 25일 폐기흉 악화로 별세했다. 향년 76세.
1949년 1월 28일 서울 종로구 안국동에서 태어났으며, 서라벌고와 서라벌예술대 연극연출과를 졸업했다. 1969년 TBC 〈쑈쑈쑈〉의 작가로 방송가에 발을 디딘 그는 이후 코미디언으로 전향해 KBS 〈유머 1번지〉, 〈쇼 비디오 자키〉, 〈개그콘서트〉 등을 통해 대중적 인기를 얻었다. 1990년대에는 SBS 〈좋은 친구들〉 속 「전유성을 웃겨라」 코너를 통해 어지간해선 웃지 않는 모습으로 시청자들에게 큰 웃음을 주기도 했다. 특히 그는 희극인이 「코미디언」이라고 불리던 시대에 「개그맨」이라는 단어를 처음으로 사용한 인물로, 「대한민국 1호 개그맨」이라는 별칭을 갖고 있다. 그는 방송과 공연 외에도 예원예술대 교수, MBC 라디오 〈여성시대〉 MC를 맡기도 했다. 또 2001년에는 「전유성의 코미디시장」을 창단해 개그 지망생들을 양성했다. 2007년 방송 활동 은퇴 후에는 경북 청도에서 코미디철가방극장 무대를 이끌며 4400회에 달하는 코미디 공연을 펼쳤고, 이후에는 지리산 인근으로 거처를 옮겨 생활했다. 고인은 생전 《1주일만 하면 전유성만큼 한다》 시리즈, 《남의 문화유산 답사기》, 《조금만 비겁하면 인생이 즐겁다》, 《하지 말라는 것은 다 재미있다》 등의 저서를 남기기도 했다.

마리아 샤라포바(Maria Sharapova)

러시아 출신의 전 프로 테니스 선수(38). 지난해 10월 명예의 전당 헌액이 결정된 샤라포바가 8월 24일 미국 로드아일랜드주 뉴포트 국제 테니스 명예의 전당에서 열린 2025 헌액 행사에 참석, 테니스 명예의 전당에 입회했다.
1987년 9월 19일 러시아 시베리아 지역의 냐간에서 태어났으며, 4살 때 테니스에 입문해 6살에 미국 플로리다의 닉 볼리티에리 아카데미에서 전문적인 훈련을 받기 시작했다. 이후 빠르게 성장하면서 2001년 프로로 데뷔했고, 2004년에는 17세의 나이로 세리나 윌리엄스를 꺾고 윔블던 대회에서 우승하며 처음으로 메이저 타이틀을 얻었다. 이후 2년간 8개의 WTA 대회 타이틀을 획득했고, 여자 세계랭킹 1위에 오르기도 했다. 2005년에는 US오픈에서 우승하며 두 번째 메이저 타이틀을 얻었으나, 2007년 어깨 부상으로 부진을 겪기도 했다. 그러나 회복에 성공해 2008년 호주오픈 우승, 2012년 프랑스오픈 우승으로 커리어 그랜드슬램을 달성한 데 이어 같은 해 열린 런던올림픽에서는 은메달을 획득했다. 또 2014년에는 두 번째 프랑스오픈 우승을 기록하기도 했다. 그러나 2016년 금지약물 복용으로 인해 국제테니스연맹(ITF)으로부터 15개월 자격정지 징계를 받았고, 2017년에 복귀해 톈진오픈에서 자신의 마지막 단식 우승을 따냈다. 이후 2020년 2월 공식 은퇴를 선언하면서 테니스계를 떠난 바 있다.

양전닝(楊振寧)

1922~2025. 중국 최초로 노벨상을 수상했던 세계적인 물리학 석학으로, 10월 18일 별세했다. 향년 103세.

1922년 중국 안후이성 허페이에서 태어났으며, 1942년 서남연합대학 물리학과를 졸업하고 칭화대에서 석사 학위를 취득했다. 이후 미국으로 건너가 1948년 시카고대에서 박사 학위를 받은 고인은 1949년 프린스턴고등연구소에서 연구 생활을 시작해 1955년 교수로 임용됐다. 고인은 1956년 동료인 리정다오(李政道, 1926~2024) 박사와 함께 물리 현상을 기술하는 방정식의 반전성이 유지되지 않는 경우를 설명한 「패리티 비보존 이론」을 수립해 1957년 중국인 첫 노벨 물리학상 수상자가 됐다. 특히 노벨상 수상 당시 고인의 나이는 35세였는데, 이는 통상 노벨 과학상 수상자들의 연령이 고령임을 감안할 때 상당히 이른 나이의 수상이었다. 양전닝의 이론은 입자가 붕괴할 때 약력이 비대칭적으로 작용한다는 사실을 입증해 우주의 비대칭성을 증명한 것이었다. 1966년에서 1999년까지는 뉴욕주립대 석좌교수로 재직하며 이론물리연구소(현 양전닝이론물리연구소)의 초대 소장을 지냈다. 또 홍콩중문대학과 칭화대 고등연구원 등에서도 후학 양성에 헌신했다. 아울러 고인은 입자물리학뿐 아니라 장이론, 통계물리학, 응집물질물리학 등 현대 물리학 분야 대다수에 기여했다. 특히 1954년 미국 물리학자 로버트 밀스와 함께 제시한 「양-밀스 이론」은 현대 입자 물리학의 초석으로, 아인슈타인의 상대성 이론이나 맥스웰 방정식에 비견되는 기초 물리이론으로 평가되고 있다.

한편, 고인은 1964년 미국 시민권을 취득해 미국에서 활동했으나, 1999년 칭화대 고등연구원 교수에 부임하며 중국에 정착했다. 그리고 2015년에는 미국 국적을 포기하고 중국 국적을 취득한 바 있다.

TEST ZONE ....

최신시사상식 236집

최신 기출문제(광명도시공사) / 실전테스트 100
한국사능력테스트 / 국어능력테스트

광명도시공사

2025. 7. 5.

○ 다음 물음에 알맞은 답을 고르시오. [1~20]

01 다음 중 목성의 위성에 해당하지 않는 것은?

① 이오
② 유로파
③ 가니메데
④ 타이탄
⑤ 칼리스토

02 다음 중 전 세계에서 가장 높은 건물은?

① 두바이 부르즈할리파
② 상하이타워
③ 서울 롯데타워
④ 뉴욕 엠파이어스테이트 빌딩
⑤ 타이베이 101

03 다음 국악기의 이름은 무엇인가?

① 태평소
② 비파
③ 대금
④ 해금
⑤ 아쟁

04 환경·사회·지배구조 요소를 통합해 기업의 지속가능성과 사회적 책임을 평가하는 경영 전략을 (   ) 경영이라 한다. (   ) 안에 들어갈 용어는?

① ESG
② CSR
③ 신뢰
④ 윤리
⑤ RE100

05 다음 작품을 그린 화가는?

① 폴 고갱
② 클로드 모네
③ 오귀스트 르누아르
④ 에두아르 마네
⑤ 빈센트 반 고흐

06 ( ) 안에 들어갈 숫자로 바른 것은?

슈퍼에이지는 인구의 ( )%가 65세 이상이 되는 초고령화 시대를 뜻하는 말로, 글로벌 전략 및 자문회사 「더 슈퍼에이지」의 창립자이자 인구통계학자인 브래들리 셔먼이 제시한 개념이다.

① 7
② 10
③ 15
④ 20
⑤ 25

07 각 나라의 수도가 바르게 짝지어지지 않은 것은?

① 네팔-카트만두
② 인도네시아-자카르타
③ 미얀마-양곤
④ 베트남-하노이
⑤ 캄보디아-프놈펜

---

01 ④ 토성의 위성으로, 토성 위성 중에서 가장 크고 대기를 가진 유일한 위성이다. 토성은 총 272개의 위성을 갖고 있어, 태양계에서 가장 많은 위성을 갖고 있다.
①②③⑤ 이오, 유로파, 가니메데, 칼리스토는 1610년 갈릴레오 갈릴레이가 발견한 4개의 대형 위성이다.

02 ① 두바이 신도심에 있는 부르즈할리파는 높이 828m에 달하는 세계 최고의 마천루이다. 이는 뉴욕 명물인 엠파이어스테이트 빌딩보다는 2배, 파리 에펠탑보다는 3배 가까이 더 높다.
② 632m ③ 554.5m ④ 443m ⑤ 509m

03 ④ 한국의 전통 찰현악기 가운데 하나. 큰 내나무관에 오동판을 붙인 긴 내를 달아, 두 개의 줄을 동과 대에 매고 밀충으로 된 활을 켜 연주하는 방식이다.

04 ① 기업의 성과를 측정함에 있어 기업의 재무적 성과를 제외한 친환경(Environment), 사회적 기여(Social), 투명한 지배구조(Governance) 등에서의 기업성과를 가리킨다. 이는 재무적인 요소에서 드러나지 않는 기업의 사회적 활동을 계량화해 기업의 계속 경영 가능성을 평가하기 위해 개발된 지표이다.
② Corporate Social Responsibility(기업의 사회적 책임)

05 ⑤ 제시된 작품은 빈센트 반 고흐가 1889년 남긴 자화상이다.

06 슈퍼에이지는 65세 이상의 노인 인구가 전체의 20% 이상을 차지해 인류 역사상 최초로 노령인구가 젊은이들의 수를 추월하는 시대를 이르는 말이다. 또한 이는 유엔(UN)에서 정한 초고령사회의 기준이기도 하다.

07 미얀마의 수도는 네피도이다. 양곤은 미얀마의 최대도시이자 옛 수도로, 미얀마의 수도는 2006년 네피도로 이전된 바 있다.

1. ④ 2. ① 3. ④ 4. ① 5. ⑤ 6. ④ 7. ③

08 다음이 설명하는 용어는?

> 캐나다의 소설가 더글러스 쿠플랜드가 1991년 출간한 장편소설에서 유래된 용어로, 미국이 독립한 이후 13번째의 세대라는 의미에서 「서티너스(Thirteeners)」라고도 불린다. 이 세대는 무관심, 무정형, 기존 질서 부정 등을 특징으로 하는데, 일반적으로 1965~1976년 사이에 출생한 세대가 이에 해당한다.

① Y세대
② X세대
③ 밀레니얼 세대
④ Z세대
⑤ 알파세대

09 다음 순우리말의 뜻이 바르지 못한 것은?

① 하늬바람: 동쪽에서 불어오는 바람
② 가리사니: 사물을 판단할 수 있는 지각이나 실마리
③ 남우세: 남에게 비웃음과 놀림을 받게 됨
④ 사잇밥: 끼니 밖에 참참이 먹는 음식
⑤ 안다미로: 담은 것이 그릇에 넘치도록 많이

10 다음 중 컴퓨터 백신 프로그램을 개발하는 회사가 아닌 곳은?

① 안랩
② 어도비
③ 맥아피
④ 시만텍
⑤ 이스트소프트

11 특정한 직업 없이 갖가지 아르바이트로 생활하는 젊은층을 일컫는 말로, 1990년대 초반 일본에서 생겨난 신조어는?

① 파이어족
② 니트족
③ 듀크족
④ 캥거루족
⑤ 프리터족

12 최고기술경영자의 약자로, 기업활동 중에서 기술을 효과적으로 획득·관리·활용하기 위한 모든 경영지원 활동을 총괄하는 책임자를 무엇이라 하는가?

① CMO
② COO
③ CFO
④ CTO
⑤ CHO

13 ( ) 전문가는 대용량 데이터를 수집·분석해 비즈니스 의사결정에 활용하는 전문가로, 통계학·컴퓨터공학·프로그래밍 역량을 기반으로 한다. ( ) 안에 들어갈 용어는?

① 빅데이터
② 클라우드
③ 사물인터넷
④ 인공지능(AI)
⑤ 메타버스

14 컴퓨터가 인간처럼 판단하고 학습할 수 있도록 하고 이를 통해 사물이나 데이터를 군집화하거나 분류하는 데 사용하는 기술을 무엇이라 하는가?

① 코딩
② 미러링
③ 딥러닝
④ 알고리즘
⑤ 백업

15 다음 중 국보에 해당하지 않는 국가유산은?

① 서울 원각사지 십층석탑
② 영주 부석사 무량수전
③ 경주 석굴암 석굴
④ 서울 흥인지문
⑤ 서울 숭례문

---

08 ① 미국에서 제2차 세계대전 이후인 1946~1965년 사이에 출생한 베이비붐 세대의 자녀 세대
③ 1980년대 초반~2000년대 초반 출생한 세대를 가리키는 말로, 정보기술(IT)에 능통하며 대학 진학률이 높다는 특징이 있다.
④ 1990년대 중반에서 2000년대 초반에 걸쳐 태어난 세대를 이르는 말로, 어릴 때부터 디지털 환경에서 자란 「디지털 네이티브(디지털 원주민)」라는 특징이 있다.
⑤ 어려서부터 기술적 진보를 경험하며 자라나는 세대로, 2010년 이후 태어난 이들을 지칭한다.

09 ① 하늬바람은 서쪽에서 불어오는 바람을 뜻하는 순우리말이다. 동쪽에서 불어오는 바람을 뜻하는 순우리말은 「새녘바람」이다.

10 ② 미국의 컴퓨터 그래픽 소프트웨어 개발회사로, ▷포토샵 ▷일러스트레이터 ▷프리미어 등의 프로그램을 제작·판매하고 있다.

11 ① 경제적 자립을 토대로 자발적 조기 은퇴를 추진하는 사람들
② 학생도 아니고 직장인도 아니면서 직업 훈련도 받지 않는 근로의욕 없는 청년 무직자
③ 아이가 있는 맞벌이 부부
④ 학교를 졸업해 자립할 나이가 되었는데도 부모에게 경제적으로 기대어 사는 젊은이들

12 ① Chief Marketing Officer. 기업 마케팅 부문을 총괄하는 경영자
② Chief Operating Officer. 기업 내의 사업을 총괄하며, 일상 업무를 원활하게 추진하기 위한 의사결정을 행하는 최고운영책임자
③ Chief Finance Officer. 기업의 재무담당 최고책임자
⑤ Chief Human-resource Officer. 인사(人事) 담당 최고책임자

13 ① 빅데이터 전문가는 데이터 수집, 데이터 저장 및 분석, 데이터 시각화 등을 통한 정보 제공을 담당한다.
② 데이터를 인터넷과 연결된 중앙컴퓨터에 저장, 인터넷에 접속하기만 하면 언제 어디서든 데이터를 이용할 수 있는 것
③ 사물에 센서를 부착해 실시간으로 데이터를 인터넷으로 주고받는 기술이나 환경
④ 인간의 생각이나 학습 능력을 컴퓨터 프로그램으로 실현한 것
⑤ 현실세계와 같은 사회·경제·문화 활동이 이뤄지는 3차원 가상세계

14 ① 컴퓨터가 이해할 수 있는 언어인 코드를 입력해 기계들이 작동할 수 있게 하는 과정
② 특정한 기기나 위치에 있는 데이터나 화면 등을 동시에 다른 기기나 위치에 복제해 데이터를 보호하거나 성능을 향상하며 사용자 활용을 높이는 기법
④ 어떤 문제를 해결하기 위한 절차, 방법, 명령어들의 집합
⑤ 사용자의 실수나 컴퓨터의 오류, 바이러스, 정전 등으로 원본이 손상되거나 잃어버릴 경우를 대비해 원본을 미리 복사해 두는 것

15 ④ 흥인지문(동대문)은 보물로 지정돼 있다.

8. ② 9. ① 10. ② 11. ⑤ 12. ④ 13. ① 14. ③ 15. ④

16 〈보기〉의 설명과 관련된 저서는?

> **보기**
> 조선 선조 30년(1597) 의학자 허준(許浚, 1539~1615)이 왕명을 받아 중국과 우리나라의 의학서적을 하나로 모아 편집에 착수, 광해군 3년(1611)에 완성한 조선 제일의 의서다. 이는 2015년 국보로 지정되었고, 2009년에는 유네스코 세계기록유산에 등재됐다.

① 향약집성방
② 의방유취
③ 동의보감
④ 마과회통
⑤ 벽온신방

17 양쪽 눈의 색깔이 다른 오드아이는 ( ) 세포의 DNA 이상으로 인한 멜라닌 색소 농도 차이 때문에 생기는 현상이다. 이에 오드아이는 ( ) 이색증이라고도 하는데, ( ) 안에 들어갈 용어는?

① 각막
② 홍채
③ 망막
④ 포도막
⑤ 수정체

18 다음은 나이를 뜻하는 한자어를 나열한 것이다. ㉠~㉤에 들어갈 용어로 바르지 못한 것을 고르면?

나이	한자어
15세	㉠
20세	남: 약관(弱冠), 여: 방년(芳年)
30세	㉡
40세	불혹(不惑)
50세	㉢
60세	이순(耳順)
70세	고희(古稀)
77세	㉣
80세	산수(傘壽)
88세	미수(米壽)
90세	㉤

① ㉠: 지학(志學)
② ㉡: 이립(而立)
③ ㉢: 지천명(知天命)
④ ㉣: 희수(喜壽)
⑤ ㉤: 백수(白壽)

19 다음 중 단층제(한 국가에 자치계층이 하나만 있는 것)의 특징으로 바르지 못한 것은?

① 신속한 행정이 가능해 행정의 능률성이 증대된다.
② 국토가 넓거나 인구가 많으면 적용이 어렵다.
③ 광역사무처리에는 부적합하다.
④ 기초단체에 대한 국가의 직접적 개입을 차단해 민주주의 원리 확산에 기여한다.
⑤ 자치권 및 지역적 특수성이 인정된다.

20 다음 중 「넛지효과」에 대한 설명으로 바른 것은?

① 객관적인 전력이 열세여서 경기나 선거 등에서 질 것 같은 사람이나 팀을 동정하는 현상을 말한다.
② 강요에 의하지 않고 유연하게 개입함으로써 선택을 유도하는 방법을 말한다.
③ 특정 상품을 소비하는 사람이 많아지면 그 상품에 대한 수요가 감소하는 현상을 말한다.
④ 다른 사람들에게 무시당하고 부정적인 낙인이 찍히면 행태가 나쁜 쪽으로 변해 가는 현상을 말한다.
⑤ 보편적으로 적용되는 성격 특성을 자신의 성격과 일치한다고 믿으려는 현상이다.

※ 위 문제는 수험생들의 기억에 의해 재생된 것이므로, 실제 문제와 다소 다를 수 있습니다.

16 ① 1433년(세종 15)에 간행된 향약에 관한 의약서
    ② 조선 세종 때 왕명으로 편찬된 동양 최대의 의학사전
    ④ 다산 정약용이 1798년(정조 22년)에 마진(痲疹)의 치료에 관하여 저술한 책
    ⑤ 어의 안경창이 1653년(효종 4)에 왕명을 받아 편찬한 온역(瘟疫)의 치료에 관한 의서
18 90세를 일컫는 한자어는 졸수(卒壽)이다. 백수(白壽)는 99세를 이른다.
19 ④ 중층제(하나의 자치단체 내에 또다른 복수의 자치단체가 존재해 이들 간에 계층을 이루는 구조)의 장점이다.
20 ① 언더독 효과 ③ 스노브 효과 ④ 스티그마 효과 ⑤ 바넘 효과

16. ③ 17. ② 18. ⑤ 19. ④ 20. ②

실전테스트 100

○ 다음 물음에 알맞은 답을 고르시오. [1~70]

01 ㉠, ㉡에 들어갈 인물로 바른 것은?

> 9월 3일 열린 중국 전승절 80주년 기념 열병식에 김정은 북한 국무위원장, 블라디미르 푸틴 러시아 대통령이 참석했다. 북중러 정상이 한자리에 모인 것은 1959년 중화인민공화국 건국 10주년 열병식에 김일성 당시 북한 주석과 (㉠) 중국 국가주석, (㉡) 소련 공산당 서기장이 참석한 이후 66년 만이자 탈냉전 이후 처음 있는 일이었다.

	㉠	㉡
①	마오쩌둥	니키타 흐루쇼프
②	덩샤오핑	니키타 흐루쇼프
③	마오쩌둥	이오시프 스탈린
④	덩샤오핑	이오시프 스탈린
⑤	마오쩌둥	블라디미르 레닌

02 과학·기술·공학·수학(STEM) 분야 전문직에 종사하는 외국인에게 주어지는 미국의 취업 비자다. 도널드 트럼프 미 행정부가 최근 이 비자의 수수료를 1인당 연간 10만 달러로 대폭 증액했는데, 무엇인가?

① ESTA
② H-2A
③ F-1
④ H-1B
⑤ R-1

[3-5] 다음 글을 읽고, 알맞은 답을 고르시오.

> 영국·캐나다·호주·포르투갈 등 4개국이 9월 21일 팔레스타인을 국가로 공식 승인하면서, 1956년 결성된 파이브 아이스와 ㉠ 오커스의 중동 문제를 둘러싼 입장이 갈리게 됐다. 특히 영국의 팔레스타인 국가 승인은 오늘날 이스라엘과 팔레스타인 분쟁의 단초가 된 (㉡) 당사국의 108년 만의 외교적 전환이라는 평가다.
> 한편, 서방국가들의 잇따른 팔레스타인 국가 인정 선언에 이스라엘이 이에 대한 맞대응으로 ㉢ 요르단강 서안지구 합병을 추진하면서 논란이 일기도 했다.

03 ㉠에 대한 설명으로 바른 것은?

① 인도·태평양 전략의 당사자인 미국·인도·일본·호주 등이 참여하고 있는 안보협의체이다.
② 제2차 세계대전 후 구소련의 팽창 정책에 대항하기 위해 미국 중심의 서방 측 자유 진영에서 결성한 군사 동맹체이다.
③ 미국, 영국, 호주 등 3개국이 2021년 9월 공식 출범시킨 외교안보 3자 협의체이다.
④ 세계 경제가 나아갈 방향과 각국 사이의 경제정책에 대한 협조·조정에 관한 문제를 논의하기 위한 주요 7개국의 모임이다.
⑤ 미국·영국·캐나다·호주·뉴질랜드 등 영어권 5개국이 참여하고 있는 기밀정보 동맹체이다.

04 ⓒ에 들어갈 용어로 바른 것은?

① 맥마흔 선언
② 밸푸어 선언
③ 카이로 선언
④ 먼로 선언
⑤ 포츠담 선언

05 ⓒ에 대한 설명으로 바르지 못한 것은?

① 현재 팔레스타인 자치정부(PA)를 이끄는 최대 정당인 파타가 통치하고 있다.
② 유대교·기독교·이슬람교 세 종교의 성지인 동예루살렘이 위치하고 있다.
③ PA의 행정 중심지는 서안지구의 라말라이다.
④ 서안지구의 유대인 정착촌은 유엔 안보리 결의에 따라 불법으로 간주된다.
⑤ 팔레스타인 남서부, 이집트와 이스라엘 사이에 위치하고 있다.

06 미국 마가(MAGA) 진영을 대변한 청년 우파 인물인 찰리 커크가 지난 9월 암살된 가운데, 커크의 사망을 언급하며 트럼프 대통령에 대한 비판적 발언을 했다는 이유로 미국 ABC방송의 심야 토크쇼가 중단됐다 재개되는 일이 벌어졌다. 이 토크쇼의 진행자는?

① 지미 팰런
② 스티븐 콜베어
③ 코난 오브라이언
④ 지미 키멀
⑤ 세스 마이어스

02 트럼프 미 행정부가 전문직 비자인 H-1B 비자 수수료를 1인당 연간 10만 달러(약 1억 4000만 원)로 대폭 증액하겠다고 밝히면서 혼란을 일으킨 가운데, 백악관이 9월 20일 이는 신규 비자 신청자에게만 적용될 예정이라고 밝혔다. 트럼프 정부의 H-1B 수수료 증액 조치 발표 이후 마이크로소프트·아마존 등 미국 테크기업들은 전문직 비자를 소지한 외국인 직원들의 급거 귀국을 지시하는 등 거센 혼란이 빚어졌다.
① 단기 출장, 단기 여행, 환승 등의 목적으로 미국을 방문할 시 사전에 ESTA(미국 비자면제 프로그램)를 통해 무비자 입국허가(최대 90일간 체류)를 받을 수 있다.

03 ① 쿼드 ② 북대서양조약기구(나토) ④ G7 ⑤ 파이브아이스

04 ① 1915년 제1차 세계대전 중 영국 고등판무관 맥마흔이 메카의 샤리프 후세인과 서한을 주고 받으면서 전후 아랍인의 독립국가 건설을 지지한다고 약속한 선언이다.
③ 1943년 11월 27일 연합국 측의 미국(루스벨트)·영국(처칠)·중국(장제스)이 일본의 패망에 앞서 회담을 갖고 발표한 선언이다.
④ 1823년 12월 미국의 제5대 대통령 제임스 먼로가 의회에 제출한 연두교서에서 밝힌 고립주의 외교 방침을 말한다.
⑤ 제2차 세계대전이 종식되기 직전인 1945년 7월 26일 독일 포츠담에서 미국(트루먼)·영국(처칠)·소련(스탈린)이 회담을 열고 발표한 선언이다.

05 ⑤ 가자지구에 대한 설명이다. 요르단강 서안지구는 요르단강을 기준으로 서쪽 지역에 위치한다고 해 명명된 것이다.

06 ABC방송이 9월 17일 장수 토크쇼 〈지미 키멀 라이브〉의 무기한 중단 방침을 내리며 논란을 일으켰다. 하지만 해당 방침 이후 사회 각계에서 거센 반발과 비판이 일었고, 결국 ABC방송이 입장을 번복하면서 〈지미 키멀 라이브〉는 방송 중단 일주일 만에 재개됐다.

1. ① 2. ④ 3. ③ 4. ② 5. ⑤ 6. ④

07 우크라이나와 루마니아 사이에 위치한 지정학적 특수성에다 트란스니스트리아라는 친러 분리지역이 위치해 있는 등 우크라이나 상황과 유사해 잠재적 화약고로 여겨지는 동유럽의 나라는?

① 몰도바
② 아르메니아
③ 벨라루스
④ 리히텐슈타인
⑤ 라트비아

08 최근 이란 핵합의(JCPOA) 당사국인 영국·프랑스·독일 3개국이 이란이 2015년 체결된 협정을 어겼다며 유엔 안보리 제재를 10년 만에 발동했다. 이란이 핵합의 의무를 이행하지 않을 경우 유엔 안보리 제재를 자동으로 복원하도록 한 이 조항은?

① 스냅백
② 세이프가드
③ 셧다운
④ 세컨더리 보이콧
⑤ 로그롤링

09 최근 네팔과 인도네시아 등지에서 부패 권력에 대항해 시위를 주도한 세대로, 1997~2012년생을 가리키는 용어는?

① MZ세대
② Z세대
③ 밀레니얼 세대
④ 알파세대
⑤ 베타세대

10 다음 ( ) 안에 들어갈 용어로 바른 것은?

> 현재 재정위기에 처한 프랑스에서는 「돈 내는 ( )」(이)라는 표현이 자주 등장하고 있다. 여기서 ( )은/는 1980년대에 태어난 프랑스 남성들에게 흔한 이름으로, 평범한 30~40대의 중산층을 상징한다. 해당 표현은 프랑스의 국가부채 증가에 따른 경제 악화로 타격을 받은 밀레니얼 세대가 베이비붐 세대의 책임론을 들고 나오면서 본격 확산됐다.

① 테오
② 노아
③ 피에르
④ 니콜라
⑤ 앙투안

11 이재명 대통령이 9월 23일 열린 제80차 유엔총회 기조연설에서 제시한 한반도 비핵화와 평화 정착을 위한 해법인 「END 이니셔티브」에 해당하는 것을 〈보기〉에서 고르면?

보기
㉠ 교류
㉡ 선평화 후통일
㉢ 관계 정상화
㉣ 체제 존중
㉤ 무력도발 불용
㉥ 비핵화

① ㉠, ㉡, ㉢
② ㉡, ㉣, ㉥
③ ㉢, ㉣, ㉤
④ ㉢, ㉤, ㉥
⑤ ㉠, ㉢, ㉥

12 ( ) 안에 들어갈 한자성어로 가장 적합한 것은?

> 윤석열 전 대통령의 부인 김건희 씨와 관련된 의혹을 수사 중인 민중기 특검팀이 3대 의혹(도이치모터스 주가조작, 명태균 공천개입, 통일교 청탁)에 대한 수사가 사실상 마무리 단계에 접어들자, ( ) 의혹을 핵심 수사 대상으로 전환했다. 대표적 사례로는 이봉관 서희건설 회장이 2022년 김 씨에게 반클리프아펠 목걸이를 선물하며 사위의 인사 청탁을 부탁한 혐의가 있다. 또 이배용 전 국가교육위원장은 윤석열 정부 초반 김 씨 측에 10돈짜리 금거북이를 선물하며 인사 청탁을 한 의혹을 받고 있다.

① 취렴지신(聚斂之臣)
② 매관매직(賣官賣職)
③ 법불아귀(法不阿貴)
④ 공명지조(共命之鳥)
⑤ 매점매석(買占賣惜)

13 9월 26일 국회를 통과한 「정부조직법」 개정안에 따라 변화된 내용으로 바르지 못한 것은?

① 검찰청은 중수청과 공소청으로 분리되는데, 이는 1년의 유예기간을 거쳐 내년 10월 2일 시행된다.
② 기획재정부는 내년 1월 2일부터 국무총리 소속의 기획예산처와 경제정책 전반을 담당하는 재정경제부로 분리된다.
③ 통계청과 특허청은 10월 1일부터 각각 국무총리실 소속의 처로 승격했다.
④ 10월 1일부터 교육부 장관의 부총리 겸임이 폐지되고, 행정안전부 장관이 부총리를 겸임하고 있다.
⑤ 환경부는 10월 1일부터 산업통상자원부의 에너지 정책 기능을 이관받아 「기후에너지환경부」라는 새 이름으로 확대 개편됐다.

---

08 2015년 합의된 이란 핵합의에는 영국 등 협상 당사국이 제재 복원 조치를 발동한 뒤 별도의 유엔 안보리 의결이 없으면, 30일 내에 제재가 자동 복원된다는 「스냅백(Snap Back)」 조항이 명시됐다.
09 2022년 스리랑카를 시작으로 방글라데시, 인도네시아, 네팔에 이르기까지 최근 남아시아에서는 청년 실업과 부패 권력에 분노한 Z세대가 주도하는 시위로 정권이 전복되는 사례가 이어지고 있다.
11 이재명 대통령이 제시한 END 이니셔티브는 ▷교류(Exchange) ▷관계 정상화(Normalization) ▷비핵화(Denuclearization)의 약자다.
12 ② 벼슬을 돈을 받고 파는 행위
  ① 국가의 재산이나 재물을 자신의 이익을 위해 가로채는 부패한 신하들
  ③ 법이 지위 고하를 막론하고 공평하게 적용되어야 한다는 것
  ④ 한 몸에 두 개의 머리를 가진 새로, 어느 한쪽이 없어지면 자기만 살 것이라고 생각하지만 결국 공멸하게 된다는 것
  ⑤ 특정한 상품의 가격이 오르거나 내릴 것을 예상해 그 상품을 한꺼번에 많이 사 두고 되도록 팔지 않으려는 것
13 ④ 10월 1일부터 교육부 장관의 부총리 겸임이 폐지되고, 과학기술정보통신부 장관이 부총리를 겸임하고 있다.

7. ① 8. ① 9. ② 10. ④ 11. ⑤ 12. ② 13. ④

14 민주당이 9월 발의한 「내란전담재판부법」에 따르면 1심 재판부는 공소 제기일로부터 ( )개월 이내, 항고심과 상고심은 각각 ( )개월 이내에 선고하는 이 원칙이 명시됐다. ( ) 안에 들어갈 숫자가 순서대로 배열된 것은?

① 3, 5
② 6, 5
③ 3, 6
④ 6, 3
⑤ 6, 2

15 국회가 8월 25일 자산 2조 원 이상 상장사에 대해 집중투표제 도입을 의무화하는 2차 상법 개정안을 의결했다. 이와 관련, 집중투표제에 대한 설명으로 바른 것은?

① 주주가 주주총회에 참석하지 않아도 투표한 것으로 간주, 다른 주주들의 투표 비율을 의안 결의에 그대로 적용하는 제도다.
② 주요 기관투자자들의 의결권 행사를 적극적으로 유도하기 위한 자율지침을 말한다.
③ 선임되는 이사 수만큼 의결권을 부여하는 제도로, 소액주주권 보호 및 기업지배구조 개선을 위한 것이다.
④ 주주가 컴퓨터나 스마트폰 등을 통해 의결권 등을 행사하는 온라인 투표방식을 말한다.
⑤ 상장사의 감사나 감사위원을 선임할 경우 지배주주가 의결권이 있는 주식의 최대 3%만 행사할 수 있도록 제한한 규정을 말한다.

16 도널드 트럼프 미국 대통령이 8월 경영난으로 고전 중인 자국 반도체 기업의 지분 10%를 미국 정부가 완전히 소유 및 통제하게 됐다고 밝혀 관심을 모은 기업은?

① IBM
② 인텔
③ 오라클
④ AMD
⑤ 휴렛팩커드

17 정부가 8월 29일 내년도 예산안을 전년보다 54조 7000억 원 늘어난 728조 원으로 편성했다. 이와 관련, 내년도 예산안에 따라 시행되는 사업의 내용으로 바르지 못한 것은?

① 식생활 여건이 취약한 인구감소지역 중소기업 직장인 5만 4000명을 대상으로 월 4만 원 상당의 식비를 지원하는 사업이 시행된다.
② 전국 초등 늘봄학교 1~2학년 학생 60만 명에게 주 1회 국산 과일 간식이 제공된다.
③ 인구감소지역 관광 활성화를 위해 여행경비의 절반을 지역사랑상품권으로 돌려주는 「지역사랑 휴가지원제」가 시범 추진된다.
④ 월 최대 6만 2000원을 내면 10만 원 한도로 전국의 버스나 지하철 등 대중교통을 자유롭게 이용할 수 있도록 하는 대중교통 정액패스가 도입된다.
⑤ 19~34세 청년들의 자산 형성을 지원하기 위한 3년 만기의 「청년미래적금」이 신설된다.

18 도널드 트럼프 미국 대통령이 「이 법」을 근거로 전 세계를 상대로 부과한 상호관세가 위법하다는 미국 법원의 판단이 1심에 이어 항소심에서도 유지됐다. 미국의 국가안보나 외교정책·경제에 현저한 위협이 발생할 경우 미국 대통령이 국가비상사태를 선포하고, 상대국가에 경제 제재를 할 수 있도록 권한을 부여한 이 법은 무엇인가?

① OBBBA
② IRA
③ AEA
④ IEEPA
⑤ DMA

19 〈보기〉의 내용이 가리키는 국제기구는?

> 보기
> - 1995년 출범한 국제기구로, 스위스 제네바에 본부를 두고 있다.
> - 중국 정부는 9월 이 기구와의 협상에 있어 개발도상국에 부여하는 특별하고 차등적인 대우(SDT)를 요구하지 않겠다는 방침을 밝혔다.

① 국제통화기금(IMF)
② 세계무역기구(WTO)
③ 경제협력개발기구(OECD)
④ 아시아태평양경제협력체(APEC)
⑤ 환태평양경제동반자협정(TPP)

---

14 9월 발의된 내란전담재판부법에는 1심 재판부는 공소 제기일로부터 6개월 이내, 항소심과 상고심은 각 3개월 이내에 선고하는 6·3·3 원칙이 명시됐다.

15 ① 섀도보팅(Shadow Voting) ② 스튜어드십 코드(Stewardship Code) ④ 전자투표제 ⑤ 3%룰

16 트럼프 미국 대통령이 8월 22일 최근 경영난을 겪고 있는 자국 반도체 기업 인텔의 지분 10%를 미국 정부가 완전하게 소유 및 통제하게 됐다고 밝혔다. 이에 따르면 미 정부는 89억 달러(약 12조 3300억 원)를 들여 인텔 주식 4억 3330만 주를 주당 20.47달러에 매입, 인텔의 최대 주주로 올라섰다.

17 ④ 대중교통 정액패스는 월 최대 6만 2000원을 내면 20만 원 한도로 전국의 버스나 지하철 등 대중교통을 자유롭게 이용할 수 있도록 한 제도다. 이에 따르면 청년·노인·다자녀·저소득자는 5만 5000원, 일반인은 6만 2000원을 부담하면 된다.

18 ④ 국제비상경제권한법(IEEPA·International Emergency Economic Powers Act)
① 하나의 크고 아름다운 법안. 도널드 트럼프 미국 대통령의 감세 법안으로, 2017년 감세 및 일자리법(TCJA)에 따라 시행됐으나 올해 말 만료 예정인 주요 감세 조항을 연장하는 것을 골자로 한다.
② 인플레이션 감축법. 미국 내 급등한 인플레이션을 완화하기 위해 조 바이든 전 대통령 때 마련된 법으로 기후변화 대응, 의료비 지원, 법인세 인상 등의 내용이 포함됐다.
③ 적성국 국민법. 1789년 제정된 미국 법률로, 국가안보를 위협하는 상황에서 외국인을 신속하게 구금하거나 추방할 수 있는 권한을 명시하고 있다.
⑤ 디지털시장법. 유럽연합(EU)이 빅테크기업의 시장 지배력을 억제하고 반경쟁행위를 사전 차단하기 위해 제정한 법이다.

19 중국이 9월 23일 미국 뉴욕에서 열린 세계개발구상(GDI) 고위급 회의에서 세계무역기구(WTO) 협상에 있어 개발도상국에 부여되는 특별하고 차등적인 대우(SDT·Special and Differential Treatment)를 더 이상 요구하지 않겠다고 선언했다.

14. ④ 15. ③ 16. ② 17. ④ 18. ④ 19. ②

20 은행들이 주택을 담보로 대출해 줄 때 적용하는 담보가치 대비 최대 대출가능 한도는 무엇인가?

① DTI ② LTV
③ DSR ④ RTI
⑤ PIR

21 예금자 보호한도가 9월 1일부터 5000만 원에서 1억 원으로 상향됐다. 이와 관련, 1억 원까지 보호 받는 상품을 〈보기〉에서 모두 고르면?

보기
㉠ 예·적금   ㉡ 후순위채권
㉢ 보험 해약환급금   ㉣ CMA
㉤ 투자자예탁금   ㉥ 펀드

① ㉠, ㉣
② ㉡, ㉢, ㉣
③ ㉠, ㉢, ㉤
④ ㉡, ㉣, ㉤, ㉥
⑤ ㉠, ㉡, ㉢, ㉤, ㉥

22 국토교통부 등이 10월 15일 발표한 「주택 시장 안정화 대책」에 따르면 서울 전역과 경기도의 12개 지역이 규제지역에 포함됐다. 이와 관련, 이 12개 지역에 해당하지 않는 곳은?

① 과천시
② 하남시
③ 광명시
④ 의왕시
⑤ 고양시

23 법원이 9월 11일 시민단체 등이 새만금공항 기본계획을 취소하라며 국토부를 상대로 낸 소송에서 원고 승소 판결을 내렸다. 새만금공항은 지난 2019년 「국가균형발전 프로젝트」로 선정되며 예비타당성 조사제도가 면제된 바 있는데, 예비타당성 조사에 대한 설명으로 바르지 못한 것은?

① 정부의 재정이 대규모로 투입되는 사업의 정책적·경제적 타당성을 사전에 면밀하게 검증·평가하는 것이다.
② 1999년 김대중 정부 때 처음 도입됐다.
③ 조사 대상은 국가재정법상 총사업비가 500억 원 이상이고, 국가의 재정지원 규모가 300억 원 이상인 각종 분야의 사업이다.
④ 평가항목 중 경제성 분석은 편익을 비용으로 나눈 값이 2보다 클 경우 경제적 타당성이 있는 것으로 평가한다.
⑤ 예비타당성 조사 이후 해당 사업은 「타당성 조사 → 설계 → 보상 → 착공」 순으로 추진된다.

24 10월 국제통화기금(IMF)에 따르면 올해 한국의 1인당 GDP는 3만 5962달러로 전망되고 있다. 이에 우리나라의 1인당 GDP는 22년 만에 이 국가에 추월당할 것으로 예측되는데, TSMC 등 반도체 수출을 기반으로 한 고속성장과 관련된 이 국가는?

① 칠레
② 대만
③ 멕시코
④ 싱가포르
⑤ 말레이시아

25 이재명 정부의 배드뱅크인 「새도약기금」이 10월 1일 출범식을 열고 채권 소각 및 채무조정 지원 계획을 발표했다. 이와 관련된 설명으로 바르지 못한 것은?

① 7년 이상 5000만 원 이하 연체채권이 지원 대상이다.
② 정부 재정은 8000억 원이 투입된다.
③ 채무자의 별도 신청 절차 없이 금융기관이 대상 채권을 일괄 매입한다.
④ 기초생활수급자와 장애인연금 수령자 등은 심사 없이 즉시 소각 대상이 된다.
⑤ 도박 등 사행성과 유흥업 채권은 제외된다.

26 최근 중국 증시의 상승세를 견인하고 있는 중국 10대 기술 기업을 가리키는 「T10 (Terrific 10)」에 해당하지 않는 기업은?

① BYD   ② 알리바바
③ 텐센트   ④ 모바
⑤ 바이두

27 다음 (   ) 안에 들어갈 용어로 바른 것은?

> 네이버와 두나무가 최근 합병 방침을 내놓으면서 원화 (   ) 생태계 구축이 가속화될 것이라는 전망이 제기됐다. (   )은/는 가치를 법정화폐에 연동하는 방식 등을 활용해 이론상 가격이 안정적으로 유지되도록 설계된 가상자산을 말한다.

① 알트코인   ② 비트코인
③ 스테이블코인   ④ 다크코인
⑤ NFT

---

20 ② Loan To Value ratio(담보인정비율)
① Debt To Income(총부채상환비율). 주택담보대출의 연간 원리금 상환액과 기타 부채에 대해 연간 상환한 이자의 합을 연소득으로 나눈 비율
③ Debt Service Ratio(총부채원리금상환비율). 대출을 받으려는 사람의 소득 대비 전체 금융부채의 원리금 상환액 비율
④ Rent To Interest(임대업이자상환비율). 담보가치 외에 임대수익으로 어느 정도까지 이자 상환이 가능한지 산정하는 지표
⑤ Price to Income Ratio(소득대비주택가격비율). 대출 없이 소득만을 이용한 주택구입 능력

21 예·적금, 보험계약 해약환급금, 투자자예탁금 등 원금 지급이 보장되는 금융상품이 보호 대상이다. 퇴직연금(DC형·IRP), 개인종합자산관리계좌(ISA)는 예금 등 보호상품으로 운용되는 경우에 한해 보호된다.

22 10·15 부동산 대책에 따르면 서울 전역을 비롯해 경기도 과천시, 광명시, 성남시 분당구·수정구·중원구, 수원시 영통구·장안구·팔달구, 안양시 동안구, 용인시 수지구, 의왕시, 하남시 등 12개 지역이 규제지역에 포함했다. 아울러 서울 전역과 경기도 12개 지역은 10월 20일부터 내년 12월 31일까지 토지거래허가구역으로도 지정됐다.

23 ④ 경제성 분석은 비용-편익분석을 통해 편익을 비용으로 나눈 값이 1보다 클 경우 경제적 타당성이 있는 것으로 평가한다.

25 ② 새도약기금의 지원 규모는 8400억 원으로, 이는 ▷금융권 4400억 원 ▷정부 재정 4000억 원으로 이뤄진다.

26 T10(Terrific 10)에는 BYD(비와이디), 알리바바, 텐센트, 샤오미, 메이투안, SMIC, 지리차, 바이두, 넷이즈, 징둥닷컴이 포함된다.

20. ② 21. ③ 22. ⑤ 23. ④ 24. ② 25. ② 26. ④ 27. ③

28 다음 용어에 대한 설명이 바르지 못한 것은?

① 가상자산 트레저리: 기업이 현금이나 국채 대신 비트코인과 같은 가상자산을 금고에 넣어두고 자산·부채 관리의 핵심으로 삼는 전략
② 김치 프리미엄: 한국 기업의 주가가 비슷한 수준의 동종업계 외국 기업의 주가에 비해 절대적으로 낮게 형성되는 현상
③ 폴더소비: 넘쳐나는 정보 속 FOMO(Fear of Missing Out)를 해소하기 위해 일단 저장해 두고 실제 소비 순간에 활용하는 Z세대의 저장형 소비 행태
④ 넥스트레이드: 3월 4일 출범한 첫 번째 다자간매매체결회사(ATS)
⑤ 포괄적·점진적 환태평양경제동반자협정(CPTPP): 일본 주도로 아시아·태평양 11개국이 출범시킨 경제 협정

29 10월 31일부터 11월 1일까지 제32차 아시아태평양경제협력체(APEC) 정상회의가 열린 도시에 소재한 문화유산이 아닌 것을 고르면?

① 천마총
② 황룡사
③ 첨성대
④ 무령왕릉
⑤ 동궁과 월지

30 원인이 되는 폐질환이나 심장질환 없이 기도폐쇄가 발생해 기류의 속도가 감소하는 질환군으로, 이 질환의 조기 진단을 위한 폐기능 검사가 내년 국가검진으로 첫 도입될 방침이다. 이 질환은?

① 기흉
② 폐기종
③ 천식
④ 기관지 확장증
⑤ 만성 폐쇄성 폐질환

31 대전 유성구에 있는 국가정보자원관리원에서 9월 26일 화재가 발생해 정부의 전산시스템이 대거 중단되는 일이 벌어졌다. 해당 사고는 전산실 내 배터리에서 발화된 것으로 추정됐는데, 주로 열 폭주 현상으로 화재가 발생해 주의가 요구되는 배터리는?

① 니켈수소
② 니켈카드뮴
③ 리튬이온
④ 리튬인산철
⑤ 리튬폴리머

32 통계청이 9월 25일 발표한 「2024년 사망원인통계 결과」에서 관련 통계를 작성한 1983년 이후 처음으로 40대 사망원인 1위를 기록한 것은?

① 암
② 자살
③ 폐렴
④ 심장질환
⑤ 뇌혈관질환

33. 다음 ( ) 안에 들어갈 숫자로 바른 것은?

> 교육부가 9월 25일 최소성취수준 보장 지도·학점 이수 등의 기준을 완화하는 내용의 「고교학점제 운영 개선대책」을 발표했다. 고교학점제에 의하면 학생들은 진로 희망과 적성에 따라 원하는 수업을 골라 듣되, 출석이나 최소성취수준에 미달하면 학점을 따지 못한다(미이수). 이수 기준은 과목 출석률 3분의 2 이상, 학업 성취율 ( )% 이상을 동시에 충족해야 한다.

① 25
② 30
③ 35
④ 40
⑤ 45

34. 국가데이터처가 발표한 「지난 30년간 우리나라의 혼인·출생 변화」에 따르면 이 기간 동안 감소한 항목에 해당하는 것을 〈보기〉에서 모두 고르면?

> 보기
> ㉠ 혼인 건수
> ㉡ 조혼인율
> ㉢ 평균 초혼연령
> ㉣ 합계출산율
> ㉤ 조출생률
> ㉥ 부모의 평균 출산연령

① ㉠, ㉢, ㉣
② ㉡, ㉢, ㉤
③ ㉠, ㉡, ㉣, ㉤
④ ㉢, ㉣, ㉥
⑤ ㉠, ㉡, ㉢, ㉣, ㉤

---

28. ② 김치 프리미엄은 가상자산이나 금 거래시장에서 한국의 자산 가격이 외국보다 더 싸게 거래되는 현상을 말한다. 제시된 내용은 코리아 디스카운트에 대한 설명이다.

29. ④ 충남 공주시에 위치한, 백제 제25대 국왕 무령왕과 왕대비가 안장된 왕릉이다.

30. 주요 호흡기 만성질환 중 하나인 만성 폐쇄성 폐질환은 유병률이 12%로 높지만 질병에 대한 인지도는 2.3%로 낮은 편이다. 여기에 초기 증상도 뚜렷하지 않아 국가검진항목으로 도입해 조기 발견율을 높여야 한다는 지적이 있어 왔다.

31. 소방 당국은 국정자원 화재가 무정전·전원장치(UPS)용 리튬이온 배터리에서 발화한 것으로 추정했다. 리튬이온 배터리 화재는 주로 「열 폭주(Thermal Runaway)」 현상으로 인해 발생하는데, 열 폭주는 배터리에 손상이 발생해 양극·음극이 직접 닿으면서 짧은 시간에 온도가 최대 1000도까지 오르는 현상을 말한다.

32. 2024년 사망원인통계 결과 40대의 사망원인 1위는 자살로 나타났는데, 40대 사망원인 1위가 자살이 된 것은 관련 통계를 작성한 1983년 이후 처음 있는 일이다. 이에 따라 우리나라는 10대부터 40대까지 사망원인 1위가 모두 자살이 됐다.

34. ㉠ 30년 전에 비하면 44.2% 감소 ㉡ 30년 전보다 4.3건 감소 ㉣ 1995년 1.63명에서 2024년 0.75명으로 0.89명(54.2%) 감소 ㉤ 30년간 15.7명에서 4.7명으로 11.0명 감소

28. ② 29. ④ 30. ⑤ 31. ③ 32. ② 33. ④ 34. ③

35 환경 문제에 대한 주목을 끌기 위해 예술 작품이나 공공시설물에 손상을 가하거나 변형시키는 행동을 무엇이라 하는가?

① 에코 반달리즘
② 에코 징고이즘
③ 에코 쇼비니즘
④ 에코 파시즘
⑤ 에코 아나키즘

36 다음의 ㉠~㉤에 들어갈 내용으로 바르지 못한 것을 고르면?

> 소년법은 법 적용 대상의 나이를 ▷만 14세 이상~만 19세 미만의 범죄소년, ▷만 10세 이상~만 14세 미만의 (㉠) ▷만 10세 미만의 범법소년으로 구분하고 있다. 만 14세 미만인 경우에는 형사처분을 받지 않고, 소년분류심사원에 입원하거나 소년원 송치 등의 (㉡)을 받는다. 소년법에 따르면 죄를 범할 당시 (㉢)세 미만인 소년에 대하여 사형 또는 무기형으로 처할 경우에는 15년의 유기징역으로 한다고 규정돼 있으며, 예외적으로 특정강력범죄에 해당하는 경우에만 징역 (㉣)년까지 선고가 가능하도록 하고 있다. 한편, 우리나라에서는 (㉤)법원이 소년범죄를 담당하고 있다.

① ㉠: 촉법소년
② ㉡: 보호처분
③ ㉢: 18
④ ㉣: 20
⑤ ㉤: 행정

37 올해 베니스영화제에서 짐 자무시 감독의 〈파더 마더 시스터 브라더〉가 수상했으며, 베니스의 수호성인인 성 마가를 상징하는 동물을 모티브로 한 이 상의 명칭은?

① 황금종려상
② 황금곰상
③ 황금표범상
④ 황금사자상
⑤ 황금조개상

38 부산국제영화제가 올해로 제30회를 맞아 신설한 경쟁 부문의 첫 부산어워드 대상작은?

① 소녀
② 루오무의 황혼
③ 충충충
④ 지우러 가는 길
⑤ 어리석은 자는 누구인가

39 다음 설명과 관련된 고서는?

> 조선 후기 실학자인 박제가(1750~1805)가 1778년 청의 북경을 다녀온 후, 국가 제도와 정책 등 사회와 경제의 전 분야에 대한 실천법을 제시한 지침서다. 국가유산청이 9월 4일 수원화성박물관이 소장하고 있는 이 저서 등 9건을 국가지정문화유산 보물로 지정했다.

① 반계수록 ② 목민심서
③ 성호사설 ④ 북학의
⑤ 열하일기

40 배우 이정재가 최근 한국인 최초로 수상해 화제가 된 이 상은 미국의 「필름 앳 링컨 센터(FLC)」가 1972년 영국 배우이기도 한 그의 미국 귀국을 기념해 제정했다. 이 배우는?

① 찰리 채플린   ② 마릴린 먼로
③ 제임스 딘   ④ 그레이스 켈리
⑤ 조지 루카스

41 넷플릭스 애니메이션 〈케이팝 데몬 헌터스〉의 OST로, 미국 빌보드 핫100 1위를 통산 8주째 이어가며 내년 아카데미 수상 가능성을 높이고 있는 노래는?

① 소다 팝(Soda Pop)
② 유얼 아이돌(Your Idol)
③ 골든(Golden)
④ 테이크다운(Takedown)
⑤ 하우 잇츠 던(How It's Done)

42 9월 유럽팀의 승리로 끝난 라이더컵은 대회 첫째 날과 둘째 날 2명의 선수가 한 조를 이뤄 각각 플레이하는 (㉠) 경기와 공 한 개를 번갈아 치는 (㉡) 경기로 진행된다. ㉠, ㉡에 들어갈 용어를 차례로 나열한 것은?

① 싱글, 포볼
② 포섬, 싱글
③ 포볼, 포섬
④ 포섬, 포볼
⑤ 포볼, 싱글

---

36 ㉤ 우리나라에서는 가정법원이 소년범죄를 담당하고 있다.
37 ① 칸영화제 최고상 ② 베를린영화제 최고상 ③ 로카르노영화제 최고상 ⑤ 산세바스티안영화제 최고상
38 부산국제영화제는 올해 제30회를 맞아 경쟁 부문을 신설해 아시아 영화 14편을 초청, 대상·감독상·심사위원 특별상·배우상·예술공헌상 등 5개 부문을 시상했다. 첫 부산어워드 대상으로는 중국 장률(張律) 감독의 〈루오무의 황혼〉이 선정됐다.
39 ① 조선 후기 학자 유형원이 통치제도에 관한 개혁안을 중심으로 저술한 정책서
     ② 조선 후기 실학자 정약용이 수령이 지켜야 할 책무, 통치기술 및 지방통치 이념을 저술한 책
     ③ 조선 후기 실학자 이익의 저서
     ⑤ 조선 정조 때의 북학파 실학자인 연암 박지원이 집필한 연행기
40 ① 찰리 채플린 어워드는 FLC가 1972년 영국의 전설적인 배우 찰리 채플린이 망명 생활을 마치고 미국에 귀국한 것을 기념해 제정한 상으로, 세계 영화계에 공헌한 인물들에게 수여한다.
42 포볼(Four-Ball) 경기: 2명의 선수가 한 조를 이뤄 각각 플레이하는 경기로, 두 선수 중 더 잘 친 선수의 성적이 반영된다.
     포섬(Foursome) 경기: 2명의 선수가 한 조를 이뤄 공 한 개를 번갈아 치는 경기 방식이다.

35. ① 36. ⑤ 37. ④ 38. ② 39. ④ 40. ① 41. ③ 42. ③

43 축구 부문에서 개인에게 주는 명성 높은 상으로, 최다 수상자는 8회를 기록한 리오넬 메시이다. 올해는 프랑스의 우스만 뎀벨레가 수상한 이 상의 명칭은?

① 푸스카스상　② 골든글러브
③ 골든부트　　④ 골든볼
⑤ 발롱도르

44 메이저리그(MLB)에서 2026시즌부터 도입하는 「자동투구판정시스템(ABS)」에 대한 설명으로 바르지 못한 것은?

① 각 팀은 주심의 스트라이크존 판정에 대해 경기당 2번의 챌린지를 사용할 수 있다.
② 챌린지는 투수, 포수, 타자, 감독만 제기할 수 있다.
③ 모자나 헬멧을 두드려 심판에게 의사를 표시할 수 있다.
④ 이의 신청이 받아들여지면 횟수에서 차감되지 않는다.
⑤ 연장전에 돌입하면 이닝마다 한 번씩 추가 기회가 주어진다.

45 한국의 임수훈(닉네임 울산)이 e스포츠 월드컵 2025 결승전에서 지난해에 이어 2년 연속 우승을 차지한 경기는?

① 철권 8
② 스트리트파이터 6
③ 크로스파이어
④ 로켓 리그
⑤ 오버워치 2

46 다음 (　) 안에 들어갈 내용은?

> 최근 국내 간편결제 시장 규모가 커짐에 따라 국내 핀테크 기업들이 잇따라 (　)을/를 활용한 간편결제 서비스를 내놓고 있다. 이는 사람마다 다른 (　)을/를 사전에 등록해 단말기가 본인 일치 여부를 확인하면 결제가 실행되는 방식이다. 이를 활용하면 지갑이나 스마트폰을 휴대하지 않아도 결제를 할 수 있다는 장점이 있다.

① 음성　② 얼굴
③ 홍채　④ 귀
⑤ 필적

47 다른 종(種)의 장기·조직·세포를 사람에게 이식하는 이종장기이식에 가장 많이 활용되는 동물이다. 8월 25일 뇌사자에게 처음으로 이 동물의 폐를 이식해 9일간 기능을 유지한 외국의 사례가 발표됐는데, 이 동물은?

① 원숭이　② 돼지
③ 말　　　④ 양
⑤ 개

48 미국 법원이 9월 2일 구글의 반독점법 위반 소송에서 이 브라우저를 매각하지 않아도 된다는 판결을 내렸다. 구글이 2008년에 공개한 인터넷 검색용 컴퓨팅 프로그램은?

① 크롬　② 오페라
③ 사파리　④ 파이어폭스
⑤ 넷스케이프

49 삼성전자와 SK하이닉스가 10월 오픈AI의 스타게이트 프로젝트에 공급 협약을 맺은 고대역폭메모리는 무엇인가?

① QPU
② HBM
③ CXL
④ NPU
⑤ TPU

50 스타십 10·11차 발사가 각각 8월과 10월에 2회 연속 성공했다. 특히 이번 발사에서 처음으로 성공하며 스타십의 우주수송 체계 가능성을 입증한 기술은?

① 목표지점 귀환
② 착륙연소
③ 발사대의 젓가락 기술
④ 모의위성의 궤도 배치
⑤ 1단 로켓 분리

51 도널드 트럼프 미국 대통령이 최근 임신 중 타이레놀을 먹으면 자폐아를 출산할 위험이 있다고 주장해 논란을 일으킨 가운데, 세계보건기구(WHO)가 타이레놀의 주성분 복용과 자폐증 간의 연관성을 확인하는 결정적 과학적 증거는 없다고 밝혔다. 타이레놀의 주성분은?

① 나프록센나트륨
② 덱시부프로펜
③ 아세틸살리실산
④ 이부프로펜
⑤ 아세트아미노펜

---

43 ① 전년도 11월부터 당해 10월까지 전 세계 축구 경기에서 나온 골 중 가장 멋진 골에 수여하는 상
② 월드컵 대회에서 최고의 골키퍼에게 주는 상
③ 월드컵 대회 득점 1위에게 수여되는 상
④ 월드컵 대회 최우수선수(MVP)에게 수여되는 상

44 ② 챌린지는 해당 투구와 직접 관련된 투수, 포수, 타자만 제기할 수 있다.

46 최근 소비자의 얼굴 정보를 인식해 본인 인증 및 결제를 진행하는 이른바 「페이스 페이」가 새로운 간편결제 서비스 수단으로 떠오르고 있다. 이는 사용자가 사전에 자신의 얼굴을 촬영해 등록해 놓으면, 결제 시 단말기가 사용자의 얼굴을 인식해 결제를 실행하는 방식이다.

47 돼지는 사람의 장기와 유사해 이종장기이식 실험에서 가장 많이 활용되고 있다. 지난 1월 미국에서는 66세 남성에게 돼지의 신장을 이식해 지금까지 정상적으로 기능하고 있으며, 8월 중국에서는 39세 남성 뇌사자에게 돼지의 폐를 이식해 9일간 기능을 유지한 사례가 보고됐다.

49 ① 양자 컴퓨터의 대규모 연산을 수행하는 반도체 칩
③ 고성능 연산이 필요한 애플리케이션에서 서로 다른 기종의 제품을 효율적으로 통신·연결할 수 있는 차세대 인터페이스
④ 인간 뇌의 신경망을 모방해 수천 개의 연산을 동시에 처리할 수 있는 AI 반도체
⑤ 구글이 머신러닝 알고리즘에 특화해 개발한 맞춤형 AI 반도체

43. ⑤ 44. ② 45. ① 46. ② 47. ② 48. ① 49. ② 50. ② 51. ⑤

52 연소 시 이산화탄소와 물을 방출해 엔진 배관이 막히는 경우가 적고 유지 비용도 적게 들어, 최근 우주산업계에서 재사용발사체에 활용하기 유리한 차세대 엔진 연료로 주목받고 있는 것은?

① 메탄
② 케로신
③ 액체 수소
④ 니트로글리세린
⑤ 에탄올

53 직원들이 회사 정보기술(IT) 부서의 공식적인 승인이나 감독 없이 무단으로 활용하는 인공지능(AI) 기술을 일컫는 말로, 이 기술을 사용하면 데이터 보안 측면에서 위협이 될 수 있다. 무엇인가?

① 다크 AI
② 에지 AI
③ 스텔스 AI
④ 소버린 AI
⑤ 섀도 AI

54 올해 노벨 물리학상은 초전도 회로를 이용한 거시적 양자 터널링을 발견한 양자역학 연구자 3명이 수상했다. 이와 관련, 양자역학이 가진 고전역학과의 가장 큰 차이점은 무엇인가?

① 에너지의 개념이 다르다.
② 운동량의 정의가 다르다.
③ 물리적 결과가 확률적으로 주어진다.
④ 질량의 보존이 성립하지 않는다.
⑤ 시공간이 사라진다.

55 다른 면역세포를 감시하고 몸의 면역체계가 자신의 조직을 스스로 공격하지 않도록 감시하는 T세포의 존재를 밝혀내 자가면역질환 치료법 개발에 기여한 과학자들이 올해 노벨 생리의학상을 수상했다. 이 T세포는?

① 도움 T세포
② 세포독성 T세포
③ 조절 T세포
④ 기억 T세포
⑤ 활성 T세포

56 다음 제시된 내용과 관련된 조선시대의 왕은?

- 흥청망청
- 탕춘대
- 드라마 〈폭군의 셰프〉

① 인조
② 선조
③ 광해군
④ 연산군
⑤ 철종

57 인체에서 적혈구의 주된 역할은 무엇인가?

① 면역 방어
② 산소 운반
③ 지방 분해
④ 혈액 응고
⑤ 세포 재생

58 소비자의 효용 수준이 같아지는 X재와 Y재의 조합을 연결한 곡선인 무차별곡선에 대한 설명으로 바른 것은?

① 원점에서 가까울수록 보다 큰 만족 수준을 표시한다.
② 원점의 반대쪽을 향해 볼록하다.
③ 생산자 선택이론의 기본이 된다.
④ 서로 다른 무차별곡선은 서로 교차하지 않는다.
⑤ 무차별곡선은 우상향한다.

59 다음 중 카페인 우울증에 대한 설명으로 옳은 것은?

① 직장에 출근만 하면 우울함을 느끼는 것
② SNS에서 타인의 행복한 일상을 보면서 상대적 박탈감을 느끼는 것
③ 광장과 같이 넓은 장소나 밀집된 장소에 있는 것을 두려워하는 것
④ 우울한 기분이 가면을 쓴 것처럼 겉으로 드러나지 않는 것
⑤ 일조 시간 등의 영향으로 계절을 타는 것

---

52 기존에는 로켓 엔진의 주연료로 케로신(등유)이나 액체 수소가 사용돼 왔다. 그러나 최근에는 차세대 엔진 연료로 메탄 엔진이 주목받고 있는데, 이는 케로신보다 연소 후 그을음이 적은 데다 액체 수소보다 보관이 유리하다는 장점이 있기 때문이다. 그러나 기술적 어려움으로 인해 케로신과 액체 수소보다는 개발이 늦게 진행됐다.

53 ① 생성형 AI를 거짓 콘텐츠 생성이나 범죄 기획 등 악의적 목적으로 사용하는 것
② 디바이스에 AI를 탑재해 해당 디바이스에서 직접 AI 연산을 수행하는 기술
③ 해당 콘텐츠가 AI로 생성됐음을 탐지 시스템이 알아차리지 못하도록 설계·가공하는 기술
④ 특정 국가나 기관이 자체 데이터와 인프라를 바탕으로 독립적으로 개발·운영하는 AI 기술

54 고전역학은 정확한 예측이 가능한 결정론적 세계관, 양자역학은 확률적 예측이 필요한 미시 세계의 법칙이라는 차이가 있다.

55 ① 면역 반응을 촉진하는 T세포다.
② 감염된 세포나 종양 세포를 직접 파괴하는 역할을 한다.
④ 항원 노출 후 장기적으로 남아 신속한 면역 반응을 유도한다.

56 원래 흥청(興淸)은 악하고 더러운 것을 깨끗이 씻으라는 뜻으로, 연산군 때 왕명으로 모집된 기녀(妓女)를 이르던 말이다. 연산군은 재위 당시 궁궐로 데려온 수많은 기녀들과 놀이를 즐기고 연회를 베풀면서 국고를 탕진했고, 그 결과 중종반정이 일어나면서 폐지됐다. 이후 「흥청 때문에 연산군이 망했다」 하여 흥청망청이란 말이 생겨나게 됐으며, 이때부터 흥에 겨워 제멋대로 즐기거나 물건을 아끼지 않고 마구 쓰는 것을 가리켜 「흥청망청」이라 칭하게 되었다고 한다.

57 ② 적혈구는 혈색소(헤모글로빈)를 통해 산소를 운반하는 역할을 한다.

58 무차별곡선은 소비자의 효용 수준이 같아지는 X재와 Y재의 조합을 연결한 곡선으로, 소비자선택이론(소비자가 소득을 여러 재화 및 서비스의 구입에 어떻게 배분하는가를 설명하는 이론)의 기본이 된다. 무차별곡선은 ▷우하향한다 ▷원점에서 멀수록 보다 큰 만족(효용) 수준을 표시한다 ▷서로 다른 무차별곡선은 서로 교차하지 않는다 ▷원점을 향해 볼록하다(한계효용 체감의 법칙) 등의 성질을 가진다.

59 ① 오피스 우울증 ③ 광장 공포증 ④ 가면 우울증 ⑤ 계절성 우울증

52. ① 53. ⑤ 54. ③ 55. ③ 56. ④ 57. ② 58. ④ 59. ②

60 공직선거법상 국회의원 당선무효형에 해당하는 벌금형은?

① 100만 원 이상
② 200만 원 이상
③ 300만 원 이상
④ 400만 원 이상
⑤ 500만 원 이상

61 주요 20개국(G20)의 G는 영어 단어 (　)의 약자이며, 숫자 20은 회원국 수를 의미한다. (　) 안에 들어갈 영어 단어는?

① Group
② Government
③ Guarantee
④ Gathering
⑤ Global

62 전시작전권과 관련한 다음 내용에서 ㉠, ㉡에 들어갈 내용이 바르게 나열된 것은?

> 전시작전권은 전쟁 발생 시 군대의 작전을 지휘하는 권한을 말한다. 한국군의 작전권은 평시작전통제권과 전시작전통제권으로 나뉘는데, 평시작전통제권은 (㉠), 전시작전통제권은 (㉡)에게 있다.

	㉠	㉡
①	한국 대통령	미국 대통령
②	한국 국방부장관	미국 국방부장관
③	한국 육군 참모총장	미국 육군 참모총장
④	한국 방첩사령관	주한미군사령관
⑤	한국군 합참의장	한미연합군사령관

63 (　)에 들어갈 역사적 사건은?

> 장진호 전투는 한국전쟁 중이었던 1950년 11월 26일부터 12월 11일까지 함경남도 개마고원의 저수지 장진호에서 중공군(12만 명)에게 포위당한 미군 1만 3000여 명이 17일간 치열하게 벌인 전투를 말한다. 이 전투로 인해 미 해병1사단은 자신의 10배에 달하는 12만 명 규모의 중공군 남하를 2주간 지연시킬 수 있었고, 그 덕에 (　)이 이뤄질 수 있었다. (　)은 약 10일간 이뤄졌는데, 이를 통해 10만 5000명의 병력과 10만 명의 피난민들이 남쪽으로 대피할 수 있었다.

① 인천상륙작전　② 흥남철수작전
③ 통영상륙작전　④ 남포소해작전
⑤ 한강교폭파작전

64 인류 역사상 가장 많은 생명을 앗아간 감염 질환으로, 1882년 독일의 세균학자 로버트 코흐에 의해 처음 균이 발견되며 세상에 알려진 질환은?

① 폐렴　② 결핵
③ 홍역　④ 천식
⑤ 풍진

65 섞은 술을 마시고 취한 상태를 일컫는 말에서 유래한 복싱 용어는?

① 블로킹(Blocking)
② 폴로 업(Follow Up)
③ 그로기(Groggy)
④ 녹다운(Knockdown)
⑤ 섀도복싱(Shadow Boxing)

66 유럽연합(EU) 회원국 간 무비자 통행을 규정한 국경 개방 조약으로, 1985년 룩셈부르크의 이 마을에서 체결된 데서 붙은 명칭이다. 이는 독일·프랑스·네덜란드·벨기에·룩셈부르크 등 5개국이 처음으로 체결해 1995년 그 효력이 발휘됐는데, 이 조약은?

① 솅겐조약
② 로마조약
③ 더블린조약
④ 리스본조약
⑤ 마스트리히트 조약

67 ㉠, ㉡과 관련된 요일을 차례로 배열하면?

> ㉠ 1972년 1월 북아일랜드에서 영국군이 비무장 아일랜드계 주민들에게 실탄사격을 가해 14명이 사망했던 사건이다.
> ㉡ 1973년 10월 20일 리처드 닉슨 당시 미국 대통령이 워터게이트 스캔들을 수사하던 아치볼드 콕스 특별검사를 전격 해임한 사건으로, 워터게이트 스캔들의 분수령이 됐다.

① 일요일, 목요일
② 토요일, 일요일
③ 일요일, 토요일
④ 토요일, 월요일
⑤ 토요일, 화요일

---

60 ① 국회의원이 공직선거법 위반 혐의로 징역형이나 100만 원 이상의 벌금형을 확정받게 되면 의원직을 상실한다.(공직선거법 제264조)
63 ② 흥남철수작전은 한국전쟁이 진행 중이던 1950년 12월 중공군의 공세가 거세지자, 동북부 전선(함경남북도 일원)에서 작전 중이던 국군과 유엔군이 흥남항을 통해 단행한 대규모 철수작전이다. 당시 약 10만 명에 이르는 미군과 한국군이 흥남에 집결했으며, 이들은 12월 15일부터 24일까지 열흘에 걸쳐 193척의 선박을 타고 남쪽으로 철수했다.
64 결핵은 결핵균에 의한 만성 감염증으로 초기에는 별다른 증상이 없지만 진행이 되면서 피로감, 식욕 감퇴, 체중 감소와 기침, 가래, 흉통 등의 증세를 보인다. 결핵을 예방하기 위해서는 출생 후 가능한 결핵예방접종(BCG)을 맞아야 한다.
65 ③ 강타를 당해 비틀거리는 혼미 상태
① 복싱에서 상대방의 펀치를 팔로 방어하는 것
② 복싱에서 타격을 연속적으로 하는 것
④ 상대방의 타격으로 발 이외의 몸의 일부가 바닥에 닿는 것
⑤ 혼자서 공격과 방어를 연습하는 훈련 방법
66 ② 유럽경제공동체(EEC)를 설립하기 위한 조약
③ 유럽으로 유입되는 난민의 망명 처리 원칙을 규정한 조약
④ 경제공동체를 넘어 유럽연합(EU)의 정치적 통합까지 목표로 한 일종의 미니헌법
⑤ 1991년 네덜란드의 마스트리히트에서 열린 유럽공동체(EC) 12개국 정상회담에서 타결 합의한 유럽통합조약
67 ㉠ 피의 일요일(Bloody Sunday) ㉡ 토요일 밤의 학살(Saturday Night Massacre)

60. ① 61. ① 62. ⑤ 63. ② 64. ② 65. ③ 66. ① 67. ③

68 다음은 미국 대선과 관련한 용어에 대한 설명들이다. 해당하는 용어를 알파벳 순서로 배열하면?

> ㉠ 미국에서 정치적 성향이 뚜렷하지 않아 표심이 고정되지 않은 경합주를 일컫는 말이다.
> ㉡ 당원으로 등록한 사람만 참여할 수 있는 후보 경선 방식으로, 아이오와주에서 가장 먼저 개최된다.
> ㉢ 주(州)별로 직접투표를 통해 가장 많은 표를 획득한 후보가 해당 주에 배분된 선거인단을 모두 차지하는 미국의 독특한 선거제도를 말한다.
> ㉣ 당원이 아닌 일반 유권자도 참여할 수 있는 후보 경선 방식으로, 뉴햄프셔주에서 가장 먼저 개최된다.

① ㉠-㉢-㉡-㉣
② ㉠-㉣-㉡-㉢
③ ㉡-㉣-㉠-㉢
④ ㉡-㉠-㉢-㉣
⑤ ㉡-㉢-㉠-㉣

69 피하고 싶었던 상황에 처해 있다는 것을 갑자기 깨닫는 순간을 뜻하는 용어로, 증권시장에서는 증시의 갑작스러운 붕괴를 표현할 때 사용한다. 이 용어는?

① 회색코뿔소
② 방아쇠 효과
③ 보이지 않는 고릴라
④ 민스키 모멘트
⑤ 코요테 모멘트

70 다음 중 출신국이 다른 화가의 그림은?

①

②

③

④

⑤

● 다음 물음에 알맞은 답을 쓰시오. (71~100)

71 차세대 이지스 구축함 정조대왕급(KDX-Ⅲ Batch-Ⅱ) 2번함이자 해군의 다섯 번째 이지스 구축함으로, 9월 17일 진수식을 가진 구축함은?

72 1982년 당시 중국군 해군사령관이었던 류화칭이 설정한 해상 방어선으로, 태평양의 섬을 사슬처럼 이은 가상의 선이자 중국 해군의 작전 반경을 뜻한다. 무엇인가?

73 파시즘·백인우월주의·네오나치 등의 극우 세력에 대항하는 급진 성향 좌파 활동가들의 시위 문화 및 방식을 포괄적으로 가리키는 말로, 트럼프 대통령이 9월 이 세력을 국내 테러단체로 지정하는 행정명령에 서명했다. 무엇인가?

74 중일전쟁 때인 1941~1942년 미국이 비밀리에 당시 장제스(蔣介石)의 국민당이 집권하고 있던 중국에 파견한 비행 전대로, 정식 명칭이 「제1미국의용군단(AVG)」이던 부대는?

---

67 ㉡ Caucas(코커스) ㉣ Primary(프라이머리) ㉠ Swing State(스윙 스테이트, 경합주) ㉢ Winner takes all(승자독식제도)
69 ⑤ 코요테가 먹잇감을 쫓는 데 정신이 팔려 낭떠러지 쪽으로 뛰어가다 문득 정신을 차려 아래를 보면 허공에 떠 있고, 이를 알아차리는 순간 추락하는 것을 빗댄 말
① 갑자기 발생하는 것이 아니라 계속적인 경고로 이미 알려져 있는 위험 요인들이 빠르게 나타나지만, 일부러 위험 신호를 무시하고 있다가 큰 위험에 빠지는 것
② 평형이 유지되고 있는 특정 상황에서 어떠한 이유로 그 평형이 깨지기 시작하면 그로 인해 그 영향이 연쇄적으로 주변으로 확대되면서 전체에까지 영향을 미치는 현상
③ 한 사안에 몰두하다가 명백하게 존재하는 다른 사안을 놓쳐버리는 현상
④ 은행 채무자의 부채 상환능력이 악화돼 건전한 자산까지 팔게 되면서 금융위기가 도래하는 시점
70 ④ 산드로 보티첼리(이탈리아), 〈비너스의 탄생〉
① 에두아르 마네(프랑스), 〈피리 부는 소년〉 ② 오귀스트 르누아르(프랑스), 〈시골의 무도회〉
③ 장 프랑수아 밀레(프랑스), 〈이삭줍기〉 ⑤ 폴 세잔(프랑스), 〈카드놀이 하는 사람들〉

68. ③ 69. ⑤ 70. ④ 71. 다산정약용함(DDG-996) 72. 도련선(島鏈線, Island Chain) 73. 안티파(Antifa) 74. 플라잉 타이거스(Flying Tigers)

75. 행정안전부의 일반구 설치계획 승인에 따라 내년 2월에 4개 구가 설치될 예정인 경기도의 지방자치단체는?

76. 캄보디아의 범죄 단지를 이르는 말로, 수도 프놈펜을 비롯해 캄보디아 전역에 점조직처럼 흩어져 있는 것으로 알려져 있다. 주로 고수익 해외 아르바이트나 일자리를 미끼로 사람들을 유인한 뒤 감금하고, 각종 범죄에 가담시키는 것으로 알려진 이곳은?

77. 1988년 래리 핑크 등 8인이 설립해 현재 12조 5000억 달러를 운용하는 세계 최대의 자산운용사로, 이재명 대통령이 9월 뉴욕에서 인공지능(AI)과 재생에너지 분야 협력 양해각서(MOU)를 체결한 기업은?

78. 이재명 정부가 2026~2030년까지 5년간 인공지능(AI)·반도체·바이오 등 10대 첨단전략산업에 집중 투자하기 위해 150조원 규모로 조성하는 펀드는?

79. 타인의 사무를 처리하는 자가 그 임무에 위배하는 행위로 재산상의 이익을 취득하거나 제3자로 하여금 이를 취득하게 하여 본인에게 손해를 가하는 죄로, 최근 당정에 의해 도입 72년 만에 폐지가 논의되고 있는 것은?

80. 소비자 물가가 잘 드러나지 않게 조금씩 상승될 때를 가리키는 말로, 미국 CNN방송이 도널드 트럼프 미국 대통령이 전 세계를 상대로 펼치고 있는 관세전쟁이 초래하고 있다고 보도해 화제가 된 용어는?

81. 두 나라가 현재의 환율에 따라 필요한 만큼의 돈을 상대국과 교환하고, 일정 기간이 지난 후에 최초 계약 때 정한 환율로 원금을 재교환하는 거래를 무엇이라 하는가?

82. 산업자본(기업)이 은행·보험·증권 등의 금융자본을 소유하지 못하도록 법적으로 막아놓은 제도를 무엇이라 하는가?

83. 올 9~11월까지의 카드 소비액이 2024년 월평균 카드 소비액보다 증가한 경우 증가분의 20%를 디지털 온누리상품권으로 환급해주는 민생회복 지원사업의 명칭은?

84. 인공지능(AI)이 거의 모든 것을 생성하는 시대에도 인간이 반드시 최소 한 번은 개입해야 한다는 원칙으로, 김난도 교수가 2026년 트렌드를 전망하며 내놓은 키워드 중 하나인 이 용어는?

85. 하청 노동자가 원청과 직접 교섭할 수 있도록 하고 파업 노동자에 대한 기업의 손해배상 청구를 제한하는 노동조합법 2·3조 개정안으로, 8월 24일 국회를 통과한 법률의 명칭은?

86. 수일~수주 사이에 땅속 수분과 수자원이 급격하게 줄어드는 현상으로, 예측이 어렵고 단시간에 갑자기 발생한다는 특징이 있다. 지난 8월 강릉에 유독 심각한 가뭄이 발생한 이유로 이 현상이 원인이라는 분석이 나온 바 있는데, 무엇인가?

87. 근로기준법에 규정된 근로조건의 실시여부에 대한 감독 업무와 중대재해처벌법 등에 관한 수사를 담당하는 고용노동부 소속의 공무원은?

88. 바닷물이 빠지는 간조(干潮) 때 갯벌이나 바위틈, 해안가 모래사장 등에서 조개, 낙지, 게 등의 어패류나 해산물을 전통적인 방식으로 채취하는 활동을 이르는 용어는?

---

75. 화성시 76. 웬치(Wench) 77. 블랙록(BlackRock) 78. 국민성장펀드 79. 배임죄(背任罪) 80. 스니크플레이션(Sneakflation) 81. 통화스와프(Currency Swap) 82. 금산분리(金産分離) 83. 상생페이백 84. 휴먼 인 더 루프(Human-in-the-Loop) 85. 노란봉투법 86. 돌발가뭄 87. 근로감독관 88. 해루질

89. 특정 작가가 일생에 거쳐 제작한 작품을 체계적으로 정리한 자료로, 작품 정보는 물론 작가의 생애, 작품의 소장 및 전시 이력 등 작가와 작품에 대한 모든 것이 포함된다. 무엇인가?

90. 9월 블랙핑크의 로제가 〈아파트(APT.)〉로 「올해의 노래상」을 수상한 음악 시상식은?

91. 전 세계 문맹 퇴치를 위해 매년 9월 8일 세계 문해의 날에 문맹 퇴치에 기여한 개인 및 단체에 대해 시상하는 상은?

92. 골프 경기에서 상대 선수의 남은 퍼트 거리가 짧아 성공할 확률이 높은 경우에 다음 샷으로 홀인(Hole In)할 수 있다고 인정하는 것은?

93. 다음은 한국의 세계선수권 입상 기록이다. 관련 선수를 모두 쓰면?

> - 2025 세계육상선수권 남자 높이뛰기 은메달
> - 2025 세계개인배드민턴선수권 남자 복식 금메달

94. 최근 KT 무단 소액결제 사건 당시 KT 이동통신 기지국으로 위장해 KT 통신망에 접속, 이용자들의 휴대전화를 해킹한 것으로 알려진 장비는 무엇인가?

95. 인공지능(AI)이 생성한 저품질 콘텐츠를 가리키는 말로, 이용자들의 의사와는 상관없이 무분별하게 뿌려진다는 점에서 「AI 시대의 스팸메일」로도 불린다. 무엇인가?

96. 뇌를 구성하는 신경세포(뉴런)들이 서로 어떻게 연결돼 있는지를 규명해 도식화한 지도를 뜻하는 말은?

97 고객이 제공한 인증정보를 바탕으로 금융기관, 공공기관, 정부 웹사이트 등 여러 데이터 시스템에 흩어진 고객의 정보를 모아 가공하거나 제공하는 기술을 일컫는 말은?

99 원소주기율표상에서 제3족인 스칸듐(Sc)과 이트륨(Y)·란타넘족의 15종을 포함하는 17개 원소의 통칭으로, 중국이 현재 세계 공급망을 완전히 장악한 미래 산업의 핵심원소는 무엇이가?

98 인공지능(AI) 및 고성능컴퓨팅(HPC) 시대에 폭증하는 데이터 트래픽을 처리하기 위해 설계돼 최대 1.6Tbps(테라비트/초)의 전송속도를 구현할 수 있는 차세대 네트워크 기술은?

100 확률형 아이템으로 얻은 결과물을 조합해 새로운 아이템이나 콘텐츠를 완성하는 게임 수익모델로, 무작위로 뽑은 조각 아이템을 모아 정해진 조합을 완성하면 희귀 보상을 제공하는 방식의 모델은?

89. 카탈로그 레조네(Catalogue Raisonne) 90. MTV 비디오 뮤직 어워즈(MTV VMA) 91. 유네스코 세종대왕 문해상(UNESCO King Sejong Literacy Prize) 92. 컨시드(Concede) 93. 우상혁, 서승재, 김원호 94. 펨토셀(Femtocell) 95. AI 슬롭(AI Slop) 96. 커넥톰(Connectome) 97. 스크래핑(Scraping) 98. 울트라 이더넷(Ultra Ethernet) 99. 희토류(稀土類) 100. 컴플리트 가챠(Complete Gacha)

한국사능력테스트

01 다음과 같은 종교 생활을 시작할 무렵의 생활상으로 가장 적절한 것은?

> • 자연계의 모든 사물에는 생명이 있다고 보고, 그것의 영혼을 인정하여 인간처럼 의식·욕구·느낌 등이 존재한다고 믿게 되었다.
> • 동물이나 식물과 같은 자연 대상물과 인간이 신비적 관계 또는 친족 관계가 있다는 믿음에 근거한 복합적인 관념이나 의식이 있었다.
> • 병을 고치고, 공동의 제사를 주관하며, 죽은 자의 영혼을 저세상으로 인도하는 역할을 하는 존재를 믿고 있었다.

① 벼농사가 확산되면서 잉여의 축적이 가능해졌다.
② 구릉이나 산간에서 집단적인 취락 생활을 하였다.
③ 긁개와 밀개 등이 대표적인 조리 도구로 사용되었다.
④ 한 개 내지 여러 개의 석기를 나무나 뼈에 꽂아 쓰는 이음 도구를 만들었다.
⑤ 농경 생활이 시작되었지만, 여전히 물고기잡이와 짐승 사냥에 크게 의존하였다.

💡 제시된 자료는 신석기 시대에 발생한 원시 신앙, 즉 애니미즘·토테미즘·샤머니즘에 관한 설명이다.
　⑤ 신석기 시대의 농경은 사냥, 고기잡이, 채집 등의 수렵생활과 병행되었다.
　①② 청동기 ③ 구석기 ④ 중석기(또는 구석기 후기)이다.

02 다음과 같은 토기를 사용했던 시기에 있었던 역사적 사실은?

> 납작한 밑 항아리 양쪽에 옆으로 손잡이가 하나씩 달리고, 목이 넓게 올라가서 다시 안으로 오므라들고, 표면에 집선(集線) 무늬가 있는 것이 특징이며, 주로 청천강 이북·길림성·요령성 일대에 분포한다.

① 반달돌칼을 이용하여 곡식의 이삭을 잘라 추수하였다.
② 무리를 이루어 큰 사냥감을 찾아다니며 이동생활을 하였다.
③ 주로 강가나 바닷가에서 원형인 움집에서 거주하였다.
④ 모든 사람이 평등한 공동체적 생활을 하였다.
⑤ 독무덤과 널무덤이 널리 쓰이기 시작하였다.

💡 제시된 자료는 미송리식 토기에 관한 설명으로, 이는 청동기 시대의 유물이다.
　① 반달돌칼은 청동기 시대 때 곡식의 이삭을 따는 데 사용된 대표적 농기구이다.
　② 구석기 ③ 신석기 ④ 구석기~신석기 ⑤ 철기에 관한 설명이다.

03 다음은 우리 역사상 어느 국가의 유적을 탐방하기 위해 짠 일정표의 일부이다. 이 국가에 대한 설명으로 옳은 것을 고르면?

9월 2일	장춘 국제공항 도착한 뒤 길림성 박물관 관람
9월 3일	길림시로 이동하여 서단산 청동기 시대 분묘 및 주거유적 답사 → 송화강변 남성자 일대의 왕성유적 답사
9월 4일	하얼빈 쪽으로 이동하면서 유수 노하심 분묘 유적 답사

보기
㉠ 고구려나 백제의 건국 세력이 이 국가의 계통임을 자처하였다.
㉡ 왕이 죽으면 많은 사람들을 껴묻거리와 함께 묻는 순장의 풍습이 있었다.
㉢ 신성 지역으로 소도가 있었으며, 천군이 농경과 종교에 대한 의례를 주관하였다.
㉣ 여자가 어릴 때 남자 집에 가서 성장할 때까지 생활하다가 혼인을 하였다.

① ㉠, ㉡
② ㉠, ㉢
③ ㉡, ㉢
④ ㉡, ㉣
⑤ ㉢, ㉣

💡 만주 길림시 일대를 중심으로 한, 송화강 유역에 위치한 나라는 부여이다. ㉢ 삼한 ㉣ 옥저에 관한 설명이다.

04 다음은 한반도에 분포하는 무덤 형태에 관한 설명이다. 각 무덤에 대해 추론한 내용으로 바르지 못한 것을 고르면?

(가) 벽돌로 쌓은 무덤으로, 소박하고 고졸한 맛이 남아 있다.
(나) 무덤의 봉토 주위를 둘레돌로 두르고 그 둘레돌에 12지신상을 조각하였다.
(다) 화장 방법이 유행하였는데, 대표적인 예로 경주에 있는 대왕암을 들 수 있다.
(라) 4개의 굄돌을 세워 돌방을 만들고, 그 위에 거대하고 평평한 덮개돌을 얹어 놓았다.
(마) 계단식으로 화강암을 7층으로 쌓아 올렸는데, 위로 올라가면서 각 층의 길이와 높이를 줄여 안정된 모습을 보여 주고 있다.

① (가): 백제 웅진시대의 고분으로 중국 남조의 영향을 받은 것이다.
② (나): 우리나라의 독특한 묘제로, 통일신라 때 나타나서 고려와 조선시대 왕릉으로 계승되었다.
③ (다): 신라 중대에 유행한 풍수지리설과 도교와 관련이 깊다.
④ (라): 이 시대에는 권력과 경제력을 가진 지배자인 군장이 출현하였다.
⑤ (마): 고구려의 장군총에 관한 설명으로, 벽화는 없다.

💡 (가) 벽돌무덤 (나) 통일신라의 굴식돌방무덤 (다) 통일신라 때 유행하던 화장법 (라) 청동기 시대의 고인돌 (마) 고구려의 돌무지무덤인 장군총에 관한 설명이다. ③ 화장은 불교와 관련이 깊다.

🎯 1. ⑤ 2. ① 3. ① 4. ③

05 다음은 삼국의 발전 과정을 단계별로 정리한 것이다. 각 단계에 대한 설명으로 옳은 것을 〈보기〉에서 모두 고르면?

구분	(가)	(나)	(다)	(라)	(마)
고구려	주몽	태조왕	소수림왕	장수왕	보장왕
백제	온조	고이왕	침류왕	근초고왕	의자왕
신라	박혁거세	내물왕	법흥왕	진흥왕	무열왕

보기
㉠ (가): 토착 세력을 중심으로 유이민을 흡수하여 연맹왕국을 형성하였다.
㉡ (나): 국왕의 지위가 강화되면서 중앙집권 국가의 기틀이 마련되었다.
㉢ (다): 불교의 공인을 통하여 중앙집권 국가로의 체제를 강화하였다.
㉣ (라): 삼국이 각각 한강 유역을 점령하여 삼국 경쟁의 주도권을 장악하였다.
㉤ (마): 삼국동맹을 통하여 중국의 침략을 저지하는 자주적 발전기였다.

① ㉠, ㉡, ㉢
② ㉠, ㉡, ㉤
③ ㉡, ㉢, ㉣
④ ㉡, ㉣, ㉤
⑤ ㉢, ㉣, ㉤

💡 ㉠ 고구려와 백제는 유이민을 중심으로 나라가 건설되었다.

06 다음 글의 밑줄 친 「해동 보살님」에 관련된 설명은?

> 오직 우리 해동 보살님은 성(性)과 상(相)을 융통하여 밝히고 고금을 세밀히 살펴서 백가이쟁(百家異諍)의 실마리를 화합시켰으니, 일대의 지극한 공론을 얻으셨습니다. …… 이름은 중국과 인도에 떨쳤고, 자비스러운 교화는 저승과 이승을 감쌌으니, 그로 인한 덕을 찬양하려 해도 진실로 헤아리거나 말할 수 없습니다. 저(의천)는 천행을 두터이 입어 불승(佛乘, 중생을 성불시키는 길로 이끄는 불법)을 사모하여 선철(先哲)의 저술을 얻어 보았으나, 성사(聖師)보다 나은 이가 없었습니다.
> – 「대각국사 문집」

① 화엄일승법계도를 통해 화엄사상을 보급하였다.
② 송, 거란, 일본 등의 불교 서적들을 모아 속장경을 편찬하였다.
③ 《십문화쟁론》을 저술하여 종파 간 대립 극복에 기여하였다.
④ 원에서 임제종을 도입하여 현 조계종의 종조(宗祖)가 되었다.
⑤ 유·불 일치설을 주장하여 성리학 수용의 토대를 마련하였다.

💡 밑줄 친 「해동 보살님」은 원효를 의미한다. 대각국사 의천은 원효의 화쟁사상을 계승하여 고려 중기에 불교통합 운동을 펼쳤다.
① 의상 ② 의천 ④ 태고 보우 ⑤ 혜심에 관한 설명이다.

07 다음은 최승로가 고려 초기 다섯 왕의 행적을 평가한 내용의 일부이다. 자료와 관련된 왕에 해당하는 사실로 바른 것은?

> 경신년(960)부터 을해년(975)에 이르기까지 16년간은 간악한 자들이 앞을 다투며 진출하여 참소가 크게 일어나니, 군자는 몸 둘 곳이 없고 소인은 제 뜻대로 되었다. 드디어 자식이 부모를 거역하고, 노예가 그 주인을 고소하기까지 하여 상하가 마음을 합치지 못하고 여러 신하들이 실망하여 옛 신하들과 이름난 장수들은 차례로 살육당하고 골육 친척들도 또한 모두 멸망당하였다.
>
> – 『고려사』

① 역분전을 분급하여 토지를 매개로 호족을 중앙에 끌어들였다.
② 관료 체제를 확립하기 위해 백관의 공복을 제정하였다.
③ 광군을 설치하고 서경 천도를 계획하였다.
④ 전시과 제도를 시행하여 신흥 양반관료의 경제적 기반을 마련하였다.
⑤ 문·무산계 제도의 시행으로 향리들의 지위가 하락하였다.

💡 고려 성종 때 최승로는 5조정적평(五朝政績評)을 통해 성종 이전의 다섯 왕(태조, 혜종, 정종, 광종, 경종)에 대한 치적을 평가하였다. 제시된 자료는 노비안검법 실시와 구신숙장(옛 신하들과 이름난 장수) 숙청을 실시한 광종에 대한 평가글이다.
① 태조 ② 광종 ③ 정종 ④ 경종 ⑤ 성종에 관한 설명이다.

08 다음은 고려의 대외 관계와 관련한 사료들이다. 이를 시기순으로 바르게 나열한 것은?

> ㉠ 개경은 지력이 쇠하여 궁궐이 불타 남은 것이 없으나, 서경은 왕기가 크게 일어나고 있으니 주상께서 그곳으로 옮기시어 수도로 삼는 것이 좋을 듯합니다.
> ㉡ 과인은 이제 개경으로 환도하고자 하노라. 이제 출륙하여 백성을 도모하고자 하니, 모든 백관들은 과인의 뜻을 헤아리기 바라노라.
> ㉢ 지금 요동을 정벌하는 것은 네 가지 불가한 점이 있습니다. 소로써 대를 거역하는 것이 첫째요, 여름에 군대를 동원하는 것이 둘째입니다.
> ㉣ 우리나라는 고구려를 계승한 나라이므로 국호를 고려라 부르며, 평양에 도읍한 것이다. 양국의 국경을 따진다면, 너희 나라 동경도 본래 우리나라 영토인데 어찌 침략이란 말이냐?

① ㉠-㉡-㉢-㉣   ② ㉠-㉢-㉣-㉡
③ ㉡-㉢-㉣-㉠   ④ ㉢-㉣-㉡-㉠
⑤ ㉣-㉠-㉡-㉢

💡 ㉠ 12세기 인종 때 묘청의 서경천도 운동이다.
㉡ 13세기 몽골이 침입하여 강화도에서 항쟁했으나 결국 개경으로 환도할 때이므로 원종 시기의 일이다.
㉢ 14세기 우왕 때 추진되었던 요동 정벌에서 이성계가 내세운 4불가론이다.
㉣ 10세기 말 거란의 1차 침입이 있었던 성종 시기 서희가 거란의 소손녕에게 했던 말이다.

🎯 5. ③ 6. ③ 7. ② 8. ⑤

09 다음 주장을 입증하는 근거로 옳지 않은 것은?

> 고려는 원나라의 간섭을 받기 전까지는 제도 운영, 국왕 및 왕실 구성원 명칭, 국가 의례에서 실질적인 황제국을 지향하였다.

① 원구단을 만들어 하늘에 제사하였다.
② 조(祖)와 종(宗)의 묘호(廟號)를 사용하였다.
③ 대부분의 왕들은 독자적인 연호를 사용하였다.
④ 왕자와 주요 왕족들은 「제왕(諸王)」이라고 표현하였다.
⑤ 3성 6부의 정치 체제를 도입한 후 2성으로 재편하여 운영하였다.

💡 고려는 원 간섭기 이전까지 중앙통치체제, 왕실 구성원 명칭 등에서 황제국과 같은 모습을 보였다. 하지만 연호를 사용한 것은 태조(천수), 광종(광덕·준풍), 경종(태평)뿐이다.

10 다음은 고려 말 토지 제도 개혁에 관한 상소문의 일부이다. 제시된 것과 다른 입장이 서술된 것은?

> 땅 주인이 한 집이면 다행이지만 어떤 경우에는 3~4집이 되고 어떤 경우에는 7~8집이 되는 수가 있습니다. 이들은 권세가 비슷하여 누구도 양보하려 들지 않습니다. … 바라건대, 갑인년의 원안을 토대로 하고 공문서 기록을 참작하여 분쟁이 생긴 토지는 그때마다 조정하면 됩니다. 새로 개간한 토지는 측량하여 조세를 부과하고 무원칙하게 지급하는 토지를 줄이면 국가 수입이 늘어날 것입니다.

① 고려 왕조를 부정하여 역성혁명을 주장하였다.
② 이러한 주장은 후에 과전법으로 실현되었다.
③ 권문세족이 불법적으로 차지한 사전을 없애고자 하였다.
④ 대토지 사유는 정리하되 토지 제도의 전면적인 개혁은 반대하였다.
⑤ 조준, 정도전 등이 위와 같은 입장을 취하였다.

💡 고려 말 급진파 신진사대부의 토지 개혁에 관한 글이다.
④ 이색과 정몽주 등의 온건파 신진사대부는 토지 제도를 전면적으로 개혁하는 것에 반대했다.

11 다음의 자료가 등장하는 시기의 역사 인식으로 옳은 것은?

> - 환웅이 잠시 변하여 결혼하여 아들을 낳았다. 이름을 단군왕검이라 하였다. 단군왕검은 요임금이 왕위에 오른 뒤 50년 되는 경인년에 평양성에 도읍하고 조선이라 일컬었다. ― 「삼국유사」
> - 조선 지역에 근거하여 왕이 되었다. 그런 까닭에 신라, 고구려, 남북옥저, 동북부여, 예와 맥이 모두 단군의 후계이다. 1038년 동안 다스리다가 아사달산에 들어가 신이 되었으니 죽지 않은 까닭이다. ― 「제왕운기」
> - 실로 창국(創國)하신 신의 자취인 것이다. 이러하니 이 일을 기술하지 않으면 앞으로 후세에 무엇을 볼 수 있으리오. 이런 까닭에 시(詩)를 지어 이를 기념하고 천하 사람들로 하여금 우리나라의 근본이 성인의 나라임을 알게 하려 할 뿐이다. ― 「동명왕편」

① 정통의식과 대의명분을 중시하였다.
② 왕도주의를 내세우며 단군보다 기자를 중시하였다.
③ 유교적 합리주의를 내세우며 신라 계승 의식을 표방하였다.
④ 실증적 역사 서술로 중국 중심의 역사관에서 벗어나려 하였다.
⑤ 민족적 자주 의식을 바탕으로 우리 역사를 서술하려 하였다.

💡 《삼국유사》, 《제왕운기》, 《동명왕편》은 고려 후기의 역사서들이다. 이 시기에는 민족적 자주 의식을 바탕으로 전통 문화를 이해하고자 하는 움직임이 일었다.
① 조선 초기 ② 사림들의 역사 인식 ③ 《삼국사기》의 저자 김부식의 역사 인식 ④ 실학자들의 역사 인식이다.

12 다음 내용을 통하여 알 수 있는 당시의 경제적 변화 모습은?

> 전에 전라도 무안 등의 여러 고을에서 이익을 탐하는 무리들이 장문(場門)이라 일컬으며 모여 백성들에게 해를 끼치니 장문을 금지하는 문제에 대해 논의하여 아뢰라고 하셨습니다. 신들이 이제 전라도 감사 김지경에게 공문을 보냈더니 다음과 같이 보고하였습니다.
> "도내 여러 고을에서 장문이라 하며 매달 두 번씩 거리에 모여듭니다. 비록 있는 것을 없는 것으로 바꾼다 하나, 본업(농사)을 버리고 말업(상업)을 쫓는 것이며, 물가가 뛰어 오릅니다."
> ― 「성종실록」

① 공무역과 사무역이 성행하였다.
② 정기 시장인 장시가 등장하였다.
③ 민영 광산이 개발되고 잠채가 성행하였다.
④ 대동법의 실시로 공인의 활동이 활발하였다.
⑤ 민영 수공업이 발달하면서 선대제가 유행하였다.

💡 제시된 자료는 장시 발생 초기의 모습을 보여 주고 있다. 농촌 시장인 장시가 처음 등장한 것은 15세기 말로, 이는 고려 시대에 부정기적으로 열리던 주현시로부터 발달한 것이다. 초기에는 장문이라 하여 한 달에 두 번 읍내 거리에 모여들어 장을 형성하였다.

🎯 9. ③ 10. ④ 11. ⑤ 12. ②

13 다음은 조선시대 농민들의 가상 대화이다. 이를 통해 파악할 수 있는 당시의 시대상으로 적절한 것은?

> 농민 1: 우리 집은 할아버지 때까지만 하더라도 넓지는 않아도 땅이 있어서 먹고 살 만했다고 하더군.
> 농민 2: 최근에 수조권 지급이 폐지되면서 양반들은 땅 늘리기에 혈안이 되었어. 도처에 땅을 양반에게 헐값에 넘기고 유랑하는 농민이 한둘이 아니야.
> 농민 1: 우리 집도 가뭄에다 관에서 빌린 곡식의 이자를 갚느라 도저히 버틸 수가 없네. 아, 이제 김참판 댁에 소작료도 내야 하고, 관청에 약재도 내야지, 성도 수리하러 가야지……. 그저 이웃 마을의 돌쇠가 부러울 따름이네.
> 농민 2: 그래, 맞아. 자기 땅이 있어야지. 게다가 돌쇠는 새롭게 보급되기 시작한 모내기로 바꿔서 수확도 많이 늘었다지.

① 모내기가 국가적인 차원에서 권장되었다.
② 과전법이 실시되면서 지주제가 확대되었다.
③ 소작농은 공납과 요역 대상에서 제외되었다.
④ 소작료는 일정 액수를 곡물이나 화폐로 납부하였다.
⑤ 자영농이 감소하고 병작반수제가 널리 확산되었다.

💡 제시된 자료는 조선 전기 직전법이 폐지되면서 지주제가 강화되는 상황을 보여주고 있다. 이러한 상황에서 양반지주 중심으로 토지가 집중되었고, 병작반수에 입각한 지주제의 확대로 자영농이 감소하였다.

14 다음 자료의 ( ) 안에 들어갈 조직에 대한 설명으로 옳은 것을 〈보기〉에서 모두 고르면?

> 무릇 뒤에 ( )에 가입하기를 원하는 자에게는 반드시 먼저 규약문을 보여 몇 달 동안 실행할 수 있는가를 스스로 헤아려 본 뒤에 가입하기를 청하게 한다. 가입을 청하는 자는 반드시 단자에 참가하기를 원하는 뜻을 자세히 적어서 모임이 있을 때에 진술하고, 사람을 시켜 약정(約正)에게 바치면 약정은 여러 사람에게 물어서 좋다고 한 다음에야 글로 답하고, 다음 모임에 참여하게 한다.

보기
㉠ 치안의 기능을 담당하기도 했다.
㉡ 선현을 제사 지내고 후진을 교육하였다.
㉢ 전통적 공동 조직에 유교 윤리가 가미되었다.
㉣ 지방 유력자들이 농민을 수탈하는 배경이 되기도 하였다.

① ㉠, ㉡, ㉢   ② ㉠, ㉡, ㉣
③ ㉠, ㉢, ㉣   ④ ㉡, ㉢, ㉣
⑤ ㉠, ㉡, ㉢, ㉣

💡 괄호에 들어갈 조직은 향약으로, 자료에 나오는 「약정(約正)」은 향약의 임원을 의미한다. ㉡은 서원에 관한 설명이다.

15 다음은 조선의 두 정치세력의 차이점을 서술한 것이다. 바른 것은?

> (가) 중소지주적 기반을 가진 사대부들은 고려 말의 전제개혁 논의과정에서 권문세족의 방만한 토지 소유에 대한 규제에는 찬성하였지만, 토지 소유 자체를 위협하는 것은 반대하였다. 그리고 향촌지주인 자신들의 지방사회에서의 정치적 역할도 인정받고자 하였다.
> (나) 과전의 수조권은 당대에 한한 것이었지만 수신전과 휼양전 등의 명목으로 사실상 상속을 인정하였으므로 대부분 사전화되는 실정이었다. 따라서 과전법 체제 아래에서는 왕조의 관직체계에 처음부터 직접 참여한 이들이 여러모로 유리하였다.

① (가) 세력은 중앙집권을 중시하고, (나) 세력은 향촌자치를 추구하였다.
② (가) 세력은 단군을 중시하고, (나) 세력은 기자를 중시하였다.
③ (가) 세력은 경학 연구에 치중하고, (나) 세력은 사장을 중시하였다.
④ (가) 세력과 (나) 세력의 충돌로 붕당정치가 발생하였다.
⑤ (가) 세력의 대표자는 이이, (나) 세력의 대표자는 이황이다.

💡 (가) 사림파, (나) 훈구파이다.
①② (가)와 (나)가 서로 바뀌었다.
④ 붕당이 아니라 사화가 발생하였다. 붕당은 사림파 내부의 분열로 발생한 것이다.
⑤ 이이와 이황은 모두 사림파이다.

16 다음과 같은 상황이 전개될 수밖에 없었던 역사적 배경으로 가장 적절한 것은?

> 근래에는 사색(四色)이 함께 조정에 나아갔지만, 오직 벼슬만 할 뿐이지 예로부터 지켜오던 의리는 모두 고깔 씌우듯 숨겨 버렸다. 학문의 옳고 그름이나 나라의 충신, 역적에 대한 논란도 모두 지나간 일로 돌려 버린다. 그러다 보니 왕성한 기운으로 피나게 싸우던 버릇은 예전보다 적어졌지만, 예전의 습속에다 약하고 게으르고 부드럽고 매끄러운 새 병폐가 보태졌다. 그 마음이 실제로는 서로 다르면서, 겉으로 입에 올릴 때에는 모두 두루뭉실한 색이다.
> — 『택리지』

① 영조의 탕평책 실시 ② 숙종의 금위영 창설
③ 효종의 북벌정책 추진 ④ 정조의 통공정책 시행
⑤ 안동 김씨의 세도정치 전개

💡 세 번째 줄의 「왕성한 기운으로 피나게 싸우던 버릇은 예전보다 적어졌지만」이라는 말에서 탕평책으로 인해 격화된 붕당정치가 다소 완화되었음을 알 수 있다. 다만 영조와 정조의 탕평책은 많은 효과를 거두긴 했지만, 근본적인 해결책이 되지는 못했다.

🎯 13. ⑤ 14. ③ 15. ③ 16. ①

17 다음 제시된 내용이 담긴 서적과 같은 시기의 작품을 고르면?

> 사람이 타고난 천품의 대소 생리가 네 가지로 각자가 같지 않다. 폐가 크고 간이 작은 자는 태양인이라고 하고, 간이 크고 폐가 작은 자는 태음인이라고 하고, 비가 크고 신이 작은 자는 소양인이라고 하고, 신이 크고 비가 작은 자는 소음인이라고 한다. …… 태양인은 노하는 마음이 불끈 일어나고 애를 쓰는 마음은 깊이 하니 조심하지 않으면 안 되고, 태음인은 함부로 즐기고 깊이 기뻐하니 조심하지 않으면 안 되고, 소음인은 함부로 기뻐하고 깊이 즐기니 조심하지 않으면 안 된다.

①  ②  ③
④ 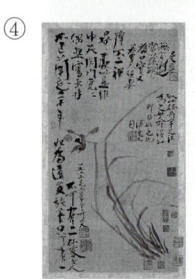 ⑤

💡 제시된 자료는 19세기 이제마의 《동의수세보원》이다.
① 15세기의 자격루 ② 15세기의 〈몽유도원도〉 ③ 고려말의 〈수월관음도〉 ④ 19세기 김정희의 〈불이선란도(不二禪蘭圖)〉 또는 〈부작란도(不作蘭圖)〉 ⑤ 18세기 전반 정선의 〈인왕제색도〉

18 다음의 일제 침탈 과정을 시기순으로 나열하면?

> ㉠ 독도가 시마네현에 귀속되었다.
> ㉡ 일본이 추천한 고문과 정책을 협의하게 하였다.
> ㉢ 간도를 청에 넘기고 안봉선 철도 부설권을 따냈다.
> ㉣ 토지 약탈을 위해 동양척식주식회사를 설립하였다.

① ㉡-㉠-㉣-㉢ ② ㉡-㉠-㉢-㉣
③ ㉠-㉡-㉣-㉢ ④ ㉠-㉡-㉢-㉣
⑤ ㉢-㉡-㉣-㉠

💡 ㉡ 1차 한일협약(1904년) → ㉠ 독도의 일본 시마네현 귀속(1905년) → ㉣ 동양척식주식회사 설립(1908년) → ㉢ 간도협약(1909년)

19 다음의 가상 일기에서 훼손된 부분에 들어갈 내용으로 적절한 것은?

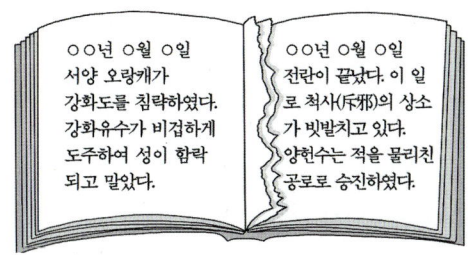

① 영국이 러시아를 견제하고자 거문도를 점령하였다.
② 프랑스군이 정족산성에서 공격을 받아 퇴각하였다.
③ 오페르트 일당이 남연군묘를 도굴하려다가 쫓겨났다.
④ 제너럴셔먼호가 대동강에서 관민에 의해 격침되었다.
⑤ 흥선대원군이 전국 각지에 척화비를 세우도록 명하였다.

💡 강화도로 침략한 적을 「양헌수」가 물리친 것으로 보아 1866년의 병인양요(丙寅洋擾)임을 알 수 있다. 병인양요는 고종 3년 병인년(1866)에 흥선대원군의 천주교도에 대한 탄압에 항의하기 위해 프랑스 함대가 강화도에 침범한 사건을 말한다.

20 (가), (나) 세력의 주장으로 옳은 것을 〈보기〉에서 고르면?

	주요 참가 세력	주요 인물	운동 노선
(가)	상하이파 고려 공산당, 서로군정서, 한족회 등	안창호, 이동휘, 김동삼 등	실력 양성론 및 무장 독립론
(나)	북경군사통일회, 이르쿠츠크파 고려 공산당, 대한 국민회파 등	박용만, 신채호, 김만겸 등	무장 투쟁론

보기
㉠ (가): 임시정부는 독립운동의 최고 기관이다.
㉡ (가): 새로운 정부 창설이 국민의 지지를 얻을 수 있다.
㉢ (나): 상하이는 독립운동의 중심지가 될 수 없다.
㉣ (나): 소련의 지원을 받아 무장투쟁을 전개하여야 한다.

① ㉠, ㉡   ② ㉠, ㉢
③ ㉡, ㉢   ④ ㉡, ㉣
⑤ ㉢, ㉣

💡 ① 1923년에 열린 국민대표 회의에서의 (가) 개조파, (나) 창조파에 관한 설명이다.
   ㉡ 새로운 정부 창설은 국민적 지지를 얻기 어렵고, 오히려 파벌 투쟁이 심화될 것을 우려했다.
   ㉣ 소련의 지원을 기대하지는 않았다.

🎯 17. ④ 18. ① 19. ② 20. ②

국어능력테스트

01 다음 중 복수표준어에 해당되지 않는 것은?

① 중신-중매
② 한턱내다-한턱하다
③ 주책없다-주책이다
④ 옥수수-강냉이
⑤ 넝쿨-덩굴

💡 ③ 주책없다(표준어), 주책이다(표준어 x)
- **단수표준어**: 의미가 똑같은 형태가 몇 가지 있을 경우, 그중 어느 하나가 압도적으로 널리 쓰이면 그 단어만을 표준어로 삼는다.
- **복수표준어**: 한 가지 의미를 나타내는 형태 몇 가지가 널리 쓰이며 표준어 규정에 맞으면, 그 모두를 표준어로 삼는다.

02 밑줄 친 관용 표현의 쓰임이 적절하지 않은 것은?

① 그는 물건을 비싼 값에 팔려고 엉너리를 쳤다.
② 절에 간 색시처럼 굴지 말고 좀 주도적으로 해봐.
③ 깐깐오월이라 일하기가 지루하네.
④ 로또에 당첨되다니 이제 도랑에 든 소 같겠네.
⑤ 그는 얻어 온 쐐기처럼 혼자 동떨어져 있었다.

💡 ⑤ 얻어 온 쐐기: 남의 집에 와서 돕지도 않고 먹기만 하는 사람
① 엉너리를 치다: 능청스러운 방법을 써서 남의 환심을 사다.
② 절에 간 색시: 남이 시키는 대로만 하는 사람
③ 깐깐오월: 음력 5월을 뜻하는 말로 해가 길어서 일하기 지루한 달을 가리킨다.
④ 도랑에 든 소: 도랑 양편에 있는 풀을 모두 다 먹을 수 있는 소를 뜻하는 말로, 풍족한 형편에 놓인 사람 또는 그런 형편을 가리킨다.

03 문장 성분 간의 호응이 적절하지 않은 것은?

① 그는 무릎에 문제가 있다는 이유로 경기에 참가하지 않을 것을 분명히 밝혔다.
② 이 도시의 바람직한 역할은 우리나라의 문화와 교육 분야의 중심 기능을 담당하는 것이다.
③ 예전에 그는 물건을 살 때 양만 따졌으나, 이제는 질도 따지게 되었다.
④ 이 지역은 무단 입산하는 자에 대해 자연공원법 제52조에 의거해 처벌을 받게 됩니다.
⑤ 이 약은 예전부터 우리 집의 만병통치약으로 사용돼 왔다.

💡 ④ 주어와 서술어의 호응이 어색하므로, '이 지역은 무단 입산하는 자에 대해'를 '이 지역을(에) 무단 입산하는 자는'으로 고쳐야 한다.

04 다음 중 의미가 확장된 단어가 아닌 것은?

① 지갑   ② 먹다
③ 온   ④ 얼굴
⑤ 다리

💡 ④ '얼굴'은 신체 전부에서 신체 일부인 안면(顔面)을 가리키는 단어로 의미가 축소됐다.
① 종이로 만든 것 → 가죽, 비닐, 옷감 등으로 만든 것
② 음식을 씹어 삼키다 → 먹다, 마시다, 피우다
③ 백(百) → 모든
⑤ 사람, 짐승의 다리 → 물건의 하체까지 포함
∴ ①, ②, ③, ⑤는 의미의 확장에 해당한다.

05 밑줄 친 부분의 표기가 바른 것은?

① 식구가 단촐해서 택시 한 대로 시내 관광을 해도 될 것 같네요.
② 자식들 뒤치다거리만 하시다가 늙으신 어머니를 생각하면 마음이 울적해진다.
③ 집을 늘려 이사 간다는 친구의 전화를 받고 나니, 좁은 거실이 더 좁게 느껴졌다.
④ 한 학생의 질문에는 정확하게 대답하기 힘들어 두루뭉실하게 얼버무리고 강의실을 빠져나왔다.
⑤ 낯선 사람에게 함부로 문을 열어주면 안 되요. 위험할 수도 있거든요.

💡 ① 단출해서 ② 뒤치다꺼리 ④ 두루뭉술하게 ⑤ 되어요/돼요

🎯 1. ③ 2. ⑤ 3. ④ 4. ④ 5. ③

06 다음 중 밑줄 친 부분이 어법에 어긋난 것은?

① 신도시 개발이 중단될 위기에 처했다.
② 그는 어제 술에 취해서 어떻게 집으로 갔는지 기억을 하지 못한다.
③ 정부가 태아의 성감별 행위를 법으로 규제하는 것은 당연하다.
④ 그가 고향을 떠난 지도 올해로써 10년째이다.
⑤ 정부는 장기근속 공무원에 수당을 지급할 예정이다.

💡 ⑤ 공무원에 → 공무원에게(무정명사에는 부사격 조사 '에'가 붙고, 유정명사에는 '에게'가 붙는다.)

07 다음 ( ) 안에 들어갈 내용으로 적절한 것은?

> 편의점이나 슈퍼에서 빵빵하게 부풀어 오른 과자봉지를 집었다가 막상 그 내용물이 적어 황당해했던 경험이 한 번쯤은 있을 것이다. 과자봉지의 빵빵함은 질소 충전 때문인데, 그렇다면 ( )
> 물질은 산소와 접촉하게 되면 산화라는 과정을 거치게 되는데, 산화를 하면 원래 가지고 있던 본래의 특성 등이 변하게 된다. 따라서 음식물과 산소의 접촉을 막으면 산패와 부패 모두를 막을 수 있는데, 이에 포장 안을 진공으로 만들거나 산소가 아닌 다른 기체를 채워 넣는 방법이 사용된다.
> 다만 진공포장의 경우 내용물이 대기압에 의해 눌리므로 감자칩과 같은 부서지기 쉬운 과자류 포장에는 적합하지 않다. 하지만 기체로 충전하게 되면 봉지 안의 압력이 대기보다 높아져 봉지가 눌리지 않아, 진공포장의 단점을 해결할 수 있다. 충전에 사용하는 기체는 내용물과 화학반응을 일으켜서는 안 되기 때문에 아르곤이나 네온, 헬륨 같은 불활성 기체들이 사용된다. 그러나 이들 기체는 값이 매우 비싸다는 단점이 있다. 이에 반해 질소는 공기에서 쉽게 얻을 수 있을뿐더러, 무색·무취라는 점에서 과자의 색이나 맛에 어떠한 영향도 끼치지 않는다. 무엇보다 질소는 기름과 화학반응을 일으키지 않는 안정적 물질이기 때문에, 상당 기간 처음과 같은 맛을 유지해 주는 기능을 한다.

① 봉지 충전에 질소를 사용하는 이유는 무엇일까?
② 질소는 어떠한 특징을 가진 기체일까?
③ 산패와 부패의 차이점은 무엇일까?
④ 질소가 식품 저장에 미치는 영향은 무엇일까?
⑤ 질소충전과 진공포장은 어떻게 다른 것일까?

💡 윗글은 과자봉지 충전에 질소를 사용하는 이유를 서술하고 있다. 이에 따르면 질소는 공기에서 쉽게 얻을 수 있을뿐더러, 무색·무취라는 점에서 과자의 색이나 맛에 어떠한 영향도 끼치지 않는다. 또한 질소는 기름과 화학반응을 일으키지 않는 안정적 물질이기 때문에, 상당 기간 처음과 같은 맛을 유지해 주는 기능을 한다고 돼 있다.

08 ㉠~㉤에 해당하는 한자성어가 바르게 연결되지 못한 것은?

> "이건 너희들이 알 바 아니다. 대체로 남에게 무엇을 빌리로 오는 사람은 ㉠ <u>으레 자기 뜻을 대단히 선전하고</u>, 신용을 자랑하면서도 비굴한 빛이 얼굴에 나타나고, ㉡ <u>말이 중언부언하게 마련이다</u>. 그런데 저 객은 행색은 허술하지만, 말이 간단하고, 눈을 오만하게 뜨며, ㉢ <u>얼굴에 부끄러운 기색이 없는 것으로 보아</u>, ㉣ <u>재물이 없어도 스스로 만족할 수 있는 사람이다</u>. 그 사람이 해 보겠다는 일이 작은 일이 아닌 것이매, ㉤ <u>나 또한 그를 시험해 보려는 것이다</u>. 안 주면 모르되, 이왕 만 냥을 주는 바에 성명은 물어 무엇하겠느냐?   – 박지원, 「허생전」

① ㉠: 허장성세(虛張聲勢)
② ㉡: 교언영색(巧言令色)
③ ㉢: 자신만만(自信滿滿)
④ ㉣: 안분지족(安分知足)
⑤ ㉤: 수주대토(守株待兎)

💡 '수주대토(守株待兎)'는 한 가지 일에만 얽매여 발전을 모르는 어리석은 사람을 이르는 말로, ㉤의 내용과 관련이 없다.

09 다음은 '올바른 소비 생활'을 제목으로 하는 글의 개요이다. 결론에 들어갈 (   ) 안의 내용으로 적합한 것은?

> 서론: 기본 욕구의 충족 수단으로서의 소비 생활
> 본론: 소비 생활의 변화에 따른 소비 욕구의 증대
>   1. 조상들의 소비 생활
>   2. 현재의 소비 환경
>   ㉠ 풍족한 상품 공급
>   ㉡ 상품의 다양화
>   3. 소비 생활 변화에 따른 문제점
>   ㉠ 자원 낭비에 속하는 과소비
>   ㉡ 충동적 소비 욕구
>   ㉢ 공급자의 교묘한 판매 전략
> 결론: (   )
>   1. 맹목적·충동적 소비 생활 경계
>   2. 분수에 맞는 소비 수준의 방식 선택
>   3. 올바른 소비 철학 형성

① 정신과 물질 충족의 균형 회복
② 소비자 권리 확립의 필요성
③ 삶의 질을 향상시키고자 하는 노력
④ 인간다운 삶을 위한 가치관 확립
⑤ 바람직한 소비 행위 정착

💡 결론에는 올바른 소비 생활을 위한 실천적 방안 모색의 내용이 들어가야 한다.

🎯 6. ⑤ 7. ① 8. ⑤ 9. ⑤

10 다음 중 글의 통일성을 해치는 부분은?

> ㉠ 빈대떡 이름의 유래에 대해서는 여러 가지 설이 전해져 온다. 우선 예전에 빈대가 많아 빈대골로 불렸던 지금의 서울 정동 지역에 유난히 부침개 장수가 많아 빈대떡이라는 이름이 붙었다는 것이다. ㉡ 빈대떡은 녹두를 물에 불렸다가 맷돌에 갈아 솥뚜껑에 부친 것으로, 본디 기름에 부친 고기를 제사상이나 교자상에 올려놓을 때 밑받침용으로 쓴 음식을 말한다. ㉢ 빈대떡은 중국의 콩가루떡인 알병의 '알' 자가 빈대를 뜻하는 '갈(蝎)' 자로 잘못 알려져 빈대떡이 되었다는 기록이 《명물기략》에 전해진다. ㉣ 국어학계에서는 빈대떡이 중국떡 빙져(餠者)에서 비롯된 것이라고 주장한다. 이후 빙져가 빙쟈가 되었다가 가난한 사람들의 떡이라는 의미의 빈자떡이 되었고, 그것이 빈대떡으로 변했다는 것이다. ㉤ 이 밖에 조선시대 흉년이 들었을 때 한양의 부자들이 가난한 사람들을 위해 큼지막하고 둥글넓적한 떡을 만들어 빈자(貧者)들에게 나누어 주었다고 하여, 가난한 사람이 먹는 '빈자(貧子)떡'이라는 말에서 유래되었다는 설도 있다.

① ㉠
② ㉡
③ ㉢
④ ㉣
⑤ ㉤

💡 ㉠, ㉢, ㉣, ㉤은 빈대떡이라는 이름의 유래에 대한 다양한 설을 설명하고 있으나 ㉡은 빈대떡이 어떤 음식인지에 대해 설명하고 있어 글의 통일성을 해치고 있다.

11 다음과 관련된 표준어의 기능은?

> 영이: 퍼뜩 와서 밥 무라.
> 석율: 아따 어디께 무가 있다요?
> 영이: 아, 밥 무라는데 무시는 와찾노?
> 석율: 무시가 뭐라요?

① 통일의 기능
② 독립의 기능
③ 우월의 기능
④ 준거의 기능
⑤ 예술의 기능

💡 제시된 지문은 사투리(방언)로 인해 의사소통이 제대로 되지 않고 있는 상황을 나타내고 있다. 이러한 점은 표준어의 사용으로 해결될 수가 있는데, 이는 구성원을 단일 언어사회로 묶어 주어 원활한 의사소통을 가능하게 하는 표준어의 '통일의 기능'과 관련된다.

12 다음 글의 내용을 바르게 이해하지 못한 사람은?

> 식품의약품안전처가 7월 1일 국민건강영양조사 자료를 바탕으로 국내 나트륨 및 당류 섭취 실태를 분석한 결과, 2023년 기준 한국인의 하루 평균 나트륨 섭취량은 1인당 3136mg이었다. 이는 2019년(3289mg)보다는 소폭 감소했지만, 여전히 세계보건기구(WHO) 권고기준인 2000mg보다 약 1.6배 높은 수준이다. 성별로는 남성(3696mg)이 여성(2576mg)보다 섭취량이 많았고, 연령대로는 30~40대가 평균 3389mg으로 가장 많이 섭취했다. 한국인은 주로 면·만두류, 김치류, 국·탕류, 볶음류 등에서 나트륨을 섭취하는 것으로 나타났다. 특히 라면과 배추김치는 65세 이상을 제외한 모든 연령대에서 나트륨 섭취 주요 음식 1·2위를 차지했다.
>
> 한편, 2023년 한국인이 음료나 과자 등 가공식품으로 섭취하는 하루 평균 당류는 35.5g으로, 최근 5년간 큰 변화는 없었다. 하루 총열량 중 당류가 차지하는 비율은 7.7%로 WHO 권고 기준(10%)보다 낮았지만, 6~29세 여성의 경우 10.2~11.1%로 기준을 초과했다. WHO는 가공식품을 통한 당류 섭취량을 하루 총열량 10% 미만으로 권장하고 있다.

① 지서: 한국인의 2023년 하루 평균 나트륨 섭취량은 2019년보다는 적어.
② 정원: 연령대로 보면 30~40대의 나트륨 섭취량이 가장 높구나.
③ 현진: 한국인 대다수는 라면과 김치에서 가장 많은 나트륨을 섭취하고 있군.
④ 미래: 6~29세 여성의 하루 총열량 중 당류가 차지하는 비율은 WHO 권고기준보다 0.2~1.1%가량 높아.
⑤ 재민: 한국인의 2023년 하루 평균 나트륨 섭취량은 WHO 권고기준보다는 낮아.

💡 ⑤ 2023년 기준 한국인의 하루 평균 나트륨 섭취량은 1인당 3136mg이었다. 이는 2019년(3289mg)보다는 소폭 감소했지만, 여전히 세계보건기구(WHO) 권고기준인 2000mg보다 약 1.6배 높은 수준이다.

13 다음 내용을 통해 알 수 있는 사실로 바르지 못한 것은?

> 고용노동부가 33도 이상 폭염 속에서 근무하는 노동자에게 2시간마다 20분 이상의 휴식시간을 부여하는 내용 등이 담긴 '산업안전보건기준에 관한 규칙' 개정안을 7월 17일부터 시행한다고 밝혔다. 이번 규칙 개정은 지난해 여름까지는 가이드라인 방식으로 운영해 온 냉방·통풍장치 설치, 휴식 부여 등 사업주 보건조치 사항들을 규칙에 명문화한 것이다. 해당 규칙은 31도, 33도, 35도, 38도 이상 폭염작업 시의 사업주 보건조치 사항을 명시하고 있다.
> 이에 따르면 체감온도 31도 이상인 작업장소에서 2시간 이상 작업할 경우 사업주는 실내·옥외 구분 없이 냉방·통풍장치 설치·가동, 작업시간대 조정 등 폭염 노출을 줄일 수 있는 조치와 주기적인 휴식 부여 중 어느 하나 이상의 조치를 해야 한다. 다만 이러한 조치에도 여전히 작업장소의 체감온도가 31도 이상인 경우에는 작업 특성에 맞게 주기적인 휴식을 부여해야 한다. 33도 이상이 되면 2시간마다 20분 이상의 휴식 부여가 의무화되는데, 현장 여건에 따라 1시간마다 10분 이상의 휴식 부여 등 다양한 방식도 가능하다. 다만 작업 성질상 휴식을 부여하기 매우 곤란한 경우에는 체온 상승을 줄일 수 있는 개인용 냉방장치를 지급·가동하거나 냉각 의류 등 개인용 보냉장구를 지급·착용하게 한 경우 예외가 인정된다. 여기서 매우 곤란한 경우란 ▷재난안전관리기본법에 따른 재난 수습 및 예방 등 사람의 생명·안전 등과 직결되는 작업 ▷시설·설비의 장애·고장 등 돌발상황 발생으로 이를 수습하기 위해 긴급한 조치가 필요한 작업 ▷공항·항만 등에서 항공기 등 운항에 심각한 지장을 초래하는 작업 ▷콘크리트 타설 등 구조물 안전에 심각한 영향을 주는 작업 등이다.
> 35도 이상으로 올라가면 추가조치가 권고되는데, 매시간 15분씩 휴식공간에서 휴식을 제공한다. 또 오후 2~5시 무더위 시간대에는 불가피한 경우를 제외하고 옥외작업을 중지해야 하며, 업무 담당자를 지정해 근로자의 건강상태도 확인해야 한다. 그리고 38도 이상에서는 무더위 시간대에 재난 및 안전관리 등에 필요한 긴급조치 작업 외 옥외작업이 중지된다. 열사병 등 온열질환 민감군도 옥외작업이 제한되며 업무 담당자를 지정해 건강상태를 확인해야 한다.

① 고용노동부가 발표한 '산업안전보건기준에 관한 규칙' 개정안은 31도, 33도, 35도, 38도 이상 폭염작업 시의 사업주 보건조치 사항을 명시하고 있다.
② 체감온도 31도 이상인 작업장소에서 2시간 이상 작업할 경우 사업주는 폭염 노출을 줄일 수 있는 조치 외에도 반드시 주기적인 휴식 부여 조치를 행해야 한다.
③ 33도 이상이 되면 2시간마다 20분 이상의 휴식 부여가 의무화되는데, 이는 현장 여건에 따라 다양한 방식으로 행할 수 있다.
④ 35도 이상으로 올라갈 경우 오후 2~5시 무더위 시간대에는 불가피한 경우를 제외하고 옥외작업을 중지해야 한다.
⑤ 38도 이상에서는 열사병 등 온열질환 민감군의 옥외작업이 제한된다.

💡 ② 체감온도 31도 이상인 작업장소에서 2시간 이상 작업할 경우 사업주는 실내·옥외 구분 없이 냉방·통풍장치 설치·가동, 작업시간대 조정 등 폭염 노출을 줄일 수 있는 조치와 주기적인 휴식 부여 중 어느 하나 이상의 조치를 해야 한다.

14 다음은 직장 건강검진 시의 안내문이다. 주의사항에 어긋나지 않는 것을 고르면?

- 직장 건강검진 시의 주의사항 -

1. 검진 전 주의사항
   - 검사 전날부터 검진 날까지는 8시간 이상 공복 상태를 유지한 상태로 검진을 받습니다. 검사 당일까지 껌, 커피, 기타 음료, 물을 피해야 합니다.(검사 당일은 물도 드시면 안 됩니다.)
   - 검진 전 충분한 수면을 취하고 지나친 체력 소모를 요하는 행동은 삼가 주시기 바랍니다.
   - 몸이 심하게 피로하거나 감기 증상 또는 아플 때는 검진일을 조절해 주시기 바랍니다. → 가벼운 감기 증상은 무관합니다.
   - 복용 중인 약은 주치의와 협의하여 중단 여부를 결정하며, 만일 치료 목적으로 중지할 수 없을 때는 검진 접수 시 알려주시기 바랍니다.
   - 장기 복용하고 있는 약물이 있거나 지병, 수술 경력이 있으시면 문진표에 기재하거나 진찰 시 의사 선생님께 말씀드리기 바랍니다.
   - 여성의 경우 생리 기간 전후 5일간은 피해서 검진을 실시하시기 바랍니다. → 혈액 검사 및 소변 검사에 영향을 줄 수 있습니다.

2. 검진 당일 주의 사항
   - 아침식사는 물론 물, 껌 등도 먹지 마십시오. 식사는 채혈이 끝난 후 하세요.
   - 채혈이 끝난 후 약 5분간 꼭 눌러 지혈해 주시기 바랍니다. 문지르지 마세요.
   - 안경 착용자는 반드시 안경을 가지고 오시기 바랍니다.
   - 검사 시 복장은 체육복 혹은 간편한 복장으로 하며, 엑스레이(X-Ray) 검진을 위하여 구슬 등 장식이 있는 속옷과 목걸이 등의 착용은 피하여 주시기 바랍니다.

① 검사 당일에는 공복 상태를 유지하되 수분은 충분히 섭취하는 것이 좋다.
② 채혈 후에는 피가 멎도록 가볍게 문지른다.
③ 검진 전날 등산이나 수영 등은 피하는 것이 좋다.
④ 문진표는 담당 의사 문진 전에 작성하도록 한다.
⑤ 치료 목적의 약이라도 건강검진을 위해서는 일시적으로 복용을 중지한다.

💡 검진 전에는 충분한 수면을 취하고 지나친 체력소모를 요하는 운동은 삼가라고 하였으므로, ③의 내용은 옳다.

15 다음 글을 읽고, 〈보기〉의 의미와 관련된 국회의 시설물이 바르게 나열된 것을 고르면?

> 서울시 영등포구 여의도동에 위치한 국회의사당은 대한민국 정치를 상징하는 대표적인 건축물 중 하나다. 국회의사당 건물은 지하 1층·지상 7층 규모로, 단일 의사당 건물로는 동양 최대라는 평가를 받고 있다. 또 총 대지면적 33만 579m²(약 10만 평)에 건물 연면적이 8만 1443m²(약 2만 4000평)에 달하는데, 이처럼 부지와 건물 면적이 큰 것은 의사당 건물이 통일을 대비해 지어진 데 따른 것이다.
> 특히 '국회의사당' 하면 가장 먼저 떠오르는 것은 돔 형태의 민트색 지붕이라 해도 과언이 아닌데, 이 돔의 밑지름은 64m, 무게만 1000t에 육박한다. 이 돔의 경우 당초 국회의사당이 계획될 때는 없었는데, 이후 권위가 없어 보인다는 지적 등에 따라 돔 구조물을 설치하기로 하면서 현재에 이르게 됐다. 이 원형의 돔은 국민들의 의견이 토론을 거쳐 하나로 모인다는 의미를 담고 있는데, 1975년 준공 때만 하더라도 동판으로 만들어져 붉은색을 띠고 있었다. 하지만 시간이 흐르면서 점차 동판이 부식되고 녹이 슬어 현재의 푸른색으로 변하게 됐다.
> 국회의사당의 돔은 회백색의 처마와 파라펫, 높직한 기단과 8각 기둥의 24개 각주가 떠받치고 있다. 여기서 24개의 각주는 24절기와 국민의 다양한 의견을 상징하며, 24절기 내내 국정에 전력을 다하라는 의미가 담겨 있다. 또 전면의 기둥 8개는 우리나라 전국 8도(道)를 나타내는 것으로, 이는 국회의원들이 전국 8도 국민들을 생각하라는 뜻으로 설계된 것이다. 그리고 국회의사당에서 가장 중요한 장소인 본회의장의 천장에는 365개의 조명이 달려 있는데, 이는 국회가 1년 365일 하루도 쉬지 않고 열심히 국민을 위해 봉사하고 일하라는 뜻이 담겨져 있다. 국회의사당 2층과 3층 사이로 가면 '로텐더홀'이라고 불리는 중앙홀이 나오는데, 이 로텐더홀 천장에는 다양한 뜻을 하나로 어우른다는 의미가 담긴 독특한 햇살 모양의 문양이 있다.

보기
㉠ 24절기 내내 국정에 전력을 다하라는 의미
㉡ 국회의원들이 전국 8도 국민들을 생각하라는 의미
㉢ 국민들의 의견이 토론을 거쳐 하나로 모인다는 의미

① ㉠ 각주, ㉡ 처마, ㉢ 돔
② ㉠ 기둥, ㉡ 처마, ㉢ 각주
③ ㉠ 각주, ㉡ 기둥, ㉢ 돔
④ ㉠ 기둥, ㉡ 파라펫, ㉢ 각주
⑤ ㉠ 각주, ㉡ 기둥, ㉢ 파라펫

💡 ㉠ 24개의 각주는 24절기와 국민의 다양한 의견을 상징하며, 24절기 내내 국정에 전력을 다하라는 의미가 담겨 있다.
㉡ 전면의 기둥 8개는 우리나라 전국 8도(道)를 나타내는 것으로, 이는 국회의원들이 전국 8도 국민들을 생각하라는 뜻으로 설계된 것이다.
㉢ 원형의 돔은 국민들의 의견이 토론을 거쳐 하나로 모인다는 의미를 담고 있다.

16 밑줄 친 ㉠에 나타난 표현상의 특징은?

> ㉠ 흥보가 하릴없어 형의 집에 건너갈 제 의관을 한참 차려, 모자(帽子) 터진 헌 갓에다 철대를 술로 감아 노갓끈 달아 쓰고, 편자는 좀이 먹고, 앞춤에 구멍이 중중, 관자(貫子) 뗀 헌 망건을 물렛줄로 얽어 쓰고, 깃만 남은 베 중치막을 열 두 도막 이은 술띠로 시장찮게 눌러 매고, 헐고 헌 고의적삼에 살점이 울긋불긋. 목만 남은 길버선에 짚대님이 별자로다. 구멍 뚫린 나막신을 두 발에 잘잘 끌고, 똑 얻어올 걸로 큼직한 오쟁이를 평양 가는 어떤 이 모양으로 관빼 위에 짊어지고 벌벌 떨며 건너갈 제 저 혼자 돌탄(咄嘆)하여,
> "아무리 생각하나 되리란 말 아니 난다. 모진 목숨 아니 죽고 이 고생을 하는구나."
> 형의 문전에 당도하니, 그 새 성세(聲勢) 더 늘어서 가사(家舍)가 장(壯)히 웅장하다. 삼십여 간 줄행랑을 일자(一字)로 지었는데 한가운데 솟을대문 표연(飄然)히 날아갈 듯. 대문 안에 중문(中門)이요, 중문 안에 벽문(闢門)이라. 거장(巨將)한 종놈들이 삼삼오오(三三五五) 짝을 지어 쇠털벙거지, 청(靑)창 옷에 문문(門門)에 수직(守直)타가 그중에 늙은 종은 흥보를 아는구나. 깜짝 놀라 절을 하며, 손을 잡고 낙루(落淚)하며,
> "서방님 어디 가셔 저 경상(景狀)이 웬일이오. 수직방(守直房)에 들어앉아 어한(禦寒) 조금 하옵시다."

① 심리를 세밀하게 묘사해 인물의 내면을 보여준다.
② 유쾌하고 즐거운 장면을 한 번 더 강조함으로써 해학미를 드러낸다.
③ 인물의 외모를 장황하게 설명해 독자의 이해를 돕는다.
④ 급박한 상황에서도 형을 만나러 가기 위해 준비하는 인물의 치밀한 성격을 보여준다.
⑤ 초라한 옷차림을 길게 묘사해 비참한 상황임에도 웃음을 자아낸다.

💡 ㉠은 흥보의 초라한 옷차림을 장황하게 나열함으로써 독자의 웃음을 유발하고 있다.

17 다음은 무엇을 의인화한 작품인가?

> 공방(孔方)의 자(字)는 관지(貫之)이다. 그의 조상은 일찍이 수양산 속에 숨어 살면서 아직 한번도 세상에 나와서 쓰여진 일이 없었다. 그는 처음 황제(黃帝) 시절에 조금 조정에 쓰였으나, 워낙 성질이 굳세어 원래 세상 일에는 그다지 세련되지 못했다.

① 술   ② 돈
③ 종이 ④ 지팡이
⑤ 대나무

💡 제시된 글은 '돈'을 의인화하여 재물을 탐하는 것을 경계한 임춘의 가전체 소설 《공방전》이다.

18 다음 글과 관련된 장르에 대한 설명으로 옳지 않은 것은?

> 주몽의 신이한 잉태는 신이한 출생으로 이어진다. …
> 금와는 이상하게 여겨 그녀를 방 속에 가두어 두었더니 햇빛이 방 속에 비쳤다. 그녀가 몸을 피하자 햇빛은 다시 쫓아와 비쳤다. 이로 인해 태기가 있어 알 하나를 낳으니 그 크기가 닷 되들이 말만 했다. 왕은 그것을 버려 개와 돼지에게 주니 모두 먹지 않고, 또 길에 버리니 소와 말이 그것을 피해 가고, 들에 내다 버리니 새와 짐승들이 오히려 알을 보호해 주었다.

① 새로운 질서의 시작이 되는 이야기다.
② 일상적 현실과 합리를 초월하는 세계가 나타난다.
③ 설화 문학의 하위 갈래다.
④ 증거물을 근거로 진실성을 드러낸다.
⑤ 상징적인 언어를 사용한다.

💡 주어진 글은 〈동명왕 신화〉에 대한 것으로, '신화'와 관련 없는 설명을 골라야 한다.
　③ 설화의 하위 갈래 중 '전설'에 대한 설명이다.

19 다음 담화의 내용 중 ㉠에 들어갈 내용으로 적절한 것은?

> 선생님: 자, 그럼 동일 인물이 등장하는 다음의 두 대화를 읽고, 담화의 의미를 이해하는 데 고려해야 할 중요한 요인이 무엇인지 말해 봅시다.
>
> (1) 동창회에서
> 　A: 어, 너 먼저 와 있었네.
> 　B: 응, 나도 방금 왔어.
>
> (2) 회사의 업무 회의에서
> 　A: 이 차장님은 어떻게 생각하십니까?
> 　B: 저 역시 박 과장님의 의견에 동의합니다. 요즘 제품 판매 실적이 좋지 않은 이유는 유가가 급등하였기 때문입니다.
>
> 학생: (1)과 (2)의 두 대화를 통해 알 수 있는 것은 담화의 의미를 이해할 때는 ＿＿㉠＿＿.

① 담화의 형식적인 연결성이 갖추어져 있는지 확인해야 한다는 것입니다.
② 담화의 구체적인 상황과 맥락을 고려해야 한다는 것입니다.
③ 문제를 제기하고 난 뒤 해결 방안을 제시해야 한다는 것입니다.
④ 문장 성분 간에 호응이 제대로 이루어졌는지 확인해야 한다는 것입니다.
⑤ 화자의 발화 의도를 고려해야 한다는 것입니다.

💡 ㉠ (1)과 (2)에서는 동일한 화자들이 대화를 하고 있음에도 불구하고, 상대방에 대한 높임 표현을 달리하고 있다. 이는 A, B가 (1)에서는 '동창회'라는 비공식적인 상황에, (2)에서는 '회사의 업무 회의'라는 공식적인 상황에 처해 있기 때문이다. 따라서 이를 통해 담화의 의미를 이해할 때는 담화의 구체적인 상황과 맥락을 고려해야 한다는 것을 알 수 있다.

20 소설의 특징 중 다음 설명에 해당하는 것은?

> 소설은 꾸며낸 이야기이기는 하지만 현실에서 실제 일어날 수 있는 사건이나 존재할 만한 인물을 그린다. 즉 그럴듯하고 수긍할 수 있는 이야기다.

① 허구성
② 개연성
③ 진실성
④ 서사성
⑤ 서정성

② **개연성**: 소설은 허구이지만 현실이나 경험으로 미뤄 있음직하다고 수긍할 수 있는 이야기를 담는다.

상식 요모조모

상식 요모조모

뉴스 속 와글와글 / Books & Movies

상식 파파라치

뉴스 속 와글와글

트럼프의 행정명령,
연방 건물은 그리스 신전처럼 지어라?

도널드 트럼프 미국 대통령이 8월 28일 연방 공공건물 건축에 고전주의 양식을 채택하도록 의무화하는 내용의 행정명령에 서명했다. 「연방 건축 다시 아름답게 만들기」라는 제목의 행정명령은 수도 워싱턴의 모든 연방 건물을 고전적 양식으로 지어야 하며, 전국의 연방 건축을 전통 양식이 이끌어야 한다고 지시하는 내용을 담고 있다. 트럼프는 집권 1기 때인 2020년에도 같은 내용의 행정명령을 시행했으나, 이후 바이든 행정부에서 폐기된 바 있다. 특히 트럼프 대통령의 이번 행정명령은 현대적 디자인 수용을 촉구한 1962년의 연방건축지침 원칙을 폐기하는 것으로, 당시 지침은 정부가 연방건축의 공식 양식을 지정하지 않고 동시대 건축가들이 주도할 것을 권장한 바 있다.

한편, 고전주의 건축은 고대 로마·그리스 건축을 이상화하며 계승하는 양식으로, 기둥·아치·돔을 사용해 균형·안정·비례·위엄을 구현하는 것이 특징이다.

다시 걸린 리 장군 초상화,
美 정부의 남부군 복원 시작됐다!

미국 남북전쟁(1861~1865)에서 노예제를 지지하는 남부연합군을 이끌었던 로버트 리(1807~1870) 장군의 대형 초상화가 모교인 뉴욕주 육군사관학교(웨스트포인트) 도서관에 다시 내걸렸다고 AP통신이 9월 2일 보도했다. 리 장군과 함께 말을 끄는 흑인 노예가 그려진 이 초상화는 1950년대부터 미 육사 도서관에 70여 년간 걸려 있었다. 그러다 지난 2020년 백인 경찰의 강경 진압으로 흑인 조지 플로이드 사망 사건이 발생하면서 인종차별 반대와 함께 남부연합군 잔재에 대한 청산 요구가 거세졌고, 이에 리 장군의 초상화는 2022년 철거됐다. 하지만 도널드 트럼프 대통령의 재집권이 이뤄지면서 남부연합군 기념물과 미군 기지 명칭 복원이 추진되고 있는 것. 대표적으로 지난 2월 노스캐롤라이나의 군 기지 「포트 리버티」의 경우 예전 이름인 「포트 브래그」로 변경된 바 있다. 포트 브래그는 남부군 장교 브랙스턴 브래그의 이름에서 따온 것으로, 남부연합의 잔재를 청산하자는 차원에서 지난 바이든 행정부 때 개명됐었다.

시위대 때리는 판사,
뱅크시의 새 작품이 철거된 까닭은?

「얼굴 없는 예술가」로 불리는 영국 그라피티 작가 뱅크시의 작품이 9월 9일 영국 런던 왕립 법원에 그려졌으나, 공개 1시간도 되지 않아 가림막이 설치됐다. 이날 공개된 벽화에는 전통 가발과 판사복을 입은 남성이 피켓을 든 채 바닥에 쓰러진 시위자를 향해 법봉을 내리치는 모습이 묘사됐다. 뱅크시는 작품을 그린 뒤 사회관계망서비스(SNS) 등에 작품을 업로드해 진품을 인증하고 있는데, 이 벽화 역시 뱅크시 공식 계정에 올라와 뱅크시의 작품임이 확인됐다. 하지만 영국 법원·심판원 서비스(HMCTS)는 해당 건물이 143년 전 고딕 리바이벌 양식으로 건축됐다는 역사적 가치를 고려해 벽화를 철거하겠다고 밝혔다. 이번 벽화는 영국 정부가 친팔레스타인 단체 「팔레스타인 행동」을 금

지 단체로 지정한 것과 관련 있을 것이라는 추측이다. 이 단체는 지난 6월 영국 공군기지에 잠입해 공중급유기 2대를 파손한 혐의로 테러방지법에 따른 금지 단체로 지정됐고, 이에 반대하는 시위가 열려 약 900명이 체포된 바 있다.

한편 뱅크시는 영국 태생이라고만 알려진 얼굴 없는 그라피티 작가다. 1990년대 영국 브리스틀에서 활동을 시작했으며, 건물 외벽에 〈풍선과 소녀〉, 〈꽃을 던지는 사람〉 등 사회 풍자적 메시지를 담은 그림을 남겨 주목받고 있다.

대답 대신 빤히 쳐다보기, 젠지의 특징이라는 이것?

최근 질문이나 대화에 곧바로 반응하지 않고 무표정하게 빤히 바라보는 Z세대 특유의 태도를 가리키는 「젠지 스테어(Gen Z Stare)」라는 말이 화제가 되고 있다. 이는 타인과의 기본적인 의사소통 상황에서 Z세대의 커뮤니케이션 방식을 설명할 때 자주 언급되는데, 직장이나 서비스업 현장에서 Z세대가 질문에 바로 답하지 않고 상대를 말없이 뚱하니 응시하는 경우가 늘어난 데 따른 것이다. 특히 사회관계망서비스(SNS) 등에서 젠지 스테어를 당했다는 경험담과 영상이 올라오며, 밈(Meme)으로까지 확산되면서 더욱 화제가 됐다.

이러한 젠지 스테어에 대해서는 예의 없는 태도라며 비판하는 의견과 「스마트폰과 함께 자라며 생긴 문제」라는 분석들이 나온다. 특히 서비스업처럼 대면 접촉이 많은 업종에서는 이러한 태도가 고객에게 무례하게 비칠 수 있어 매출에 직접적인 타격을 줄 수 있다며 우려하는 목소리도 높다. 반면 Z세대들 사이에서는 이러한 젠지 스테어가 「소통 능력이 부족한 것이 아닌, 부당한 상황이나 질문에 굳이 반응하지 않는 것」이라는 주장이 나온다.

서울 여행이 남긴 후유증? 中 MZ에 퍼지고 있는 서울병!

최근 중국 사회관계망서비스(SNS) 등에 서울 여행 후기와 함께 「서울병(首尔病)」을 호소하는 게시물들이 잇따라 올라오면서 화제가 되고 있다. 서울병은 한국을 방문한 중국의 MZ세대들이 한국 문화에 매료돼, 중국으로 돌아간 뒤 일상에 적응하지 못하는 후유증이나 서울에 대한 그리움을 재미있게 표현한 말이다. 실제 더우인(중국판 틱톡)이나 웨이보 등의 중국 SNS에는 한강 야경이나 서울 거리 풍경 등을 담은 영상이나 사진, 그리고 首尔病을 해시태그(#)로 단 게시물들이 높은 조회수를 기록하며 밈처럼 확산되고 있는 것으로 알려졌다.

한편, 한국관광공사 데이터랩 집계에 따르면 올 상반기(1~6월) 한국을 방문한 중국인 관광객은 252만 7000여 명으로, 지난해 같은 기간보다 약 14% 늘어난 것으로 나타났다.

화제의 책과 영화
BOOKS & MOVIES

책 BOOKS

절창 구병모 著

2008년 소설 《위저드 베이커리》로 창비청소년문학상을 수상한 작가 구병모의 장편소설이다. 소설의 제목인 「절창(切創)」은 「베인 상처」라는 뜻으로, 작품은 상처에 접촉하는 것으로 상대의 마음을 읽는 한 여성의 이야기를 담아내고 있다.

부모의 생사를 알지 못한 채 보육원에서 자란 소녀인 「아가씨」는 타인의 상처에 손을 대면 그의 생각을 읽을 수 있는 능력을 갖고 있다. 그리고 우연히 그녀의 능력을 알게 된 사업가 문오언은 그 능력을 어디에 활용할 수 있을지 누구보다 잘 알고 있다. 오언은 보육원을 나온 뒤 고단한 삶을 이어가다 도움을 구하기 위해 자신을 찾아온 그녀에게 새로운 이름과 삶을 준다. 그리고 세상으로부터 그녀를 숨길 거대한 저택을 짓는다. 그녀는 자신을 이용하고 다른 이들에게는 잔인한 행동을 서슴지 않으면서도, 그녀의 삶에서 한 번도 느껴본 적 없던 호의와 배려를 베푸는 오언에게 미묘한 감정을 갖기도 한다. 그러나 그가 그녀에게 깊은 배신감을 안겨준 그 일(?) 이후로 그녀는 그에 대한 마음을 닫게 된다. 그리고 그 둘 사이에 등장한 입주 독서교사이자 이 이야기의 화자이기도 한 「나」는 특별한 능력을 지닌 아가씨와 오언의 관계를 의구심과 호기심을 품은 채 지켜본다.

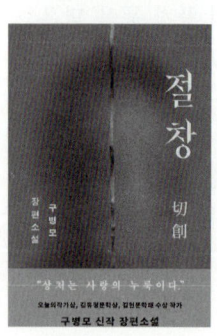

양면의 조개껍데기 김초엽 著

2010년대 한국 SF의 새 역사를 썼다고 평가받는 김초엽 작가의 세 번째 소설집으로, 인간성의 본질에 관해 다각적으로 질문을 던지는 총 7편의 중·단편소설이 실려 있다. 소설집의 문을 여는 〈수브다니의 여름휴가〉는 「인간의 재료가 달라진다면 인간과 세계의 상호작용도 바뀌지 않을까?」라는 도발적인 질문과 함께 인간의 욕망과 의지의 문제를 다룬다. 수브다니는 인간화에 성공한 안드로이드이지만, 다시 기계가 되고 싶은 마음에 피부를 모두 금속으로 바꾸려고 한다. 그 이유는 사랑했던 사람인 남상아와 함께 작업했던 예술작품처럼, 해변에 앉아 서서히 녹슬고 싶기 때문이다. 소설집의 또 다른 작품들인 〈고요와 소란〉, 〈달고 미지근한 슬픔〉, 〈비구름을 따라서〉는 각각 고차원적 존재, 서버로 이주한 인류, 평행 세계 등을 다룬다.

그리고 표제작 〈양면의 조개껍데기〉는 한 몸에 존재하는 두 인격체가 한 사람을 사랑하게 되면서 벌어지는 갈등을 보여준다. 소설 속 주인공 샐리는 은하인 중에서도 다중(多重) 자아를 가진 셀븐인으로, 그의 몸에는 「라임」과 「레몬」이라는 자아가 공존한다. 하지만 문제는 둘이 달라도 너무 다르다는 것으로, 레몬은 여성 신체에 대해 극심한 성별 불일치감을 겪고 있다. 그러다 지구인 류경아와 다자연애를 시작하면서 라임과 더욱 불화를 겪게 되고, 이에 자아 분리 시술을 고민하게 된다.

영화 MOVIES

중간계

감독 _ 강윤성
출연 _ 변요한, 김강우, 방효린, 양세종

국내 최초로 인공기술(AI) 기술을 활용한 장편 영화로, 이승과 저승 사이의 중간계에 갇힌 인간들과 그 영혼을 소멸시키려는 저승사자들의 추격을 담아낸 작품이다. 무엇보다 그간 AI가 활용된 영화는 5~20분 내외의 실험적 단편이 대부분이었지만, 〈중간계〉는 60분의 러닝타임에 속편 제작까지 예정된 시리즈 영화라는 점에서 주목된다.

영화는 불법으로 수천억 원을 번 재력가 재범(양세종)이 귀국해 어머니의 장례식을 치르면서 시작된다. 그리고 그의 주위에는 국정원 요원 장원(변요한), 서울청 경찰 민영(김강우), 배우 설아(방효린), 방송국 시사교양PD 석태(임형준) 등이 각자의 목적을 갖고 모여든다. 이후 물개 일당에 의해 재범이 납치되고, 이를 추격하던 이들은 예기치 못한 교통사고를 당한 뒤 삶과 죽음의 경계인 「중간계」에 갇혀 사투를 벌이게 된다. 이 중간계가 펼쳐지는 지점부터 AI 영상이 본격적으로 등장하는데, 주인공들은 범·돼지·원숭이 등 12지신의 얼굴을 한 저승사자들에게 쫓기게 된다. 이 과정에서 정체불명 존재와의 조우, 건물 붕괴, 크리처 액션 등의 다양한 장면이 AI와 CG 기술로 구현돼 스크린에 투영된다.

특히 기존 작품들이 CG에 기반한 특수효과(VFX)에 AI를 보조 수단으로 활용한 반면, 이 영화에서는 주요 장면을 AI로 만들고 그 위에 특수효과를 덧대는 식으로 작업이 이뤄진 것이 특징이다.

영화 속 톡!톡!톡!
저승사자들이 세상에 떠도는 영혼들을 정리하는 거지.

그저 사고였을 뿐

감독 _ 자파르 파나히
출연 _ 바히드 모바셰리, 마리암 아프샤리, 에브라힘 아지지

이란을 대표하는 세계적 거장 자파르 파나히 감독의 신작으로, 올해 칸영화제 황금종려상 수상작이다. 이 수상으로 파나히 감독은 베니스영화제 황금사자상(2000)과 베를린영화제 황금곰상(2015)에 이어 세계 3대 영화제 최고상 석권이라는 기록을 달성했다. 이는 전 세계 감독 중 네 번째에 해당하며, 현존하는 감독 중에는 유일한 기록이다.

임신한 아내와 어린 딸을 태우고 밤길을 운전하던 에그발(에브라힘 아지지)은 갑자기 뛰어나온 개를 치어 죽이고 만다. 이 사고로 엔진이 손상되며 차가 멈추자, 그는 인근 정비소에 들어가 도움을 청하려 한다. 그런데 그가 들어서는 순간 정비소 주

인 바히드(바히드 모바셰리)는 얼어붙게 되는데, 수년 전 정보국에 끌려갔을 때 자신을 고문한 요원의 의족에서 나던 그 소리를 다시 마주했기 때문이다. 바히드는 에그발이 자신을 고문했던 사람이라고 확신한 뒤 그를 미행해 납치하고, 산 채로 그를 땅에 묻으려 한다. 하지만 에그발은 교도소에서 일한 적이 없었다며 강하게 부성하고, 이에 바히드의 확신은 조금씩 흔들리기 시작한다. 그는 수감 당시 눈이 가려져 있어 상대의 얼굴을 보지 못했기 때문이다. 이에 바히드는 과거 자신과 같은 피해자들을 찾아다니며 에그발이 고문관임을 확인받으려 하지만, 다른 이들 역시 확답을 주지 못한다.

영화 속 톡!톡!톡!
그저 사고였을 뿐? 누군가는 그걸 평생 기억해.

상식 파파라치

상식 파파라치가 떴다!
궁금한 건 절대 못 참는 상식 파파라치가 우리의 일상 곳곳에 숨어있는 흥미로운 이야깃거리들을 캐내어 시원하게 알려드립니다.

👍 「흥청망청」의 기원이 연산군?

「흥청망청」을 국어사전에서 찾아보면 ① 흥에 겨워 마음대로 즐기는 모양 ② 돈이나 물건 따위를 마구 쓰는 모양이라는 뜻을 갖고 있다. 실생활에서도 돈이나 물건 따위를 아끼지 않고 마구 쓸 때 「흥청망청 쓴다」고 한다. 그런데 이 말이 조선시대의 폭군 연산군에서 비롯됐다고 하는데, 과연 어떤 유래를 갖고 있을까?

연산군의 연회에 동원된 흥청?

원래 「흥청(興淸)」은 악하고 더러운 것을 깨끗이 씻으라는 뜻으로, 연산군 때 기생을 가리킨 말이었다. 연산군은 재위 시기 전국 팔도에서 미녀와 튼튼한 말을 구하기 위해 지방 관리인 채홍준사(採紅駿使)를 파견했다. 이를 통해 사대부의 첩이나 양인의 아내와 딸, 노비, 기생 등 가리지 않고 여자들을 징발했는데, 이때 강제 입궐된 여인들을 「운평(運平)」이라 칭했다. 그리고 대궐 안에 들어온 여인들을 「흥청(興淸), 계평(繼平), 속홍(續紅)」이라 하고 왕을 가까이 모신 자는 「지과흥청(地科興淸)」, 임금과 동침한 자는 「천과흥청(天科興淸)」이라 해 계급까지 부여했다. 연산군은 수많은 기생들과 궁궐에서 놀이를 즐기고 주연을 베풀면서 국고를 탕진하고 폭정을 거듭하면서 결국 중종반정을 통해 폐위됐다. 이후 「흥청 때문에 연산군이 망했다」하여 흥청망청이란 말이 생겨났고, 이때부터 흥에 겨워 제멋대로 즐기거나 물건을 아끼지 않고 마구 쓰는 것을 「흥청망청」이라 칭하게 됐다.

연산군이 지은 탕춘대(蕩春臺)

서울 종로구 부암동에는 조선시대의 성인 「탕춘대성」이 있다. 이는 한양도성과 북한산성을 연결하기 위해 지은 것으로, 인근 세검정에 있는 「탕춘대」에서 따온 명칭이다. 탕춘대는 연산군이 1506년 서울 세검정 부근에 지은 정자(탕춘정)에서 유래한 이름으로, 「봄을 질탕하게 즐긴다」는 뜻을 담고 있다. 연산군은 당시 장의사(고찰)를 철거하고 그 자리에 탕춘정을 지어 연회를 즐긴 것으로 알려진다. 1506년(연산군 12) 7월 7일 실록에는 「경복궁에서 대비에게 잔치를 베풀고 잔치가 파하자 내구마(內廐馬) 1000여 필을 들이게 하여 흥청을 싣고 탕춘대로 가 나인들과 간음했다」고 기록돼 있다. 그리고 이 일대는 이후 숙종 때 한양도성과 북한산성을 연결하는 성곽(탕춘대성)이 축조되면서 「탕춘대」라는 이름이 공식적으로 사용됐다.

▲ 탕춘대성

> **연산군(燕山君)** 조선 제10대 왕(재위 1494~1506)으로, 제15대 광해군과 함께 조선시대 폐주(廢主) 가운데 한 사람이다. 연산군은 즉위 직후부터 삼사(三司)와 많은 사안에서 충돌하자 숙청을 결심하는데, 이것이 무오사화(戊午士禍)와 갑자사화(甲子士禍)의 배경이 된다. 이후 연산군은 중종반정으로 폐왕이 되어 교동으로 쫓겨나고, 연산군으로 강봉돼 그해 11월에 세상을 떠났다. 연산군은 폭정에 의해 폐위된 유일한 왕으로, 일반적인 국왕에게 부여되는 「조(祖)」나 「종(宗)」이 아닌 「군(君)」이라는 묘호(廟號)가 붙여졌다.

👍 담배의 유해성분 니코틴, 사람 이름에서 유래됐다?

담배는 건강에 미치는 유해성으로 말도 많고 탈도 많은데, 3대 유해물질인 타르·니코틴·일산화탄소 등 40여 가지 발암물질과 4000여 가지의 화학물질로 구성돼 있다. 이 가운데 담배중독을 일으키는 대표적 물질로 꼽히는 것이 「니코틴(Nicotine)」이다. 이 니코틴이라는 명칭은 프랑스 한 학자의 이름에서 비롯된 것이라 하는데, 과연 그 유래에 숨겨진 이야기는 무엇일까?

프랑스의 장 니코, 니코틴의 어원이 되다

16세기 프랑스 발루아 왕가의 외교관이자 언어학자로 활약했던 장 니코 드 빌맹(Jean Nicot de Villemain)은 1559년 당시 포르투갈 주재 프랑스 대사로 포르투갈 리스본으로 파견됐다. 그는 1560년 프랑스로 돌아오면서 담배나무 종자를 하나 들여오게 된다. 당시 담배는 크리스토퍼 콜럼버스의 서인도 제도 원정으로 포르투갈과 스페인에는 어느 정도 전파돼 있었으나, 그 외의 나라에서는 매우 생소한 식물이었다. 본래 의학에도 조예가 있었던 니코는 당시 종기가 난 환자의 얼굴에 담뱃잎의 즙을 발랐다가 사라진 것을 보고, 의약품으로 쓰기 위해 이를 들여온 것이었다. 프랑스로 돌아온 그는 프랑스의 섭정이었던 카트린 드 메디치에게 담배를 소개했는데, 이는 카트린의 아들 프랑수아 2세의 편두통을 치료하기 위함이었다. 이에 훗날 학자들은 장 니고의 이름에서 따온 「니코티아나」를 담배 식물종의 이름으로 명명하게 됐는데, 이 니코티아나에서 생성되는 물질이 바로 니코틴인 것이다.

한편, 담배는 초기에는 고위층의 전유물이었다가 점차 민간에까지 확산됐으며, 19세기에는 자동화 공장이 생겨남에 따라 산업으로 발전했다. 담배가 치료 효과가 있다는 인식은 이때까지도 계속됐는데, 1941년 담배 판매 증가와 폐암 유병률 증가 간 상관관계가 있다는 사실이 알려지면서 담배의 유해성이 인식되게 됐다.

> **니코틴(Nicotine)** 담배를 처음 피우거나 너무 많이 필 때 느끼는 구토, 현기증, 두통 등은 니코틴으로 인해 생기는 증상이다. 담배를 피운 뒤 니코틴이 뇌에 도달하는 시간은 약 7초 정도로 알려져 있다. 뇌에 전달된 니코틴은 카페인처럼 흥분 작용을 함과 동시에 뇌세포 간의 정보 전달을 방해해 진정제 역할을 하지만, 이것이 담배중독의 원인이 된다.

담배는 언제 어디에서 시작됐을까?

담배는 기원전부터 중남미 대륙에 야생종으로 분포돼 있었다고 한다. 그러다 고대 마야인들이 종교의식에 이를 처음 사용한 이후 아메리카 대륙 곳곳으로 확산됐다. 그리고 1492년 콜럼버스가 아메리카 대륙에 상륙했을 때 그곳의 인디언들이 피우는 담배를 처음으로 본 후 유럽을 비롯한 전 세계로 확산된 것으로 알려진다.

우리나라에는 1592년 임진왜란을 전후로 왜군들에 의해 담배가 들어온 것으로 추정되며, 이렇게 들어온 담배는 민간에 급속히 확산됐다. 이수광(1563~1628)의 《지봉유설》에 따르면 우리나라의 담배는 1611~1612년 「담바고(淡婆姑)」라는 이름으로 일본에서 처음 들어왔다. 지봉유설은 담배에 대해 「말린 잎에 불을 붙여 그 연기를 마시는데 한 번 빨면 연기가 콧구멍으로 나온다. 담을 없애며 가장 빨리 술을 깨게 한다. 그러나 독이 있어 함부로 사용하면 안 된다」고 소개돼 있다. 이 밖에 1638년 《인조실록》에 따르면 담배는 그 중독성 때문에 「요망한 풀」로도 일컬어진 것으로 전해진다.

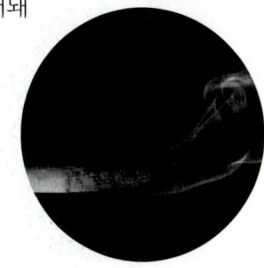

대기업 청년채용,
주요 기업 핵심이슈 파악하기

삼성, SK, 현대차, LG, 포스코, 한화, HD현대 등 국내 주요 대기업이 올해에만 총 4만 명에 달하는 청년채용 계획을 발표했다. 이는 이재명 대통령이 지난 9월 16일 국무회의에서 「청년고용 문제 해결을 위해 정부뿐 아니라 기업의 노력이 필요하다」고 언급한 지 이틀 만에 나온 내용이다.

우선 삼성전자는 향후 5년간 6만 명, 연간 1만 2000명 규모의 신규채용 계획을 내놓았는데, 올해 하반기 공채만 약 1만 명에 이를 것으로 예상된다. 삼성은 반도체 중심 주요 부품사업과 미래 먹거리로 부상한 바이오산업, 핵심 기술인 인공지능(AI) 분야에서 채용을 확대한다. SK그룹은 하반기에만 4000명을 채용할 계획이며 SK하이닉스도 세 자릿수 규모의 신입사원을 모집한다. 하이닉스는 이번 채용에서 반도체 설계, 소자, R&D, 양산 기술 등 AI 반도체 사업 확대를 위해 역량 있는 인재를 채용할 방침이다. 특히 2027년 상반기 가동을 목표로 건설 중인 용인 반도체 클러스터 관련 인력만 수천 명 규모로 선발한다는 계획이다. 현대차그룹은 올해 7200명 신규채용을 계획하고 있으며, 내년에는 1만 명으로 확대하는 방안도 검토 중인 것으로 알려졌다. LG그룹의 경우 올해 3000~4000명을 채용하고 향후 3년간 총 1만 명 규모를 목표로 하고 있다. LG그룹은 AI, 바이오, 클린테크 등 미래 사업에 채용을 늘림과 함께 계열사별로 배터리·전장, 냉난방공조 등 B2B 사업과 R&D 분야에서 우수 인재 확보에 나선다는 방침이다. 포스코그룹은 연간 채용 규모를 2600명에서 3000명으로 확대했으며, 향후 5년간 1만 5000명 채용 계획을 밝혔다. 한화그룹은 올해 상반기 채용한 2100여 명보다 1400명 늘어난 3500명을 하반기에 채용하기로 했으며, HD현대는 올해 1500명 신규채용과 함께 5년간 1만 명 이상의 인력 확보를 예고했다.

국내 주요 대기업들의 신규 채용 계획은?

삼성	5년 동안 6만 명
SK	올해 8000명
현대차	올해 7200명, 2026년에는 1만 명
LG	3년 동안 1만 명
포스코	5년 동안 1만 5000명
한화	올해 5600명
HD현대	올해 1500명, 5년간 1만 명 이상

이에 이번 특집에서는 국내 주요 대기업에 관한 전반적인 내용 및 올 한해 해당 기업의 주요 이슈와 알아두면 좋을 용어들을 정리, 해당 기업에 지원하려는 취준생들의 취업 준비에 조금이나마 도움이 되고자 한다.

▲ 삼성전자

삼성전자는 1969년 「삼성전자 공업주식회사」로 창립돼 1975년 6월 11일 한국증권거래소에 상장됐다. 이후 1984년 「삼성전자 주식회사」로 회사명을 변경해 현재에 이르고 있다. 삼성전자는 현재 전 세계에서 가장 영향력 있는 종합 전자기업 중 하나로, 소비자 가전부터 첨단 반도체·네트워크 장비까지 폭넓은 제품군을 보유하고 있다.

기업 개관

설립일	1969년 1월 13일	대표자	전영현
본사 위치	대한민국 경기도 수원시 영통구 삼성로 129	업종	이동전화기 제조업
제품 및 서비스	휴대폰, 컴퓨터, 네트워크 시스템, 핵심칩, 반도체 부품, 디스플레이 패널, 가전제품, 의료기기, 프린터 제조 등		

주요 사업 부문 삼성전자의 사업 부문은 크게 ▷DS(Device Solutions) ▷DX(Device eXperience) ▷디스플레이(SDC·Samsung Display) ▷Harman 등으로 나뉜다. 먼저 DS 부문은 반도체·시스템LSI·파운드리를, DX 부문은 모바일(MX) 및 가전(CE)을 주요 사업으로 한다. 그리고 SDC 부문 주요 사업에는 스마트폰용 OLED 패널, TV·모니터용 LCD 패널이 있으며, Harman 부문에는 디지털 콕핏, 텔레매틱스, 스피커 등이 있다. 삼성전자는 스마트폰 분야에서는 애플과 글로벌 시장 1~2위를 다투고 있으며, 반도체 분야에서는 메모리반도체로 수십 년간 세계 1위를 지켜오고 있다. 그리고 디스플레이 시장에서는 모바일 OLED 분야 1위를 기록하고 있다.

삼성전자의 주요 제품

스마트폰	Galaxy S, Galaxy Z(폴더블폰), Galaxy A, Galaxy Note 등
반도체	DRAM, 낸드플래시, SSD 등
TV	OLED, QLED, Neo QLED, Micro LED, Micro RGB 등
가전	냉장고, 세탁기, 건조기, 에어컨 등
디스플레이	OLED 패널, LCD 패널 등

2025년 삼성전자 주요 뉴스

삼성-오픈AI, AI 인프라 구축 삼성이 10월 1일 챗GPT 개발사인 미국 오픈AI(OpenAI)와 전략적 파트너십을 맺는 의향서(LOI)를 체결했다고 밝혔다. 이번 협약에는 삼성전자, 삼성SDS, 삼성물산, 삼성중공업 등 4개 계열사가 참여했다. 이에 따르면 삼성은 오픈AI가 주도하는 「스타게이트 프로젝트」에 협력하고, 고성능 AI 데이터센터와 관련 기술을 공동 개발할 계획이다. 스타게이트는 오픈AI가 4년간 4000억 달러(약 700조 원)를 들여 전 세계에 슈퍼컴퓨터와 AI 데이터센터를 구축하는 초대형 프로젝트다. 삼성전자는 오픈AI의 폭증하는 메모리 수요에 대응해 고성능·저전력 D램 등을 안정적으로 공급할 방침이다. 그리고 첨단 데이터센터 기술을 보유한 삼성SDS는 AI 데이터센터의 설계·구축·운영 분야에서 오픈AI와 협력할 예정이다. 또 삼성물산과 삼성중공업은 바다 위에 짓는 「부유식(플로팅) 데이터센터」 공동 개발을 위해 오픈AI와 협력하기로 했다.

올해 3분기 역대급 실적 삼성전자가 10월 14일 공시를 통해 연결 기준 올해 3분기 자사 영업이익이 12조 1000억 원으로, 지난해 동기보다 31.81% 증가한 것으로 잠정 집계됐다고 발표했다. 이는 특히 전 분기(4조 6800억 원) 대비로는 158.55% 증가한 것으로, 2022년 2분기(14조 1000억 원) 이후 3년여 만에 최대치를 기록한 것이다. 매출은 86조 원으로 작년 동기 대비 8.72% 늘고, 전 분기 대비 15.33% 증가하면서 사상 최대를 기록했다. 삼성전자 분기 매출이 80조 원대를 넘어선 것은 이번이 처음으로, 과거 최대 분기 매출 기록은 지난해 3분기의 79조 1000억 원이었다.

2025년형 TV·모니터, EU RED 인증 획득 삼성전자가 독일 시험·인증 전문기관인 티유브이쉬드(TUV SUD)로부터 유럽에 수출되는 2025년형 TV와 모니터 전 제품군에서 RED 규정을 충족하는 인증을 받았다고 7월 27일 밝혔다. RED는 EU 무선장비 사이버보안 관련 규제로, ▷보건 및 안전 ▷전자파 적합성 ▷무선 주파수의 효율적 사용에 관한 지침이다. 앞서 2022년에는 ▷네트워크 보안 ▷개인정보 보호 ▷부정결제 방지 등의 보안 조항이 추가로 발효된 바 있다. 삼성전자는 이 RED 인증을 통해 국제 보안기준과 무선통신 안전성을 충족하며 세계 최고 수준의 보안 신뢰성을 확보하게 됐다.

이재용 삼성전자 회장, 무죄 확정 대법원이 7월 17일 삼성물산·제일모직 부당합병 및 삼성바이오로직스 분식회계 의혹 사건에 대한 상고심에서 이재용 삼성전자 회장에 전부 무죄를 선고한 원심 판결을 확정했다. 이 회장은 지난 2015년 제일모직·삼성물산 합병 과정에서 최소 비용으로 경영권을 안정적으로 승계하고 지배력을 강화할 목적으로 사내 미래전략실의 부정거래와 시세조종 등에 관여한 혐의로 2020년 9월 기소된 바 있다. 이후 1·2심에서 전부 무죄 판결이 나온 데 이어 대법원도 같은 판결을 내렸는데, 이는 이 회장이 기소된 지 4년 10개월 만에 나온 확정 판결이다.

삼성전자 관련 용어들

용어	주요 내용
D램(DRAM·Dynamic Random Access Memory)	용량이 크고 속도가 빨라 컴퓨터의 주력 메모리로 사용되는 램이다. D램은 단시간 내에 주기억으로 재충전시켜 주면 기억이 유지되기 때문에, 컴퓨터의 기억소자로 가장 많이 사용된다.
낸드플래시(Nand Flash)	전원이 꺼지면 저장된 자료가 사라지는 D램이나 S램과 달리 전원이 없는 상태에서도 데이터가 계속 저장되는 메모리반도체로, 「비휘발성 메모리」라고도 한다.
SSD(Solid State Drive)	하드디스크(HDD)를 대체할 PC용 저장장치로, 데이터를 쓰고 읽는 속도가 HDD보다 3배 이상 빠르고 외부 충격에도 강하다는 특징이 있다.
GAA(Gate-All-Around)	반도체 미세화의 한계를 극복하기 위해 도입된 차세대 트랜지스터 구조로, 3나노미터(nm) 이하의 초미세 공정에서 핵심적인 역할을 한다. 이는 반도체 트랜지스터 핵심 요소인 게이트와 채널 접합면을 4개로 늘린 구조로, 기존 접합면이 3개인 핀펫 대비 성능과 전력 효율성을 강화한 것이 특징이다.
Galaxy(갤럭시)	삼성전자의 스마트폰 브랜드이다. 플래그십 라인인 갤럭시 S 시리즈와 갤럭시 노트 시리즈(일부 모델에 한정), 폴더블 스마트폰인 갤럭시 Z 시리즈, 그리고 보급형 라인인 갤럭시 A 시리즈 등이 포함된다.
폴더블 디스플레이 (Foldable Display)	접히는 디스플레이 기술로, 갤럭시 Z Fold와 Z Flip 시리즈에 적용돼 있다. 폴더블폰은 디스플레이가 접히는 스마트폰으로, 평소에는 접어서 스마트폰으로 사용하다가 펼치면 태블릿으로 활용이 가능하다.
아몰레드(AMOLED)	「능동형 유기발광다이오드(Active Matrix Organic Light Emitting Diode)」의 약자로, 스스로 빛을 내는 형광물질을 사용한 디스플레이이다. 삼성전자는 AMOLED 디스플레이 시장에서 파운드리 부문 1위를 기록하고 있다.
One UI	삼성전자가 갤럭시 스마트폰·태블릿·워치 등 다양한 기기에 적용하는 자체 사용자 인터페이스(UI)로, 일관된 디자인과 사용자 경험을 제공하기 위해 개발됐다.
빅스비(Bixby)	삼성의 인공지능 음성 비서로, 음성 명령이나 루틴 설정이 가능하다.
스마트싱스(SmartThings)	스마트홈을 만들기 위한 삼성전자의 사물인터넷(IoT) 플랫폼으로, 스마트폰으로 가전제품을 통합 제어하는 것이다.

▲ SK하이닉스

SK하이닉스는 메모리 반도체 설계 및 제조 기업으로, 1949년 10월 설립됐다. 현재 경기도 이천시에 본사를 두고 4개의 생산기지와 3개의 연구개발법인 등을 갖추고 있다. 하이닉스는 삼성전자와 함께 세계 최고의 DRAM과 낸드플래시(ROM) 제조 능력을 갖추고 있는데, 메모리 반도체 분야에서는 삼성전자와 세계 시장을 양분하고 있다. 특히 생성형 AI라는 신기술 등장과 시장 영향력 확대로 HBM(High Bandwidth Memory) 등 고성능·고용량 메모리 솔루션이 부상하면서 하이닉스의 성장세가 계속될 것으로 전망된다.

기업 개관

설립일	1949년 10월 15일	대표자	곽노정
본사 위치	경기도 이천시 부발읍 경충대로 2091	업종	다이오드, 트랜지스터 및 유사 반도체소자 제조업
제품 및 서비스	반도체, 컴퓨터, 통신기기 제조 및 도매		

주요 사업 부문 SK하이닉스의 사업 부문은 크게 ▷메모리반도체 ▷시스템/비메모리 ▷솔루션/완제품 분야 등으로 나뉜다. 하이닉스는 DRAM과 낸드플래시 등을 주력 사업으로 하면서 비메모리 반도체 일부 사업(이미지 센서(CIS), 파운드리·시스템IC 사업 등)을 확대하고 있다. 특히 2018년 세계 최초로 96단 4D 낸드플래시를 개발한 데 이어 2019년에는 128단 4D 낸드플래시를 양산하기 시작했으며, 2020년에는 DDR5 D램을 세계 최초로 출시했다. 여기에 2009년에는 고대역폭메모리(HBM) 개발에 착수해 2013년 세계 최초로 1세대 HBM을 내놓았고, 2019년에는 3세대 HBM2E를 최초로 개발했다. 그리고 2022년 6월에는 세계 최초로 4세대 제품인 HBM3를 양산해 엔비디아에 납품하면서 HBM 시장에서의 독주를 시작했다. 아울러 지난해에는 5세대 HBM3E 8단 제품에 이어 12단 제품까지 업계 최초로 양산에 성공하며 가장 먼저 엔비디아에 납품했다. 이에 올해 2분기 SK하이닉스의 HBM 점유율은 62%로 1위(카운터포인트리서치 자료)를 기록 중이다. 여기에 하이닉스는 6세대 제품인 HBM4 양산 체제도 구축해 엔비디아를 비롯한 주요 고객사에 공급할 준비를 마친 상태로 알려졌다.

SK하이닉스의 주요 제품

HBM3E	5세대 HBM 제품으로, 4세대인 HBM3의 확장 버전이다. 초당 최대 1.18TB의 데이터를 처리하며, 발열 부분에서도 「어드밴스드 MR-MUF」 공정을 적용해 열 방출 성능을 이전 세대 대비 10% 향상시켰다.
ZUFS(Zoned UFS) 4.0	차세대 모바일 낸드솔루션으로, 온디바이스 AI용으로 개발됐다. 여러 데이터를 용도와 사용 빈도 등에 따라 각각 다른 공간(Zone)에 저장해 스마트폰 OS의 작동 속도와 저장장치의 관리 효율성을 높였다.
PCB01	PC에 탑재되는 AI PC용 고성능 SSD로, 연속 읽기와 쓰기 속도가 각각 초당 14GB·12GB에 이른다.
PS1012 U.2	AI 데이터센터용 고용량 SSD로, 최신 PCIe 5세대(Gen5) 인터페이스를 채택해 데이터 전송 속도를 기존 4세대 대비 2배인 32GT/s로 향상시켰으며, 순차 읽기 성능도 최대 13GB/s에 달한다.
GDDR7	차세대 그래픽메모리 제품으로, 이전 세대 대비 60% 이상 향상된 32Gbps의 동작 속도를 지녔다.
1c DDR5	세계 최초로 10나노급 6세대 1c미세공정을 적용한 16Gb DDR5 D램으로, EUV 공정에 신소재를 적용하고 최적화를 진행해 생산성이 이전 세대인 1b 대비 30% 이상 향상됐다.
321단 1Tb TLC 4D 낸드플래시	3-플러그(Plug) 공정 기술을 도입한 낸드플래시로, 기존 세대 대비 데이터 전송 속도가 12% 빨라졌고 읽기 성능은 13% 개선됐다.

2025년 SK하이닉스 주요 뉴스

SK-오픈AI, AI 데이터센터·HBM 공급 협력 SK그룹 최태원 회장과 샘 올트먼 오픈AI CEO 등 양사 경영진이 10월 1일 만나 메모리 공급 의향서(LOI)와 서남권 AI 데이터센터 협력에 관한 양해각서(MOU)를 체결했다. 이에 따르면 SK하이닉스는 오픈AI가 추진하는 대규모 AI 인프라 구축사업인 「스타게이트 프로젝트」에 고대역폭메모리(HBM) 반도체 공급 파트너로 참여한다. 이로써 SK하이닉스는 D램 웨이퍼 기준 월 최대 90만 장 규모의 HBM 공급 요청에 대응할 생산체제를 구축하게 됐는데, 이는 전 세계 생산능력의 두 배에 달하는 물량이다. 이 밖에 SK텔레콤은 대규모 데이터센터 사업 경험을 바탕으로 오픈AI와 MOU를 체결하고, 한국 서남권에 오픈AI 전용 AI 데이터센터를 구축해 한국형 스타게이트를 실현한다. 서남권 AI 데이터센터는 아시아 지역 허브로 자리매김해 지속가능한 협력 기반이 될 것이라는 기대를 받고 있다. 양사는 데이터센터 기반으로 B2C·B2B AI 활용 사례를 발굴하고 차세대 컴퓨팅·데이터센터 솔루션 시범 운영에도 협력할 예정이다. 아울러 이는 현재 SK그룹이 추진 중인 「SK AI 데이터센터 울산」과 함께 동서를 연결하는 AI 벨트를 구축해 국가 균형 발전에도 기여할 것이라는 기대도 나온다.

세계 최초 HBM4 양산체제 구축 SK하이닉스가 9월 12일 초고성능 AI용 메모리 신제품인 HBM4 개발을 성공적으로 마무리하고, 양산체제를 세계 최초로 구축했다고 밝혔다. HBM4는 이전 세대보다 2배 늘어난 2048개의 데이터 전송 통로(I/O)를 적용해 대역폭을 2배로 확대하고 전력 효율은 40% 이상 끌어올렸다. 이 제품을 고객 시스템에 도입하면 AI 서비스 성능을 최대 69%까지 향상시킬 수 있어, 데이터 병목현상을 근본적으로 해소하는 동시에 데이터센터 전력 비용도 크게 줄일 것이라는 전망이다. 아울러 SK하이닉스는 HBM4 개발에 시장에서 안정성이 검증된 자사 고유의 어드밴스드(Advanced) MR-MUF 공정과 10나노급 5세대(1bnm) D램 기술을 적용해 양산 과정의 리스크도 최소화했다.

2025년 세계에서 가장 윤리적인 기업 선정 SK하이닉스가 3월 12일 자사가 국내 반도체 기업 최초로 글로벌 윤리경영 평가기관 에티스피어가 주관하는 「2025년 세계에서 가장 윤리적인 기업(World's Most Ethical Companies)」에 선정됐다고 밝혔다. 세계에서 가장 윤리적인 기업은 에티스피어가 글로벌 경영환경을 고려해 자체적으로 개발한 윤리지수(Ethics Quotient®)를 기반으로 선정된다. 올해는 19개국·44개 산업 분야에서 총 136개 기업이 선정됐는데, 반도체 분야에서는 SK하이닉스를 포함해 총 4개 기업(인텔, 마이크론, 램리서치)이 선정됐다.

업계 최초 개발 신소재 적용한 「고방열 모바일 D램」 공급 개시 SK하이닉스가 업계 최초로 High-K EMC(Epoxy Molding Compound) 소재를 적용한 고방열 모바일 D램 제품을 개발해 고객사들에 공급을 개시했다고 8월 28일 밝혔다. 최신 플래그십 스마트폰은 모바일 AP(Application Processor) 위에 D램을 적층하는 PoP(Package on Package) 방식을 적용하고 있는데, 이 구조는 한정된 공간을 효율적으로 활용하고 데이터 처리 속도를 향상시키는 장점을 제공한다. 하지만 모바일 AP에서 발생한 열이 D램 내부에 누적되면서 전체적인 스마트폰 성능 저하도 함께 야기한다는 단점이 있다. SK하이닉스는 이 문제를 해결하기 위해 D램 패키지를 감싸는 핵심 소재인 EMC의 열전도 성능 향상에 주력했다. 그 결과로 기존에 EMC의 소재로 사용하던 실리카(Silica)에 알루미나(Alumina)를 혼합 적용한 신소재인 High-K EMC를 개발한 것이다. 이를 통해 열 전도도를 기존 대비 3.5배 수준으로 대폭 향상시켰으며, 열이 수직으로 이동하는 경로의 열 저항을 47% 개선하는 성과를 거뒀다.

SK하이닉스 관련 용어들

용어	주요 내용
HBM (High Bandwidth Memory)	TSV(실리콘관통전극)로 D램 칩을 수직으로 쌓아 데이터 처리 속도를 높인 고대역폭메모리로, 주로 AI 연산을 위한 GPU 등에 탑재된다. SK하이닉스는 세계 최초로 HBM을 개발한 데 이어 4세대 HBM3도 최초로 내놓은 바 있다.
TSV (Through-Silicon Via)	HBM을 만들기 위해 필수적인 공정으로, 수직 형태로 직접 칩을 연결할 수 있다. 때문에 공간 확보에 유리하고 빠르게 신호를 전달할 수 있다는 이점이 있다.
대역폭(Bandwidth)	HBM 제품에서 대역폭은 HBM 패키지 1개가 초당 처리할 수 있는 총 데이터 용량을 뜻한다.
CXL (Compute Express Link)	고성능 연산이 필요한 애플리케이션에서 서로 다른 기종의 제품을 효율적으로 통신·연결할 수 있는 차세대 인터페이스다. HBM과 비교해 대역폭이 크지는 않지만, 손쉽게 여러 기기를 바로 연결해 병목을 최소화할 수 있다는 장점이 있다.
EUV(Extreme Ultraviolet Lithography)	초미세 반도체 공정에 필수적인 차세대 노광 기술로, 기존 불화아르곤(ArF) 대비 14분의 1 수준의 파장으로 10나노대 이하 초미세 회로 제작이 가능하다.
High NA EUV	기존 EUV보다 더 큰 NA(개구수·렌즈가 빛을 얼마나 많이 모을 수 있는지 나타내는 수치)를 적용해 해상도를 크게 향상시킨 차세대 노광 장비다. 현존 가장 미세한 회로 패턴 구현이 가능해 선폭 축소 및 집적도 향상에 핵심 역할을 할 것으로 기대되는 기술이다.
MR-MUF	반도체 칩을 쌓아 올린 뒤 칩과 칩 사이 회로를 보호하기 위해 액체 형태의 보호재를 공간 사이에 주입하고, 굳히는 공정을 말한다. 이는 칩을 하나씩 쌓을 때마다 필름형 소재를 깔아주는 방식과 비교하면 공정이 보다 효율적이고, 열 배출에도 효과적이라는 평가를 받고 있다.
DDR(Double Data Rate)	컴퓨터나 기타 전자기기에서 성능을 높이기 위해 사용되는 메모리 기술을 말한다.
SSD(Solid State Drive)	하드디스크(HDD)를 대체할 PC용 저장장치로, 메모리반도체로만 만들어져 소음이 전혀 나지 않는 것이 특징이다. 또한 데이터를 쓰고 읽는 속도가 HDD보다 3배 이상 빠르고 외부 충격에도 강하다.

▲ 현대자동차

현대자동차는 1967년 설립된 국내 최대의 완성차 기업으로, 내연기관 차량부터 SUV·상용차, 럭셔리(Genesis), 전기차(IONIQ 계열), 수소연료전지차(NEXO·XCIENT)까지 폭넓은 제품군을 갖추고 있다. 특히 최근에는 전동화, 자율주행, 소프트웨어 기반 차량(SDV) 전환에도 주력하고 있다.

기업 개관

설립일	1967년 12월 29일	대표자	정의선, 이동석, 호세 무뇨스
본사 위치	서울특별시 서초구 헌릉로 12		
업종	내연기관 승용차 및 기타 여객용 자동차 제조업		
제품 및 서비스	자동차(승용차, 버스, 트럭, 특장차), 자동차부품, 자동차전착도료 제조, 차량정비사업/항공기, 부속품 도소매/별정통신, 부가통신/부동산 임대		

주요 사업 부문 현대자동차의 주요 사업 부문은 ▷자동차 제조 및 판매 ▷친환경차 사업 ▷모빌리티 및 서비스 ▷신사업(미래 성장동력) ▷금융 및 기타 등으로 나뉜다. 현대자동차는 내연기관차·전기차·수소전기차 등 다양한 라인업을 보유하고 있으며, 최근에는 「전동화 전환」 전략을 핵심축으로 해 전기차(EV)·수소전기차(FCEV)·플러그인 하이브리드(PHEV)차도 개발·제조하고 있다.

현대자동차의 주요 제품(대표 차종)

제품	주요 내용
세단	• 아반떼(Avante): 준중형 세단 • 쏘나타(Sonata): 중형 세단, 하이브리드 모델 포함 • 그랜저(Grandeur): 준대형 세단
SUV	• 코나(Kona): 소형 SUV(EV 모델 포함) • 투싼(Tucson): 중형 SUV • 싼타페(Santa Fe): 중대형 SUV, HEV/PHEV 모델 있음 • 팰리세이드(Palisade): 대형 SUV
고급 브랜드	• 세단: G70, G80, G90 • SUV: GV60(전기), GV70, GV80
친환경차	• 아이오닉5: 전기 CUV, E-GMP 플랫폼 기반 • 아이오닉6: 전기 세단 • 넥쏘(NEXO): 세계 최초 수소전기 SUV • 엑시언트 Fuel Cell: 세계 최초 양산형 수소전기 트럭

2025년 현대자동차 주요 뉴스

아이오닉6 N 판매 개시 현대자동차가 10월 1일 고성능 세단 EV 아이오닉6 N(IONIQ6 N)의 가격을 공개하고 판매를 시작했다. 아이오닉6 N은 모터스포츠와 움직이는 연구소라는 뜻의 「롤링랩」에서 얻은 차량 데이터와 현대자동차의 첨단 전동화 기술을 결합시켜 주행성능을 극한으로 끌어올린 현대 N의 두 번째 고성능 전동화 모델이다. 아이오닉6 N에는 합산 최고 출력 448KW(609마력), 최대 토크 740Nm(75.5kgf·m)를 발휘하는 전·후륜 모터가 탑재됐다. 아울러 현대자동차는 아이오닉6 N에 84.0kWh의 고출력 배터리와 주행 목적별 배터리 온도 및 출력을 제어해 동력성능을 더욱 효율적으로 활용할 수 있게 돕는 「N 배터리」 기능도 적용했다.

아이오닉9, 유럽 안정성 평가서 최고 안전등급 현대차는 아이오닉9이 유럽의 신차 안전성 평가 프로그램인 「유로 NCAP(The European New Car Assessment Programme)」에서 최고 등급인 별 다섯(★★★★★)을 획득했다고 9월 25일 밝혔다. 유로 NCAP 테스트는 1997년부터 시작된 유럽의 신차 평가 프로그램으로, 유럽에서 판매 중인 자동차에 대한 안전성 검증 테스트를 실시해 매년 결과를 발표하고 있다. 평가 항목은 ▷성인 탑승자 보호 ▷어린이 탑승자 보호 ▷보행자 보호 ▷안전 보조 시스템 등 총 4개 항목으로 구성되며, 종합평가 결과에 따라 등급을 부여한다. 유로 NCAP 측은 아이오닉9이 정면과 측면 충돌 상황에서 승객 공간이 안전한 상태를 유지해 모든 탑승자의 주요 신체를 잘 보호하고, 탑승자 간 부상 위험을 줄이는 대응책을 갖춘 점을 높이 평가했다. 이로써 현대차는 2021년 아이오닉5, 2022년 아이오닉6에 이어 이번 아이오닉9까지 모든 전용 전기차 모델이 유로 NCAP 평가에서 최고 등급을 달성하는 성과를 이루게 됐다.

현대차·기아 9월 美 판매, 역대 최고 분기실적 현대차 미국법인이 9월 현지 판매량이 7만 1003대로, 지난해 같은 달(6만 2491대)보다 14% 증가했다고 10월 1일 밝혔다. 모델별로는 엘란트라 패밀리, 싼타페 하이브리드(HEV), 전기차 아이오닉5가 동월 최다 판매 기록을 세웠다. 특히 전기차 판매는 작년 동월보다 153% 급증해 사상 최대 실적을 기록했다. 또 전기차를 포함한 친환경차가 소매 판매의 38%를 차지했으며, 아이오닉5 소매 판매량은 작년 동기 대비 151% 증가했다. 아울러 9월까지 포함한 3분기 전체 판매량은 23만 9069대로, 작년 동기 대비 13% 증가하며 역대 3분기 최고 실적을 기록했다.

현대자동차 관련 용어

용어	주요 내용
E-GMP	현대차그룹이 개발한 전기차 전용 플랫폼으로, 전기차만을 위해 설계된 모듈화·표준화 구조와 초고속 충전, 넓은 실내공간, 다양한 차종 적용성 등이 특징이다.
수소 비전 2040	현대차그룹의 수소에너지 대중화 선언으로, 수소에너지를 「누구나, 모든 것에, 어디에나(Everyone, Everything, Everywhere)」쓰도록 하는 비전이다.
HEV (Hybrid Electric Vehicle)	엔진과 모터동력을 조합해 구동하는 자동차로, 출발과 저속 주행 시에는 엔진 가동 없이 모터 동력만으로 주행한다.
ADAS(Advanced Driver Assistance Systems)	차선 유지, 긴급 제동, 스마트 크루즈 등의 기능을 갖춘 첨단 운전자 보조 시스템을 말한다. 이는 다양한 수준의 자율주행을 가능하게 하는, 자율주행의 기반이 되는 기술이다.
UAM(Urban Air Mobility, 도심항공모빌리티)	전동 수직 이착륙기(eVTOL)를 활용해 지상에서 450m 정도의 저고도 공중에서 이동하는 도심 교통 시스템으로, 기체·운항·서비스 등을 총칭하는 개념이다.
모셔널(Motional)	현대차그룹과 미국 앱티브(Aptiv)가 2020년 50:50 합작으로 설립한 자율주행차 기술 전문 합작법인이다.

◆ HD현대중공업

HD현대의 조선·해양 플랜트 사업을 영위하는 기업으로, 선박과 해양구조물, 플랜트 및 엔진의 제조 및 판매를 위해 설립됐다. 또한 2019년 물적분할을 통해 신설된 조선 부문 중간지주사 HD한국조선해양의 자회사이기도 하다. HD현대중공업은 현대중공업 로봇사업부가 인적분할되며 신설된 현대로보틱스를 지주회사로 전환한 이후에도 여전히 그룹 내 최대의 자산규모와 매출을 기록하고 있으며, 글로벌 1위 조선사라는 위상도 지니고 있다.

기업 개관

개업일	2019년 6월 1일
대표	이상균, 금석호
본사 위치	울산광역시 동구 방어진순환도로 1000
업종	기타 선박 건조업
제품 및 서비스	선박, 해양플랜트 및 엔진기계 등 제조·판매

주요 사업 부문 HD현대중공업은 조선, 해양플랜트, 엔진 및 기계, 특수선 등 다양한 사업 영역을 운영하고 있다. 조선 사업에서는 원유운반선·컨테이너선·LNG선·군함을 건조하고, 해양플랜트 사업은 해상구조물과 부유식 원유생산설비를, 엔진기계 사업은 선박용 엔진과 디젤발전 설비를 생산하고 있다. 여기에 친환경 선박기술 개발과 탄소중립 로드맵을 통해 에너지 효율화와 연료 전환을 추진하고 있으며, 해상풍력발전과 소형모듈원자로 등 신재생에너지 사업 확장도 꾀하고 있다.

HD현대중공업의 주요 제품

사업 부문	주요 제품
조선·해양	상업용 선박(컨테이너선·유조선·LNG선 등), 해양 플랫폼, 해상 구조물 등
엔진·기계	선박용 엔진, 동력 발전기, 기계 장치 등(하이브리드 또는 차세대 연료엔진 기술 포함)
해양 플랜트	해상 플랫폼 설계 및 건설
특수선, 방산 조선사업	정조대왕급 이지스구축함 진수 등 방산사업 수주

2025년 HD현대중공업 주요 뉴스

이지스구축함 「다산정약용함」 진수 HD현대중공업이 9월 17일 울산 본사에서 8200톤급 최첨단 이지스구축함(KDX-III Batch-II) 2번함인 「다산정약용함」 진수식을 거행했다고 밝혔다. 다산정약용함은 길이 170m·폭 21m로, 최대 30노트(약 55km/h) 항해가 가능한 현존 최고 성능의 이지스구축함이다. 세종대왕급(7600톤급) 이지스함에 비해 기능이 크게 향상된 이지스 전투체계가 탑재돼 탐지·추적 능력이 2배 이상 강화됐다. 무엇보다 다산정약용함은 HD현대중공업이 연구개발한 함정에 미국의 이지스 전투체계를 성공적으로 적용해 한미 조선협력의 상징으로 평가받는다. HD현대중공업은 선도함 정조대왕함에 이어 2번함인 다산정약용함까지 성공적으로 건조하면서 세계적인 이지스구축함 명가의 입지를 더욱 확고히 다지게 됐다는 평가다.

공정위, HD현대중공업·HD현대미포 기업결합 승인 공정거래위원회가 HD현대중공업이 HD현대미포를 흡수 합병하는 기업결합을 9월 18일 승인했다. HD현대중공업은 지난 8월 29일 공정위에 HD현대미포를 흡수합병하는 기업결합을 신고한 바 있다. 당시 회사 측은 합병 추진 배경으로 한미 조선업 협력 프로젝트인 「마스가(MASGA·미국 조선업을 다시 위대하게)」 가동을 앞두고 대형화를 통해 조선과 방산 분야 경쟁력을 강화하려는 취지라고 밝혔다. 이번 기업결합이 마무리되면 HD현대미포는 소멸하고, HD현대중공업으로 흡수될 예정이다.

美 해군 군수지원함 MRO 사업 수주 HD현대중공업이 최근 미 해군 7함대 소속의 4만 1000톤급 화물보급함 「UNUS 앨런 셰퍼드함」의 정기 정비(Regular Overhaul) 사업을 수주했다고 9월 6일 밝혔다. 이는 한미 간 조선 협력 프로젝트인 마스가(MASGA) 논의가 이뤄진 후 HD현대중공업이 처음으로 수주한 미 해군 MRO 선박이라는 점에서 큰 의미를 지닌다. 앨런 셰퍼드함은 길이 210m·너비 32m·높이 9.4m 규모로 지난 2007년 취역했으며, 해군 출신으로 미국 최초의 우주비행사가 된 앨런 셰퍼드(Alan Shepard)의 이름을 따 명명된 것이다. HD현대중공업은 울산 HD현대미포 인근 안벽에서 정비를 시작한 뒤 프로펠러 클리닝과 각종 탱크류 정비 및 장비 검사 등을 거쳐 올해 11월 미 해군에 인도할 예정이다.

HD현대중공업 관련 용어

용어	주요 내용
LNG선	액화천연가스(LNG)를 영하 -163℃로 냉각해 수송하는 특수 선박이자 고부가가치 선박이다. 이는 HD현대중공업이 세계 최상위 경쟁력을 보유하고 있다.
VLCC (Very Large Crude Carrier)	초대형 원유 운반선(20만 DWT 이상)으로, 대형 조선소에서만 건조가 가능하다. 이는 액체를 용기에 담지 않은 상태로 화물창에 선적할 수 있도록 설계된 것이 특징이다.
컨테이너선	표준화된 컨테이너를 운송하는 선박으로, 글로벌 무역에서 필수적인 물류 수단으로 꼽힌다.
해양플랜트(Offshore Plant)	바다 위에서 원유·가스를 채굴하고 처리하는 시설로, ▷드릴십 ▷FPSO(Floating Production Storage and Offloading) ▷해양 플랫폼 등이 있다.
수빅 조선소 (Subic Shipyard)	필리핀의 수빅만 경제자유구역에 위치한 조선소로, HD현대중공업이 해외 생산거점으로 재가동을 추진 중에 있다.
이지스구축함 (Aegis Destroyer)	첨단 레이더와 미사일 방어체계를 갖춘 군사용 구축함으로, 우리 해군의 정조대왕급(세종대왕급 개량형) 진수에 HD현대중공업이 참여하고 있다.
KDDX(Korean Destroyer eXperimental)	차세대 한국형 구축함 개발사업으로, HD현대중공업이 참여할 가능성이 높은 프로젝트로 꼽힌다.

▲ LG에너지솔루션

2020년 LG화학에서 분할된 2차전지 제조회사로, ▷자동차 전지 ▷소형 전지 ▷ESS 전지 등 전지 관련 제품의 연구개발·제조·판매를 하고 있다. 여기에 미국, 폴란드, 중국 등 세계 주요 거점에서 생산, 판매, R&D 네트워크를 구축하고 사업을 전개하고 있다.

기업 개관

설립일	2020년 12월 1일	대표	김동명
본사 위치	대한민국 서울특별시 영등포구 여의대로 108	업종	기타 이차전지 제조업
제품 및 서비스	2차전지(소형, ESS, 자동차전지) 제조		

주요 사업 부문 LG에너지솔루션의 사업은 크게 차량용 배터리, 모빌리티 및 IT 배터리, 에너지저장장치(ESS) 관련 제품으로 나눌 수 있다. 차량용 배터리는 가장 핵심이 되는 사업 부문으로, 전기차(EV)·플러그인 하이브리드(PHEV)·하이브리드(HEV)·마이크로 하이브리드(μ-HEV) 등 다양한 차량용 배터리 수요를 충족하는 제품을 생산한다. 모빌리티 및 IT 배터리 부문은 전동공구, 전동 스쿠터/이륜차(LEV), IT 기기 등에 사용되는 배터리를 대상으로 한다. ESS 배터리 부문은 전력망(Grid), 상업용, 주거용 등 다양한 응용 영역을 대상으로 제품을 생산하고 있다.

LG에너지솔루션의 주요 제품

구분	주요 내용
전기차용 배터리	46시리즈 원통형 배터리, 하이볼티지 미드니켈 및 LFP 배터리
에너지저장시스템(ESS)	JF2 AC/DC LINK 시스템, 일체형 제품(JF2S DC)
차세대 배터리	전고체 배터리, 소디움 이온 배터리, 리튬황 배터리
기타	친환경 배터리(니켈·코발트·리튬 등 핵심원료를 추출해 재활용), 스마트 기기용 배터리(프리폼 배터리 등 소형 전지 제품)

2025년 LG에너지솔루션 주요 뉴스

6조 원 규모 LFP 배터리 공급 계약 LG에너지솔루션은 7월 30일 공시를 통해 총 5조 9442억 원 규모의 LFP 배터리 공급 계약을 29일 체결했다고 밝혔다. 계약 기간은 2025년 8월 1일부터 3년간으로, 지난해 매출 25조 6000억 원의 약 23.2%에 해당하는 대규모 계약이다. LG에너지솔루션은 현재 미국 오하이오·테네시·미시간주 등지에 국내 배터리 기업 중 가장 많은 현지 생산 거점을 보유하고 있으며, 북미에서 LFP 배터리를 에너지저장장치(ESS)용으로만 생산 중이다.

벤츠와 15조 규모 초대형 배터리 공급 계약 LG에너지솔루션이 9월 3일 독일 메르세데스-벤츠 계열사와 총 107GWh 규모의 배터리 공급 계약을 체결했다고 공시했다. 계약은 총 2건으로, 금액으로는 약 15조 원에 이르는 초대형 계약이다. 제품은 차세대 원통형 배터리로 주목받는 46시리즈 공급이 유력한데, 46시리즈는 지름 46mm, 높이 80~120mm 규격의 차세대 원통형 배터리다. 기존 원통형 배터리 표준인 2170과 비교해 에너지 용량과 출력이 5배 이상 높고, 공간 효율성이 뛰어난 것이 장점이다. 또 공정 시간과 비용도 아낄 수 있어 가격 경쟁력도 우수하다는 평가다. LG에너지솔루션은 벤츠 수주를 놓고 CATL·파라시스 등의 중국 배터리업체들과 경쟁한 것으로 알려졌으며, 이번 벤츠 수주로 유럽 시장 내 입지를 확대할 계획이다.

美 구금사태 이후 한 달 만에 미국 출장 재개 결정 LG에너지솔루션은 추석 연휴 이후부터 필수 인력 중심의 미국 출장을 단계적으로 재개할 계획이라고 10월 2일 밝혔다. LG에너지솔루션은 지난 9월 4일 미국 조지아주에 건설 중인 현대차그룹과의 배터리 합작 공장에서 자사 47명과 협력사 인원 250여 명이 이민당국에 의해 구금된 이후 미국 출장을 전면 중단한 바 있다. 그러나 이후 한미 워킹그룹 회의에서 단기 상용(B-1) 비자 및 전자여행허가(ESTA) 소지자가 미국 공장에서 장비의 설치·점검·보수 활동이 가능하다는 것을 확인함에 따라 이와 같이 결정했다고 설명했다.

LG에너지솔루션 관련 용어

용어	주요 내용
2차전지	방전 후 다시 충전이 가능한 전지로, 리튬이온전지·납축전지·니켈수소전지 등이 대표적이다.
셀(Cell), 모듈(Module), 팩(Pack)	셀(Cell)은 배터리의 최소 단위이며, 모듈(Module)은 여러 개의 셀을 묶어 만든 단위다. 그리고 팩(Pack)은 여러 모듈을 묶어 차량이나 장비에 바로 장착할 수 있는 형태다.
BMS(Battery Management System)	충전식 배터리(셀 또는 배터리 팩)의 안전하고 효율적인 사용을 위해 배터리의 상태를 실시간으로 모니터링하고 제어하는 전자 시스템을 말한다.
ESS(Energy Storage System)	발전소에서 과잉 생산된 전력을 저장해 두었다가 일시적으로 전력이 부족할 때 송전해 주는 저장장치를 말한다.
전고체 배터리(All-Solid-State Battery)	액체 전해질 대신 고체 전해질을 사용해 안전성과 에너지 밀도를 높인 차세대 배터리를 말한다. 이는 전해질이 불연성 고체이기 때문에 발화 가능성이 낮다는 장점이 있다.
리튬이온 배터리	양극(리튬코발트산화물)과 음극(탄소) 사이에 유기 전해질을 넣어 충전과 방전을 반복하게 하는 원리로 작동하는 전지로, 현재 2차전지 시장의 대부분을 차지하고 있다.
LFP 배터리(Lithium Iron Phosphate Battery)	리튬 인산철을 사용한 양극재가 들어간 배터리로, 삼원계(NCM) 배터리보다 가격이 저렴하고 안정성이 높으며 수명이 길다. 하지만 상대적으로 에너지 밀도가 낮고 순간 출력이 약하다.
삼원계 배터리	리튬이온 배터리의 한 종류로 크게 NCM(니켈·코발트·망간), NCMA(니켈·코발트·망간·알루미늄), NCA(니켈·코발트·알루미늄) 등으로 구분된다.

▲ 포스코

포스코는 대한민국을 대표하는 철강회사로, 1968년 국영기업 포항종합제철로 창립해 1970년 첫 자회사인 제철기술컨설턴트를 설립했다. 그리고 같은 해 경북 포항 영일만에 제철소를 착공, 1973년에 준공하며 철 생산을 개시했다. 이후 2000년 10월 민영화됐으며, 2002년 3월 포항종합제철에서 (주)포스코로 상호를 변경했다. 그러다 2022년 3월 (주)포스코는 물적분할을 통해 지주회사인 포스코홀딩스(존속법인)와 철강사업회사인 포스코(신설법인)로 나뉘게 됐다. 현재 포항과 광양에 세계 최대 규모의 일관제철소를 운영하고 있으며, 조강생산능력 4500만 톤 체제를 갖추고 있다.

기업 개관

설립일	· 구법인 설립: 1968년 3월 1일 · 신법인 설립: 2022년 1월 28일	대표	이희근
		본사 위치	경상북도 포항시 남구 동해안로 6262
업종	제강업 및 제철업		
제품 및 서비스	제강, 제철, 합금철, 열연코일, 냉연강판, 후판, 선재, 스테인리스 제조		

주요 사업 부문 포스코의 주력 사업은 제선, 제강 및 압연재의 생산과 판매로, ▷열연 ▷냉연 ▷스테인리스 등 다양한 철강재를 포항제철소와 광양제철소에서 생산하고 있다. 포항제철소는 제선·제강 등 철강 제조공정을 종합적으로 갖춘 국내 최초의 일관제철소로, 열연·후판·선재·냉연·전기강판·스테인리스강 등을 생산하고 있다. 그리고 1985년에 착공해 1992년 10월에 준공한 광양제철소는 소품종 대량생산 체제로서 열연과 냉연 제품을 주로 생산하고 있다.

이 밖에 자회사인 포스코스틸리온(주)는 표면처리강판 제조 전문기업이며, (주)포스코엠텍은 철강제품 포장 및 철강 부원료 사업을, (주)피엔알은 철강 부산물 재활용을 담당하고 있다.

2025년 포스코 주요 뉴스

영일만산단 산소공장 준공 포스코가 9월 25일 포항 영일만4산업단지 이차전지 특화단지에서 대규모 산업용가스 생산설비 준공식을 개최하고 상업 생산을 시작했다. 이번 준공은 포스코가 제철소 외부에 최초로 산업가스 생산설비를 투자·완공한 사례로, 산업가스 시장 진출을 본격화하는 신호탄이다. 포스코는 약 1000억 원을 투자해 5000평 부지에 공기분리장치(ASU·Air Separation Unit)와 저장설비(액산 2000톤 등)를 구축했다. 해당 설비는 시간당 1만 5000Nm³의 산소를 생산할 수 있으며, 생산된 산업가스는 이차전지 특화단지 내 입주기업에 가스배관을 통해 공급된다. 이를 통해 이차전지, 반도체, 조선 등 전방산업의 산업가스 수급 안정화와 지역 경제 활성화에 기여할 전망이다.

사우디 아람코 플랜트에 HIC 강재 첫 납품 포스코가 사우디 국영 석유회사 아람코의 「파드힐리 가스 플랜트 증설 사업」에 HIC 인증 에너지 강재를 공급한다고 7월 13일 밝혔다. 파드힐리 증설 프로젝트는 세계 최대 석유회사인 아람코가 기존 플랜트의 가스 처리량을 1.6배 수준으로 높이는 대형 에너지 인프라 증설사업이다. 포스코가 이번에 납품한 HIC 강재는 수소 유발 균열(Hydrogen Induced Cracking)에 저항성을 가진 강철로, 가혹한 환경에서 사용되는 석유·가스 등의 에너지용 강관이나 압력 용기 소재 등으로 활용된다. 에너지 강재는 사용처에 따라 에너지를 채굴·생산하는 데 쓰이는 플랜트와 수송하는 파이프 부문으로 구분되는데, 「수소 유발 균열 방지 강재(HIC Resistant Steel)」가 플랜트 부문에 납품되는 것은 이번이 처음이다.

> 수소유발균열(HIC)은 수소가 금속에 침투해 연성이 급격히 저하되고, 미세균열이 발생해 최종적으로 파손에 이르는 현상을 말한다. 이는 수소가 금속 내부의 결정계면(구조 경계)에 모여 결합력을 약화시키며 발생한다. 이처럼 수소가 금속 내부에 흡수되면 연성이 감소하고, 미세균열이나 미세기공이 생겨 파괴 인성이 크게 떨어지게 된다.

AI로 제철소 비정형제품 대상 크레인 자동화 포스코그룹은 인공지능(AI) 및 자동화 기술을 기반으로 비정형 제품을 크레인으로 자동 운반하는 기술을 개발해 제철소 현장에 본격 적용한다고 10월 1일 밝혔다. 이번에 개발한 크레인 자동화 기술을 활용하면 한 번에 최대 8톤에 달하는 선재 코일 제품을 정확하고 안전하게 운송할 수 있다. 포스코는 크레인 자동화 기술을 성공적으로 구축한 경험을 바탕으로, 제철소 내 다른 현장으로 기술 확산에 나선다는 방침이다. 아울러 다른 비정형 제품인 후판 크레인의 자동화를 구현하기 위해 개발한 매수제어 자동화 기술 등에 대해서도 현장검증을 추진하고 있다.

포스코 관련 용어

용어	주요 내용
열연강판	쇳물을 가공해 나온 평평한 판재 모양의 철강 반(半)제품인 슬라브를 고온으로 가열한 뒤 누르고 늘여서 두께를 얇게 만든 강판을 말한다.
냉연강판	열연강판을 상온에서 표면 처리한 후 정밀기계로 얇게 프레스해 표면을 미려하게 만든 제품을 말한다. 고온이 아닌 상온에서 만들어진다는 점에서 「냉연」이라고 불린다.
후판(Plate)	두께 3mm 이상의 강판을 말하는 것으로, 3mm 미만의 박판과 구별된다. 특히 후판 중에서 두께 3mm 이상 6mm 미만의 것은 「중(후)판」이라 불린다.
스테인리스강(Stainless Steel)	내식성을 향상시키기 위해 크롬 또는 크롬과 니켈을 함유시킨 합금강을 말한다.
제선(Ironmaking)	철광석과 코크스를 고온의 용광로에서 녹여 선철(생철)을 생산하는 철강 제조의 첫 단계를 말한다.
제강(Steelmaking)	철강을 제조하는 과정을 의미하며, 용광로에서 나온 선철을 산화시켜 탄소와 불순물을 제거하고 강철로 만드는 공정이다.
압연(Rolling)	금속재료를 롤(Roll) 사이로 통과시켜 원하는 두께와 형태로 가공하는 주요 제조 공정이다. 이는 금속을 고온에서 압연하는 열간압연과 상온에서 압연하는 냉간압연으로 나뉜다.
후처리(Finishing/Processing)	도금·절단·코팅 등 최종 제품 형태로 만드는 단계로, 열연강판의 품질을 결정하는 핵심 단계다. 표면 스케일 제거와 냉각, 권취가 여기에 포함된다.

▲ 한화에어로스페이스

1977년 항공엔진 사업 및 필름 카메라 사업을 토대로 설립된 기업으로, 현재 ▷항공 ▷방산 ▷조선해양 ▷IT서비스 ▷항공우주 등의 다양한 사업을 전개하고 있다. 특히 한화에어로스페이스는 대한민국 유일의 항공기 엔진 제조기업으로서 가스터빈엔진 창정비 사업을 시작으로 1979년 관련 분야에 진출, 전 세계에 다양한 가스터빈 엔진 솔루션을 제공하고 있다.

기업 개관

설립일	1977년 8월 1일
대표	손재일, 김동관, 마이클 쿨터
본사 위치	경상남도 창원시 성산구 창원대로 1204
업종	항공기용 부품 제조업
제품 및 서비스	항공기용 엔진, 우주발사체 엔진, 무기, 총포탄 제조

주요 사업 부문 한화에어로스페이스의 사업 분야는 크게 ▷항공엔진 ▷방위산업 ▷우주발사체 ▷부품·서비스(MRO) 등으로 구성돼 있다. 항공엔진 사업은 민간 및 군용 항공기 엔진 제작, 부품 공급, MRO 분야이며, 방위산업은 군용 항공기, 유도무기, 로켓 엔진 개발·생산 등을 담당한다. 그리고 우주발사체 분야에서는 로켓 엔진, 위성추진시스템, 우주발사체 개발을 시행하고 있다.

한화에어로스페이스의 주요 제품

사업 부문	핵심 제품
항공엔진	T700, F414, PW100, CFM56 부품
방위산업	K9 자주포, T-50·FA-50, 유도무기 엔진
우주발사체	액체·고체 추진 엔진, 연료탱크, 노즐
부품·서비스(MRO)	엔진 유지보수, 부품 수리

2025년 한화에어로스페이스 주요 뉴스

KVLS-II 개발 완료 한화에어로스페이스가 9월 25일 경남 창원시 창원2사업장에서 KVLS-II 체계개발 종결식을 열었다고 26일 밝혔다. KVLS-II는 대형화하는 신형 유도무기를 발사할 수 있도록 설계된 것으로, 기존 체계보다 더 강한 화염을 처리할 수 있다. 특히 「Any Cell, Any Missile」 개념을 적용해 하나의 셀(발사관)에서 여러 종류의 무장을 운용할 수 있다. 이는 작전 상황에 따라 함대지·함대함·함대공 무기를 유연하게 장착할 수 있고, 셀 이중화 설계를 통해 일부 고장이 발생해도 작전 수행에는 문제가 없도록 했다. KVLS-II는 올해 말 전력화되는 이지스구축함 정조대왕함(KDX-III 배치-II)에 우선 탑재되며, 향후 건조될 한국형 차기구축함(KDDX)에도 장착될 예정이다.

노르웨이에 K9 자주포 24문 추가 공급 한화에어로스페이스가 노르웨이 국방물자청(NDMA)과 K9 자주포 24문을 추가 공급하는 계약을 체결했다고 9월 19일 밝혔다. 이번 계약은 2017년 K9 24문, 2022년 K9 4문에 이은 세 번째 계약이다. 이번에 공급하는 K9 자주포는 최신 통신 시스템을 적용하는 등 노르웨이군의 요구에 맞춰 성능이 개선될 예정이다. 또 전투체계와 교육, 정비 등 노르웨이군에 최적화한 맞춤형 솔루션도 제공된다. K9 자주포는 현재 노르웨이 외에 튀르키예, 폴란드, 핀란드, 에스토니아, 이집트, 인도, 호주, 루마니아에서 운용되고 있다. 특히 지난 8월에는 베트남과 K9 자주포 20문을 2억 5000만 달러(약 3500억 원)에 공급하는 계약을 체결해 첫 동남아시아 진출 성과를 달성한 바 있다.

KF-21 최초 양산 엔진 전량 공급 한화에어로스페이스가 6월 26일 방위사업청과 약 6232억 원 규모의 KF-21(보라매) 전투기의 최초 양산분에 대한 엔진 공급 추가계약을 체결했다고 공시했다. 한화에어로스페이스는 지난해 6월 5562억 원 규모의 KF-21 전투기 엔진 공급계약을 체결한 바 있다. 이로써 KF-21 최초 양산분 전체 계약 규모는 약 1조 1794억 원으로, 한화에어로스페이스는 2028년 12월까지 F414엔진 80여 대를 공급하게 됐다. 특히 이번 계약에는 유지보수 부품 공급과 엔진정비 교범, 현장기술지원 등 후속 군수지원도 포함된다.

한화에어로스페이스 관련 용어

용어	주요 내용
누리호 (KSLV-II, 한국형 발사체)	국내 기술로 개발한 3단 액체로켓으로, 1단은 75급 액체엔진 4개, 2단은 1개, 3단은 7급 액체엔진으로 구성돼 있다. 한화에어로스페이스는 누리호에 장착되는 총 6기의 액체로켓 엔진과 공급계 밸브, 자세제어 시스템, 추진기관 시험설비를 비롯한 각종 핵심부품을 생산하고 있다. 누리호는 11월 4차 발사를 앞두고 있는데, 한화에어로스페이스는 4차 누리호 발사에 있어 구성품 참여업체 관리와 동체·전기장치 조립 등 제작 전 과정을 담당한다.
K9	한화에어로스페이스가 개발한 세계 최고 수준의 155mm 자주포이다.
레드백 (Redback)	한화에어로스페이스의 궤도형 보병 전투 장갑차로, ▷복합 소재 고무궤도 ▷특수 방호 설계 ▷아이언 비전 헬멧 등 신기술이 대거 적용됐다.
T50	한국 최초의 국산 초음속 고등훈련기로, T50의 생산으로 한국은 자체 기술로 초음속 비행기를 개발한 12번째 국가가 된 바 있다. 한화에어로스페이스는 T50에 장착되는 F404엔진을 개발했다.
수리온	한국형 첫 다목적 기동헬기로, 2006~2012년까지 체계 개발을 완료해 우리나라는 세계에서 11번째로 헬기를 개발한 나라가 됐다. 수리온은 한화에어로스페이스의 터보샤프트 엔진 2기를 장착한 쌍발 엔진 헬기다.
KF-21	우리 공군의 노후 전투기인 F-4와 F-5를 대체하기 위해 2015년부터 개발이 시작된 총 8조 8000억 원 규모의 초대형 국책사업이다. KF-21의 첫 시험비행은 2022년 7월 22일 성공리에 이뤄졌으며, 이에 따라 우리나라는 세계 8번째 초음속전투기 개발 국가가 됐다. 한화는 KF-21에 탑재되는 엔진을 생산·지원하고 있다.